संबोधन के सोपान

संबोधन के सोपान

जे.आर.डी. टाटा

संपादक

एस.ए. सबावाला

आर.एम. लाला

प्रभात प्रकाशन, दिल्ली™

ISO 9001:2000 प्रकाशक

प्रकाशक • प्रभात प्रकाशन™
4/19 आसफ अली रोड,
नई दिल्ली-110002

संस्करण • 2011
अनुवाद • श्री ओ.पी. झा
मूल्य • तीन सौ पचास रुपए
मुद्रक • भानु प्रिंटर्स, दिल्ली

SAMBODHAN KE SOPAN *by* J.R.D. Tata Rs. 350.00
Published by Prabhat Prakashan, 4/19 Asaf Ali Road, New Delhi-2
ISBN 81-7315-599-2

टाटा के कुलचिह्न की परिकल्पना टाटा समूह के संस्थापक जमशेदजी टाटा ने की। कुलचिह्न में अंकित शब्द 'हुमाता', 'हुकता' एवं 'ह्वर्षता' प्राचीन 'अवेस्ता' (पारसियों का धर्म ग्रंथ) से लिये गए हैं। इन शब्दों का अर्थ है—**शुद्ध विचार, शुद्ध शब्द** एवं **शुद्ध कार्य**। श्री जे.आर.डी. टाटा ने बाद में इस चिह्न में पंखों को जोड़ा।

अनुक्रम

प्रगति के सहचर

शक्ति का संकेंद्रण-एक मिथक

जन-हितकारी योजना

मानव एवं मशीन

अस्तित्व हेतु रणनीति

उदीयमान समाज

अतीत का स्मरण, भविष्य का आकलन

प्रसन्न मुद्रा में

संपादकीय

व्यापक हित के विभिन्न विषयों पर लिखी एक पुस्तक के पन्नों के बीच से पहली बार उस महान् व्यक्ति के संयोजित विचार प्रकाश में आए हैं, जिसने आधी शताब्दी से भी अधिक समय तक भारत के सबसे बड़े औद्योगिक क्षेत्र में अग्रणी भूमिका निभाई है। इसी उद्योग क्षेत्र के बल पर भारत—जिसे कभी भौगोलिक पहचान मात्र माना जाता था—आज आधुनिक औद्योगिक राष्ट्रों की श्रेणी में खड़ा है।

पचास से भी अधिक वर्षों की इस अवधि में जे.आर.डी. ने राष्ट्रीय हित के विभिन्न मामलों में सक्रिय और अग्रणी भूमिका निभाते हुए जनमत को सही दिशा में मोड़ने और उसे जाग्रत् करने में भरपूर मदद की। इतना ही नहीं, प्रत्यक्ष अथवा अप्रत्यक्ष रूप से उन्होंने सरकारी नीतियों पर भी सकारात्मक प्रभाव डाला। कभी-कभी ऐसा भी समय आया, जब न चाहते हुए भी उन्हें एक भविष्यद्रष्टा अथवा पैगंबर की भूमिका में आना पड़ा और अन्य सभी पैगंबरों-भविष्यद्रष्टाओं की तरह ही उन्हें भी अपने लोगों द्वारा अपने ही घर में मिली उपेक्षा की पीड़ा झेलनी पड़ी। वह एक ऐसे भारतीय समुदाय से थे, जो अब प्राय: लुप्त ही हो गया है और जिसने बीसवीं शताब्दी के पूर्वार्ध में भारतीय उपमहाद्वीप को गुलामी की जंजीरों से मुक्त कराकर 15 अगस्त, 1947 की मध्य रात्रि की अविस्मरणीय घड़ी तक पहुँचाने में महत्त्वपूर्ण भूमिका निभाई और इस प्रकार भारतीय इतिहास के पन्नों पर अपने साहस, स्फूर्ति और गतिशीलता की अमिट छाप छोड़ी।

जे.आर.डी. टाटा एक ऐसे व्यक्ति थे, जो अपने वर्तमान को जीते हुए निरंतर भविष्य के विकास की तलाश में रहते थे। उदाहरण के लिए, उन्हें अंतरिक्ष अन्वेषण में गहरी रुचि थी; यद्यपि वह देश की एक महान् विरासत थे, तथापि मौका मिलने

पर इस इलेक्ट्रॉनिक युग में इसे अपने एकमात्र शौक के रूप में अपनाने के लिए उद्यत रहते थे। उनकी सोच में गहराई और वाणी में विनम्रता होती थी। निहित स्वार्थ के पीछे चलने की बजाय कभी-कभी वह समझौतावादी दृष्टिकोण भी अपनाते थे। उनके मन में वृहद् अथवा लघु, व्यक्तिगत अथवा सार्वजनिक क्षेत्रों को लेकर कोई द्वंद्व भाव नहीं था, लेकिन उन्हें इस धारणा में दृढ़ विश्वास था कि यदि व्यक्तिगत उद्यम का गला घोंटने की कोशिश की गई तो राजनीतिक स्वतंत्रता दम तोड़ देगी।

प्रस्तुत पुस्तक को नौ खंडों में व्यवस्थित किया गया है। प्रथम खंड में जे.आर.डी. टाटा ने बीस वर्ष की आयु से लेकर अब तक के अपने जीवन के घटनापूर्ण दशकों का ब्योरा प्रस्तुत किया है। 'मेघ गीत' शीर्षक खंड के अंतर्गत उनका एक भाषण है, जो उन्होंने वर्ष 1933 में रोटरी क्लब ऑफ बॉम्बे में दिया था। पुस्तक का समापन वर्ष 1982 में उनकी कराची-बॉम्बे उड़ान की पचासवीं वर्षगाँठ के उपलक्ष्य में आयोजित एक स्वागत समारोह में उनके द्वारा दिए गए भाषण से किया गया है। बीच के खंडों में आर्थिक मामलों, उद्योग, नियोजन और मानवीय संबंधों पर उनके विचार हैं। 'उत्तरजीविता के लिए एक रणनीति' शीर्षक खंड में जनसंख्या विस्फोट और राष्ट्रपतीय शासन प्रणाली पर उनके दृष्टिकोण को शामिल किया गया है। इन विषयों के वह कुशल जानकार थे। उपांतिम (अंतिम से ठीक पहले) खंड 'उभरता समाज' में उन्होंने आगामी शताब्दी की संभावित राजनीतिक-सामाजिक स्थितियों पर अपनी दूरदृष्टि डाली है।

बयासी वर्ष की लंबी उम्र में भी जे.आर.डी. टाटा विचारों और क्रिया-कलापों की दृष्टि से उतने ही चुस्त और गतिशील बने हुए थे जितना उनसे आधी उम्र का कोई व्यक्ति। जब भी उनसे कोई मिलता, वह उससे उसके अतीत के बारे में बात करने की बजाय उसके भविष्य के संबंध में बातें करना ज्यादा पसंद करते थे। अपनी उपलब्धियों को वह छोटा करके ही आँकते थे, जो वास्तव में महान् और गौरवशाली है; हाँ, स्कीइंग में अपने कौशल की प्रशंसा करने के लिए वह जरूर तैयार रहते थे।

देश में व्याप्त गरीबी की समस्या उनके लिए अत्यधिक चिंता का विषय थी। गरीबी-निवारण की दिशा में किए जा रहे प्रयासों की धीमी गति पर उन्हें बड़ी निराशा होती थी। फिर भी वह अपने देशवासियों की कुशलता और क्षमता को तकनीकी प्रगति की विश्वव्यापी होड़ में लगाने के प्रयास में जुटे रहते थे।

हमें पूर्ण आशा है कि ऐसे दूरद्रष्टा व्यक्तित्व के व्यापक विचारों को एक पुस्तक रूप में संयोजित करके और उनके मानवीय गुणों तथा विभिन्न मामलों पर उनके व्यापक दृष्टिकोण को प्रकाश में लाने से पाठकों को तात्कालिक हित की परिधि से बाहर निकलकर राष्ट्र के व्यापक हित के लिए सोचने में मदद मिलेगी।

—**एस.ए. सबावाला** एवं **आर.एम. लाला**

प्राक्कथन

टाटा समूह में कार्यरत मेरे कुछ सहकर्मियों ने पिछले पचास वर्षों (1936-86) के मध्य मेरे द्वारा दिए गए भाषणों के अंशों को संगृहीत कर पुस्तकाकार में प्रकाशित करने की अपनी इच्छा से मुझे जब अवगत कराया तो मैंने उनसे कहा कि ऐसी किसी पुस्तक का प्रकाशन न किया जाए और न ही ऐसी (उबाऊ) पुस्तक को खरीदने के लिए लोगों को प्रेरित किया जाए; क्योंकि मेरे खयाल से, उसमें ऐसा कुछ भी उपयोगी नहीं होगा, जो उनके लिए पठनीय हो। जैसा कि अब आमतौर पर होने लगा है, लोग वृद्ध जनों की बातों पर ध्यान नहीं देते। मेरे सहकर्मियों ने भी मेरी सलाह को नजरअंदाज कर दिया और मुझसे सीधे पुस्तक का प्राक्कथन लिखने का अनुरोध कर दिया। वैसे कुछ लोग, जिन्हें यह पुस्तक खरीदने हेतु कहा गया होगा, वे अवश्य यह प्रश्न खड़ा करेंगे कि ऐसे बहुत से विषयों, जिन पर बोलने की मुझमें विशेषता न थी, उनपर मैंने नीरस भाषण एवं अवांछित विचार तथा सुझाव क्यों प्रतिपादित किए? पाठकों का इस ओर ध्यान गया होगा कि पुस्तक के बहुत से अंश भाषण से उद्धृत नहीं किए गए हैं, बल्कि वे शेयरधारकों के समक्ष दिए गए अध्यक्षीय वार्षिक वक्तव्य से लिये गए हैं। मैं निस्संकोच रूप से यह स्वीकार करता हूँ कि देश के सबसे विशाल औद्योगिक समूह के प्रमुख होने के नाते सरकार की आर्थिक नीतियों पर वक्तव्य देने के लिए उन्मुक्त मंच, अनुशासित श्रोता वर्ग एवं व्यापक समाचार-पत्र कवरेज का लाभ लेने से मैं अपने आपको रोक नहीं सका। मैंने विशेष रूप से महसूस किया कि यदि मेरे साधारण विचार राष्ट्रीय-आर्थिक परिचर्चा के संदर्भ में जनमत तैयार कर सकें तो यह मेरा दायित्व है कि मैं इसका उपयोग कालातीत एवं निष्प्राण समाजवादी ढाँचे का विरोध करने में करूँ, जिसके विरुद्ध भारत एवं विश्व के अन्य देशों में सभी प्रकार के प्रमाण एवं अनुभव उपलब्ध होने के बावजूद उत्तरोत्तर सरकारें उसे वर्षों से देश पर लादती रही हैं।

कुछ भाषण विमानन जैसे विषयों पर बोलने के लिए आमंत्रित किए जाने के दौरान दिए गए थे। इन विषयों पर मेरे द्वारा भाषण देने की योग्यता अंधों के बीच काना राजा जैसी थी। इस माध्यम से मैं अपनी विशेषज्ञता एवं उपलब्धि की ख्याति स्थापित कर सका। यह संयोग ही कहा जाएगा कि विमानन जैसे विषय पर बोलने के लिए इतना अधिक आमंत्रण मिलना मेरे मनोमस्तिष्क के लिए लाभप्रद रहा। इससे व्यवसाय एवं उद्योग के क्षेत्र में अपनी वैचारिक पहुँच के संबंध में मेरी जो धारणा थी, उसमें परिमार्जन हुआ।

प्रस्तुत पुस्तक में पाठकों को कुछ स्थानों पर पुनरावृत्ति-दोष दिखाई दे सकता है, क्योंकि मैं वर्षों तक कुछ विषयगत बातों व तथ्यों को बार-बार कहता रहा हूँ। मैं अपने तर्कों व विचारों को व्यक्त करने से परहेज नहीं कर सका, हालाँकि हाल तक आर्थिक नीति में परिवर्तन करने संबंधी मेरे तर्क की उपेक्षा होती रही। मैं आशान्वित हूँ कि पैंतीस वर्षों के समाजवादी योजना के पश्चात् हमारी अधिकांश जनता की उपेक्षा, अज्ञानता एवं दयनीय स्थिति से उत्पन्न हृदय-विदारक निराशा की तुलना में, उन्हें बेहतर जीवन उपलब्ध कराने की कामना से प्रेरित होकर ही सही, अंततोगत्वा मेरे तर्क को मान लिया गया।

मैं अपने इस वक्तव्य से प्राक्कथन का अंत करना चाहता था, किंतु मुझे अपनी यादों तथा महत्त्वपूर्ण घटनाओं एवं व्यक्तियों से संबद्ध संस्मरणों को उद्धृत करने का सुझाव दिया गया, जो आज भी लोगों के लिए रुचिकर हो सकते हैं। दुर्भाग्यवश, इस संबंध में मेरे पास कहने के लिए बहुत कम बातें हैं। इसका कारण कुछ हद तक यह है कि मैं डायरी नहीं लिखता था, किंतु डायरी की सहायता से भी मैं जिन बातों का उल्लेख कर पाता, उनमें से अधिकांश या तो सर्वविदित हैं अथवा वे मेरे या मेरे सान्निध्य में रहे लोगों की रुचि अथवा मनोरंजन के विषय हो सकते हैं।

कुछ घटनाएँ जब घटित हुईं तो उस समय वे वस्तुतः महत्त्वपूर्ण थीं और उनमें से अधिकांश घटनाओं का मेरे लिए विशेष महत्त्व था। उदाहरणस्वरूप लगभग पचास वर्ष पूर्व 'भारत छोड़ो आंदोलन' के दौरान मैंने कांग्रेस की एक जनसभा में भाग लिया, तब जवाहरलाल नेहरू एवं अन्य नेताओं के जोशीले भाषण के फलस्वरूप कुछ लोगों को गिरफ्तार किया गया। उस जनसभा का मेरे ऊपर काफी प्रभाव पड़ा। मेरे अंदर द्वंद्व चलने लगा। एक ओर मेरे मन में स्वतंत्रता संग्राम में व्यक्तिगत रूप से भाग लेने की ललक थी तो दूसरी ओर यह भी एहसास था कि अपने व्यापक प्रबंधन दायित्व का त्याग किए बिना मेरे लिए ऐसा करना उचित नहीं होगा। राजनीति से स्वयं को अलग रखने के अपने निर्णय पर मुझे कभी अफसोस नहीं हुआ। उचित

समय पर मैं अपने आपको इस निष्कर्ष के आधार पर समझाने में सफल हुआ कि राजनीति की तुलना में मैं व्यवसाय एवं उद्योग के माध्यम से देश की अधिक सेवा कर सका। किसी भी दृष्टि से मेरी संपूर्ण प्रवृत्ति राजनीति के अनुकूल नहीं थी। मुझे इस बात में तनिक भी संदेह नहीं था कि स्वतंत्रता शीघ्र मिलने वाली है और स्वतंत्र भारत की सरकार का नेतृत्व जवाहरलाल नेहरू करने वाले हैं। मैंने सोचा, 'कौन जानता है कि आज जेल जाने की तुलना में किसी दिन और अधिक उपयोगी माध्यम से सेवा का अवसर मिल सकता है।'

मैं जीवन में जिन विशिष्ट पुरुषों से मिला हूँ, उनसे मेरे संबंधों तथा उनके प्रति मेरे विचारों के संदर्भ में मुझसे अकसर प्रश्न किए जाते हैं। स्वाभाविक रूप से स्वतंत्रता संग्राम के नायकों का मेरे व्यक्तित्व पर सर्वाधिक असर पड़ा। इन नायकों में महात्मा गांधी का स्थान सर्वोपरि था।

आज तक मैं जिन लोगों से मिला उनमें गांधीजी महानतम व्यक्तित्व एवं असाधारण मानव थे। वे मेरे जैसे असंख्य लोगों के प्रेरणास्रोत थे। उनके प्रति हमारे मन में श्रद्धा, आस्था एवं अनुराग के साथ-साथ परिणाम की चिंता किए बिना अंतत: उनका अनुसरण करने तथा उन्हें समर्थन देने के बावजूद उनके आर्थिक दर्शन के संबंध में हमारे मन में किंचित् संदेह भी व्याप्त था।

गांधीजी में जो गुण मुझे सबसे प्रिय एवं विस्मयकारी लगा, वह बच्चों जैसी उनकी विनोदपूर्ण हँसी थी, जिसका प्रयोग वे माहौल को अनुकूल बनाने में अकसर जानबूझकर किया करते थे। वे जवाहरलाल नेहरू की तरह किसी प्रश्न अथवा पत्र के उत्तर देने में सदैव तत्पर एवं उदारमना रहते थे, चाहे उनका महत्त्व जितना हो। हम लोग अपनी युवावस्था में जवाहरलाल नेहरू को अपना आदर्श सेनानी मानते थे। वे अपने हृदय के आवेग एवं जाज्वल्यमान भावनाओं से भरे मनोमस्तिष्क को उद्वेलित करते रहते थे। वे जानते थे कि मैं उनकी बहुत सी आर्थिक एवं अंतरराष्ट्रीय नीतियों से सहमत नहीं हूँ। यही वह कारण था जिसके फलस्वरूप हमारे बीच मधुर संबंध होते हुए भी उनके प्रधानमंत्री बनने के पश्चात् हमारे बीच संपर्क कम होता गया। उन्होंने तथा इंदिरा गांधी ने कभी महसूस नहीं किया कि मैं सरकार को कभी कोई सलाह दे सकूँ। सिर्फ उन्होंने मुझे एक कार्य करने दिया और वह कार्य था राष्ट्रीयकरण के पश्चात् पच्चीस वर्षों तक एयर इंडिया का नेतृत्व करना। इन दोनों व्यक्तियों के साथ मेरा संबंध सामाजिक स्तर पर था, जो परस्पर मैत्री एवं स्नेह पर आधारित था।

वल्लभभाई पटेल के साथ मेरे प्रगाढ़ संबंध थे, जिनके प्रति मेरे मन में अत्यंत उच्च धारणा एवं आस्था थी। यद्यपि उनकी प्रखर राजनीतिक एवं प्रशासनिक

प्रतिभा से मैं प्रभावित था, तथापि उनके जैसी पृष्ठभूमिवाले व्यक्ति में ऐसी प्रतिभा का होना मेरी समझ से परे था।

सरदार पटेल के स्पष्ट विचारों से कोई भी व्यक्ति प्रभावित हो सकता था। उन्होंने अपने सरल दृष्टिकोण एवं तर्कबुद्धि की मदद से जटिल समस्याओं का समाधान ढूँढ़ निकाला।

जब भी मैं गांधीजी से मिलता था तो मेरे चित्त में प्रसन्नता रहती थी और मैं प्रेरणा से ओत-प्रोत रहता था; किंतु मैं किंचित् सशंकित भी रहता था। जब मैं जवाहरलाल नेहरू से मिलता था तो मैं भावनात्मक उत्साह से ओत-प्रोत हो जाता था। अकसर मेरा भ्रम बना रहता था और मैं उतना प्रभावित नहीं होता था; किंतु वल्लभभाई पटेल से मिलने पर मैं आनंदित होता था और देश के भविष्य के प्रति मेरी आस्था सशक्त हो जाती थी। मैं अकसर सोचता था कि यदि सरदार पटेल जवाहरलाल नेहरू से उम्र में छोटे होते और देश की बागडोर उनके हाथों में होती तो देश की दिशा कुछ और ही होती। देश की आर्थिक स्थिति बेहतर होती।

वल्लभभाई ऊपर से कठोर दिखते थे, किंतु वास्तविक रूप में उनका व्यक्तित्व स्नेहपूर्ण था, जिसके कारण वे स्वतंत्रता के पश्चात् ब्रिटिश एवं भारतीय लोक प्रशासकों के प्रिय बन सके। इन सबसे बढ़कर उनका अनपेक्षित विनोदपूर्ण व्यवहार था, जिसका एक बार स्वयं मैं प्रत्यक्षदर्शी बना। एक घटना को मैं कभी नहीं भूल सकता। जब एक बार मैंने आग्रह किया कि मैं आपसे मिलना चाहता हूँ तो उन्होंने कहा कि हम दोनों सुबह साथ-साथ टहलने के लिए निकलेंगे। मैंने खुशी-खुशी अपनी हामी भर दी; किंतु जब मुझे पता चला कि उनके सुबह के समय टहलने का समय प्रातः पाँच बजे होता है और उस समय उन्होंने अन्य तीन लोगों को भी बुला रखा है तो मैं ऊहापोह में पड़ गया। जैसा कि अकसर होता है, हम चारों ने सरदार पटेल से बात करने के लिए आपस में धक्का-मुक्की करते हुए एक घंटा गँवा दिया। हमारे मसखरेपन के कारण वल्लभभाई पटेल के चेहरे पर प्रसन्नता झलकने लगी।

मैं जिन राजनीतिज्ञों को जानता हूँ, उनमें जयप्रकाश नारायण सबसे अलग थे। उनके प्रति मेरे मन में अथाह प्रेम था। उनसे मेरी पहली मुलाकात द्वितीय विश्वयुद्ध के दौरान हुई। वे बंबई में अथवा इसके निकट भूमिगत रूप से निवास कर रहे थे। इस दौरान वे बंबई में विद्युत् आपूर्ति बाधित करने के लिए टाटा विद्युत् उच्च विभवांतर प्रसारण मीनार को गिराने जैसी रोचक गतिविधि में संलग्न थे। बाद में उन्हें तथा उनके साथियों को यह पता चला कि मीनार को वे झुका तो सकते हैं,

किंतु इससे विद्युत् आपूर्ति बाधित नहीं हो सकती है। ऐसी ही एक मीनार, जो इस मीनार से सुनिश्चित कोण पर खड़ी थी, उसे बगल में गिरा दिया गया। उन्हें पुलिस से गिरफ्तार करवाने में साम्यवादी दल के लोगों का हाथ था, जो रूस के द्वितीय विश्वयुद्ध में सम्मिलित होने, जर्मनी द्वारा पोलैंड पर आक्रमण करने तथा हिटलर द्वारा रूस पर आक्रमण करने के कारण अंग्रेजों के समर्थक बन गए थे।

मैं कुछ वर्षों के पश्चात् ही श्रमिक समस्या के कारण व्यक्तिगत रूप से जयप्रकाश नारायण से जमशेदपुर में मिला और उनकी पारदर्शी निष्ठा एवं सुसंस्कृत तर्कशक्ति से प्रभावित हुआ। एक भूतपूर्व क्रांतिकारी में इन गुणों का होना मेरे लिए आशातीत था। वस्तुत: इसी निश्छल तर्कशक्ति के कारण वे भारतीय राजनीति में एक प्रभावशाली नेता के रूप में महत्त्वपूर्ण भूमिका का निर्वहण नहीं कर सके। वे अति ईमानदार एवं स्पष्टवादी थे, इसी कारण वे अवांतर विचारों से प्रभावित नहीं होते थे। वे समझौतापरस्त नहीं हो सकते थे और कभी भी अपना स्वार्थ सिद्ध करनेवाले नेता नहीं बन सकते थे। भारतीय राजनीति द्रुत गति से जिस स्वार्थ के दलदल में फँस गई, उसके वे अंग नहीं बन सकते। यद्यपि जवाहरलाल नेहरू ने राजनीतिक परिदृश्य को स्वच्छ रखने के भरसक प्रयास किए। जयप्रकाश नारायण का अंत एक दु:खी एवं निराश व्यक्ति के रूप में हुआ, किंतु उनके साथ मैत्री पर मैं स्वयं को गौरवान्वित महसूस करता हूँ।

मेरा दूसरा सबसे निकट एवं दीर्घकालीन संबंध जिस राजनीतिज्ञ से रहा, वह निस्संदेह श्रीमती इंदिरा गांधी थीं। उनसे मेरा संबंध उतना ही प्रगाढ़ था जितना उनके पिता से था। हम लोग सामाजिक स्तर पर बड़े अच्छे मित्र थे; किंतु जवाहरलाल की तरह ही उन्होंने भी अपने चारों ओर ऐसी दीवार खड़ी कर रखी थी, जिसे मैं कभी तोड़ नहीं सका। यद्यपि मैं अपनी मित्रता की सीमाओं पर अफसोस व्यक्त करता था। इन्हीं सीमाओं के कारण मैं उन लोगों के साथ राष्ट्रीय हित के मुद्दों पर उन्मुक्त होकर बातचीत नहीं कर सका। हालाँकि मेरे पास कुछ महत्त्वपूर्ण सुझाव थे, किंतु उन्हें व्यक्त करने के संयोग न होने के कारण अंत तक संवादहीनता जैसी स्थिति बनी रही।

जैसा कि उनकी मृत्यु के बाद मैंने इंदिराजी से संबंधित एक लघु पुस्तिका में कहा—'इंदिरा गांधी के अंदर दो भिन्न प्रकार के व्यक्तित्व थे। एक इंदिरा वह थी जो चालाक एवं सशक्त राजनीतिज्ञ थी और दूसरी इंदिरा उदार एवं सुसंस्कृत महिला थी। इस दूसरे व्यक्तित्व के लिए 'सुसंस्कृत' शब्द का प्रयोग अत्यंत ही उपयुक्त है। उनका व्यक्तित्व अत्यंत जटिल था। उनके व्यक्तित्व एवं कृतित्व की

समग्र जानकारी उनकी मृत्यु के उस समय के पश्चात् तटस्थ संस्मरण एवं जीवनियों के प्रकाशन के पश्चात् होगी।

मुझे जिन विशिष्ट व्यक्तियों से मिलने का अवसर प्राप्त हुआ, उनमें सिर्फ राजनेता ही नहीं बल्कि विभिन्न क्षेत्रों के विशिष्ट महानुभाव भी थे। मैं जिन विशिष्ट महापुरुषों से मिला, उनमें होमी जहाँगीर भाभा का व्यक्तित्व निश्चित रूप से उत्कृष्ट था। अपनी जन्मजात प्रतिभा के साथ-साथ जमशेदजी की तरह उनमें निष्कपट दूरदृष्टि, असीम ऊर्जा और सपनों को साकार करने की क्षमता थी। होमी भाभा उन लोगों में से थे, जिन्होंने मुझे यह विश्वास करने पर मजबूर कर दिया कि मानव इतिहास में कुछ लोग नियति के शुभाशीष के साथ जन्म लेते हैं, जो उन्हें साधारण मानवीय क्षमता से कुछ अधिक कर गुजरने के लिए प्रेरित करता है। दुर्भाग्य से होमी नियति के कुछ ऐसे पुष्पों में थे, जिन्हें विधाता ने युवावस्था में ही चुन लिया। ऐसे लोगों के अंतर में अल्प समय में अतिमानवीय कार्य कर गुजरने का कोई अव्यक्त निर्देश व्याप्त रहता है।

मुझे परम संतोष है कि होमी भाभा को एक कार्यक्रम प्रारंभ करने में मैं किंचित् सहयोग कर सका, जिसके फलस्वरूप वे सिर्फ दो दशक में भारत को परमाणु के क्षेत्र में आत्मनिर्भर बनाने में सफल हो सके। वैज्ञानिक, अभियंता, वास्तुकार, प्रशासक के साथ-साथ होमी मानविकी, कला एवं संगीत में निष्णात सही अर्थों में एक संपूर्ण मानव थे।

यद्यपि उनमें एक विचित्र आदत यह थी कि समय के अनुकूल अपने आपको नहीं ढालते थे और कई बार लोगों के साथ बड़े अनौपचारिक हो जाते थे। ऐसे लक्षण महान् भौतिक-शास्त्री आइंस्टाइन एवं पॉल पैनलेव जैसे महान् गणितज्ञों में भी थे। एक बार फ्रांस के प्रधानमंत्री को पॉल पैनलेव के द्वार पर उनकी प्रतीक्षा करनी पड़ी थी। पॉल पैनलेव ने प्रधानमंत्री को मिलने के लिए कहा था। वे नियत समय पर पैनलेव के यहाँ पहुँचे तो उन्हें एक नोट मिला, जिसमें उल्लेख था कि पैनलेव कुछ समय पूर्व यहाँ से कहीं चले गए हैं।

गांधीजी एवं जमशेदजी की तरह होमी भामा में प्रतिभाओं को आगे लाने का विशिष्ट गुण था। वे उन लोगों की तरह नहीं थे, जिनकी छत्रच्छाया में प्रतिभाएँ कुंठित हो जाती हैं। जैसा कि मैं मानता हूँ, भारत को एक आधुनिक देश बनाने में होमी का बहुत बड़ा योगदान यह है कि उन्होंने युवा वैज्ञानिकों एवं प्रशासकों का एक ऐसा वर्ग तैयार किया, जो आज भारत के वैज्ञानिक एवं तकनीकी संस्थाओं को नेतृत्व प्रदान कर रहे हैं।

टाटा समूह में भी मैंने कुछ प्रतिभाशाली व्यक्तियों को नियुक्त किया, जिनके निजी एवं सामूहिक प्रयासों का संस्थान की निरंतर प्रगति एवं ख्याति में विगत पचास वर्षों से अर्थात् मेरे कार्यकाल के दौरान महत्त्वपूर्ण योगदान रहा है। वस्तुत: इन लोगों ने तकनीकी एवं प्रशासन के क्षेत्र में सुयोग्य व्यक्तियों का एक समूह खड़ा किया है। कदाचित् इन सभी लोगों में जो गुण मुझे सबसे महत्त्वपूर्ण लगता है, वह इनकी जमशेदजी द्वारा निर्मित धारणाओं, परंपराओं एवं आदर्शों के प्रति एकनिष्ठ समर्पण है।

सामान्य तौर पर विशिष्ट प्रबंधक दृढ़ इच्छाशक्ति एवं स्वतंत्र चरित्रवाले व्यक्ति होते हैं। उनके प्रबंध-कौशल एवं स्वभाव में विशिष्टता होती है। इससे कई बार टाटा समूह की कंपनियों में व्यावहारिक रूप से एक समान प्रबंध नीति कायम करने में असुविधा होती है। हम कुल मिलाकर इस मामले में सफल रहे हैं। इसका मुख्य कारण यह है कि टाटा समूह के निदेशक एवं प्रबंधक अपने क्षेत्र के सफल व्यक्ति रहे हैं, जिन्हें जमशेदजी द्वारा निर्मित परंपराओं एवं मानकों को ध्यान में रखते हुए अपनी प्रतिभा एवं विचारों को कार्यान्वित करने की पूर्ण स्वतंत्रता थी। वे जमशेदजी के स्वच्छ प्रबंधन, उत्पाद में गुणवत्ता, उद्योग में मानवीय संबंध एवं औद्योगिक परोपकारिता के सिद्धांतों के प्रति निष्ठावान् रहे हैं। मैं यह कहते हुए प्रसन्नता का अनुभव कर रहा हूँ कि ये सभी गुण टाटा उद्योग की आचार-संहिता के अभिन्न अंग हैं।

मैं होमी भाभा, आर्देशिर दलाल, जॉन मथाई, जे.डी. चोकसी एवं वर्षों तक संस्थान के लिए सेवा तथा ख्याति प्रदान करनेवाली दिवंगत आत्माओं के साथ-साथ वर्तमान में सानंद दायित्व का वहन करनेवाले व्यक्तियों, जिनका मैं यहाँ नाम नहीं ले रहा हूँ, के प्रति सदैव कृतज्ञ रहूँगा।

इस पुस्तक को मूर्त रूप देनेवाले मेरे सहकर्मियों का मत था कि इस प्राक्कथन में मैं अपने व्यक्तित्व का वह अंतरतम रूप प्रस्तुत करूँ, जो मुझे सफल बनाने में सहायक रहा, जिसकी झलक मेरे भाषणों में मिल सके। मैं भला अपने विषय में कौन सी महत्त्वपूर्ण अथवा प्रसिद्ध बात कह सकता हूँ?

यद्यपि मैं अपने आपको सुपात्र एवं विश्वसनीय व्यक्ति मानता हूँ, मुझमें मद्यपान एवं द्यूत-क्रीड़ा जैसी कोई बुरी आदत नहीं। मैं बच्चों तथा पालतू प्राणियों से प्रेम करता हूँ, तथापि मैं यह मानता हूँ कि मुझमें कई दुर्गुण हैं।

उदाहरण के रूप में—जब कोई मुझे तंग करता है तो मुझे क्रोध आता है; किंतु जिस पर मैं क्रोधित होता हूँ उस पर इसका असर नहीं होता, विशेष रूप से

मेरी पत्नी मेरे क्रोध से अप्रभावित रहती हैं। मुझमें अपने प्रारूपों, पत्रों अथवा भाषणों को सही रूप में प्रस्तुत करने की अबाधित ललक है, जिसके कारण मेरे सचिवों को अत्यंत कष्ट उठाना पड़ता है। मैं अपने साथ-साथ अन्य व्यक्तियों में भी सुधार का प्रयास करता हूँ। कई बार मैंने अपने सचिवों को डाँटकर अपने सामने से हटा दिया है; किंतु मैं उनकी समझ-बूझ एवं धैर्य का आभारी हूँ। मेरी शुद्धतावादी प्रवृत्ति का कारण अंग्रेजी भाषा के प्रति मेरा अगाध प्रेम है। अंग्रेजी भाषा के प्रति प्रेम को हमारे देश में अकसर अच्छी दृष्टि से नहीं देखा जाता है। मैं उत्तम शब्दों एवं मुहावरों की खोज में संलग्न रहता हूँ।

मैं यह स्वीकार करता हूँ कि लापरवाही से किए गए कार्य को मैं सहन नहीं कर पाता हूँ। यहाँ तक कि अल्प महत्त्व के कार्य को उत्कृष्टतापूर्वक करने पर मैं जोर देता हूँ। मैं निस्संकोच यह स्वीकार करता हूँ कि मेरे कई प्रेम-संबंध रहे हैं, जिनमें फ्रांस एवं इंग्लैंड की भाषा, साहित्य एवं कविता का साहचर्य जीवनपर्यंत रहा है; जिनसे मेरे मन में यह कामना जाग्रत् हुई कि काश, मेरी औपचारिक शिक्षा किंचित् अधिक हुई होती तो मैं अपने देश की संपन्न एवं सौंदर्यमयी भाषाओं का अध्ययन कर पाता। मेरा विमान उड्डयन के साथ मधुरतम एवं आकर्षक प्रेम-संबंध है। मेरा तीसरा प्रेम-संबंध खेल के साथ है, विशेष रूप से तेज गति से वाहन चलाने एवं स्कीइंग के साथ। अपने खेल-कौशल एवं शक्ति में दिनानुदिन ह्रास होने के बावजूद में प्रतिवर्ष जाड़े में इन खेलों में भाग लेता हूँ और आनंदपूर्वक थोड़ा-बहुत दुर्घटना का शिकार बनता हूँ।

जो मित्र मुझे सलाह देते हैं कि अस्सी वर्षीय व्यक्ति के लिए स्कीइंग में भाग लेना, तेज गति से कार चलाना अथवा विमान उड़ाना शोभनीय एवं उचित नहीं है, वे यह नहीं जानते कि थोड़ा जोखिम उठाने में कितने रोमांच एवं संतुष्टि की अनुभूति होती है। वस्तुतः शारीरिक क्षमता एवं जीवन के आस्वादन के अवसरों में ह्रास मेरे लिए बुढ़ापे का क्रूरतम दंड है।

मेरे चरित्र में उपर्युक्त दोषों के अतिरिक्त मेरी निजी जिंदगी में ऐसा कुछ भी महत्त्वपूर्ण नहीं, जिसे सार्वजनिक किया जा सके। यदि मेरे तथाकथित आकर्षक जीवन के विषय में कुछ लोगों के मन में कोई भ्रम है तो उसे यथावत् बनाए रखने में मैं प्रमुदित अनुभव करता हूँ।

मेरे प्रिय पाठको, अब यह आप पर निर्भर है कि आप इस पुस्तक को अपने आपसे दूर रखेंगे अथवा इसका रसास्वादन करेंगे।

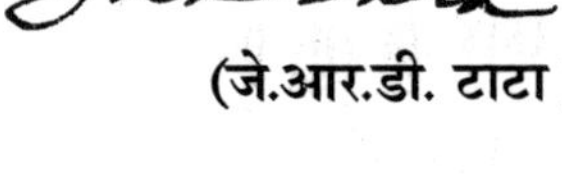

8 अप्रैल, 1986

(जे.आर.डी. टाटा)

जे.आर.डी. टाटा : संक्षिप्त जीवन परिचय

जे.आर.डी. का जीवनकाल (सन् 1904-93) लगभग संपूर्ण 20वीं शताब्दी में व्याप्त रहा। उनका जन्म पेरिस में हुआ तथा मृत्यु जिनेवा में हुई। अपनी जीवन अवधि के पचहत्तर कर्ममय वर्ष उन्होंने भारत में व्यतीत किए। इस दौरान उनके द्वारा सन् 1932 में भारत में नागरिक उड्डयन सेवा तथा 1948 में एयर इंडिया इंटरनेशनल सेवा प्रारंभ करना देश के लिए उनका महत्त्वपूर्ण अवदान था। जब तीस वर्ष पश्चात् उन्हें एयर इंडिया के अध्यक्ष पद से हटाया गया तो इस अवसर पर लंदन से प्रकाशित होनेवाले समाचार-पत्र 'डेली टेलीग्राफ' (27 फरवरी, 1978) ने एयर इंडिया को विश्व का सर्वाधिक सफल एयरलाइंस बनाने के लिए उनके प्रयास की सराहना की। यदि वे इससे अधिक अन्य कुछ भी अर्जित करने में सफल नहीं होते तब भी भारत में उनकी प्रतिष्ठा अविचल रहती, किंतु उनका योगदान अन्य क्षेत्रों में भी प्रशंसनीय है।

लगभग बावन वर्षों तक वे भारत के सबसे बड़े औद्योगिक समूह टाटा के अध्यक्ष रहे। इस दौरान टाटा समूह ने इस्पात और विद्युत् ऊर्जा से लेकर रासायनिक पदार्थों एवं मोटर वाहन तक का उत्पादन किया। एयर इंडिया (जिसका राष्ट्रीयकरण कर लिया गया) के अतिरिक्त टाटा केमिकल्स एवं टेल्को जैसी कंपनियाँ उनकी

अध्यक्षता में प्रारंभ हुई, जो बिक्री एवं परिसंपत्ति की दृष्टि से भारत की प्रमुख दस कंपनियों में अपना स्थान बना सकीं।

सामाजिक गतिविधि के क्षेत्र में भी वे पहले व्यक्ति थे, जिन्होंने देश में परिवार-नियोजन का पक्ष लिया। प्रारंभ में प्रधानमंत्री पं. जवाहरलाल नेहरू जे.आर.डी. की बातों से सहमत नहीं थे और वे कहते थे कि देश की शक्ति इसकी जनसंख्या में सन्निहित है। चालीस वर्षों तक परिवार-नियोजन को बढ़ावा देने के लिए वे निरंतर अभियान चलाते रहे। इस कार्य को दिशा देने के लिए उन्होंने भारतीय परिवार-नियोजन संघ की स्थापना की। अंततोगत्वा उनके उस प्रयास की सराहना की गई। उन्हें अनेक सम्मानों के साथ-साथ 'संयुक्त राष्ट्र जनसंख्या पुरस्कार' भी दिया गया। उनके सहयोग एवं दूरदर्शिता के फलस्वरूप टाटा इंस्टीट्यूट ऑफ फंडामेंटल रिसर्च (T.I.F.R.) तथा नेशनल सेंटर फॉर द परफॉर्मिंग आर्ट्स (N.C.P.A.) जैसे दो राष्ट्रीय संस्थानों की स्थापना की जा सकी। अपनी मृत्यु से दो वर्ष पूर्व उन्होंने 'नेशनल इंस्टीट्यूट ऑफ एडवांस्ड स्टडीज' जैसी तीसरी संस्था का शुभारंभ किया।

लगभग तीस वर्षों तक वे भारत के औद्योगिक विकास को प्रभावित करनेवाली दिशाविहीन नियंत्रित आर्थिक नीति का विरोध करते रहे। इस प्रकार की आर्थिक नीति से भारत के औद्योगिक विकास के प्रति उनके सपनों को आघात पहुँचा। एक बार जब मैं उनके कार्यालय में पहुँचा तो स्थान ग्रहण करने से पहले ही उन्होंने मुझसे कहा, 'रूसी, तुम तो जानते हो कि मेरा जीवन संघर्षमय रहा है; किंतु आज तक एक भी प्रधानमंत्री ने देश की आर्थिक नीति के संबंध में मेरे विचार जानने का प्रयास नहीं किया।' पुन: इस बात को आगे बढ़ाते हुए उन्होंने कहा, 'यदि किसी अन्य देश में मैं होता तो मुझसे आर्थिक नीति के संबंध में अवश्य पूछा जाता।'

उचित अवसर पर वे सदैव अपने विचार व्यक्त करते रहे। वे अकसर कहा करते थे—'मैंने महसूस किया कि यदि मेरे विचार देश के आर्थिक परिदृश्य में परिवर्तन ला सके तो यह मेरा दायित्व होगा कि मैं कालातीत एवं अनुत्पादक समाजवादी ढाँचे का विरोध करूँ। भारत और विश्व के अन्य देशों में समाजवादी व्यवस्था के प्रतिकूल प्रभाव से अवगत होने के पश्चात् भी देश की सभी सरकारें देश पर इस व्यवस्था को थोपती रही हैं।' लगभग तीन दशक के पश्चात् ही उन्हें इस व्यवस्था में कुछ परिवर्तन परिलक्षित हुआ। सन् 1986 में अपनी बयासी वर्ष की आयु में इस पुस्तक के प्रथम संस्करण का लोकार्पण करते हुए श्री टाटा ने कहा, 'मुझे इस बात का दु:ख है कि जवाहरलाल नेहरू से लेकर आज से दो साल पहले

तक की सभी सरकारें आशा और उमंग से ओतप्रोत मुझ जैसे कई उत्साही व्यक्तियों को अपनी संपूर्ण क्षमता के उपयोग से वंचित करती रहीं। आज लोगों की सोच में परिवर्तन आया है, किंतु अब मेरे दु:ख का कारण यह है कि मैं बूढ़ा हो गया हूँ और बहुत से सत्कार्य तथा उत्तम एवं विकासमूलक गतिविधियों में सक्रिय रूप से भाग लेने में सक्षम नहीं हूँ।' उन्होंने अपने भाषण का समापन इस वाक्य से किया, 'मेरी एकमात्र इच्छा यह है कि मैं इस प्रगति अभियान का कुछ समय तक अवलोकन कर सकूँ।'

सचमुच, उनकी इच्छा पूरी हुई। पाँच वर्ष पश्चात् जुलाई 1991 में उन्होंने तत्कालीन वित्त मंत्री मनमोहन सिंह का वह बजट भाषण सुना, जिसमें देश की अर्थव्यवस्था को कालातीत बंधनों से मुक्त करने की उद्घोषणा की गई। उस बजट भाषण के तुरंत पश्चात् मेरी टिप्पणी यह थी कि जिस बात को लेकर लगभग तीन दशकों तक श्री टाटा सरकार से अनुरोध करते रहे, उसकी घोषणा सुनकर उन्हें संतोष अवश्य हुआ होगा। इस निर्णय के पीछे उन्होंने अपना योगदान नहीं माना, अपितु सरकार की नीतियों में आमूलचूल परिवर्तन के लिए सरकारी नीतियों के दिवालियापन को उत्तरदायी ठहराया। इसके साथ ही उन्होंने नए चिंतन एवं नीति-निर्माण के पीछे अपने सतत संघर्ष के योगदान को मानने से अस्वीकार कर दिया।

हालाँकि देश की दशा को देखकर वे अकसर दु:खी रहते थे, तथापि अपने जीवन के अंतिम सौ दिनों में भी वे उत्साह से परिपूर्ण रहे। इसका मुख्य कारण यह था कि उन्हें अपनी सृजनात्मक उपलब्धि पर संतोष था तथा वे जीवनपर्यंत उन लक्ष्यों को प्राप्त करते रहे, जो अन्य व्यक्तियों के लिए दिवास्वप्न जैसे थे।

एक बार उन्होंने मुझसे कहा था, 'मैं आश्वस्त हूँ कि मेरे पास बहुत धन नहीं है।' सन् 1944 में, जब वे सिर्फ चालीस वर्ष के थे, तब उन्होंने अपनी संपत्ति का पर्याप्त भाग जे.आर.डी. टाटा न्यास को दे दिया, जिसने उनके जीवनकाल के दौरान एक करोड़ रुपए से अधिक की राशि का दानार्थ उपयोग किया। न्यास की संपूर्ण संपत्ति श्री टाटा की देन है। वे जीवन में धन की लालसा में कोई काम नहीं करते थे। उपलब्धिजन्य आनंद के वशीभूत होकर वे कार्य संपन्न करते थे। मैं इस तथ्य को थोड़ा विस्तारपूर्वक बताना चाहता हूँ। भारत में अपने द्वारा नागरिक विमानन सेवा प्रारंभ करने की तीसवीं एवं पचासवीं वर्षगाँठ के अवसर पर उन्होंने दो बार वायुयान से यात्रा की। प्रथम यात्रा में उनके साथ बहुत कम लोगों ने जाने का प्रयास किया; किंतु द्वितीय यात्रा तो अविस्मरणीय रही। जब सन् 1982 में पचासवीं वर्षगाँठ के अवसर पर उन्होंने एक इंजनवाले लियोपार्ड मोथ विमान से उड़ान भरी तब उनकी

उम्र अठहत्तर वर्ष थी। अपने स्वागत में खड़े जनसमूह को इन शब्दों में संबोधित किया—'मैंने यह वायु यात्रा अपने देश के युवाओं में उत्साह और उमंग का संचार करने के उद्देश्य से संपन्न की। जब वे अठहत्तर वर्ष के होंगे और मेरा विश्वास है कि इनमें से प्रत्येक कम-से-कम अठहत्तर वर्ष तक अवश्य जीवित रहेंगे, तब वे अपने आपको मेरी तरह ऊर्जावान् महसूस करेंगे। प्रतिकूल एवं नैराश्यपूर्ण वातावरण में आशातीत सफलता प्राप्त करने का आनंद ही अलग होता है।'

यह आनंद उनकी निजी उपलब्धियों तक ही सीमित नहीं था, अपितु वे अपने मार्गदर्शन में उदीयमान प्रत्येक सहकर्मी को सफल देखना चाहते थे। जब बावन वर्ष तक टाटा समूह के अध्यक्ष रहने के पश्चात् उन्होंने त्याग-पत्र दिया तो उस समय के समाचार-पत्रों में यह खबर छपी थी कि श्री टाटा एकमात्र ऐसे उद्योगपति थे जिन्होंने अपने संगठन में ऐसे व्यक्तियों को मार्गदर्शन प्रदान किया, जो आगे चलकर स्वतंत्र रूप से प्रतिष्ठित व्यवसाय विशेषज्ञ बने।

जैसा कि विदित है, श्री टाटा स्वयं को व्यावसायिक उपलब्धि तक ही सीमित नहीं रखते थे, अपितु वे समाजोपयोगी संस्थाओं के निर्माण में भी सक्रिय रहते थे। उनके द्वारा निर्मित संस्थाओं में टाटा इंस्टीट्यूट ऑफ फंडामेंटल रिसर्च (T.I.F.R.) प्रमुख है। इसमें उन्होंने देश के परमाणु ऊर्जा कार्यक्रम के जनक डॉ. होमी जहाँगीर भाभा के साथ कंधे से कंधा मिलाकर काम किया। उनका विश्वास था कि कला एवं संगीत के बिना मानव जीवन अधूरा है। अपने कला एवं संगीत प्रेम को साकार करने के लिए उन्होंने नेशनल सेंटर फॉर द परफॉर्मिंग आर्ट्स (N.C.P.A.) की स्थापना में डॉ. होमी भाभा के भाई श्री जमशेद भाभा का साथ दिया। इन दो संस्थानों के अतिरिक्त उन्होंने बंगलौर स्थित नेशनल इंस्टीट्यूट ऑफ एडवांस्ड स्टडीज की स्थापना में भी सक्रिय योगदान दिया।

हिरोशिमा पर हुई बमबारी की घटना से पूर्व ही उन्होंने परमाणु शक्ति की विध्वंसक क्षमता का अंदाज लगा लिया था। उन्होंने इस संबंध में लिखा था—'यद्यपि परमाणु भौतिकी अभी शुद्ध विज्ञान का विषय है, किंतु भौतिक-विज्ञानियों का विश्वास है कि विज्ञान की इस शाखा की मदद से मनुष्य के हाथ में अक्षय एवं अपरिमित शक्ति आ जाएगी (उस समय वे परमाणु ऊर्जा की उपयोगिता विद्युत् शक्ति के निर्माण में करने के प्रति साकांक्ष थे)। परमाणु ऊर्जा के अध्ययन में होमी भाभा, चंद्रशेखर एवं अन्य वैज्ञानिक संलग्न हैं और यदि अवसर प्रदान किया जाए तो इस क्षेत्र के विस्तार की असीम संभावनाएँ हैं।'

बंबई स्थित N.C.P.A. के टाटा थिएटर के शिलान्यास के अवसर पर

जे.आर.डी. ने कहा था—'हमने चिकित्सा, विज्ञान एवं शिक्षा में अपने उल्लेखनीय कार्य के पश्चात् कला के क्षेत्र में इसलिए कदम रखा है, क्योंकि इस देश में नृत्य, संगीत एवं नाटक की गरिमामय परंपरा के बावजूद यहाँ नाट्य विधा नष्टप्राय होती जा रही है।' वहीं दूसरी ओर दुनिया के अन्य देशों में इस विधा को स्थायित्व प्रदान करने के लिए मुद्रण विधा की सहायता ली जाती रही है। इन दिनों अन्यत्र टेप अथवा रिकॉर्ड के माध्यम से इस विधा को सुरक्षित रखने का प्रयास किया जा रहा है। निस्संदेह अभिनय एवं नाट्येतर कलाओं जैसी विधाओं को पत्थरों अथवा चित्रों में उत्कीर्ण किया जा रहा है।

भारतीय कला, नृत्य, संगीत एवं नाटक को सुरक्षित रखने के ऐसे प्रयास पहले नहीं हुए हैं। ये विधाएँ गुरु-शिष्य परंपरा में अनुरक्षित रही हैं। ऐसी गरिमामय परंपरा के क्रमिक ह्रास के कारण समकालीन कलाविदों की रचनाएँ भी लुप्त होती जा रही हैं। इस राष्ट्रीय केंद्र का प्रथम उद्देश्य वर्तमान में उपलब्ध को संरक्षित कर उन्हें सुरक्षित करने के लिए रिकॉर्ड करना है तथा दूसरा उद्देश्य भारतीय नाट्य-कला का पुनरुद्धार करना है।

श्री टाटा ग्रामीण क्षेत्रों के उत्थान की चिंता करनेवाले प्रथम महत्त्वपूर्ण उद्योगपति थे। सन् 1969 में मद्रास में एक कार्यक्रम में उन्होंने कहा, 'ग्रामीण क्षेत्र में उद्योग-धंधे स्थापित होने चाहिए। उद्योग-स्थल के आस-पास के गाँवों की देखरेख का दायित्व उद्योगपतियों को लेना चाहिए। हमें अपने प्रबंधकों, अभियंताओं, चिकित्सकों और विशेषज्ञों को अवसर देना चाहिए, ताकि वे ग्रामीणों की सहायता कर सकें तथा उन्हें उचित परामर्श दे सकें। वे कंपनी तथा ग्रामीण जनों के संयुक्त प्रयास से चलनेवाले विकास की नई गतिविधियों की देखरेख कर सकें। परिवार-नियोजन कार्यक्रम में ग्रामीणों की सहायता एक महत्त्वपूर्ण सेवा होगी। इस तरह के कार्य को दान नहीं मानना चाहिए। निस्संदेह प्रारंभ में लाभ तो ग्रामीण लोगों को ही होंगे, किंतु औद्योगिक स्थल के आस-पास की आबादी स्वस्थ, संपन्न एवं शांतिपूर्ण रहने से अंततः लाभ कंपनी को होगा।' जे.आर.डी. की इच्छा को मूर्त रूप देने के लिए टाटा समूह की प्रमुख कंपनियों के 'संघ सिद्धांत' में संशोधन किया गया। अपने कर्मचारियों के कल्याण के साथ-साथ सामाजिक दायित्व को उनके उद्देश्य का एक हिस्सा बनाया गया।

परोपकार के कार्यों में जे.आर.डी. की काफी रुचि थी। अपरिचित व्यक्तियों के प्रति उनके मन में स्नेह था। वे कहा करते थे, 'हमारी सबसे बड़ी समस्या यह है कि हम प्रसन्नचित्त नहीं रहते। जब मैं कार में सफर करता हूँ और उस समय मुझे

कोई पहचान लेता है तो मैं उस व्यक्ति की ओर मुसकराते हुए देखता हूँ। मेरे इस व्यवहार से उन्हें प्रसन्नता होती है और इसके लिए मेरी किंचित् भी क्षति नहीं होती।' वे जीवन की छोटी-छोटी बातों में आनंद ढूँढ़ लेते थे, जबकि हममें से अधिकांश व्यक्ति स्वनिर्मित भँवरजाल में उलझे रहते हैं। उनके इस आनंद में व्यक्तिगत स्वार्थ जैसी कोई वस्तु नहीं होती थी। वे चाहते थे कि लोग आनंदमय जीवन व्यतीत करें। इस बात की पुष्टि इस उदाहरण से की जा सकती है—

एक अमेरिकी अर्थशास्त्री ने वक्तव्य दिया कि 'अगली शताब्दी में भारत के आर्थिक महाशक्ति बनने की संभावना है।' इसके प्रतिक्रियास्वरूप उन्होंने एक सभा में कहा, 'मेरी कामना भारत को सिर्फ आर्थिक महाशक्ति बनाने तक ही सीमित नहीं है अपितु देश में आनंदमय वातावरण बनाने की है।'

उन्होंने जिस कार्य को अपने हाथ में लिया, उसे निष्ठापूर्वक संपन्न किया। उनकी मातृभाषा फ्रेंच थी। उन्हें इस भाषा से प्रेम था और इसमें उनकी अच्छी पैठ थी। जब वे अपने जीवन के तीसरे दशक में भारत में आकर बस गए तो उन्होंने निश्चय किया कि वे अंग्रेजी का अच्छा ज्ञान प्राप्त करेंगे और यह कार्य उन्होंने कर दिखाया।

अपने इस प्रयास में उन्होंने कभी भी ढील नहीं दी। वे सदैव अभिव्यक्ति हेतु उचित शब्दों की तलाश में रहते थे। उन्नीसवीं शताब्दी के तीसरे दशक में वायु-यात्रा के दौरान वैमानिकी विषय पर यथा उपलब्ध पुस्तकों का अध्ययन किया करते थे। जब उन्होंने गोल्फ खेलना प्रारंभ किया तो गोल्फ से संबंधित पुस्तकें पढ़ते थे। जब उन्होंने टेनिस और ब्रिज खेलने का निश्चय किया तो इन दो खेलों पर उपलब्ध पुस्तकों का भी अध्ययन किया। जे.आर.डी. कभी कोई कार्य आधे-अधूरे मन से नहीं करते थे, अपितु वे अपने सभी कार्य उत्कृष्टतापूर्वक करना चाहते थे। सन् 1942 में उनके मन में स्वतंत्रता आंदोलन में सक्रिय रूप से भाग लेने की लालसा जाग्रत् हुई; किंतु उन्होंने अपनी भावनाओं पर नियंत्रण रखा। वे भारत की आर्थिक स्वतंत्रता के लिए प्रयासरत थे।

भारत की स्वतंत्रता के समय उनकी उम्र तैंतालीस वर्ष थी और वे बहुत आशान्वित थे। वे स्मरण करते हैं, 'निजी क्षेत्र एवं सरकार के बीच परस्पर सहयोग के संबंध में मेरे मन में महान् सपने एवं अपेक्षाएँ थीं।' किंतु उनके स्वप्न साकार न हो सके। संयुक्त प्रयास का एकमात्र सफल उदाहरण सन् 1948 में एयर इंडिया इंटरनेशनल का प्रादुर्भाव है।

जे.आर.डी. के व्यक्तित्व पर दो महाद्वीपों की छाप है। उनके पिता आर.डी.

टाटा (रतनजी दादाभाई टाटा) भारत में औद्योगिक क्रांति के अग्रदूत जमशेदजी टाटा के चचेरे भाई एवं सहयोगी थे। उन्होंने भारत में इस्पात उद्योग, जल-विद्युत् शक्ति संयंत्र एवं उच्च स्तरीय तकनीकी शिक्षा का सूत्रपात किया। उनकी माता फ्रांसीसी मूल की थीं, जिनके प्रति वे सदैव निष्ठावान् रहे। सन् 1904 में जनमे जे.आर.डी. की विद्यालयीय शिक्षा पेरिस, बंबई एवं याकोहामा में हुई। अपने अंग्रेजी ज्ञान में वृद्धि करने के लिए उन्होंने कुछ दिनों तक एक अंग्रेजी प्राथमिक विद्यालय में भी अध्ययन किया। उन्होंने इक्कीस वर्ष की उम्र से भारत में रहना प्रारंभ किया। यह अच्छा ही हुआ कि आर.डी. टाटा ने अपने बेटे जे.आर.डी. को अधिक दिनों तक सेना में नहीं रहने दिया। ज्यों ही जे.आर.डी. ने अपनी रेजिमेंट को छोड़कर भारत के लिए प्रस्थान किया, वैसे ही उस रेजिमेंट को मोरक्को भेज दिया, जहाँ उसका एक भी सैनिक जीवित नहीं बचा। जे.आर.डी. को अपने जीवन के अंतिम समय तक इस बात का दुःख रहा कि उन्हें पढ़ने के लिए कैंब्रिज नहीं भेजा गया। कैंब्रिज में उनके लिए एक स्थान आरक्षित था, किंतु उनके पिता ने उन्हें वापस बुला लिया। वे कहते थे कि इससे उनके मन में हीन भावना जाग्रत् हुई।

भारत लौटने पर सन् 1925 में टाटा समूह में उन्हें प्रशिक्षण के लिए प्रवेश दिया गया। इसके लगभग नौ माह पश्चात् उनके पिता का देहावसान हो गया और उन्होंने भारत के सबसे बड़े औद्योगिक समूह के निदेशक का पद-भार सँभाला। टाटा समूह इस्पात एवं विद्युत् शक्ति से लेकर साबुन एवं वस्त्र उद्योग तक में सक्रिय था।

अपने एक साक्षात्कार में उन्होंने कहा—'तकनीकी ज्ञान के अभाव में मेरा मुख्य कार्य प्रबंधन में संलग्न व्यक्तियों को प्रेरित करना था।' उन्होंने इस बात का उल्लेख किया कि किस प्रकार वे अलग-अलग व्यक्तियों से अपने तरीके से निपटते थे और उनमें स्थित उत्कृष्ट गुणों को उभारते थे। उनका कहना था कि कई बार आपको स्वयं की भावनाओं पर नियंत्रण रखना पड़ता है। यह कार्य कठिन होते हुए भी आवश्यक है। लोगों को स्नेहपूर्वक प्रेरित किया जा सकता है।

जब जे.आर.डी. चौंतीस वर्ष के थे, उस समय टाटा समूह के अध्यक्ष का अचानक निधन हो गया। तत्पश्चात् तीन वरिष्ठ निदेशकों की बैठक हुई और उन्होंने युवा जे.आर.डी. को अपनी मूल कंपनी टाटा संस का अध्यक्ष चुना। जब मैंने उनसे इस निर्णय का कारण जानना चाहा तो उनकी प्रतिक्रिया कुछ इस प्रकार थी—'उस समय हम लोग मानसिक उलझन की स्थिति में थे। हमारी इच्छा थी कि टाटा समूह का अध्यक्ष कोई टाटा ही बने।' जे.आर.डी. ने इस परंपरा का पालन नहीं

किया। उन्होंने अपनी गतिविधि उन्हीं कंपनियों तक सीमित रखी जिनमें उनकी उपस्थिति अनिवार्य थी।

आर.डी. टाटा का घर फ्रांस के तटीय क्षेत्र में इंग्लिश चैनल के ऊपर सर्वप्रथम उड़ान भरनेवाले ब्लेरियट नामक व्यक्ति के घर के पास स्थित था। ब्लेरियट के यहाँ कार्यरत एक पायलट सागर के तट पर अकसर अपना छोटा वायुयान उतारा करता था। उसने एक बार जे.आर.डी. को अपने वायुयान में चढ़ने का अवसर दिया। उस समय पंद्रह वर्ष के किशोर जे.आर.डी. ने निर्णय लिया कि एक दिन वह भी वायुयान उड़ाएगा। अपनी इच्छा को पूरा करने में उन्हें दस वर्ष तक प्रतीक्षा करनी पड़ी।

सन् 1929 में जे.आर.डी. ने उड्डयन विद्यालय से परीक्षा उत्तीर्ण की। इस पाठ्यक्रम में उन्होंने प्रथम स्थान प्राप्त किया। वे प्रथम भारतीय पायलट थे। इसके एक वर्ष बाद उन्होंने आगा खाँ ट्रॉफी में भाग लिया। यह भारत एवं इंग्लैंड के बीच अकेले उड़ान भरने का किसी भारतीय के लिए पहला अवसर था। जब उन्होंने मिस्र की अबूकीर खाड़ी में अपना विमान उतारा तो वहाँ लंदन से कराची उड़ान भरनेवाले एक अन्य अभियंता प्रतियोगी को स्पार्क प्लग के अभाव में उड़ान भरने में असमर्थ पाया। जे.आर.डी. ने अपनी उच्च खेल-भावना का प्रदर्शन करते हुए उस प्रतियोगी को अपना एक अतिरिक्त स्पार्क दे दिया और वे परस्पर विपरीत दिशा में उड़ान भरने लगे। वे अभियंता प्रतियोगी दो घंटे के अंतराल से विजयी हुए। जे.आर.डी. ने कहा—'मुझे प्रसन्नता हुई कि वे विजयी हुए, क्योंकि इससे उनको भारतीय वायु सेना में सेवा करने का अवसर मिला।' बाद में वे भारतीय वायु सेना के अध्यक्ष बननेवाले दूसरे भारतीय थे।

इससे जुड़ी जे.आर.डी. की कई रोमांचक दास्तानें हैं। 1930 के दशक के प्रारंभिक दिनों में नेविल विंसेंट नामक एक साहसी अंग्रेज व्यक्ति भारत आए और उन्होंने एक छोटे वायुयान में यात्रा की। उन्होंने जे.आर.डी. को वायु सेवा प्रारंभ करने का परामर्श दिया। इस कार्य को मूर्त रूप देना जे.आर.डी. का सपना था। इस कार्य के लिए सर दोराब को मना लिया गया। इस प्रकार टाटा संस की एक आनुषंगिक कंपनी के रूप में टाटा एयरलाइंस सेवा शुरू हुई।

'जब अक्तूबर माह में एक दिन प्रभातकालीन वेला में सूर्य प्राची में अपनी अरुणिमा बिखेर रहा था, उसी समय एक इंजनवाला पुसमोथ वायुयान डाक लेकर कराची से बंबई के लिए उड़ चला। उस दिन पुसमोथ में कार्यरत पायलट ने वायुयान के गड़गड़ाहट करने एवं उड़ान भरने के समय ईश्वर से प्रार्थना की।' टाटा

कहते थे। इस प्रकार भारत की प्रथम वायुयान सेवा का शुभारंभ हुआ।

यह वायु-सेवा आगे चलकर एयर इंडिया इंटरनेशनल के रूप में विकसित हुई और सन् 1948 में भारत सरकार के साथ संयुक्त उपक्रम के रूप में जे.आर.डी. ने लंदन के लिए प्रथम उड़ान प्रारंभ की। प्रारंभ में एयर इंडिया का कार्यालय लंदन हवाई अड्डे में एक वायुयान के कारवाँ में ही स्थित था। इसकी गणना आगामी तीस वर्षों में जे.आर.डी. के प्रभावशाली नेतृत्व में विश्व की उत्कृष्टतम वायु-सेवा में होने लगी।

जब जे.आर.डी. से उनके जीवन के सर्वाधिक आह्लादकारी अनुभव के विषय में पूछा गया तो उन्होंने कहा, 'मेरे जीवन में उड़ान भरने का अनुभव सर्वोत्कृष्ट रहा है। इसकी तुलना अन्य अनुभवों से नहीं की जा सकती है। प्रथम एकल उड़ान भरते समय रोमांच व उत्तेजना अनुभव हुई थी। इसके बाद एयर इंडिया का संचालन मेरे लिए महत्त्वपूर्ण अनुभव था, जिसमें मुझे अपनी इच्छानुसार निर्णय लेने की स्वतंत्रता थी। एक प्रकार से यह मेरे द्वारा संपन्न एक महत्त्वपूर्ण कार्य था।' वे बहुत ही विनम्र व्यक्ति थे। टेल्को के संस्थापक वही थे। इस कंपनी ने अपनी सफलता की नई ऊँचाइयों को चूमा और आज भी भारत के भारी वाहन बाजार में 70 प्रतिशत योगदान 'टेल्को' का ही है। टाटा समूह की 'टाटा संस' एवं 'टाटा स्टील' जैसी कंपनियों से वे अभिन्न रूप से जुड़े रहे, जहाँ से उन्होंने अपने व्यावसायिक जीवन की शुरुआत की थी।

जे.आर.डी. के लिए आनंदोपलब्धि के कई माध्यम थे। वे उम्र भर अपने शारीरिक सौष्ठव के प्रति साकांक्ष थे। सन् 1987 तक व्यायाम करते रहे। वे अपने आपको स्कीइंग के लिए तंदुरुस्त रखना चाहते थे। ऐसा वे एक स्की-केबल कार से गिरकर दुर्घटनाग्रस्त होने के समय तक करते रहे। इस दुर्घटना को उन्होंने मूर्खतापूर्ण दुर्घटना कहा। इसमें उनके अंग किंचित् क्षतिग्रस्त हुए। वे लगभग पचहत्तर वर्ष की उम्र तक टेनिस तथा विशेष रूप से गोल्फ खेलते रहे। उन्हें गर्व था कि उन्होंने लगभग चालीस वर्ष की उम्र में स्कीइंग करना प्रारंभ किया, जिस उम्र में प्रायः लोग खेल से संन्यास लेते हैं। वे चौरासी वर्ष की उम्र तक स्कीइंग करते रहे। जब वे युवा थे, उस समय तेज कार चलाना उन्हें अच्छा लगता था। बिना मडगार्ड के दाँतेदार पहिएवाली अपनी बुगाट्टी नामक कार को उन्हें बंबई में तेज रफ्तार में चलाना अच्छा लगता था। यदि विमान-चालन में उनकी अच्छी रुचि न होती तो वे ग्रैंड प्रिक्स प्रतियोगिता में भाग लेने के विषय में सोच सकते थे।

अपनी व्यस्तता के बावजूद मानवीय यंत्रणा एवं अपने देशवासियों की विपन्न

अवस्था के प्रति वे सदैव संवेदनशील बने रहे। एक बार बंबई में सड़क पार करते हुए एक गरीब आदमी को देखकर उन्होंने मुझसे कहा, 'देखो, उस बेचारे के सिर पर जो कुछ है, कदाचित् उसकी कुल संपत्ति इतनी ही है।'

वे अभावग्रस्त सहस्रों व्यक्तियों के जीवन की मरुस्थली को सदानीरा निर्झर बनकर अहर्निश सिंचित करना चाहते थे। उनकी इस भावना का प्रतिबिंब उनके द्वारा व्यापक स्तर पर की गई लोक-कल्याणकारी गतिविधियों में परिलक्षित हुआ। उन्हें कई अन्य गतिविधियों से गहरा लगाव था। वे भारत में नारी की दयनीय अवस्था के प्रति चिंतित रहते थे। अपनी मृत्यु से दो वर्ष पूर्व उन्होंने नारी के उत्थान के लिए 'जे.आर.डी. एवं थेल्मा जे. टाटा' नाम से एक न्यास की स्थापना की।

वे जिंदगी में कभी भी पुरस्कार, अलंकरण एवं सम्मान के पीछे नहीं भागे, तथापि उनका कार्यक्षेत्र इतना अनुकरणीय रहा कि सम्मान स्वतः चलकर उनके पास पहुँचते रहे। उन्हें 'डेनियल गगेनहेम' पुरस्कार सहित उड्डयन क्षेत्र के अनेक सम्मानों से सम्मानित किया गया। सन् 1992 में उन्हें अपने देश के सर्वोच्च नागरिक सम्मान 'भारत रत्न' से सम्मानित किया गया।

29 नवंबर, 1993 को जिनेवा में जे.आर.डी. टाटा का निधन हो गया। इस समाचार की घोषणा करते हुए बी.बी.सी. ने उन्हें 'भारतीय उद्योग जगत् का युगपुरुष' कहा। दुनिया के लिए वे एक समर्थ एवं विख्यात व्यक्तित्व थे, किंतु अपने अंतरंग लोगों की दृष्टि में वे दूसरों की चिंता करनेवाले महामना थे। उनकी इच्छा थी कि लोग उन्हें अपने दायित्व का पालन करनेवाले एक ईमानदार व्यक्ति के रूप में स्मरण करें।

[आर.एम. लाला द्वारा लिखित पुस्तक 'द जॉय ऑफ एचीवमेंट : कन्वर्सेशंस विद जे.आर.डी. टाटा' नामक पुस्तक से उद्धृत अंश]

बॉम्बे हाउस—जहाँ से जे.आर.डी. टाटा ने अपना व्यावसायिक जीवन प्रारंभ किया।

अंतर्यात्रा

स्वतंत्रता एवं स्वातंत्र्योत्तर काल

यादों के झरोखे से

जे.आर.डी. टाटा का जन्म सन् 1904 में पेरिस में हुआ था। उनकी प्रारंभिक शिक्षा पेरिस के जसाँ बेसिली में हुई। भारत लौटने पर उन्होंने कैथेड्रल हाई स्कूल में अध्ययन किया। विद्यालय में उनका प्रिय विषय फ्रांसीसी गीत की संरचना था।

सन् 1925 में वे 'टाटा संस' कंपनी से संबद्ध हुए, जिसके संस्थापक निदेशक उनके पिता आर.डी. टाटा सहित जमशेदजी एवं दोराबजी टाटा थे। सन् 1926 में अपने पिता की मृत्यु के पश्चात् उन्होंने टाटा संस के निदेशक का कार्यभार सँभाला। इसके कुछ समय पश्चात् वे टाटा स्टील से जुड़े। उनके प्रयास के फलस्वरूप सन् 1932 में टाटा संस की आनुषंगिक कंपनी के रूप में 'टाटा एयरलाइंस' की स्थापना कर उड्डयन के क्षेत्र में कदम रखा। टाटा एयरलाइंस की स्थापना के साथ ही भारत में नियमित रूप से वायु परिवहन सेवा प्रारंभ हुई। यह एयर इंडिया के रूप में विकसित हुई, जिसके राष्ट्रीयकरण के पश्चात् सन् 1978 तक जे.आर.डी. इसके अध्यक्ष बने रहे।

सन् 1938 में टाटा संस में सभी निदेशक उनसे वरिष्ठ थे। उस समय उन्होंने जे.आर.डी. को भारत के सबसे बड़े औद्योगिक समूह का अध्यक्ष चुना। अपने छियालीस वर्ष के कार्यकाल के पश्चात् 1985 में उन्होंने टाटा स्टील के अध्यक्ष पद से त्याग-पत्र दिया। अपने साठ वर्ष के सक्रिय कार्यकाल में जिन व्यक्तियों एवं विषयों से उनका सामना हुआ, उनपर इस पुस्तक में उन्होंने अपने विचार व्यक्त किए हैं। साथ ही, इसमें टाटा द्वारा स्थापित इस्पात नगर की यादें बसी हुई हैं।

स्वतंत्रता एवं स्वातंत्र्योत्तर काल

[10 अप्रैल, 1981 को बंबई विश्वविद्यालय द्वारा जे.आर.डी. टाटा को 'डॉक्टर ऑफ लॉ' की मानद उपाधि प्रदान करने हेतु आयोजित विशेष दीक्षांत समारोह के अवसर पर दिया गया अभिभाषण।]

सर्वप्रथम, मैं संक्षेप में विगत पचास वर्षों में देश के विकास की दिशा का पुनरावलोकन करना चाहूँगा। साथ ही समकालीन इतिहास के इस रोमांचक कालखंड के उन प्रभावकारी क्षणों एवं घटनाओं को मैं याद करना चाहूँगा, जिनसे मेरा साक्षात्कार हुआ था; किंतु उन क्षणों एवं घटनाओं की मात्र झलक ही प्रस्तुत कर सकूँगा।

जब पचपन वर्ष पूर्व मैंने टाटा समूह में अपना व्यावसायिक कैरियर प्रारंभ किया तो पर्याप्त शिक्षा-दीक्षा न होने के बावजूद मेरे मन में संवेगों एवं भावनाओं की उद्दाम लहरें हिलकोरे मार रही थीं। स्थिति के विरुद्ध मेरे मन में तीव्र प्रतिक्रिया हुई। जहाँ एक ओर हमारा देश विदेशी शक्ति के दासत्व के बंधन में था, वहीं दूसरी ओर देशवासी विपन्नता के भ्रमर-जाल में फँसे हुए थे। कहाँ एक ओर वैभवशाली यूरोप, जहाँ मैंने अपनी युवावस्था का अधिकांश समय व्यतीत किया और कहाँ दासत्व के बंधन में आबद्ध यह विपन्न देश!

कई बार ब्रितानी शासकों के विरुद्ध मेरे स्वर उतने परिपक्व नहीं थे। मुझे वह घटना याद आती है जब मैं सन् 1930 में अपनी युवा पत्नी के साथ बंगाल के तत्कालीन गवर्नर सर स्टैनली जैक्सन के घेराव के लिए जमा भीड़ में शामिल हो गया था। वे कलिंपोंग से किसी समारोह में भाग लेकर वापस दार्जिलिंग आनेवाले थे। दार्जिलिंग-सिलीगुड़ी मार्ग पर सैकड़ों वाहनों को रोक दिया गया था। ऐसा इसलिए किया गया था, ताकि सर जैक्सन की गाड़ी निर्विघ्न रूप से पहले गुजर

जाए। उस समय बंगाल के युवकों में वायसरॉय के विरुद्ध आवाज उठाने का फैशन हो गया था। वे तो इसे मनोरंजन का साधन मानते थे; किंतु अकारण एवं सुनियोजित योजना के अभाव में ऐसा करना बुद्धिमत्तापूर्ण कार्य नहीं कहा जा सकता। मेरे मनोरंजन पर तुषारपात तब हुआ, जब मेरी पत्नी इस कार्य से पीछे हट गईं। हमारी अपेक्षाओं के प्रतिकूल उनके पीछे हटते ही वायसरॉय के मार्ग में कुछ भी अवरोध नहीं रहा। ऐसा उन्होंने इसलिए किया, क्योंकि वह उस भीड़ पर अपनी सम्मोहक आवाज का जादू बिखेरना चाहती थीं, जिसका मैं नेतृत्व कर रहा था।

जनता का आर्थिक शोषण मेरे लिए चिंता का विषय था। उनके लिए मुक्ति-मार्ग प्रशस्त करने के प्रति मेरी अनुरक्ति पूर्ववत् है। उस समय मेरी भावना निष्कलुष थी और मैं जनता के आर्थिक उन्नयन के लिए अधीर था। मैं अकसर कल्पना करता था कि राजनीतिक स्वतंत्रता के पश्चात् मेरी तरह उद्योग-व्यापार में संलग्न लोग देश के नवनिर्माण, जनता के उच्चस्तरीय जीवन तथा उन्हें अभाव एवं भय से मुक्ति दिलाने के लिए क्या कर सकते हैं।

जब सन् 1938 में टाटा समूह में कार्यरत मुझसे वरिष्ठ समस्त सहकर्मियों ने अपनी मानसिक उलझन के क्षण में मुझे अपना अध्यक्ष चुना तो मैंने जमशेदजी की परिकल्पना के अनुरूप राजनीतिक रूप से स्वतंत्र तथा आर्थिक दृष्टि से सशक्त भारत के निर्माण एवं इसके आर्थिक विकास में महत्त्वपूर्ण भूमिका के निर्वहण के प्रति अपने आपको समर्पित करने का निश्चय किया; किंतु इसके लिए सर्वप्रथम भारत की स्वतंत्रता आवश्यक थी। इस कार्य में मैं अपनी भूमिका की तलाश कर रहा था। उस समय मैं एक समृद्ध व्यक्ति था। मोतीलाल नेहरू, महात्मा गांधी, जवाहरलाल नेहरू एवं वल्लभभाई पटेल जैसे नेताओं से मेरा व्यक्तिगत परिचय था। मेरी इच्छा थी कि स्वतंत्रता संग्राम में मैं इन लोगों का साथ दूँ। संयोग से मुझे शीघ्र ही यह महसूस हुआ कि ऐसे विशिष्ट महापुरुषों के संसर्ग के बावजूद मेरा व्यक्तित्व राजनीति करने एवं जेल जाने के अनुरूप नहीं है। विगत वर्षों में राजनीतिक मूल्यों में आई गिरावट तथा इसके वर्तमान पतनशील परिदृश्य को देखते हुए राजनीति से अपने आपको अलग रखने के निर्णय पर मुझे कोई अफसोस नहीं है।

मैं अपनी युवावस्था में जवाहरलाल नेहरू को स्वतंत्रता दिलानेवाले महान् सेनानायक के रूप देखता था। मुझे विश्वास था कि वे देश में एक सुखद-समृद्ध परिवेश का निर्माण करेंगे। हालाँकि हम दोनों अच्छे दोस्त थे; किंतु मुझे दुःख है कि कुछ विषयों पर हमारे बीच उतने अनुकूल संबंध स्थापित नहीं हो सके। उनका

अनुमान था कि उनके प्रति मेरे मन में आदर है, किंतु आर्थिक मुद्दे पर हमारे बीच मतैक्य नहीं है। जब भी मैंने उनसे इस मुद्दे पर बातचीत करनी चाही तो वे खिड़की से बाहर की ओर देखने लगते थे। यह बात को अनसुनी करने का उनका चिरपरिचित अंदाज था। मैं वल्लभभाई पटेल के साथ अपने आपको सहज महसूस करता था। उनका व्यक्तित्व महान् था, जिसे देखकर हम विस्मित होते रहते थे। उनकी कठोर आकृति में कोमल हृदय एवं प्रत्युत्पन्न मति का समावेश था।

द्वितीय विश्वयुद्ध के प्रारंभ होने तथा फ्रांस की पराजय से भारत के राजनीतिक परिवेश में परिवर्तन हुआ। साथ ही ब्रिटिश सरकार के प्रति दृष्टिकोण में बदलाव आया। इस संबंध में मेरी धारणा स्पष्ट थी कि नाजी जर्मनी की जीत से यूरोप में न सिर्फ स्वतंत्रता एवं प्रजातंत्र को क्षति पहुँचेगी, अपितु संपूर्ण पश्चिमी राष्ट्रों के इससे प्रभावित होने के साथ-साथ भारत की स्वतंत्रता में भी विलंब होगा। दृष्टिकोण में इस परिवर्तन के बावजूद राष्ट्रीय स्वतंत्रता आंदोलन के प्रति मैं पूर्ण निष्ठावान् बना रहा। इसके विपरीत, मेरा विश्वास था कि युद्ध में भारत की भूमिका से धुरी राष्ट्रों की पराजय होगी और इसके फलस्वरूप हम स्वतंत्र होंगे। मैं द्वितीय विश्वयुद्ध में भारत की भूमिका का समर्थन करता था।

युद्ध में मित्र राष्ट्रों की अंतिम रूप से विजय मिलने के प्रति मेरी आस्था उस समय बलवती हुई जब टाटा की एक आनुषंगिक कंपनी द्वारा भाप विद्युत् संयंत्र हेतु सामग्री स्वीडन से मँगाने संबंधी आदेश युद्ध से पूर्व दिया गया था और उसकी आपूर्ति सन् 1941 में कर दी गई। उस समय जर्मन सेना द्वारा रूस पर आक्रमण किया गया था। जर्मन सेना मॉस्को तक पहुँच गई थी। मेरे संतोष का कारण यह था कि सामग्री उत्तर में आर्चेनगेल से चलकर दक्षिण में बाकू होते हुए अधिकृत मॉस्को के रेलयार्ड्स तक पहुँचकर मध्य एशिया के रास्ते भारत पहुँची। मॉस्को के उस रेलयार्ड्स से कुछ ही मील की दूरी पर जर्मन सेना तैनात थी। किंतु उपकरण ठीक से भारत पहुँच गए थे। उपकरण प्रतिस्थापित करने से बहुत पूर्व हमने इस हेतु अमेरिका को अपनी माँग भेज दी थी। इस प्रकरण का महत्त्वपूर्ण पक्ष यह है कि रूस की विवशता की जितनी चर्चा अखबारों में की जाती थी, वह उतना विवश नहीं था। युद्ध के आतंकपूर्ण माहौल में भी व्यावसायिक गतिविधियों के लिए उसने अपनी रेल सेवा सुचारु बनाए रखी।

जब युद्ध ने विभीषिका का रूप धारण कर लिया और अपनी अंतिम परिणति की ओर अग्रसर हो गया तो मेरा ध्यान युद्धोत्तर आर्थिक परिदृश्य की ओर गया। आज के बहुत से राजनीतिज्ञों की भाँति उन दिनों के राजनेता भी अर्थशास्त्र में बहुत

कम रुचि लेते थे। गांधीजी और जवाहरलाल में यह प्रवृत्ति नहीं थी। अर्थशास्त्रीय विषयों में वे पर्याप्त ज्ञान एवं रुचि रखते थे। जवाहरलाल नेहरू की मानसिक प्रतिबद्धता रूस के विकास के मॉडल के प्रति थी, जिसको मैं नहीं चाहता था। जबकि गांधीजी का मूलभूत औद्योगिक दर्शन आकर्षक होते हुए भी ग्रामीण अर्थव्यवस्था-प्रधान भारत जैसे देश में आर्थिक समृद्धि एवं खुशहाली के लिए आवश्यक औद्योगिक आधारभूत संरचना के निर्माण में अक्षम था।

जब स्वतंत्रता के प्रारंभिक वर्षों में राष्ट्रीय परिदृश्य पर राजनीतिक समस्या के घटाटोप की तरह छा जाने की संभावना थी, उस समय भी मेरे मस्तिष्क में यह तथ्य स्पष्ट था कि देश की सबसे प्रमुख एवं तात्कालिक आवश्यकता इसकी आर्थिक प्रगति है तथा इसे विशेष रूप से द्रुत औद्योगिकीकरण के मार्ग पर अग्रसर होना चाहिए। अतएव, मैं सोचता था कि यही उपयुक्त समय है, जब भारतीय व्यावसायिक वर्ग देश की स्वातंत्र्योत्तर आवश्यकताओं के विषय में पहले से सोचे। इसके साथ-साथ मैं यह भी उनसे अपेक्षा रखता था कि देश के नवनिर्माण में उनको प्रदान की जानेवाली महत्त्वपूर्ण भूमिका के विषय में भी कृतसंकल्प रहें।

अतएव सन् 1944 में मैंने टाटा समूह के अपने तीन सहकर्मियों के साथ-साथ अन्य चार प्रमुख व्यवसायी मित्रों* के सान्निध्य में एक बैठक आयोजित की। इसमें हमने युद्धोत्तर काल में भारत की आर्थिक विकास योजना पर विचार-विमर्श हुआ। इसकी रिपोर्ट डॉ. जॉन मथाई द्वारा लिखी गई और इसे सन् 1944 में ही प्रकाशित किया गया। इसके प्रति बुद्धिजीवियों में तीव्र प्रतिक्रिया हुई। लोग डॉ. मथाई के मानसिक संतुलन के विषय में शंका करने लगे। इसमें जनता के भोजन, वस्त्र एवं आवास जैसी मूलभूत आवश्यकताओं पर विचार किया गया था। इस रिपोर्ट को 'बॉम्बे प्लान' के नाम से जाना जाता है। इसमें आगामी पंद्रह वर्षों में भारत के सकल राष्ट्रीय उत्पाद को तिगुना कर प्रति व्यक्ति आय को दुगुना करने का लक्ष्य रखा गया। ऐसा आकलन 10 हजार करोड़ रुपए के अनुमानित व्यय को आधार मानकर किया गया, जो युद्ध पूर्व मूल्य के अनुसार तत्कालीन राष्ट्रीय उत्पाद का चौगुना था। वस्तुत: जब सन् 1951-52 में भारत सरकार ने अपनी प्रथम पंचवर्षीय योजना प्रारंभ की तब तक रुपए का अवमूल्यन होने के कारण यह

---

* टाटा समूह के तीन सहकर्मी—सर आर्देशिर दलाल, श्री ए.डी. श्रॉफ एवं डॉ. जॉन मथाई और चार व्यवसायी मित्र—सर श्रीराम, सर पुरुषोत्तमदास ठाकुरदास, श्री घनश्याम दास बिड़ला एवं श्री कस्तूरभाई लालभाई।

आँकड़ा 43 हजार करोड़ रुपए तक पहुँच गया, जो वर्तमान मूल्य के अनुसार 220 हजार करोड़ रुपए से कम नहीं होगा।

यह दु:ख का विषय है कि हमारे 'बॉम्बे प्लान' के सैंतीस वर्ष तथा भारत नियोजित विकास कार्यक्रम प्रारंभ करने के तीस वर्ष के बाद भी हमारे देश में प्रति व्यक्ति आय में 50 प्रतिशत की ही वृद्धि हुई है, जबकि हमारी योजना में पंद्रह वर्ष में प्रति व्यक्ति आय में 100 प्रतिशत वृद्धि करने का लक्ष्य रखा गया था।

हालाँकि, आर्थिक क्षेत्र में अपेक्षित प्रगति न होने के कई कारण थे। इसका एक प्रमुख कारण यह था कि हमारी नई सरकार को पर्याप्त अनुभव नहीं था और समस्याएँ जटिल एवं विकराल थीं। नई सरकार एक के बाद एक समस्याओं से जूझती रही। युद्ध के बाद की स्थिति, विभाजन की त्रासदी, देशी रियासतों का भारत संघ में विलय, एक वृहद् संविधान का निर्माण व अंगीकरण और बाढ़ एवं सूखा जैसी आपदाओं के चलते आर्थिक प्रगति में बाधा पड़ी। स्वतंत्र भारत की प्रथम सरकार ने इन समस्याओं का समाधान दक्षतापूर्वक एवं निष्ठापूर्वक किया। किंतु इतिहास उनको तथा परवर्ती सरकार को आनेवाले दशकों में जनता के जीवन-स्तर में अपेक्षित सुधार न लाने में हुई विफलता के लिए क्षमा नहीं कर सकता। जनता के जीवन-स्तर में सुधार किसी भी विकास योजना का मुख्य उद्देश्य होता है।

सरकार की पहली असफलता तो भारत में जनसंख्या की वृद्धि-दर को कम करने के लिए ठोस कार्यनीति का न होना था। कदाचित् मैं पहला व्यक्ति था, जो मैंने लगभग तीस वर्ष पहले सन् 1951 में अपने एक जनसभा में जनसंख्या-वृद्धि के घातक परिणामों के विषय में सचेत किया था।

मेरी बात को न सिर्फ नकारा गया, अपितु इसके लिए मेरी आलोचना भी की गई। लोग तर्क देते थे कि जनसंख्या-वृद्धि से देश सशक्त होगा।

जब जनसंख्या-वृद्धि के दुष्प्रभाव से सरकार घबराने लगी और इस दिशा में कुछ ठोस उपाय करने पर विचार करना प्रारंभ किया तब इस हेतु योजनागत प्रावधान एवं संसाधन अपर्याप्त लग रहे थे। स्थिति अभी भी यथावत् है। फलस्वरूप विगत तीस वर्षों में जनसंख्या में सुरसा के मुख की तरह हुई वृद्धि के कारण आर्थिक प्रगति के सही लाभ से जनता वंचित रह गई।

तथापि अत्यधिक जनसंख्या-वृद्धि को अपेक्षित आर्थिक प्रगति न होने का एकमात्र कारण नहीं माना जा सकता है। इसके अतिरिक्त विपन्नता से आहत ग्रामीण भारत पर उचित ध्यान न दिया जाना, रोजगार के अवसर में पर्याप्त वृद्धि न होना तथा जीवन-स्तर में वांछित प्रगति न होना इसके अन्य कारण हैं। इसके साथ

ही भारी उद्योग के विकास पर अत्यधिक जोर दिया गया।

उस समय एक आधारहीन विश्वास भी प्रचलित था। लोग मानते थे कि लोक-कल्याणकारी राज्य का निर्माण राज्य-संचालित पूँजीवाद के बल पर ही हो सकता है। यद्यपि इस मान्यता को दुनिया के अन्य देशों में निरस्त कर दिया गया; किंतु भारत में इस विश्वास के कारण औद्योगिक विकास का जिम्मा सार्वजनिक क्षेत्र के उपक्रमों को सौंप दिया गया। इन उपक्रमों को अल्प संसाधन तथा औद्योगिक अनुभव-रहित लोक-प्रशासकों के बल पर खड़ा किया जाना था।

प्रारंभ से आज तक सार्वजनिक क्षेत्र के उपक्रमों पर मंत्रालय के नौकरशाहों का नियंत्रण रहा है और कार्मिकों का अकसर स्थानांतरण कर दिया जाता रहा है। इससे प्रगतिगामी प्रयास बाधित होते हैं तथा कार्यक्षमता पंगु हो जाती है। इन बाधाओं के कारण सार्वजनिक क्षेत्र के उपक्रम देश में परिवहन, विद्युत् तथा कोयला जैसी मौलिक आधारभूत संरचनाएँ जुटाने में असफल हो गए। इसके परिणामस्वरूप विद्युत् आपूर्ति तथा उत्पादन में कमी के साथ-साथ लाखों टन कोयले का ट्रक से परिवहन कर मूर्खतापूर्ण अपव्यय जैसी गतिविधियों का सामना करना पड़ा। इस कारण देश की जनता अभी भी कष्टपूर्ण जीवन व्यतीत कर रही है।

इस संदर्भ में एक बात स्वीकार करना उचित होगा कि सैद्धांतिक दबाव के बावजूद इस देश की सरकारें मिश्रित अर्थव्यवस्था की अवधारणा के अनुरूप कार्य करती रही हैं। इससे निजी क्षेत्र के उपक्रमों को देश के आर्थिक विकास में योगदान करने का थोड़ा-बहुत अवसर मिला। दुर्भाग्यवश उपर्युक्त सैद्धांतिक कारणों से ही निजी क्षेत्र का विकास अवरुद्ध हुआ, जिसके संसाधनों तथा प्रबंधन अनुभवों के योगदान से देश की आर्थिक प्रगति हो सकती थी। कोटा-परमिट राज की लाल-फीताशाही के कारण निजी क्षेत्र के प्रचालन एवं क्षमता पर असर पड़ा।

हमें आश्चर्य होता है कि जर्मनी एवं जापान जैसे युद्ध से आहत देशों के साथ-साथ कई विकासशील देशों में संवेदनशील एवं परिणाम आधारित आर्थिक नीतियाँ अपनाई गईं, जिसके फलस्वरूप उन देशों की सकल राष्ट्रीय उत्पाद-दर बहुत अधिक रही है। कुछ देशों में यह दर 10 प्रतिशत प्रतिवर्ष रही है। वहीं भारत में विगत तीस वर्षों में सकल राष्ट्रीय उत्पाद-दर 3.5 प्रतिशत और प्रति व्यक्ति आय में 1.4 प्रतिशत की वृद्धि हुई है। परिणामस्वरूप हमारे देश की आधी जनसंख्या गरीबी रेखा से नीचे जीवन-यापन करती है।

विगत पचास वर्षों की यात्रा के बाद भी यह दु:ख का विषय है कि मेरे जैसे हजारों लोगों ने देश के विकसित भविष्य के लिए जो स्वप्न देखा था, वह पूरा नहीं

हुआ। आज जैसे लाखों युवकों के मन में भविष्य के प्रति जो कामना अथवा चिंता है, किसी समय इस अवस्था से मैं भी गुजरा हूँ। किंतु अब वह समय व्यतीत हो चुका है, जब मैं किसी नवनिर्माण में स्वयं भाग लेता। यह आज की पीढ़ी को सोचना है कि आगामी पचास वर्षों में वे स्वयं तथा भावी संतति को किस प्रकार का जीवन प्रदान करेंगे।

□

यादों के झरोखे से

[22 अगस्त, 1963 को जमशेदपुर के लायंस क्लब में दिया गया अभिभाषण।]

काश, मैं आइंस्टाइन जितना महान् होता और जैसा उन्होंने एक अवसर पर किया वैसा कर पाता! एक बार उनका भाषण सुनने के लिए एक कार्यक्रम आयोजित किया गया, जिसमें प्रत्येक प्रतिभागी से 100 डॉलर लेकर रात्रिभोज पर आमंत्रित किया गया था। उस कार्यक्रम में अमेरिका के सभी क्षेत्रों के गण्यमान्य व्यक्ति आए, विशेष रूप से विज्ञान जगत् से संबंधित व्यक्ति। जब आइंस्टाइन के बोलने का अवसर आया तो वे उठे और बोले, 'मुझे कुछ नहीं कहना है।' रात्रिभोज में धन के अपव्यय के साथ-साथ लोगों के विस्मय का अंदाजा भी आप लगा सकते हैं। अपने वक्तव्य के निराशाजनक प्रभाव का अनुमान कर आइंस्टाइन उठे और श्रोताओं को संबोधित किया, 'जब मुझे कुछ कहना होगा तो उसके विषय में आप अवश्य जान पाएँगे।' लगभग छह माह के पश्चात् प्रति प्रतिभागी 100 डॉलर लेकर रात्रिभोज का एक वैसा ही कार्यक्रम आयोजित किया गया और उसमें आइंस्टाइन ने श्रोताओं को संबोधित किया। इस उदाहरण के अनुसरण की मेरी किंचित् भी इच्छा नहीं है।

जमशेदपुर के साथ मेरा संबंध तब से है जब बीसवीं शताब्दी के दूसरे दशक में मैं अपने पिता के साथ यहाँ आया था। मैं यहाँ आने के विषय में सोचकर उस क्षण के रोमांच को अभी भी याद कर रहा हूँ। मैं यहाँ के काम देखने के लिए उत्तेजित था। उन दिनों और कुछ समय बाद तक जमशेदपुर के सबसे प्रभावशाली व्यक्ति के रूप में टाटा के महाप्रबंधक टी.डब्ल्यू. ट्यूटविलर को माना जाता था। वे जमशेदपुर के बेताज बादशाह थे। लोग उन्हें इसी रूप में जानते-मानते और उनसे प्रेम-भाव रखते थे। उनका व्यवहार भी बादशाह की तरह ही था। ट्यूटविलर का मानना था कि कई उपलब्धियों में उनका हाथ तो अवश्य था, किंतु उनमें

पोकर* खेल का विशेष योगदान था। उन दिनों प्रत्येक वर्ष क्रिसमस के समय जमशेदपुर में टाटा आयरन ऐंड स्टील कंपनी के निदेशक मंडल की बैठक हुआ करती थी (ट्यूटविलर के टाटा छोड़ने के पश्चात् ऐसा शायद ही हो पाया है)। उनका सम्मेलन किसी विशेष उद्देश्य से आयोजित नहीं किया जाता था, अपितु वे ट्यूटविलर के साथ पोकर खेलने आते थे और अपनी थोड़ी-बहुत जमा राशि वापस ले जाते थे। मुझे ठीक से याद है कि लगातार जिन चार वर्षों तक मुझे ट्यूटविलर को देखने का अवसर मिला, उन वर्षों के दौरान वे शारीरिक रूप से स्वस्थ एवं सुडौल होते हुए भी पोकर खेल में जीत नहीं पाते थे। वे समझ नहीं पाते थे कि जिस देश में इस खेल का जन्म हुआ अथवा इसे लोकप्रिय बनाया, उसी के नागरिक से भारतीय लोग इस खेल में कैसे जीत जाते थे।

ट्यूटविलर को लोग उनकी कठोर भाषा के लिए भी जानते थे। एक बार तो उन्हें इसके कारण अनपेक्षित एवं अप्रिय स्थिति का सामना करना पड़ा। उनकी कठोर भाषा के कारण जमशेदपुर में पहली बड़ी हड़ताल हुई। उन दिनों एक पारसी सज्जन फोरमैन के रूप में कोक ओवन में काम करते थे। वे कॉलरवाली कमीज पर टाई लगाकर आते थे। एक दिन कुछ मनोनुकूल नहीं हुआ और ट्यूटविलर की मनःस्थिति ठीक नहीं थी। उन्होंने उस सज्जन की टाई पकड़कर कहा, 'इस शहर में ईश्वर ने टाई-कॉलर पहनने के लिए यदि किसी को भेजा है तो वह मैं हूँ।' उस सज्जन का नाम श्री मानेक होमी था। उन्होंने तुरंत अपना त्याग-पत्र दिया और श्रमिक संघ की स्थापना कर डाली। अंततोगत्वा इसके रुचिकर परिणाम निकले और हड़ताल हुई।

आजकल हमारे मनोमस्तिष्क पर आर्थिक विचार छाए रहते हैं; किंतु हम उन दिनों आज की तरह करोड़ में नहीं, अपितु हजारों-लाखों में ही संतुष्ट हो जाते थे। जब हम उन दिनों के बारे में सोचते हैं तो याद आती है कि हम पैसे के खर्च के विषय में चिंता नहीं करते थे, अपितु आर्थिक उपार्जन के स्रोत ढूँढ़ते रहते थे। प्रथम विश्वयुद्ध के बाद के प्रारंभिक दिनों की याद मेरे मानस-पटल पर विद्यमान है। उन दिनों बंबई में हम यह नहीं जानते थे कि हमारे लोगों को पारिश्रमिक देने के लिए रुपए कहाँ से आएँगे और आनेवाले समय में इसके लिए प्रबंध किस प्रकार हो पाएगा। ऐसा सुरक्षा इंतजाम लागू करने तथा टाटा इस्पात उद्योग को बचाने के लिए सर दोराब द्वारा अपनी संपत्ति देने की घोषणा करने से पूर्व होता था।

---

* ताश का एक प्रकार का खेल।

उस समय इस्पात का मूल्य अविश्वसनीय रूप से कम था। मुझे याद है कि इस्पात की सिल्ली 110 रुपए प्रति टन के हिसाब से भारत में आयातित की जाती थी। उस समय हमारे पास युद्ध से पूर्ववाला संयंत्र ही था। नए संयंत्र की स्थापना नहीं की जा सकी थी।

सीमा-शुल्क सुरक्षा उपायों को लागू करवाने में मेरे पिता को तीन-चार वर्ष का समय लगा था। इसके लिए राजनीतिक संघर्ष करना पड़ा। प्रधानमंत्री जवाहरलाल नेहरू के पिता पं. मोतीलाल नेहरू की सहायता से सीमा-शुल्क आयोग का गठन किया जा सका। मैं सीमा-शुल्क बोर्ड के प्रथम अध्यक्ष सर जॉर्ज रैने को संयोग से जानता हूँ। वे एक विशिष्ट ब्रितानी नागरिक थे। जब वे प्रथम सीमा-शुल्क बोर्ड की बैठक में भाग लेने जमशेदपुर आए तो उन्होंने हमारे प्रतिनिधि श्री पीटरसन को भव्य रूप से संबोधित करते हुए कहा, 'क्या आप टाटा लौह एवं इस्पात कंपनी के प्रबंध निदेशक श्री पीटरसन हैं?' श्री पीटरसन ने इसका सकारात्मक उत्तर दिया। तब उन्होंने श्री ट्यूटविलर से कहा, 'क्या आप महाप्रबंधक श्री ट्यूटविलर हैं?' इसपर उन्होंने उत्तर दिया—'जी हाँ! आप बिलकुल सही हैं।'

सुरक्षा उपायों एवं संयंत्र के निर्माण के साथ-साथ संबद्ध सभी व्यक्तियों के प्रयासों के फलस्वरूप उस कठिन अवधि का हम लोग सामना कर सके। उन दिनों जिंदगी में इतना तनाव नहीं था। जीवन-स्तर बहुत ही सरल था। एक हजार रुपए को राजशाही वेतन माना जाता था। मुझे इससे थोड़ा कम ही मिलता था। उन दिनों के एक रुपए का मूल्य आज के सात-आठ रुपए के बराबर था (सन् 1963)। उन दिनों साम्यवाद, समाजवाद, योजना एवं नौकरशाही जैसे—विषयों पर चर्चाएँ नहीं होती थीं। लोगों को थोड़ा-बहुत कर देना पड़ता था, जो कि महसूस भी नहीं होता था। जिनके पास पैसे थे उन्हें श्रमिक सहज ही मिल जाते थे; किंतु अधिकांश जनता अभाव एवं गरीबी का जीवन व्यतीत करती थी। देश में चारों तरफ अशिक्षा व्याप्त थी। लोगों में क्रोध एवं तनाव था। सन् 1930 में स्टर्लिंग का अवमूल्यन हुआ और स्वाभाविक रूप से इसका असर रुपए पर भी हुआ। इससे लगभग एक दशक तक देश का सोना भारी मात्रा में इंग्लैंड ले जाया गया। इस स्वर्ण का अधिकांश भाग किसानों के आभूषणों का ही था। सोने के अभाव में देश की आर्थिक दशा दयनीय हो गई।

यह सन् 1929 का समय था, जब संयोग से मैं अपनी सबसे बड़ी अभिरुचि उड्डयन की ओर उन्मुख हुआ।

जैसा कि मैंने बताया, उन दिनों जीवन बड़ा सरल था। जीवन में तनाव का

कोई स्थान नहीं था। ब्रितानी शासन का निरंकुश प्रभाव था। 'अवज्ञा आंदोलन' अपने उत्कर्ष पर था। किसी को यह अंदाज नहीं था कि स्वतंत्रता आंदोलन के फलस्वरूप ब्रितानी शासन का अंत हो जाएगा। सन् 1932 से हम लोगों को वास्तविक नागरिक अवज्ञा का आभास होने लगा, जिसका प्रभाव आनेवाले वर्षों पर भी पड़ा। तब सन् 1938 का समय आया। इस साल मुझे टाटा समूह का अध्यक्ष चुना गया, किंतु अंतरराष्ट्रीय परिदृश्य पर इस वर्ष महत्त्वपूर्ण घटनाएँ घटित हुईं। इस वर्ष हिटलर ने ऑस्ट्रिया एवं चेकोस्लोवाकिया पर अधिकार कर लिया। म्यूनिख में इस वर्ष अवसाद छाया रहा। लोग अवसाद की अवस्था में युद्ध की तैयारी करते रहे, किंतु इन घटनाओं से उस समय भारत में उत्तेजना नहीं फैली। छह प्रांतों में कांग्रेस की सरकार का गठन हुआ। भद्र लोगों ने अपनी छत्रच्छाया में जनता को शांति प्रदान करने का आश्वासन दिया। लोग विश्वास करने लगे कि कुछ दिन शांतिपूर्ण जीवन व्यतीत किया जा सकेगा।

मेरे लिए यह एक दु:खद वर्ष था। उस समय मैं सिर्फ तैंतीस वर्ष का था। मुझे विश्वास था कि टाटा समूह के तत्कालीन अध्यक्ष सर नवरोजी सकलातवाला, जो कि स्वस्थ थे, कुछ दिनों तक हमारा मार्गदर्शन करते रहेंगे। किंतु उसी वर्ष उनका देहावसान हो गया। कदाचित् असावधानीवश मेरे सहकर्मियों ने मुझे टाटा समूह का अध्यक्ष चुन लिया। इस प्रकार मेरी हँसी-खुशी से भरी जिंदगी में अचानक नया मोड़ आ गया। मेरे कंधों पर उत्तरदायित्वों का बोझ आ गया। उस समय यह बोझ किसी अन्य के कंधों पर होता तो मुझे प्रसन्नता होती। तथापि मैं स्वीकार करता हूँ कि उसके बाद के पच्चीस वर्ष प्रसन्नतापूर्वक व्यतीत किए। मुझे जिन उपलब्धियों के लिए बधाई दी जाती है, उनके लिए अन्य व्यक्तियों ने भी प्रयास किए।

संयोग से उसी वर्ष सर जहाँगीर घँडी* टाटा स्टील में प्रथम भारतीय महाप्रबंधक बने। उसी वर्ष मेरे मित्र श्री जे.डी. चोक्सी (इस्पात कंपनी के उपाध्यक्ष) टाटा समूह से संबद्ध हुए।

तब द्वितीय विश्वयुद्ध का समय आया। एक नए युग का सूत्रपात हुआ। संभवत: भारत में ब्रितानी शासन प्रारंभ होने के बाद यह सबसे महत्त्वपूर्ण घटना थी। संपूर्ण देश में इस घटना का व्यापक असर पड़ा और यूरोप में तबाही का तांडव

---

* सर जहाँगीर घँडी, सन् 1946 से 1954 तक रेजीडेंट प्रभारी निदेशक तथा 1954 से 1964 तक प्रभारी निदेशक रहे।

हुआ। लोग यह महसूस करने लगे कि इस युद्ध का प्रभाव सिर्फ जय-पराजय तक सीमित नहीं है। लोगों में यह धारणा व्याप्त थी कि कुछ अद्‌भुत घटित होने जा रहा है, किंतु दुर्भाग्यवश जनता के उत्साह एवं उमंग पर तुषारपात हुआ और भारत में ब्रितानी शासन तथा कांग्रेस के बीच संघर्ष तीव्र होने लगा, जिसके फलस्वरूप 'भारत छोड़ो आंदोलन' प्रारंभ हुआ। लोगों ने विश्व की घटनाओं से अपना मस्तिष्क हटाकर भारत को गुलामी की बेड़ियों से मुक्त कराने में लगा दिया। ये बेड़ियाँ भारत को लगभग दो सौ वर्षों से आबद्ध किए हुए थीं।

यह इतिहास इतना नवीन है कि मैं इसकी गहराई में नहीं जाना चाहता। आप जानते हैं कि उस समय क्या घटित हुआ। कांग्रेस की प्रांतीय सरकारों ने अपना त्याग-पत्र दे दिया। अधिकांश नेताओं को गिरफ्तार कर लिया गया। जमशेदपुर में भी हड़ताल हुई। इसका मुख्य कारण श्रमिक संघर्ष नहीं था, अपितु महात्मा गांधी को गिरफ्तार करने के विरोध में यह हड़ताल हुई थी। श्री नेहरू ने लगभग चौदह वर्ष जेल में व्यतीत किए। सचमुच यह एक कठिन समय था। उन बातों पर अब गौर करने से कुछ विशेष लाभ नहीं, सिर्फ हम यह जानते हैं कि अब हमारे बीच कोई वैर-भाव नहीं है। भारत और इंग्लैंड के नेताओं की आपसी सूझ-बूझ के फलस्वरूप शांति एवं सौहार्दपूर्ण माहौल में भारत स्वतंत्र हुआ।

□

मेघ-गान

नीरव आकाश

महाराजा

लघु विमान से बोइंग तक की यात्रा

उपलब्धिजन्य आनंद

नीले-सुनहले उड्डयन प्रमाण-पत्र पर क्रम संख्या-1 अंकित है। इस प्रमाण-पत्र को 10 फरवरी, 1929 को निर्गत किया गया था। इसमें उल्लिखित है कि जे.आर.डी. टाटा पायलट के रूप में उत्तीर्ण होनेवाले प्रथम भारतीय हैं। जे.आर.डी. टाटा स्मरण करते हैं कि 'एयरलाइंस व्यवसाय के साथ मेरा पहला संपर्क बड़ा दिलचस्प रहा। यह घटना पेरिस के ले बॉर्गेट हवाई अड्डे पर सन् 1930 में घटित हुई। जब एक छोटे विमान का ब्रेक काम नहीं कर रहा था तो मैं विशाल इंपीरियल एयरवेज आरगोसी एयरलाइनर, जो कि प्रस्थान के लिए तत्पर था, उसके पिछले भाग की ओर मुड़ गया और मैंने उस विमान को रोक दिया। इससे इंपीरियल एयरवेज के लोगों को अप्रसन्नता हुई।'*

उसी वर्ष सन् 1930 में आगा खाँ द्वारा आयोजित 500 पौंड के पुरस्कारवाली विमानन प्रतियोगिता में जे.आर.डी. टाटा ने भाग लिया। एकल उड़ान में भाग लेनेवाले वे पहले भारतीय थे। यह उड़ान इंग्लैंड और भारत के बीच किसी भी छोर से प्रारंभ की जा सकती थी। टाटा जिप्सी मॉथ से कराची से उड़ान भरते हुए एलेक्जेंड्रिया (मिस्र) के आर.ए.एफ. हवाई अड्डे पर एक दूसरे प्रतियोगी एस्पी इंजीनियर से मिले। वह लंदन छोर से पुरस्कार पाने की इच्छा से प्रतियोगिता में उड़ान भर रहा था। वह इंजीनियर स्पार्क प्लग के अभाव में वहाँ रुका हुआ था। टाटा ने प्रसन्नतापूर्वक अपने कुछ स्पार्क प्लग उसे दे दिए और वे विपरीत दिशा में उड़ान भरने लगे।

---

* 23 जनवरी, 1978 को दिल्ली में आयोजित पैसिफिक एरिया ट्रैवेल एसोशिएशन के वार्षिक सम्मेलन के अवसर पर।

टाटा जितनी देर में लंदन पहुँचे, उससे दो घंटे, कम समय इंजीनियर को कराची पहुँचने में लगा। इस प्रकार इंजीनियर विजयी हुआ और उसे पुरस्कार प्रदान किया गया।

इस घटना के दो वर्ष पश्चात् सन् 1932 में कराची से बंबई के बीच प्रारंभ होनेवाली विमान सेवा की पहली उड़ान के पायलट जे.आर.डी. टाटा थे। इसी समय से भारत में नियमित विमान सेवा प्रारंभ हुई। इसके पचास वर्ष बाद सन् 1982 में अठहत्तर वर्ष की आयु में जे.आर.डी. ने कराची और बंबई के बीच लियोपार्ड मॉथ से उड़ान भरी, जो कि भारतीय विमान सेवा की आरंभिक उड़ान भरनेवाले पसमॉथ के जैसा ही लग रहा था। जुहू में उनके स्वागत के लिए शामियाने के नीचे बड़ी संख्या में लोग जमा हुए। इस अवसर पर उनके द्वारा दिए गए भाषण को पुनः प्रस्तुत किया गया है।

टाटा एयरलाइंस सेवा की अवधारणा सबसे पहले आर.ए.एफ. के एक भूतपूर्व अधिकारी नेविल विंसेंट के मस्तिष्क में आई। वे अवकाश के दिनों में भारत में उड़ान का लुत्फ उठाने आए थे। उन्होंने टाटा समूह को उड्डयन के क्षेत्र में परियोजना प्रारंभ करने का प्रस्ताव दिया। सन् 1930 के दशक के प्रारंभिक वर्ष अत्यंत रोमांचकारी थे। टाटा स्मरण करते हैं—'उनके पास जहाजरानी एवं उतारने की कोई सुविधा नहीं थी। मेरे पास रेडियो सुविधा भी नहीं थी। वस्तुतः बंबई में हमारे पास एक हवाई अड्डा भी नहीं था। इसके लिए हम जुहू के एक सपाट स्थल (शहर के निकट समुद्र-तट पर मछुआरों के गाँव में) का उपयोग करते थे। हनारे उड्डयन क्षेत्र के निकट समुद्र था तथा तरंग ऊपर उठने से यह स्थल जल-मग्न हो जाता था। अतएव प्रत्येक वर्ष हमें बाँध बाँधना पड़ता था, इसे ठीक करना पड़ता था। हमारे पास दो वायुयान, तीन पायलट और तीन मेकैनिक होते थे। प्रत्येक वर्ष बंबई वायुयान क्षेत्र में पानी जमा होने से हमें अपनी उड्डयन गतिविधि पुणे से संचालित करनी पड़ती थी। यह हवाई अड्डा यरवदा जेल के निकट था।'

सन् 1946 में टाटा संस की एक आनुषंगिक कंपनी के रूप में टाटा एयर लाइंस को जॉइंट स्टॉक कंपनी में परिवर्तित कर इसका नाम 'एयर इंडिया' रखा गया। इसके दो वर्ष के बाद जे.आर.डी.

टाटा के सुझाव पर इसे सरकार एवं निजी क्षेत्र की सहभागिता के प्रथम नमूने के रूप में भारत का प्रथम संयुक्त उपक्रम 'एयर इंडिया इंटरनेशनल' प्रारंभ किया गया।

सन् 1953 में सरकार ने घरेलू विमान सेवा तथा एयर इंडिया इंटरनेशनल दोनों के राष्ट्रीयकरण का निर्णय लिया। सरकार चाहती थी कि घरेलू विमान सेवा तथा अंतरराष्ट्रीय विमान सेवा दोनों को मिलाकर एक राज्य निगम के रूप में विकसित किया जाए तथा इसके अध्यक्ष जे.आर.डी. टाटा बनें। टाटा ने इसके विरुद्ध अपना सुझाव दिया और इसके पश्चात् दो निगम बनाए गए—एक घरेलू विमान सेवा तथा दूसरा अंतरराष्ट्रीय विमान सेवा हेतु। उनको एयर इंडिया इंटरनेशनल का अध्यक्ष बनने का न्योता दिया गया और इस दायित्व का वहन उन्होंने अगले पच्चीस वर्षों तक किया। अपने छियालीस वर्षीय कैरियर के दौरान उन्होंने लकड़ी एवं मिश्रित सिंगल प्रोपेलर से लेकर 400 सीटोंवाले आकर्षक जंबो जेट का विकास करवाया। विमान प्रचालन तथा अनुरक्षण मानकों के साथ उन्होंने कभी समझौता स्वीकार नहीं किया। उन्होंने अंतरराष्ट्रीय परिवहन के क्षेत्र में भारत को गरिमामय स्थान दिलाया।

उड्डयन के क्षेत्र में योगदान के लिए जे.आर.डी. टाटा को कई राष्ट्रीय एवं अंतरराष्ट्रीय सम्मान प्रदान किए गए। उन्हें सन् 1988 में सर्वाधिक महत्त्वपूर्ण सम्मान 'डेनियल गगेनहेम मेडल' प्रदान कर सम्मानित किया गया।

नीरव आकाश

[भारतीय वायु क्लब रिपोर्ट, सन् 1970 में प्रकाशित आलेख।]

विगत दिनों के संस्मरण

जब बीसवीं शताब्दी के प्रारंभ में विमानन को नियंत्रित करनेवाली एकमात्र संस्था फेडरेशन एयरोनॉटिक इंटरनेशनल (F.A.I.)* थी, उस समय विश्व की सरकारों के पास विमानन संबंधी कोई ठोस नीति नहीं थी। विमानों का उपयोग युद्ध के समय में ही किया जाता था। विमानों तथा विमान चालकों के प्रति लोगों की धारणाएँ अच्छी नहीं थीं। इनसे शोर-शराबा होता था। लोग इन्हें सिर्फ देखने के लिए इकट्ठे होते थे और गंदगी फैलाकर चले जाते थे, जिसे बाद में साफ किया जाता था। कई बार विमानों तथा इसके चालकों को भी इसे ढोना पड़ता था।

वायु क्लब के कुछ जुझारू लोगों के अतिरिक्त किसी में विमानन के भविष्य के प्रति आस्था नहीं थी। लोग विमानन की उपयोगिता सिर्फ खेल तथा प्रदर्शन के रूप में जानते थे। सरकार सिर्फ हस्तक्षेप करती थी। किसी के वायुयान से फसलों के नष्ट होने अथवा गाय इत्यादि पशुओं को क्षति पहुँचने पर किसानों द्वारा शिकायत करने या वायुयान प्रदर्शन के दौरान भीड़ को नियंत्रित करने में चोटीवाली टोपी तथा बड़ी-बड़ी मूँछोंवाले सख्त पुलिसकर्मियों की सहायता ली जाती थी।

जब मैंने F.A.I. की ओर से भारत एवं बर्मा वायु क्लब द्वारा 10 फरवरी, 1929 को नीले-सुनहले रंग का विमान चालन प्रमाण-पत्र प्राप्त किया तो मेरी

---

* नवंबर 1985 में नई दिल्ली में आयोजित अपने आम सम्मेलन में F.A.I. ने स्वर्ण वायु पदक प्रदान किया। इसकी प्रशस्ति में उल्लिखित था कि विमानन के प्रति श्री टाटा की दूरदृष्टि तथा समर्पण का भारतीय नागरिक विमानन तथा वायुयान उद्योग की प्रगति में विशेष योगदान रहा है।

प्रसन्नता की सीमा न रही। इसमें मेरे द्वारा प्रथम स्थान प्राप्त करने के उल्लेख ने मुझे गौरवान्वित किया। यह एक तथ्य है कि F.A.I. द्वारा सर्वप्रथम भारत में यह प्रमाण-पत्र मुझे ही प्रदान किया गया।

इसका तात्पर्य इससे अधिक कुछ भी नहीं था कि विमान चालक के रूप में पात्रता प्राप्त करनेवाला मैं प्रथम भारतीय था। विश्व के अन्य देशों में लोग विमानन के प्रति साकांक्ष हो गए थे तथा इस उद्योग में अच्छी प्रगति दृष्टिगोचर हो रही थी। अब राइट बंधुओं, ब्लेरियट, फारमैन, कॉड्रॉन कुर्टिस, लैटहैम, ब्रेगुएट व अन्य विमान निर्माताओं के रोमांचकारी दिनों की यादें शेष रह गई थीं। लकड़ी, तार, कैनवस एवं साइकिल के पहियों से बननेवाले सेटों के युग का अंत हो चुका था। अब कतिपय लोग सिर्फ उनके नाम से परिचित हैं। मैं कुछ समय पूर्व जन्म लेने के कारण अपने आपको सौभाग्यशाली मानता हूँ। मुझे इनमें से कुछ विमानों की गतिविधियाँ देखने का अवसर प्राप्त हुआ।

विगत दिनों के विमान चालकों को भी लोग भूल गए। आज ब्लेरियट के प्रमुख विमान चालक चार्ल्स पेगॉड का नाम कौन जानता है! वे अत्यंत उत्साही एवं बहादुर व्यक्ति थे। लूप का परिपथ बनानेवाले तथा पलटकर विमान चलानेवाले वे प्रथम विमान चालक थे। हमारे उदीयमान चालक आज कहेंगे, यह कौन सी नई बात है! विमान प्रचालन की सबसे सरल युक्ति लूप है तथा इसी प्रकार पलटकर विमान चलाना भी एक सरल कार्य है।

किंतु आज से साठ वर्ष पूर्व स्टिक एवं कपड़ेवाले प्रारंभिक ब्लेरियट एकल विमान में पेगॉड ने लूप का परिपथ बनाया। इस लघु इंजन शक्तिवाले विमान में वे पहले लूप को खींच नहीं पाए थे। उन्हें बाहरी लूप अथवा बिना लूप के काम चलाना पड़ता था। अपनी आकांक्षा को पूर्ण करने में तल्लीन पेगॉड अपने विमान को नीचे की ओर आकाश में गोताखोरी की मुद्रा में लाए तथा उसे पुनः तेजी से उड़ाया। ऐसा करने में उनका विमान टूटने लगा, क्योंकि इस कार्य को करने के लिए उसकी बनावट उपयुक्त नहीं थी। सामान्य लूप में केंद्रापसारी बल के कारण चालक सीट से चिपके रहते हैं, जबकि बाहरी लूप के कारण चालक को बाहर गिरने की संभावना बनी रहती है। अतएव बेचारा पेगॉड अपनी कमजोर बेल्ट की सहायता से पूरी यात्रा में लटके रहे। यदि विमान टूट जाता तो उनके बचने की कोई संभावना नहीं थी, क्योंकि उनके पास पैराशूट नहीं था। पेगॉड को इस बात का आभास था।

इन विमानों के पश्चात् प्रथम विश्वयुद्ध के दौरान भव्य लड़ाकू विमानों का

उपयोग किया गया। इस दौरान जर्मनी के वॉन रिकटॉफेन तथा बोएल्के, इंग्लैंड के बेल तथा मैककुडन, फ्रांस के गायनमेर तथा फॉन्क, अमेरिका के रिकेनबैकर और कनाडा के बिली बिशप के विमान-चालन से हमारी पीढ़ी रोमांचित हो उठी।

इसके पश्चात् किंग्सफोर्ड स्मिथ तथा लिंडबर्ग द्वारा लंबी दूरी की विमान सेवा प्रारंभ की गई। विमान अटलांटिक सागर के आर-पार उड़ान भरने लगे। विमानन के क्षेत्र में यह व्यक्तिगत प्रयास का सर्वश्रेष्ठ उदाहरण था।* यह व्यक्तिगत उपलब्धि के युग का चरमोत्कर्ष था। इससे व्यावसायिक विमान-चालन के क्षेत्र में विकास के नए युग का सूत्रपात हुआ।

जब सन् 1929 में मैंने इस क्षेत्र में कदम रखा तो अपने नायकों के साथ विमान-चालन की बहुत सी रोमांचक कथाएँ सिर्फ मधुर स्मृति बनकर रह गई थीं। तथापि संयोग से व्यक्तिगत विमानन के क्षेत्र में थोड़े-बहुत मनोरंजन, जोखिम एवं आकर्षण बचे हुए थे। विदेश में फ्लाइंग क्लब की बहुत सी गतिविधियाँ हुआ करती थीं, किंतु देर-सबेर भारत में भी इसकी शुरुआत हुई। भारत में फ्लाइंग क्लब प्रारंभ करने का श्रेय सर विक्टर सैसून को जाता है, जिसके फलस्वरूप मुझ जैसे हजारों युवकों के जमीन से बँधे हुए पैरों से बेड़ियाँ हटीं और वे मुक्ताकाश में उड़ान भरने लगे।

इसके एक वर्ष के बाद भारतीय वायु क्लब के तत्त्वावधान में आगा खाँ ने 500 पौंड के पुरस्कार की घोषणा की। उस समय के हिसाब से यह एक बड़ी राशि थी। मैं प्रथम भारतीय था, जो इस प्रतियोगिता में एकल उड़ान भर सका। यह उड़ान भारत और ब्रिटेन के बीच किसी छोर से भरी जा सकती थी। उन दिनों मेरे पास 'जिप्सी मॉथ' नामक वायुयान था। यद्यपि मैंने इस प्रतियोगिता में भाग लेने का निर्णय देर से लिया। उस समय मनमोहन सिंह नामक एक युवा पायलट ने दो बार लंदन छोर से प्रयास किया, किंतु दोनों बार वह असफल रहा। इसपर एक अंग्रेजी पत्रिका ने सटीक रिपोर्ट की—'श्री सिंह ने अपने विमान का नाम 'मिस इंडिया' दिया है—संभावना है कि वे इस प्रतियोगिता में सफल हो जाएँ।'

अपने तीसरे प्रयास में मनमोहन सिंह मुझसे गाज़ा में मिले। वहाँ उनके विमान से मेरे विमान को टक्कर लगते-लगते बची। अगले दिन उन्होंने अचानक

---

* अमेरिकी एयर मेल चालक चार्ल्स ए. लिंडबर्ग ने 20 मई, 1927 को लांग आइसलैंड, न्यूयॉर्क से रेयान मोनोप्लेन में पेरिस के ले बॉर्जेट हवाई अड्डे के लिए उड़ान भरी। 33 घंटे 39 मिनट में 36 हजार मील की यात्रा कर वे 21 मई को पेरिस पहुँचे।

सीरियाई मरुभूमि में अपनी पिस्तौल से हिरण का शिकार करना चाहा। वे अंततः भारत पहुँचे, किंतु समय से नहीं। अतः वे पुरस्कार प्राप्त नहीं कर सके। पुरस्कार कराची के अठारह वर्षीय एस्पी इंजीनियर को दिया गया। मैं उससे ढाई घंटे पीछे पहुँचा। जब उन्होंने कराची में अपना विमान उतारा तब मैं पेरिस में अपना विमान उतार रहा था। अपने इस कारनामे के कारण एस्पी इंजीनियर को नव स्थापित भारतीय वायुसेना में भरती किया गया। इस सेवा में तीस वर्ष तक योगदान करने के बाद कैरियर के अंतिम दिनों में उन्हें भारतीय वायुसेना का प्रधान बनाया गया। हम दोनों के आश्चर्य का ठिकाना नहीं रहा, जब एमी जॉनसन ने भूमध्य सागर के ऊपर से ऑस्ट्रेलिया तक की लंबी वायुयान यात्रा साढ़े तीन दिन में पूरी कर दिखाई। वहीं हम लोगों ने लंदन से भारत तक की वायुयान यात्रा आठ दिन में पूरी की। इसके तीस वर्ष पश्चात् एयर इंडिया के प्रथम बोइंग 707 विमान में मैंने लंदन से बंबई तक एक सामान्य यात्री के रूप में यात्रा की तो उतना ही समय लगा जितना सन् 1930 में मुझे लगा था।

भारतीय वायु क्लब और F.A.I. से मेरा दूसरा संपर्क सन् 1934 में हुआ। यह लंदन से सिडनी तक वायुयान दौड़ का अवसर था। इसमें कराची और इलाहाबाद में स्टॉप निर्धारित किया गया था, जिसमें मैंने ग्राउंड मार्शल की भूमिका निभाई। एमी जॉनसन का तब तक विवाह हो चुका था और उनका नाम एमी मॉलिसन हो गया था। वे अपने पति के साथ इस प्रतियोगिता में भाग ले रही थीं। वे भारत सबसे पहले पहुँचीं, किंतु इलाहाबाद में उनके इंजन में आग लग गई। इस प्रकार जीत की सबसे प्रबल दावेदार प्रतियोगिता से बाहर हो गई। आज जमाना बदल गया है। उन दिनों आकाश प्रायः नीरव रहता था। वायुयान उतना विश्वसनीय माध्यम नहीं बन पाया था। लोग आकाश में सैर करने की इच्छा से वायुयात्रा करते थे।

टाटा एयर मेल

[24 जनवरी, 1933 को टाटा एयर मेल प्रारंभ करने के सौवें दिन के अवसर पर बंबई के रोटरी क्लब में दिया गया भाषण।]

रोटरी क्लब में जब एक दिन भोजन के अवसर पर श्री विंगफील्ड ने मुझे एयर मेल सेवा प्रारंभ करने का सुझाव दिया तो उसपर मुझे हँसी आई और मैंने कहा कि 'मैं इस विषय में बिलकुल अनभिज्ञ हूँ।' मेरी प्रतिक्रिया सुनकर श्री विंगफील्ड

ने बहुत ही प्रभावशाली उत्तर दिया, 'यह तो ठीक है नवयुवक, किंतु इस विषय से अन्य लोग भी अधिक परिचित नहीं हैं।'

किसी देश को व्यावसायिक विमानन के क्षेत्र में द्रुतगति से विकास के लिए अनुकूल अथवा प्रतिकूल बनाने में बहुत से कारकों का हाथ होता है। भारत इस संदर्भ में एक सौभाग्यशाली देश है, जहाँ सभी प्रकार के अनुकूल कारक विद्यमान हैं। यहाँ ऐसा कुछ भी नहीं, जो विमानन के लिए प्रतिकूल हो। अनुकूल जलवायु (वर्ष के अधिकांश समय में), मिट्टी की प्रकृति, एक भाग से दूसरे भाग के बीच लंबी दूरी तथा अपर्याप्त रेल एवं सड़क मार्ग जैसे अनुकूल कारक विद्यमान हैं। दुर्भाग्यवश सरकार इन लाभों की ओर पर्याप्त ध्यान नहीं देती है और अवसर का समुचित लाभ नहीं उठा पाती है। कुल मिलाकर इस देश की सरकार संचार व्यवस्था के द्रुत विकास तथा वायु परिवहन की अपरिमित संभावनाओं के प्रति साकांक्ष नहीं है। मैं यह नहीं चाहता था कि करदाताओं के खर्च पर सरकारी वायु-सेवा की स्थापना एवं प्रचालन हो। मैं यह चाहता था कि इस हेतु सर्वप्रथम हवाई अड्डे, मौसम-पूर्वानुमान केंद्र, बेतार उपकरण, विमानन एवं जहाजरानी हेतु आवश्यक वस्तुओं का निर्माण हो। इसके पश्चात् निजी उपक्रम को प्रचालन हेतु प्रोत्साहित किया जाए अथवा अनुमति दी जाए। इन आवश्यकताओं की पूर्ति कैसे हो सकती थी?

सन् 1928 की ग्रीष्म ऋतु में इंपीरियल एयरवेज द्वारा क्रॉयडन से कराची तक भारतीय एयर मेल प्रारंभ किया गया। पहली बार भारत को पश्चिमी देशों के साथ नियमित वायु-सेवा से जोड़ा जा सका, तथापि सेवा को ऑस्ट्रेलिया तक फैले इंपीरियल ट्रंक रूट का अंग नहीं माना गया। पूर्व के देशों में इस सेवा के विस्तार की आवश्यकता महसूस की जा रही थी।

सन् 1929 में टाटा समूह ने सरकार के समक्ष कराची और बंबई के बीच वायु-सेवा प्रारंभ करने का प्रस्ताव रखा। हालाँकि सरकार के समक्ष दो प्रस्ताव रखे गए। एक प्रस्ताव डाक-सेवा के लिए तथा दूसरा संयुक्त रूप से डाक एवं यात्री-सेवा के लिए था। हमारी आशंका के अनुरूप सरकार की ओर से देर से नकारात्मक उत्तर प्राप्त हुआ। इसका मुख्य कारण पैसे का अभाव बताया गया। इस योजना में सिर्फ एक लाख रुपए की राशि की गारंटी थी तथा प्रत्येक वर्ष सवा लाख रुपए का व्यय होना था, जिसकी आपूर्ति अतिरिक्त डाक प्रभार लगाकर की जा सकती थी।

यदि सरकार वायु-सेवा के लिए एक-डेढ़ लाख रुपए खर्च नहीं कर सकती थी तो निःशुल्क सेवा स्वीकार करने में उसे कोई आपत्ति नहीं होनी चाहिए। सरकार

ने ऐसा ही किया और टाटा एयर मेल अस्तित्व में आया। व्यापक स्तर पर समझौते हुए। अगले वर्ष सन् 1932 में सरकार और हमारे बीच दस वर्ष के लिए अनुबंध पर हस्ताक्षर हुए। इसके लिए किसी प्रकार की सब्सिडी का प्रावधान नहीं रखा गया। सिर्फ प्रत्येक पौंड भार ढोने के लिए एक निश्चित प्रभार तय किया गया। दूरी और दर का ऐसा अनुपात तैयार किया गया कि दूरी बढ़ने से प्रभार में थोड़ी छूट दी गई। यहाँ यह वर्णन करना उचित होगा कि भारत में वायु डाक-सेवा हेतु आरोपित डाक अधिभार हमारे वास्तविक व्यय के समान ही था। इससे सरकार एवं करदाता के ऊपर कुछ बोझ भी नहीं पड़ता था।

इस सेवा का विधिवत् प्रारंभ 15 अक्तूबर, 1932 को किया गया। मैं इस सेवा का प्रथम पायलट था। प्रथम एयर मेल उसी दिन दोपहर में बंबई पहुँचा। मद्रास के लिए यह सेवा अगले दिन प्रारंभ की गई। इस मार्ग में दो पस मॉथ वायुयान चलते थे, जिनमें से एक कराची-बंबई मार्ग पर तथा दूसरा बंबई-मद्रास मार्ग पर।

यह संपूर्ण वायु मार्ग लगभग 1,350 मील का है, जिसमें लगभग 1,100 मील की वायु-यात्रा प्रतिदिन होती है। दक्षिण की ओर जानेवाले वायुयान शनिवार प्रातः अथवा इससे पूर्व कराची से प्रस्थान करते और ग्यारह घंटे के पश्चात् बेल्लारी पहुँचते, जहाँ वे रात भर रुकते हैं। अगले दिन सुबह (रविवार)* को वायुयान मद्रास के लिए प्रस्थान करता है जहाँ वह सवा नौ बजे पहुँचता। अगले दिन सोमवार अपराह्न वायुयान वापसी यात्रा आरंभ करता और बेल्लारी में रात व्यतीत करता। अगले दिन प्रातः कराची के लिए प्रस्थान करता और शाम होने तक कराची लौट आता है। फिर बुधवार को पश्चिमी देशों के लिए उड़ान भरता। यह कार्यक्रम इस प्रकार निर्धारित किया जाता था कि डाक बंबई तथा मद्रास यथाशीघ्र पहुँचे और वहाँ से यथासंभव देर से वापसी डाक को लिया जाए, ताकि जनता को जवाब भेजने के लिए समुचित समय मिल सके। यह हमारी सामान्य समय-सारणी है। किंतु हमारी भारतीय वायु डाक-सेवा इंपीरियल एयरवेज का विस्तार है। इंपीरियल एयरवेज़ के कराची देर से पहुँचने की स्थिति में हमारी वायु-सेवा के निर्धारित कार्यक्रम पर भी असर पड़ता था।

आज हम एक दिन में पंद्रह वापसी उड़ानों के विषय में सोच सकते हैं, जबकि मुझे यह कहते हुए खेद हो रहा है कि लंदन-कराची मेल सेवा अभी तक

* उन दिनों रविवार के दिन डाक पहुँचाई जाती थी।

पाँच बार संपन्न की जा सकी है। वस्तुतः, हमारी यह अक्षमता आज चिंता का विषय है। प्रत्येक बार चौबीस घंटे विलंब इसलिए होता है कि हमें एक खाली विमान मद्रास भेजना पड़ता है, जो उत्तर भारत की ओर आनेवाली डाक को ढो सके। हम आशा करते हैं कि भविष्य में इंपीरियल एयरवेज की सेवा अधिक नियमित हो सकेगी।*

हम अपनी वर्तमान प्रचालन सेवा के विषय में अधिक कुछ नहीं कहेंगे। इसे प्रारंभ किए हुए मात्र तीन माह हुए हैं। इतनी कम अवधि में इसके विषय में किसी ठोस निष्कर्ष पर पहुँचना अथवा विचार प्रस्तुत करना आसान नहीं है।

हमारा एकमात्र उद्देश्य आपको अधिकाधिक एवं बेहतर सेवा प्रदान करना है। व्यावहारिक रूप से इसे साकार करने का एकमात्र उपाय यह है कि वायु डाक-सेवा का प्रचालन अधिकाधिक द्रुत गति से किया जाए। अतएव हमारा मुख्य लक्ष्य है कि सेवा अधिकतम तेज गति से प्रदान की जाए। किंतु तेज गति से सेवा प्रदान करने में अधिक धन का व्यय होता है। इसकी आपूर्ति दो प्रकार से की जा सकती है—तेज गति से चलनेवाले वायुयान की सेवा उपलब्ध करवाकर अथवा अहर्निश वायु-सेवा प्रदान कर। दूसरा उपाय निश्चित रूप से उचित है, क्योंकि तेज गति से सुबह से शाम तक विमानन के पश्चात् अगले दस घंटे तक विश्राम करने में बुद्धिमत्ता नहीं है। वस्तुतः मैं व्यक्तिगत रूप से इस बात से सहमत हूँ कि वायु परिवहन अपनी उचित गरिमा तब तक प्राप्त नहीं करेगा जब तक डाक-सेवा अहर्निश प्राप्त नहीं हो जाएगी। किंतु रात में उड़ान भरना तभी संभव हो सकेगा जब व्यापक ढाँचागत सुविधा प्रकाश, उपकरण, अचानक विमान उतारने की सुविधा, बेतार संचार व्यवस्था, रेडियो बीकॉन्स जैसी सुविधाएँ उपलब्ध हों। इसमें होनेवाले व्यय का वहन प्रचालकों से कराना संभव नहीं हो सकेगा। यह स्पष्ट है कि इस तरह की सुविधाएँ उपलब्ध कराना सिर्फ सरकार के बस की बात है।

व्यावसायिक विमानन के प्रति सरकार का दृष्टिकोण अभी तक सकारात्मक

---

* 'नागरिक विमानन महानिदेशालय की सन् 1933-34 की रिपोर्ट में यह निष्ठापूर्वक उल्लेख किया गया—एक उदाहरण के रूप में हमें टाटा वायु डाक-सेवा की क्षमता की प्रशंसा करनी चाहिए, जिसने 10 अक्तूबर, 1933 को कराची समय पर पहुँचकर एक वर्ष तक नियमित शत-प्रतिशत समयनिष्ठता का पालन किया है। यहाँ तक कि मानसून के दिनों में खराब मौसम तथा पश्चिमी घाट में व्यवधान के कारण भी बंबई, मद्रास तथा कराची के बीच कोई डाक देरी से नहीं पहुँची। यहाँ तक कि मद्रास भी कोई डाक देरी से नहीं पहुँची। हमारी सम्मानित अंतरमहाद्वीपीय एयरवेज उर्फ इंपीरियल एयरवेज अपने कर्मचारियों को टाटा समूह में प्रतिनियुक्त कर सकती है, जिससे वे सीख सकें कि कैसे काम किया जाता है।'

नहीं रहा है। जहाँ तक निकट भविष्य का प्रश्न है, द्रुत डाक-सेवा के लिए हमें तेज गति से चलनेवाले विमानों पर ही निर्भर रहना होगा। जहाँ तक हमारी वर्तमान सेवाओं का संबंध है, हमारे विमान लगभग 100 मील प्रति घंटे की गति से उड़ते हैं। विमानों के बढ़ते हुए मूल्य एवं तेज गति से उड़नेवाले वायुयान पर व्यय को तभी उचित ठहराया जा सकता है जब रात में बेल्लारी में वायुयान ठहराने की व्यवस्था समाप्त कर दी जाए। ऐसा करने के लिए हमें इस तरह के विमान चाहिए जो दिन में ही कराची एवं मद्रास की दूरी तय कर सकें। इस हेतु कम-से-कम विमान की गति 40 मील प्रति घंटे और बढ़ानी होगी। ऐसा करना हमारे लिए वर्तमान में संभव नहीं है। क्योंकि विमान के उपलब्ध होते हुए भी वर्तमान परिवहन-दर के आधार पर हम महँगे विमान का क्रय नहीं कर सकेंगे।

अनपेक्षित होते हुए भी हम यहाँ उल्लेख करना चाहते हैं कि भारत में वायु परिवहन के प्रति हमारी अपरिवर्तनीय निष्ठा है। इस मुश्किल समय के पश्चात् पर्याप्त विकास होगा, जिससे नए उपक्रमों का अस्तित्व प्रकट होगा। अन्य मामलों से अधिक वायु परिवहन के मामले में समस्याओं के समाधान का महत्त्व अधिक है। हमें विश्वास है कि भविष्य में वह दिन अवश्य आएगा, जब आप लोग स्वयं यात्रा करना तथा अपनी डाक सिर्फ वायुयान से भेजना पसंद करेंगे। यह समय जब आएगा तब यदि हम भारत को विमानन के क्षेत्र में गरिमामय स्थान दिलाने में सहयोग किए रहेंगे तो हमें अपने उद्देश्य को प्राप्त करने में सफलता मिलेगी और हमें संतोष होगा।

वायु युग का आगमन

[2 नवंबर, 1943 को बंबई के रोटरी क्लब में दिया गया भाषण।]

यह स्पष्ट है कि वायु-सेवा का वैसा स्वतंत्र अस्तित्व नहीं हो सका है जैसा कि रेल-सेवा अथवा मोटर वाहन सेवा का है। यदि वायु युग का आगमन नहीं हुआ है तो इसके आगमन की हम कब तक प्रतीक्षा करेंगे और ऐसा कब घटित होगा?

मैं आशा कर रहा हूँ कि आज से बीस-तीस वर्ष के पश्चात् वायु-युग का आगमन होगा और इस क्षेत्र में भी रेलवे एवं जहाजरानी जैसी व्यापक सुविधा उपलब्ध होगी तब ऐसा संभव हो सकेगा। जब वायुयान यात्रा का व्यय भूतल परिवहन माध्यमों से होनेवाले व्यय के समान होगा। जब वायुयान की औसत गति

400 मील प्रति घंटे होगी तब पृथ्वी के किन्हीं दो स्थानों के बीच की दूरी एक ही दिन में तय की जा सकेगी।

वायु युग के आगमन का प्रथम एवं मुख्य परिणाम यह होगा कि विश्व में कोई स्थान अगम्य नहीं रहेगा और लोग भौतिक, मानसिक एवं आध्यात्मिक रूप से एक-दूसरे से निकटता का अनुभव करेंगे।

इसका अगला परिणाम यह होगा कि हमारे जीवन में व्यापक रूप से गतिशीलता का संचार होगा। व्यावसायिक एवं सांस्कृतिक संपर्कों के अवसर बढ़ने से आज की तुलना में उस समय हमारी गतिविधियों का अधिक प्रसार होगा। उस समय हमें अपने व्यस्त जीवन के अनुरूप रोटरी क्लब में भाषण सुनने जैसी अनावश्यक एवं अनुत्पादक गतिविधियों का त्याग करना होगा। उस समय हमारे हृदय एवं मस्तिष्क पर अधिक तनाव होगा। किंतु इसे अनुकूल माहौल में खेल एवं विश्राम के अधिक अवसर मिलने से संतुलित किया जा सकेगा। इससे चिकित्सा सुविधा बढ़ने के कारण लोग स्वस्थ एवं दीर्घायु होंगे। यात्रा इतनी आरामदायक हो जाएगी कि हमारी पेशेवर जिंदगी की थकान का नामोनिशान मिट जाएगा। जब हमारे जीवन में भाग-दौड़ बढ़ जाएगी तो उसका समाधान सिर्फ वायु-सेवा से संभव हो सकेगा। उस समय इस भाग-दौड़ से भरे जीवन की तुलना में कुछ क्षण आसमान में व्यतीत करना सुखद एवं शांतिप्रद होगा।

वायु परिवहन का मूल मंत्र द्रुत गति है। किंतु द्रुत गति से वायु-सेवा प्रचालन एक खर्चीला कार्य है। व्यावहारिक रूप से तेज गति से भार को हजारों फीट ऊपर उठाने में अत्यधिक विद्युत् का व्यय होता है। यह बात इस तथ्य से स्पष्ट होती है कि 2,500 अश्व शक्तिवाला इंजन यदि किसी जलयान, किसी ट्रेन या किसी वायुयान में लगा हो तो जहाँ जलयान 7,000 टन या रेलगाड़ी 800 टन माल ढो सकेगा वहीं वायुयान सिर्फ ढाई टन भार वहन कर सकेगा। इसे दूसरे शब्दों में भी व्यक्त किया जा सकता है। एक ही भार को समान दूरी तक वहन करने में वायुयान को जलयान की तुलना में एक सौ बीस गुना ऊर्जा व्यय करनी होगी तथा रेलगाड़ी की तुलना में पचास गुना अधिक ऊर्जा की खपत होगी।

मुझे वायुयान के विषय में प्रकारांतर से कुछ और कहना है। इस विश्वयुद्ध के दौरान इसकी मारक एवं संहारक क्षमता से परिचित होने के उपरांत भविष्य के प्रति शंका भी होती है। सन् 1960 अथवा 1970 के दशक में युद्ध उपकरण के रूप में इसकी संभावना इतनी अधिक हो जाएगी कि मनुष्य इसे बर्बरता एवं आतंक फैलानेवाले उपकरण के रूप में उपयोग करेगा। तब धरती पर जीवन दूभर हो

जाएगा। यदि स्वतंत्रता एवं शांति को अक्षुण्ण रखना है तो मनुष्य को वायुयान का उपयोग सिर्फ शांतिपूर्ण उद्देश्यों के लिए करना होगा। मनुष्य शांति एवं स्वतंत्रता के लिए शताब्दियों से संघर्ष करता रहा है। वायुयान का उपयोग मानव के अस्तित्व की रक्षा एवं एकता को कायम रखने में करना होगा। तभी वायु युग का आगमन होगा, जो सतत प्रगतिशील सभ्यता का जाज्वल्यमान युग होगा।

□

महाराजा

द्वितीय विश्वयुद्ध से पूर्व दो प्रकार की घरेलू विमान सेवाएँ थीं। युद्ध के पश्चात् भारत सरकार ने ग्यारह विमान सेवाओं को लाइसेंस जारी किया। इनमें से अधिकांश के पास द्वितीय विश्वयुद्ध में प्रयोग किए गए डकोटा विमान थे। अविवेकपूर्ण लाइसेंस प्रणाली के कारण निरर्थक प्रतिस्पर्धाओं की शुरुआत हुई। परिणामस्वरूप लागत बढ़ने लगी और आय में कमी होने लगी।

सन् 1950 में हवाई अड्डा परिवहन जाँच समिति का गठन हुआ। इस समिति ने सरकार के समक्ष अपनी संस्तुति प्रस्तुत करते हुए कहा कि सिर्फ चार वायुयान प्रचालक होने चाहिए। कुछ विमान सेवाओं को अन्य के साथ मिला दिया जाना चाहिए। सरकार ने इस संस्तुति को अपनी स्वीकृति नहीं दी। इसके विपरीत, सरकार ने 1 अगस्त, 1953 को वायु-सेवा का राष्ट्रीयकरण कर दिया। टाटा समूह के लिए अपनी वायु-सेवा का त्याग पीड़ादायक था। अब इस वायु-सेवा को 'एयर इंडिया' के नाम से जाना जाता है।

31 जुलाई, 1953 को एयर इंडिया के कर्मचारियों के लिए प्रकाशित एक स्मारिका में जे.आर.डी. टाटा ने संदेश के रूप में 'एक वायुसेवा की कथा, सन् 1932-53' लिखा। इस स्मारिका में श्री एस.के. कूका द्वारा भावुक विदाई भाषण भी लिखा गया था। श्री कूका इस वायु सेवा के एक अधिकारी थे, जिन्होंने एयर इंडिया का प्रसिद्ध प्रतीक 'महाराजा' की रूपरेखा प्रस्तुत की थी। जे.आर.डी. टाटा के संदेश तथा श्री एस.के. कूका द्वारा लिखित विदाई भाषण (महाराजा का) को श्री उमेश राव ने अंतिम रूप दिया। इन्हें पुनः प्रस्तुत किया गया है।

राष्ट्रीयकरण के पश्चात् भारत सरकार ने जे.आर.डी. टाटा को एयर इंडिया इंटरनेशनल का नेतृत्व सँभालने के लिए आमंत्रित किया और महाराजा की उड़ान फिर से आरंभ हुई।

उल्लासमय दिनों की यादें...

['एक वायु-सेवा की कथा, सन् 1932-53' नामक स्मारिका में एयर इंडिया के कर्मचारियों को दिया गया संदेश।]

आज जुलाई की अंतिम तिथि को उस उपक्रम के हस्तांतरित होने के अवसर पर, जिसका शुभारंभ इक्कीस वर्ष पूर्व हुआ था, मुझे उल्लासमय दिनों की याद आ रही है। विशेष रूप से अक्तूबर माह के उस उत्तेजनामय प्रभातकालीन वेला की, जब मैंने कराची से अपने पस मॉथ विमान में डाक लेकर बंबई के लिए वायु-सेवा की सबसे पहली उड़ान भरी थी। ज्यों ही मैंने आकाश में 100 मील प्रति घंटे की गति से उड़ान भरी तो अपने अभियान की सफलता तथा इसमें कार्यरत लोगों की सुरक्षा हेतु मौन होकर प्रार्थना की। कदाचित् मैं उतना भाव-विह्वल होकर प्रार्थना नहीं कर सका, क्योंकि बाद के वर्षों में प्रचालन के दौरान अनेक लोग काल के ग्रास बन गए। उन दिनों हमारे पास कुछ गिने-चुने लोगों का दल था। मैं सभी को व्यक्तिगत रूप से जानता था और उनमें से सभी पर मेरा प्रभाव था।

मैं इस अवसर पर नेविल विंसेंट को स्मरण करता हूँ। वे एक बहादुर एवं योग्य व्यक्ति थे। वे इस परियोजना के जनक थे। वे उत्साह एवं दक्षतापूर्वक इसका प्रबंधन करते रहे। दस वर्ष के पश्चात् अटलांटिक के ऊपर एक खतरनाक उड़ान के दौरान उनके विमान के ध्वस्त होने से उनकी मृत्यु हुई। मैं होमी भरूचा को याद करता हूँ। टाटा एयरलाइंस के मौलिक पायलट दल में नेविल विंसेंट और होमी भरूचा के साथ मैं अंशकालिक रूप में सम्मिलित था। मैं एन.जी. गाडगिल के विषय में सोचता हूँ, जिन्होंने मेरे साथ इंग्लैंड में 'बी' लाइसेंस प्राप्त किया था। मुझे अपने भाई जमशेद की याद आ रही है, जिसकी पायलट प्रशिक्षण के दौरान मृत्यु हो गई। इस अवसर पर मैं उन सज्जनों को याद कर रहा हूँ, जो अब इस धरती से प्रयाण कर चुके हैं। मेरी शोकाकुल संवेदना उनके साथ है।

किंतु मैं आनंदपूर्वक अपने उन मित्रों के विषय में सोचता हूँ, जिनका सान्निध्य मुझे अभी भी प्राप्त है। उनके साथ मेरे प्रगाढ़ संबंध हैं। हम लोग अपने सुखद एवं दु:खद दिनों के सहयात्री हैं। हमने साथ-साथ उस उपक्रम को तैयार किया, जिसे आज 'एयर इंडिया' तथा 'एयर इंडिया इंटरनेशनल' के नाम से जाना जाता है। उनके निष्ठापूर्ण सहयोग के लिए मैं उन्हें धन्यवाद देता हूँ। उनकी मधुर स्मृति मेरे मानस-पटल पर सदैव विद्यमान रहेगी।

सन् 1937 तक हमारा प्रसार कम होते हुए भी हमने काफी प्रगति की थी।

उस समय तक भविष्य के लिए योजना बनाने हेतु हमारे मन में आत्मविश्वास का संचार हो चुका था। हमने बड़े विमानों का क्रय किया। प्रसारित हो रही प्रचालन व्यवस्था में संलग्न पायलटों के लिए प्रशिक्षण विद्यालय की स्थापना की गई। सन् 1939 तक हम व्यापक स्तर पर सोचने लगे। हम बहु-इंजन वायुयान, दैनिक आवृत्ति बढ़ाने तथा दूरस्थ मार्गों के विषय में सोचने लगे। ज्यों ही हमारे फलक में विस्तार हुआ, हम अन्य देशों में अपने प्रचालन के विषय में सोचने लगे।

तब युद्ध का समय आया। इसके कारण प्रतिबंध एवं मुश्किलों का सामना करना पड़ा; किंतु इससे बहुत कुछ सीखने को मिला। इसने कई अवसरों का द्वार खोला। प्रारंभ में सरकार हमारी उड़ान पर नियंत्रण रखती थी, किंतु बाद में हमें आधुनिक दो इंजनवाले विमान भी दिए गए, जिनकी सहायता से हमने अपने वर्तमान मार्ग का विस्तार किया और नए मार्ग की स्थापना की। हमने एक संगठन का निर्माण किया। हमने शांति की प्रतीक्षा की। हमने अपने सुखद भविष्य के सपने देखे और तदनुसार योजना निर्मित की; किंतु हम यह नहीं जानते थे कि सारे ग्रह-नक्षत्र हमारे प्रतिकूल हो जाएँगे।

युद्धोत्तर काल के अवसाद एवं नैराश्यमय वातावरण में हमारे लिए संतोष का विषय यह था कि समुद्र पार हमारी सेवाओं के विस्तार की कामना पूर्ण हुई। एयर इंडिया इंटरनेशनल के निर्माण में हमने समस्त अनुभव, ऊर्जा एवं भावनाओं को झोंक दिया। यदि इन इक्कीस वर्षों में अन्य कुछ भी मेरी उपलब्धि नहीं रहती, तब भी मैं असंतुष्ट नहीं होता।

अब विदाई की वेला आ पहुँची है। अपने विदाई के इस अंतिम दिन अफसोस एवं कटुता के लिए मेरे हृदय में स्थान नहीं है। किंतु हम यह सोचकर प्रसन्नता का अनुभव करते हैं कि हमने कुछ उत्तम कार्य किए हैं। हमने उच्च स्तरीय सेवा मानक कायम किया है। और हम अपने स्तर को निम्न नहीं होने देंगे। ये यादें हमारे मन में सदैव बसी रहेंगी।

31 जुलाई, 1953

जे.आर.डी. टाटा
अध्यक्ष
एयर इंडिया लिमिटेड
एयर इंडिया इंटरनेशनल लिमिटेड

विदाई

'लघु मानव, तुझे जाना ही होगा'
मृदु आँखों से मेरी ओर देख,
वे मेरे अगले कदम की आहट चाहते
किंतु मुझे स्वयं उसका ज्ञान नहीं,
श्वान की तरह दो स्वामियों को जीवन में देखी,
ऐसे हृदय में है अवसाद की छाया।
वे मेरे जनक एवं प्रतिपालक हैं,
यह वही भवन है जहाँ आज से—
पंद्रह वर्ष पूर्व हमने सूरज की पहली किरण देखी।
पहले मैं नन्हा था, फिर मजबूत बना
प्रेम-दया की भूमि पर होते सभी बीज अंकुरित,
मैं इस महान् धरती के कोने-कोने तक घूमा
अपने प्रसिद्ध नाम के अनुरूप
मैंने दिग्-दिगंत में अपनी कीर्ति को फैलाया
नव संस्कृतियों, नव देशों में
मैंने अपने उन्मत्त पंखों को फैलाया।
दूर देश में अपना राष्ट्रध्वज लहराया
मैंने सागर पार अठखेली खेला।
श्रम का मूल्य अवश्य मिलता
सत्प्रयास एक दिन रंग अवश्य लाता
सच्चे बीज अगर बोए जाते
तो जाड़े के पाले भी उसका कुछ बिगाड़ नहीं पाते।
मेरे नाम बदल जाएँगे

किंतु पद-चिह्न बने रह जाएँगे,
नमन करते हुए आपसे अंतिम विदा लेता हूँ
यदि दुनिया एक मंच है
तो हमने अपना अभिनय बखूबी निभाया है।
भरी हुई महफिल में
तालियों की गड़गड़ाहट के बीच
मैं विनम्र खड़ा रहूँगा,
जो मेरी जगह पर आएँगे
मेरे हृदय से उनके प्रति शुभाकांक्षा निकलेगी।

□

लघु विमान से बोइंग तक की यात्रा

[नवंबर 1960 में श्री जे.आर.डी. टाटा को एयर इंडिया इंटरनेशनल के अध्यक्ष के रूप में लंदन के रॉयल एयरोनॉटिकल सोसाइटी के समक्ष सोलहवीं ब्रिटिश कॉमनवेल्थ भाषणमाला के अंतर्गत 'भारतीय वायु परिवहन की कथा' विषय पर भाषण देने के लिए आमंत्रित किया गया था। जनवरी 1961 में रॉयल एयरोनॉटिकल सोसाइटी की पत्रिका में उक्त भाषण आलेख के रूप में प्रकाशित हुआ, जिसे यहाँ प्रस्तुत किया जा रहा है।]

कुछ लोग दावा कर सकते हैं कि भारत में वायु परिवहन का प्रारंभ उड़नेवाले गंधर्वों के युग से हुआ। यह कार्य सीमित स्तर पर होता होगा। किंतु मैं ऐतिहासिक तथ्यों से अवगत हूँ। आज जिस वायु परिवहन व्यवसाय का वाणिज्य, यात्रा एवं संचार के क्षेत्र में विशेष योगदान है, उसका भारत में प्रादुर्भाव 18 फरवरी, 1911 को हुआ। इससे चार माह पूर्व इंग्लैंड के राजा जॉर्ज पंचम के अभिषेक के अवसर पर हेंडन से विंडसर कैस्टल तक पहले डाक विमान ने उड़ान भरी। इसके पश्चात् श्री हेनरी पिकेट ने इलाहाबाद प्रदर्शनी मैदान से 6 मील दूर नैनी जंक्शन तक की कई डाक उड़ानें भरीं। इसमें स्थानीय लोगों की सहायता से तेरह मिनट में डाक पहुँचाई जाती थी। इस विमान सेवा के संयोजक कैप्टन विंडहैम थे, जिन्हें बाद में सर वाल्टर विंडहैम के रूप में जाना गया। इसके पश्चात् जॉर्ज पंचम के अभिषेक के अवसर पर भी उन्होंने ही विमान सेवा का आयोजन किया था। इस प्रकार वे ही वास्तविक रूप में वायु डाक परिवहन व्यवस्था के संस्थापक थे।

भारतीय डाक व्यवस्था के इस प्रशंसनीय प्रयास को सहयोग देने के लिए एक व्यापक अधिनियम बनाया गया। यह अधिनियम भारतीय भूभाग पर विमान परिवहन को नियमित करनेवाला था। ऐसा उस समय हुआ, जब मोटर वाहन भी एक नई उपलब्धि थी। यह इस बात का प्रमाण है कि तत्कालीन भारत सरकार

विश्व की सभी सरकारों की तुलना में वायु परिवहन के प्रति अधिक साकांक्ष थी। ऐसा लगता है कि कालांतर में इन प्रयासों को आघात लगा। प्रथम विश्वयुद्ध तक सिर्फ अक्तूबर 1919 में वायु परिवहन पर हुए अंतरराष्ट्रीय सम्मेलन में भाग लेने के अतिरिक्त इस दिशा में अन्य गतिविधियाँ संपन्न नहीं हो सकीं ।

सच्चे अर्थों में भारतीय वायु-सेवा का प्रारंभ सन् 1932 में हुआ। यह कार्य दूरदृष्टि-संपन्न अत्यंत ही सुयोग्य व्यक्ति के चिंतन एवं एकल प्रयासों के परिणामस्वरूप हो सका। उस व्यक्ति का नाम नेविल विंसेंट था। आर.ए.एफ. में आकर्षक कैरियर पूर्ण करने के पश्चात् नेविल विंसेंट और जे.एस. नेवाल नामक सहयोगी सन् 1929 में भारत आए। वे प्रथम विश्वयुद्ध में प्रयोग किए गए दो डी.एच. 9 नामक विमान से भारत की उद्वेलनकारी यात्रा पर आए। उन्होंने भारत के अधिकांश भागों के ऊपर उड़ान भरी और संभावित वायु मार्गों का पता लगाया। वे शुरू से ही इस बात से सहमत थे कि भारत में व्यावसायिक उड़ान की प्रबल संभावना है। इस कार्य हेतु उन्होंने टाटा समूह को प्रसन्नतापूर्वक सार्थक सहयोग दिया और अपने इस कार्य में सन् 1942 तक (मृत्युपर्यंत) इस कार्य में संलग्न रहे। भारत में सैन्य विमान निर्माण हेतु टाटा परियोजना के अंतर्गत इंग्लैंड से अपने मिशन को लौटते समय आर.ए.एफ. बमवर्षक द्वारा उनके विमान को ध्वस्त करने से स्पेन के समुद्र तट पर डूब जाने से उनकी मृत्यु हो गई। उनके भारतीय कैरियर के प्रारंभिक दिनों से ही मुझे नेविल विंसेंट के साथ रहने का मौका मिला। इस अवसर पर मैं उस बहादुर एवं प्रतिभाशाली व्यक्ति को स्मरण एवं कृतज्ञता-ज्ञापन किए बिना नहीं रह सकता। वे सच्चे अर्थों में भारतीय वायु परिवहन के संस्थापक थे।

सन् 1929 में टाटा समूह के लिए विंसेंट द्वारा जो परियोजना तैयार की गई थी उसमें बंबई, मद्रास को इंपीरियल एयरवेज सेवा से कराची में जोड़ने का प्रावधान था। किंतु प्रथम प्रयास में इस परियोजना को भारत सरकार का अनुमोदन नहीं प्राप्त हो सका। अंततः सन् 1932 में कराची, अहमदाबाद, बंबई, बेल्लारी, मद्रास मेल सेवा के प्रस्ताव का अनुमोदन किया गया। सरकार के साथ व्यापक समझौते के पश्चात् बिना डाक आय अथवा सब्सिडी की गारंटी मिले टाटा समूह वायु-सेवा प्रारंभ करने पर सहमत हो गया। यह सेवा 15 अक्तूबर, 1932 को प्रारंभ की गई। पहली उड़ान स्वयं मैंने कराची से अहमदाबाद होते हुए बंबई तक की भरी। उसके बाद शेष उड़ान को बंबई से बेल्लारी होते हुए मद्रास तक विंसेंट द्वारा संचालित की गई। मैं जिस विमान को लेकर उड़ा था उसका नाम 'पस मॉथ' था। उस समय टाटा समूह के पास एक पस मॉथ, एक लियोपार्ड मॉथ, एक पाम थैच्ड

शेड, एक पूर्णकालिक पायलट, एक अंशकालिक अभियंता, दो यांत्रिक प्रशिक्षु, पायलट की सहायता के लिए विंसेंट एवं स्वयं मैं और अनंत आशाएँ थीं।

इसमें संदेह नहीं कि विश्व के अन्य देशों में विमान प्रचालन एकल इंजन विमान द्वारा होता था। भारतीय सेवाओं को जमीनी सुविधा कम उपलब्ध थी। टाटा समूह की 1,300 मील के कराची-मद्रास वायु मार्ग में भी कोई सुविधा उपलब्ध नहीं थी। हमारे प्रधान हवाई अड्डे, यथा बंबई में कोई भी सुविधा उपलब्ध नहीं थी। इसपर मौसम का भी दुष्प्रभाव होता था। सिर्फ कराची हवाई अड्डे में रेडियो एवं रात्रि में विमान उतारने की सीमित सुविधा उपलब्ध थी। बंबई हवाई अड्डे में विस्तृत रूप से सूखी मिट्टी फैलाई गई थी। यह समुद्र के निकट था और साल में आठ माह ही इसका उपयोग किया जाता था। मानसून के दिनों में उच्च समुद्री तरंगें आने के कारण हवाई-पट्टी जलमग्न हो जाती थी। तब हम लोगों को अपना प्रचालन पुणे में महात्मा गांधी के प्रिय निवास-स्थान यरवदा जेल के निकट एक छोटी सी हवाई-पट्टी से करना पड़ता था। चूँकि इस मार्ग पर किसी भी हवाई अड्डे में प्रकाश की सुविधा उपलब्ध नहीं थी, अतएव वहाँ रात्रि में विमान उतारना संभव नहीं था। बेल्लारी में रात्रि विश्राम के कारण कराची से मद्रास तक हमारे विमान की औसत गति 40 मील प्रति घंटे हो जाती थी। इस मार्ग में जहाँ एक ओर 5,000 फीट ऊँची पर्वत श्रृंखलाएँ थीं वहीं दूसरी ओर मरुभूमि और दलदली भाग भी थे। इस मार्ग में शुष्क जलवायु प्रदेश के साथ-साथ वर्ष में चार महीने के दौरान 300 इंच वर्षावाले प्रदेश भी थे। मानसून के दौरान अतिवृष्टि के साथ-साथ इस मार्ग में तूफानों एवं झंझावातों के कारण काफी व्यवधान होता था। इन सब व्यवधानों के बावजूद टाटा एयरलाइंस ने अपने प्रथम प्रचालन वर्ष के दौरान अबाधित और नियमित रूप से 160,000 मील की यात्रा की।

सन् 1933 में टाटा एयरलाइंस के पश्चात् भारतीय वायु परिवहन के क्षेत्र में भारतीय राष्ट्रीय एयरवेज नामक कंपनी का पदार्पण हुआ। इस कंपनी का मुख्यालय दिल्ली में था। इस कंपनी का उद्देश्य सरकार के साथ-साथ दो भारतीय लघु अंशधारकों के रूप में भारतीय अंतरमहाद्वीपीय एयरवेज में भागीदारी करना था। इस कंपनी ने अपना प्रचालन 1 दिसंबर, 1933 से प्रारंभ किया। इसने एक साप्ताहिक यात्री विमान कलकत्ता एवं रंगून के बीच तथा कलकत्ता एवं ढाका के बीच अपनी डाक एवं मालवाहक सेवा प्रारंभ की। उस समय इसके पास डी हैवीलैंड नामक ड्रैगन एयरक्राफ्ट था।

सन् 1937 में एयर सर्विसेज नामक तृतीय वायुसेवा प्रारंभ की गई। इसके

अंतर्गत बंबई एवं काठियावाड़ के बीच यात्री-सेवा तथा दक्षिण बंबई एवं कोल्हापुर के बीच वायु-सेवा प्रारंभ की गई। इसके पास डी हैवीलैंड, फॉक्स मॉथ्स, परसीवल गुल्स तथा डी.एच. ड्रैगन्स नामक विमान थे। इसमें एक दिलचस्प बात यह थी कि इसका किराया रेल के द्वितीय श्रेणी के किराए से थोड़ा ही अधिक था। भार को ध्यान में रखते हुए इसका किराया प्रथम श्रेणी के रेल किराए से थोड़ा अधिक होना चाहिए था। इस कंपनी को घाटा होने लगा और इसे दो साल के अंदर ही अपना प्रचालन बंद करना पड़ा।

उसी समय टाटा एयरलाइंस एवं इंडियन नेशनल एयरवेज ने अत्यधिक प्रगति की। चूँकि द्वितीय विश्वयुद्ध के कारण सेवाओं पर व्यापक असर पड़ा, किंतु इससे सेवाओं को विस्तार देने तथा इसके वैविध्यपूर्ण विस्तार का अवसर मिला। वायु सेवाओं को कई विशेष कार्य दिए गए, यथा—आर.ए.एफ. की ओर से दक्षिण अरब मार्ग का सर्वेक्षण करना, इराक को माल आपूर्ति करना, बर्मा से नागरिक शरणार्थियों को लाना तथा आर.ए.एफ. के उपकरणों का नवीनीकरण एवं अनुरक्षण।

भारत में नागरिक विमानन को व्यावसायिक दर्जा 1 जनवरी, 1946 को दिया गया। तब तक भारतीय वायु परिवहन उद्योग अपेक्षाकृत लघु स्तरीय रहते हुए भी सुसंगठित, आधुनिक विमान के संचालन में अनुभव-संपन्न एवं वित्तीय दृष्टि से मजबूत हो गया था। इस उद्योग के दो मुख्य भागीदार टाटा एयरलाइंस तथा इंडियन नेशनल एयरवेज थे। नागरिक विमानन के विकास संबंधी किसी भी आश्वासन को पाकर इस उद्योग में आशा का संचार हो जाता था। अपेक्षा की जाती थी कि विश्व युद्ध के पश्चात् इस उद्योग में ठोस विस्तार होगा। इस दिशा में सन् 1943 में भारत सरकार ने कैप्टन एफ.सी. टिम्स (बाद में सर फ्रेडरिक टिम्स के नाम से जाने गए) को नागरिक विमानन का निदेशक नियुक्त करते हुए भारत में युद्धोत्तर काल में नागरिक विमानन योजना तैयार करते हुए विशेष कार्य सौंपा। उन्होंने सन् 1931 में नियुक्त निदेशक सर फ्रांसिस शेलमर्डाइन से कार्यभार ग्रहण किया। तकनीकी, प्रशासनिक एवं अतुलित कार्यक्षमता से संपन्न सर फ्रेडरिक ने युद्धोत्तर विमानन के सभी पक्षों पर विचार करते हुए सितंबर 1943 में अपनी योजना रखी। उन्होंने अनुमान प्रस्तुत किया कि युद्धोत्तर काल में 2 करोड़ मील की दूरी तय करने में कम-से-कम डी सी-3 प्रकार के चालीस विमानों की आवश्यकता होगी। निर्धारित वायु सेवा वहन करनेवाले विमानों की संख्या तीन अथवा अधिक-से-अधिक चार कर दी जाए।

टिम्स योजना की मौलिक बातें तो सही थीं, किंतु 1947 के मध्य तक टिम्स

युद्धोत्तर योजना का अंत हो गया। उस समय इक्यावन मार्गों के लिए ग्यारह कंपनियों को लाइसेंस दिया गया। यह परिदृश्य सुहावना था, किंतु वह विफलता की ओर अग्रसर था।

विदेश में विस्तार

भारतीय वायु परिवहन के निराशापूर्ण एवं अशांत युद्धोत्तर इतिहास में एयर इंडिया इंटरनेशनल की स्थापना तथा इसकी ठोस सफलता एक सुनहरा अध्याय है।

युद्ध के दौरान नेविल विंसेंट और मैंने अपने समूह के विकास के लिए अनंतिम युद्धोत्तर योजना तैयार की। इसके अंतर्गत अंतिम चरण में इंग्लैंड के सभी मार्गों सहित पश्चिमी देशों के साथ वायु सेवा बहाल करनी थी। यह स्पष्ट था कि यदि भारत को लंबी दूरी की अंतरराष्ट्रीय वायु सेवाओं के क्षेत्र में प्रवेश करना है तो उसे यह कार्य शीघ्र ही करना चाहिए। यदि इस क्षेत्र में किसी विदेशी कंपनी का प्रवेश हो गया तो भारत के लिए यह कार्य दुष्कर एवं वित्तीय दृष्टि से जोखिम भरा हो जाएगा। व्यापार एवं परिवहन के केंद्र के रूप में भारत का महत्त्व बढ़ने के साथ-साथ इसकी भौगोलिक स्थिति भी महत्त्वपूर्ण है। भारत यूरोप तथा सुदूर पूर्व एवं ऑस्ट्रेलिया के मध्य वायु मार्ग पर स्थित है। जो कंपनियाँ भारत तक अथवा भारत होकर वायु सेवा प्रदान करना चाहती हैं, उन सभी में भारतीय कंपनियों का विशेष महत्त्व है।

इस सुखद स्थिति का लाभ उठाने के लिए एयर इंडिया के समक्ष विस्तृत योजना तैयार थी। इसने स्वतंत्र भारत सरकार के समक्ष सन् 1947 में व्यापक प्रस्ताव रखा। इसमें एयर इंडिया इंटरनेशनल लिमिटेड नामक कंपनी की स्थापना का प्रस्ताव था। इसके लिए पूँजी भारत सरकार, एयर इंडिया और जनता के सहयोग से जमा की जानी थी, जिसका प्रबंधन एवं तकनीकी सहयोग एयर इंडिया लिमिटेड द्वारा किए जाते। प्रारंभ में यह कंपनी भारत एवं ब्रिटेन के बीच आधुनिक लंबी दूरीवाले दबावयुक्त विमानों की सहायता से नियमित सेवा प्रदान करती। प्रारंभ में सरकार इस प्रस्ताव के प्रति उत्साहित नहीं थी, क्योंकि उसके समक्ष स्वयं एक वायु सेवा प्रारंभ करने और उसके खुद प्रबंधन की योजना थी; किंतु जब सरकार को पता चला कि एयर इंडिया जैसे सुव्यवस्थित संस्थान तकनीकी सुविधायुक्त संस्थान के प्रस्ताव मानने से धन एवं समय दोनों की बचत होगी, तो उसने एयर इंडिया योजना को मंजूरी दे दी। इसके पश्चात् सरकार का पूर्ण समर्थन मिलता रहा।

संभावित विमान सेवा को ध्यान में रखते हुए एयर इंडिया ने तीन माह पहले

ही तीन लॉकहीड कांस्टेलेशन विमानों के क्रय हेतु आदेश दे दिया। इस हेतु हमने विमान चालकों एवं अन्य कर्मचारियों के प्रशिक्षण की व्यवस्था की। संयोग से एक अन्य क्रेता का आदेश रद्द हो जाने के कारण हमें ये विमान समय से छह माह पूर्व ही मिल गए। इस प्रकार 8 मार्च, 1948 को एयर इंडिया इंटरनेशनल का विधिवत् गठन हुआ और इसने उसी वर्ष 8 जून को बंबई एवं लंदन के बीच प्रथम अंतरराष्ट्रीय उड़ान भरी।

राष्ट्रीयकरण

सन् 1950 में भारत सरकार ने एक प्रमुख उच्च न्यायालय के प्रसिद्ध न्यायाधीश की अध्यक्षता में वायु परिवहन जाँच समिति का गठन किया। इस समिति ने अपनी रिपोर्ट सन् 1950 में प्रस्तुत की। इस समिति ने इस बात की पुष्टि की कि इस उद्योग की दयनीय अवस्था का प्रमुख कारण आधारहीन एवं अविवेकपूर्ण लाइसेंस प्रणाली है, जिसके तहत कई प्रचालकों को बिना सोचे-समझे लाइसेंस प्रदान कर दिया जाता है। इससे अनावश्यक प्रतिस्पर्धा, लागत में वृद्धि तथा आय में कमी होती है। भविष्य का सामना करने के लिए इस समिति ने अपना सुझाव व्यक्त किया कि सिर्फ चार प्रचालकों की ही लाइसेंस प्रदान किया जाए। इस प्रकार इस समिति ने छह साल पूर्व सर फ्रेडरिक टिम्स की मौलिक संस्तुतियों का अनुमोदन कर दिया। इसने अपनी संस्तुति में कहा कि कुछ वायु सेवाओं को एक-दूसरे में मिला दिया जाए तथा इनमें से दो के लाइसेंस का नवीनीकरण नहीं किया जाए।

कुल मिलाकर यदि इस समिति की ठोस संस्तुतियों को स्वीकार कर लागू किया जाता तो वायु परिवहन उद्योग को ऐसा अवसर प्राप्त होता कि इसके विकास में गति का संचार हो जाता। उस समय इस कार्य की प्रबल आवश्यकता थी, किंतु सरकार ने रिपोर्ट को पूर्ण रूप से निरस्त कर दिया। इसके कारणों को स्पष्ट नहीं किया गया। इस संबंध में मेरा विचार यह है कि वायु परिवहन से संबद्ध तत्कालीन मंत्री ने राष्ट्रीयकरण के पक्ष में अपना मन बना लिया था। इन्हीं कूटनीतिक कारणों से सरकार ने उस समय इस उद्योग को संबल प्रदान करने का निर्णय नहीं किया। यह स्वीकार किया जाना चाहिए कि राष्ट्रीयकरण से तत्कालीन परिस्थिति में सरकार के दृष्टिकोण के अनुरूप सरलतम एवं त्वरित समाधान मिलता। इससे लाभ के साथ-साथ कुछ वर्गों की सैद्धांतिक आकांक्षाओं की भी तुष्टि होती। इसके अतिरिक्त विमानन नीति से संबंधित विगत विवादों को भी विराम मिलता।

मार्च 1953 में भारतीय संसद् ने वायु निगम अधिनियम पारित किया, जिसे

राष्ट्रपति की मंजूरी 20 मई को प्राप्त हुई। इस अधिनियम का मुख्य प्रावधान यह था कि 'इंडियन एयरलाइंस तथा एयर इंडिया इंटरनेशनल नामक दो निगम होंगे।'

राष्ट्रीयकरण से इक्कीस वर्ष के रोमांचक युग का अंत हुआ। इस दौरान वायु सेवा प्रदान करने के प्रथम प्रयास हुए। धीमी किंतु ठोस प्रगति हुई, अनपेक्षित विकास हुआ; किंतु असंगठित विकास के कारण विवाद, संशय एवं विखंडनकारी गतिविधियों का भी जन्म हुआ।

एयर इंडिया का प्रथम कार्य

1 अगस्त, 1953 को इंडियन एयरलाइंस ने भारत एवं आस-पास के देशों में प्रचालित होनेवाली सभी भारतीय वायु सेवा कंपनियों से समस्त संपत्ति और व्यवसाय अधिगृहीत कर लिया, जबकि एयर इंडिया इंटरनेशनल के स्थान पर एयर इंडिया इंटरनेशनल लिमिटेड ने कार्य प्रारंभ किया। राष्ट्रीयकरण होने से भारतीय वायु परिवहन के इतिहास में एक नए व्यवस्थित अध्याय का सूत्रपात हुआ।

19 अप्रैल, 1960 को एयर इंडिया ने जेट युग में अपना कदम रखा, जब पहली बार बोइंग 707 ने ब्लू रिबन मार्ग पर इंग्लैंड के लिए उड़ान भरी।

एयर इंडिया इंटरनेशनल के बोइंग क्रय संबंधी आदेश का एक महत्त्वपूर्ण एवं रुचिकर पक्ष यह है कि रॉल्स-रॉइस कॉनवे इंजन का उपयोग करनेवाला यह दुनिया का पहला एयरलाइंस था। इस विमान के इंजन के व्यापक रेंज एवं कम ईंधन खपत के संयोग से लंदन और बंबई के बीच बिना रुके हुए प्रथम उड़ान भरी जा सकी। ऐसा फरवरी 1960 में हो सका, जब 8 घंटे 5 मिनट में 600 मील की औसत गति से 4,850 मील की दूरी तय की जा सकी। ज्यों ही में बंबई मैं उतरा तो मुझे विगत दिनों की याद आने लगी, जब तीस वर्ष पूर्व बंबई से लंदन के बीच एकल उड़ान में इतनी ही दूरी तय करने में 8 दिन एवं 5 घंटे का समय लगा था। □

उपलब्धिजन्य आनंद

सपने एवं श्रम के सहयात्री

[श्री जे.आर.डी. टाटा ने 1 फरवरी, 1978 को एयर इंडिया के अध्यक्ष पद से त्याग-पत्र दिया। देश के विभिन्न भागों एवं विदेशों से उन्हें संदेश प्राप्त हुए। एयर इंडिया की पत्रिका 'मैजिक कार्पेट' में उन्होंने कर्मचारियों के नाम एक पत्र लिखा।]

प्रिय मित्रो,

एयर इंडिया छोड़ने के अपने फैसले पर शुभकामना, स्नेह एवं सहानुभूति से भरे असंख्य संदेशों को पाकर मैं अत्यंत भावुक हो गया हूँ। भारत में एक सुदृढ़ वायु सेवा व्यवस्था स्थापित करने के मेरे सपने के सहचर आप लोगों के प्रति कृतज्ञता ज्ञापन करने के सिवा मेरे पास कहने के लिए कोई शब्द नहीं है। इन वर्षों के दौरान आपका अपार स्नेह, निष्ठा एवं सहयोग पाकर मैं धन्य हुआ। अपने संपूर्ण जीवन के उत्सर्ग के पश्चात् निर्मित इस उपक्रम में आपके सहयोग के फलस्वरूप हमने दूर देश में अपने पंख फैलाए, दिग्-दिगंत में अपने राष्ट्रध्वज को लहराया। इससे विभिन्न सभ्यताएँ एवं संस्कृतियाँ एक-दूसरे के निकट आईं।

आपसे वियोग के अपने दु:ख को मैं छिपा नहीं सकता। एक फ्रेंच कवि ने उचित ही कहा था—वियोग एक प्रकार से आंशिक मृत्यु है। मेरे व्यक्तित्व के जिस अंश का अंत 1 फरवरी को हुआ, वह मेरी आधी जिंदगी के उत्सर्ग से निर्मित हुआ था। भूमिकाओं का अंत होता है, किंतु स्मृतियाँ शेष रह जाती हैं। मेरे जीवन के अंतिम वर्षों में भी उन रोमांचक वर्षों की मधुर एवं कटु स्मृतियाँ मेरे मानस-पटल पर विद्यमान रहेंगी। इन वर्षों के दौरान हम लोग सपने एवं श्रम के सहयात्री थे। हम उपलब्धिजन्य आनंद एवं असफलताजन्य पीड़ा के सहभागी रहे हैं। हमने दुर्बलताओं

को दूर कर उत्कृष्टता एवं पूर्णता के लिए अहर्निश प्रयास किया है। किंतु हमारी नजरें आसमान के जाज्वल्यमान नक्षत्रों पर टिकी रहती थीं।

इस वियोग की पीड़ा एवं कुछ खोने की भावना के अतिरिक्त मैं महसूस करता हूँ कि एयर इंडिया एवं विमानन की दुनिया से मैं अलग-थलग हो गया हूँ। इससे मुझे अपार स्नेह था। इस कार्य ने मेरे जीवन में आनंद की वर्षा कर दी। मेरे लिए सबसे बड़े दुःख का कारण यह है कि मैं अब एयर इंडिया परिवार का सदस्य नहीं रहा। जिस परिवार की प्रगति के लिए हमने वर्षों तक सहयात्री के रूप में संघर्ष किया, मैं अब उसका अंग नहीं हूँ।

विदाई की इस वेला में मुझे संतोष है कि एयर इंडिया आपकी छत्रच्छाया में सुरक्षित है तथा हमारे द्वारा तैयार मानक कभी निम्नगामी नहीं होगा। इससे अलग रहते हुए भी मेरे विचार सदैव आपके साथ रहेंगे। मैं एयर इंडिया की सतत सफलता एवं इसके कार्मिकों की सुरक्षा तथा प्रसन्नता के लिए प्रार्थना करता रहूँगा। मेरी शुभकामनाएँ आपके साथ हैं।

उत्साह के प्रज्वलित दीपक

[15 अक्तूबर, 1962 को अपनी एकल उड़ान की 30वीं वर्षगाँठ पर तथा 50वीं वर्षगाँठ के अवसर पर जे.आर.डी. टाटा ने कराची से बंबई उड़ान का पुनः अभ्यास अपने लियोपार्ड मॉथ में उड़ान भरकर किया। 50वीं वर्षगाँठ के अवसर पर जब वे जुहू हवाई अड्डे पर उतरे तो उनकी अगवानी के लिए महाराष्ट्र के राज्यपाल एवं मुख्यमंत्री सहित अनेक गण्यमान्य जन उपस्थित थे। अपनी सात घंटे की उड़ान के पश्चात् श्री टाटा ने उपस्थित जनसमुदाय को भाव-विह्वल होकर संबोधित किया।]

कहा जाता है कि जीवन में ऐसे भी क्षण आते हैं जब व्यक्ति चाहता है कि कहीं कुआँ मिले और उसमें कूदकर अपनी जान दे दे। यह ऐसा ही एक अवसर है। अपने विषय में इतने लोगों का भाषण सुनकर आज मैं पसोपेश में पड़ गया हूँ। आज की शाम मेरे लिए जिंदगी में सबसे लज्जित करनेवाली शाम है।

मुझे एक विनम्र व्यक्ति मानना महामहिम राज्यपाल की उदारता है। मैं महसूस करता हूँ कि मुझे विनम्र बनाने में कई कारकों के हाथ हैं। आज भी कराची तक विमान-चालन और पुनः इस पुराने विमान को सुरक्षित वापस लाने के लिए मुझ जैसे बूढ़े चालक की आवश्यकता नहीं थी। इस हेतु जिस उत्साह, कौशल और दक्षता की आवश्यकता थी, वह मुझमें नहीं। मुझे उत्तुंग पर्वत-शृंखलाओं एवं

बर्फीले तूफानों अथवा कोहरों से जूझना नहीं पड़ा है। आज एवं आज से पचास वर्ष पूर्व—दोनों अवसरों पर उड़ानें अपेक्षाकृत सरल थीं। मुझे सिर्फ बैठकर सही प्रचालन करना था, किंतु इस बार एक अंतर अवश्य है। पचास वर्ष पहले मुझे विमान-चालन के दौरान सिर्फ मानचित्र देखना था, अपने नीचे की धरती का अवलोकन करना था और दिशासूचक के अनुरूप अपने गंतव्य तक बढ़ना था। आज मेरी सहायता के लिए रेडियो भी उपलब्ध था। आज मुझे विनम्र कहते हुए मेरी जितनी प्रशंसा की जाती है और मुझे जितनी बधाइयाँ दी जा रही हैं, वे मेरे कार्य की तुलना में कहीं अधिक हैं; किंतु मैं यह नहीं कहूँगा कि मुझे अपनी प्रशंसा सुनते हुए बुरा लगता है, तथापि मैं जिस प्रशंसा का पात्र नहीं हूँ, उसे मेरे प्रति प्रदर्शित करने के लिए भी मैं आपका कृतज्ञ हूँ।

बचपन से ही मेरे मन में विमान-चालन की उत्कट इच्छा थी। मैं उस दिन की प्रतीक्षा कर रहा था जब मैं स्वयं चालक के रूप में उड़ान भर सकूँ। विमानन के प्रारंभिक दिनों से लेकर अभी तक के सभी सुप्रसिद्ध विमान-चालकों के बारे में मैंने पढ़ा और उनके कारनामों से रोमांचित हो उठा। सन् 1927 में जब लिंडबर्ग ने अटलांटिक महासागर के ऊपर एक इंजनवाले विमान से 33 घंटों की उड़ान भरी तो वह अपने आप में एक उपलब्धि थी। लिंडबर्ग मुझसे छह साल बड़े थे। आज जो बातें मेरे विषय में कही जा रही हैं, वे यदि उनके विषय में कही गई होतीं तो समीचीन होतीं।

मुझे अफसोस है कि किसी ने मुझसे यह नहीं पूछा कि यदि यह कार्य इतना आसान था तो आपने इसे क्यों किया? वस्तुतः जब सन् 1962 में मैंने यह कार्य किया था तो मुझसे यह पूछा गया था, उस समय मैं महसूस करता था—और अभी भी महसूस करता हूँ—कि भारत में नागरिक विमानन एवं व्यावसायिक विमानन के प्रादुर्भाव के पचास वर्ष पूरे होने और इन वर्षों के दौरान वायु परिवहन में हुई प्रगति किसी उत्सव मनाने से कम महत्त्वपूर्ण नहीं है। मैं सोचता हूँ कि आज उन्यासी वर्ष की उम्र में जो मैंने किया है वैसा मैं आज से बीस वर्ष बाद नहीं कर पाऊँगा। मैं किसी विमान को चलाने लायक नहीं रह पाऊँगा और न ही कोई विमान मेरे अनुकूल बन पाएगा। यही वह कारण है जो उस समय और आज भी महत्त्वपूर्ण है।

मैं महसूस करता हूँ कि इस स्वर्ण जयंती अवसर को मनाने के लिए मुझे व्यक्तिगत रूप से कुछ करना चाहिए। मैंने इस अवसर पर अपने आपको सिर्फ विमान चलाने के योग्य पाया। इसके दो अन्य कारण भी हैं। प्रारंभ में मेरे सहयोगियों की संख्या दो अंकों में थी, बाद में मेरे साथ सैकड़ों लोग जुड़ गए और फिर हजारों

का काफिला बना। विगत छियालीस वर्षों की अवधि में एयर इंडिया तथा भारतीय वायु परिवहन के निर्माण में सहयोगी रहे इन लोगों के प्रति मैं अपनी कृतज्ञता व्यक्त करना चाहता था। मैं इन लोगों के प्रति अपना आभार व्यक्त करने के साथ-साथ स्वयं उड़ान भरने के अतिरिक्त इस अवसर में नाटकीयता लाने के लिए और अधिक कुछ नहीं कर सकता था। एयर इंडिया द्वारा प्रायोजित इस उड़ान से पूर्व उन्हें इस विमान की मरम्मत, नवीनीकरण, पुनर्सज्जित करना तथा इसे प्रचालन योग्य बनाना पड़ा। मैं उनके उत्साह के प्रति अपना आभार व्यक्त करता हूँ। हमारे संयुक्त प्रयास के लिए उन्होंने जो श्रम किया, वह प्रशंसनीय है। विगत पचास वर्षों की स्मृतियों को सँजोए रखने तथा मुझे अपने आनंद में सहभागी बनाने के लिए मैं एयर इंडिया को साधुवाद देता हूँ।

दूसरा कारण, जिसने मुझे प्रेरित किया, वह यह था कि व्यक्ति भूतकाल के अनमोल क्षणों को दोहराने के लिए समारोह का आयोजन करता है, यथा—मँगनी अथवा शादी। लोग ऐसा दूसरी शादी करके करते हैं, किंतु आजकल लोग करों के बोझ से इतने दबे हुए हैं कि दूसरी पत्नी के बोझ को कोई बिरला ही सहन कर पाएगा। किसी भी स्थिति में मेरे इन विचारों पर मेरी पत्नी ध्यान नहीं देती।

इसका एक अन्य कारण भी था। चूँकि मैं अब वृद्ध हो गया हूँ और महसूस करता हूँ कि इन दिनों अपने देश में लोगों के बीच वितृष्णा के भाव बढ़ते जा रहे हैं। लोगों में आशा, आकांक्षा, उत्साह, आनंद, शौर्य—जिनके बल पर स्वतंत्रता मिली तथा एयर इंडिया जैसी संस्थाओं का निर्माण हुआ—लुप्त होते जा रहे हैं। आस्था एवं नैतिकता का पतन हुआ है। आज युवकों में सबसे बड़ी चिंता रोजी-रोटी की है। मैं इसके लिए उन्हें दोषी नहीं मानता हूँ। उनकी चिंता वास्तविक है। हम उत्कृष्टता की ओर ध्यान नहीं देते। हममें कुछ बेहतर कर गुजरने की भावना लुप्त होती जा रही है। इससे यह भी हो सकता है कि निराशा के बाद देश के मनो-मस्तिष्क में उत्साह का संचार हो। हम अपने देश की प्रतिष्ठा एवं ख्याति के लिए कुछ उत्तम कार्य कर सकें। आज जब विमानन रोमांचकारी कार्य नहीं रहा है तब भी इस क्षेत्र में कुछ विशेष करने की संभावनाओं का अंत नहीं हुआ है। लोग कई अन्य कार्य भी कर सकते हैं। इस देश के युवक कई क्षेत्रों में महान् कार्य कर सकते हैं। मार्ग में बाधाएँ तो आती हैं, परिस्थितियाँ प्रतिकूल होती हैं, परिवेश हतोत्साहजनक होता है, किंतु बाधाओं को लाँघकर इस देश के युवक अपने आपको फौलाद बना सकते हैं।

आज की मेरी यह उड़ान, छोटी ही सही, अपने देश के युवकों में आशा एवं उत्साह का संचार करने के लिए भरी गई थी। मैं चाहता हूँ कि आज से पचास वर्ष

पूर्व सन् 1932 में मैं अपने आपको जैसा तरुण महसूस करता था वैसा ही वे अठहत्तर वर्ष की उम्र में अनुभव करें। मैं आशा करता हूँ कि वे सभी कम-से-कम अठहत्तर वर्ष तक तो अवश्य जीवित रहें। वे अपने आपको बुढ़ापे में भी मेरे जैसा ऊर्जावान् महसूस करें। सभी प्रकार की बाधाओं एवं निराशाओं का समाधान करते हुए आप हमेशा कुछ बेहतर करने की सोचते रहें। आप सभी को यहाँ उपस्थित होने के लिए मैं धन्यवाद देता हूँ।

मैं लौटूँगा…

[31 जुलाई, 1989 को सिएटल में 'डेनियल गगेनहेम' पदक प्राप्त करने के अवसर पर दिया गया भाषण।]

विमानन के क्षेत्र में कदाचित् मेरे जीवन का सबसे मूल्यवान् क्षण वह था, जब मैंने प्रथम बार बोइंग 747 प्राप्त किया। इस विचित्र विमान से मैंने उन दिनों उड़ान भरी थी। बोइंग 747 और छोटे पास मॉथ विमान की एक साथ तसवीर देखकर मैं व्यावसायिक विमानन की प्रगति तथा इस क्षेत्र में भारत में हुए विकास को सहज ही समझ पाता था।

मैं कई वर्षों के पश्चात् सिएटल आया हूँ। मैं बोइंग के द्वारा अगवानी करने से खुश हूँ। मैं उनकी भव्य कंपनी को देखकर अपने आप में विशिष्टता का अनुभव करता हूँ। वर्षों पहले मैं इस कंपनी में एक खरीदार के रूप में आया करता था। मैं बोइंग बोर्ड के तत्कालीन अध्यक्ष बिल एलेन से अपने व्यक्तिगत संबंधों को स्मरण करता हूँ। वर्षों बाद श्रीमती एलेन से पुन: मिलना अपने आप में प्रसन्नता का विषय है।

ऐतिहासिक दृष्टि से हम अभी भी विमानन के क्षेत्र में प्रारंभिक चरण में ही हैं। मुझे खुशी है कि विमानन का प्रारंभ मेरे जन्म के समय से हुआ। इन पचासी वर्षों के पश्चात् भी हम प्रारंभिक अवस्था में ही हैं। हम आशा करते हैं कि भविष्य में सशक्त बनेंगे। यह कार्य अगली शताब्दी में हो जाएगा। मैं नहीं जानता कि आप में से कितने लोग अवतारवाद में विश्वास करते हैं। हम भारतीय इसमें विश्वास करते हैं। यदि कभी मेरा पुनर्जन्म हुआ तो मैं निश्चित रूप से सिएटल और बोइंग पुन: देखने के लिए आऊँगा।

□

प्रगति के सहचर

सार्वजनिक क्षेत्र

निजी क्षेत्र

मिश्रित अर्थव्यवस्था के गुण

दशकों तक जे.आर.डी. टाटा भारत के निजी क्षेत्र के सबसे बड़े औद्योगिक समूह के प्रमुख रहने के साथ-साथ सार्वजनिक क्षेत्र की बड़ी कंपनियों में से एक एयर इंडिया के भी अध्यक्ष रहे। इस प्रकार वे निजी एवं सार्वजनिक क्षेत्र दोनों पर बोलने की क्षमता रखनेवाले प्रमुख वक्ता थे। वे कहते थे कि वर्षों पहले उनके मन में दोनों क्षेत्रों के बीच सहभागिता के संकल्प का उदय हुआ। दोनों क्षेत्र अपने कार्यों पर केंद्रित करने के लिए उपयुक्त थे।

टाटा महसूस करते हैं कि सरकारी नियंत्रण से न सिर्फ क्षेत्र के प्रयासों को कुंठित किया जाता है, अपितु सार्वजनिक क्षेत्र के जिम्मेदार प्रमुखों की निर्णय क्षमता को भी प्रभावित किया जाता है। वे वुडरो विल्सन के कथन को उद्धृत करते हैं—'स्वतंत्रता का इतिहास सरकारी शक्तियों को सीमित करने का इतिहास है, इसे विस्तार देने का नहीं।'

सन् 1969 में टाटा ने प्रस्ताव किया कि निजी क्षेत्र के उद्योग को अपने कार्यस्थल के आस-पास के गाँवों को गोद लेना चाहिए। अपने प्रबंधकों, अभियंताओं, चिकित्सकों एवं प्रशिक्षित विशेषज्ञों को ग्रामीणों के बीच जाकर उन्हें सलाह और सहायता प्रदान करने का अवसर देना चाहिए। उन्हें अवसर देना चाहिए कि कंपनियों तथा ग्रामीणों के सहयोग से जारी विकास कार्यों की वे समीक्षा कर सकें। ग्रामीणों के बीच परिवार नियोजन संबंधी सलाह एवं सहायता प्रदान करना एक विशेष प्रकार की सेवा होगी।

टाटा इस्पात उद्योग ने उनके इस विचार एवं अन्य विचारों को कार्यान्वित किया। उनके सुझाव पर इस समूह ने सन् 1980 में सामाजिक लेखा परीक्षण प्रारंभ किया। किसी भारतीय कंपनी द्वारा यह पहला प्रयास था।

टाटा मिश्रित अर्थव्यवस्था के पक्षधर रहे हैं। इस संबंध में एक अध्याय में सरकार के परिवर्तनशील विचार को दरशाया गया है। सरकार कभी मिश्रित अर्थ-व्यवस्था का पक्ष लेते हुए दिखती है तो कभी अधिकाधिक शक्ति अपने हाथ में केंद्रित करना चाहती है।

सार्वजनिक क्षेत्र

स्वायत्तता की आवश्यकता

[7 अक्तूबर, 1970 को आकाशवाणी, दिल्ली से 'स्वायत्तता एवं नियंत्रण की रूपरेखा' विषय पर प्रसारित वार्ता।]

प्रश्न इस बात का है कि स्वायत्तता एवं उत्तरदायित्व का सहअस्तित्व होना चाहिए; किंतु स्वायत्तता एवं उत्तरदायित्व का अकसर समन्वय नहीं हो पाता। स्वायत्तता उत्तरदायित्व का तिरस्कार करती हुई चरम पर पहुँच जाती है। किंतु उत्तरदायित्व भी स्वायत्तता की अवधारणा को पूर्ण रूप से निरस्त कर देता है। दोनों के बीच मध्य मार्ग अपनाना व्यावहारिक एवं अत्यंत दुष्कर है।

स्वायत्तता सिर्फ संसद् द्वारा कानून बनाने से नहीं मिलती। इसके लिए सत्ताधारियों को स्वेच्छापूर्वक अपने अधिकार का त्याग एवं शक्तियों का प्रत्यायोजन करना पड़ता है।

कदाचित् यह स्वाभाविक ही था, जब भारत में स्वतंत्रता के पश्चात् बड़ी संख्या में सार्वजनिक क्षेत्र के उपक्रम बनाए गए तो इससे संबद्ध मंत्रालय इन नवनिर्मित संस्थाओं पर अपना कठोर नियंत्रण रखते; क्योंकि इससे पूर्व उन्हें इस क्षेत्र में अनुभव नहीं था। अतएव प्रथम चरण में स्वायत्तता का न होना स्पष्ट था।

अभी भी सार्वजनिक क्षेत्र के उपक्रमों के प्रबंधन पर सरकारी नियंत्रण बहुत ज्यादा है। उदाहरण के रूप में, सार्वजनिक क्षेत्र के किसी अधिकारी की सामान्य सेवानिवृत्ति के पश्चात् उनकी सेवा में एक वर्ष के विस्तार के लिए सरकार की पूर्व अनुमति लेना आवश्यक है। ऐसा उस कर्मचारी के विषय में भी लागू है, जो स्थायी कर्मचारी नहीं है, अपितु उपक्रम द्वारा ही उनकी भरती की गई है।

यद्यपि सार्वजनिक क्षेत्र के उपक्रम अपने यहाँ वेतनमान निर्धारित करने के लिए स्वतंत्र हैं, किंतु व्यावहारिक रूप से इस कार्य पर भी सरकार का नियंत्रण है। इसके परिणामस्वरूप सार्वजनिक क्षेत्र के उपक्रमों के प्रमुखों की कुल परिलब्धियाँ उनके समकक्ष अधिकारियों की विदेशी कंपनियों में मिलनेवाली परिलब्धियों का पाँचवाँ अथवा दसवाँ हिस्सा भी नहीं हैं। उन्हें निजी क्षेत्र में काम करनेवाले समकक्ष भारतीय अधिकारियों की तुलना में आधा वेतन मिलता है, किंतु सभी गैर-तकनीकी अधिकारियों का वेतनमान स्वाभाविक रूप से नागरिक सेवकों जैसा है।

हालाँकि वेतन ही कार्य-संतुष्टि का एकमात्र मानक नहीं है, तथापि सरकारी कर्मचारियों की तुलना में सार्वजनिक क्षेत्र के उपक्रमों के प्रमुखों का वेतन कम होने से इन उपक्रमों की कार्यक्षमता प्रभावित होती है। इससे इस क्षेत्र में व्यवसाय एवं उद्योग जगत् के प्रतिभाशाली व्यक्ति प्रवेश नहीं करते हैं।

भारत की तुलना में ब्रिटेन, फ्रांस, जर्मनी और इटली में सार्वजनिक क्षेत्र के उपक्रमों के प्रबंधन को दी गई स्वतंत्रता काफी अधिक है। जिन कंपनियों को घाटे की भरपाई के लिए सरकार सब्सिडी देती है अथवा पूँजीगत व्यय के लिए वित्तीय सहायता देती है, उनके बोर्ड के अधिकार और निजी क्षेत्र के बोर्ड के अधिकार में व्यापक अंतर है। विरले मामलों को छोड़कर उत्तरदायित्व का अर्थ वार्षिक रिपोर्ट प्रस्तुत करना तथा बाजार से ऋण लेने जैसे कार्यों में छूट है।

मैं यह सलाह नहीं देता कि हमारी संसद् एवं सरकार अत्यंत उदार हो जाएँ। मैं यह भी नहीं कहता कि उनमें पर्याप्त उदारता नहीं है। महत्त्व सिर्फ नीतिगत निर्णय लेने का है। इसके अंतर्गत दीर्घकालिक हितों की पहचान करना, पूँजीगत व्यय, सरकारी निधि के विनिवेश की आवश्यकता, राष्ट्रीय हितों के मुद्दे तथा बोर्ड के सदस्य एवं प्रमुख नियुक्त करने के विशेषाधिकार आते हैं। राष्ट्रीय हितों से संबंधित विषयों पर सरकार का नियंत्रण होना ही चाहिए।

मेरा सुझाव यह है कि एक सीमा तक सार्वजनिक क्षेत्र के उपक्रमों पर सरकारी नियंत्रण एवं पर्यवेक्षण रहना चाहिए, ताकि क्षमता एवं लाभार्जन करने की दक्षता कायम रहने के साथ-साथ वे सामाजिक उत्तरदायित्व को वहन कर सकें। तथापि समय आ गया है कि अब सरकार को इन कंपनियों के बोर्ड एवं प्रबंधन को अधिक स्वायत्तता प्रदान करनी चाहिए।

सरकार या संसद् अथवा जैसा मामला हो, दोनों मिलकर प्रत्येक सार्वजनिक क्षेत्र के उपक्रम को स्पष्ट उद्देश्य एवं उत्तरदायित्व के लिए दिशा-निर्देश प्रदान करें

तथा उनके बेहतर निष्पादन हेतु मार्गदर्शक तत्त्व सुनिश्चित करें। इसके पश्चात् सरकार द्वारा तैयार ढाँचे के अंतर्गत सरकार को कार्य करने के लिए स्वतंत्र छोड़ दें, बशर्ते ये कंपनियाँ अनुशासित तुलन-पत्र तैयार करें। राष्ट्रीय हितों के अनुरूप इन कंपनियों पर नियंत्रण रखना आवश्यक है।

देश के आर्थिक विकास में सार्वजनिक क्षेत्रों की महत्त्वपूर्ण भूमिका है। सन् 1970 में औद्योगिक क्षेत्र में इसे प्रवेश किए हुए बीस वर्ष से अधिक हो जाएँगे। इन वर्षों में ठोस परंपराओं की स्थापना हुई है तथा प्रबंधन कौशल में व्यापक विकास हुआ है। निजी क्षेत्र के उपक्रमों के बोर्ड में योग्य, अनुभवी एवं विश्वसनीय व्यक्ति होते हैं। उन्हें स्वतंत्र कार्य देने में नहीं के बराबर जोखिम है। इस दौरान उनसे कभी-कभी गलतियाँ भी हो सकती हैं। वांछित परिणाम प्राप्त करने के लिए उन्हें स्वतंत्रता देने में कोई क्षति नहीं है। मुझे विश्वास है कि वे सरकार अथवा संसद् अथवा देश के मस्तक को नहीं झुकने देंगे।

सार्वजनिक क्षेत्र की सफलता

[10 अगस्त, 1981 को टाटा ऑयल मिल्स कंपनी लिमिटेड के अध्यक्ष के रूप में दिया गया वक्तव्य।]

अब समय आ गया है कि सरकार सार्वजनिक क्षेत्र के उपक्रमों की उत्पादकता बढ़ाने हेतु केंद्रित एवं सुनिश्चित कार्यक्रम अपनाए। इस दिशा में पहला कदम यह होगा कि उनके प्रबंधन में सरकार अपनी भूमिका को सीमित करे, ऐसा मेरा मत है। सार्वजनिक क्षेत्र के प्रबंधन में अपने दीर्घकालीन व्यक्तिगत अनुभव के आधार पर मैं इस बात से सहमत हूँ कि अधिकांश सार्वजनिक क्षेत्र के उपक्रमों में व्याप्त अक्षमता तथा उच्च लागत का मुख्य कारण उनमें गुणवत्ता, प्रतिस्पर्धा अथवा उनके प्रबंधन एवं कर्मचारियों में निष्ठा का अभाव नहीं है। अपितु सक्षम प्रबंधन हेतु आवश्यक प्रबंधन स्वतंत्रता से उन्हें सतत वंचित करना है। प्रबंधन संबंधी स्वतंत्रता किसी बड़े उपक्रम में कार्य-निष्पादन के लिए आवश्यक है।

मैंने भूतकाल में कई अवसरों पर आर्थिक नीतियों तथा उनके कार्यान्वयन में अत्यधिक राजनीतिकरण के प्रतिकूल परिणामों के प्रति लोगों का ध्यान आकर्षित किया है। मैंने सार्वजनिक क्षेत्र के उपक्रमों के दैनिक प्रचालन में संसद् के दबाव के तहत सरकारी हस्तक्षेप से होनेवाले गंभीर दुष्परिणाम के प्रति लोगों को सचेत किया है। फलस्वरूप निर्णय लेने एवं निष्पादन की गति, अनुशासन, मनोबल एवं दक्षता

प्रभावित होती है। उत्पादन स्तर गिरता जाता है और लागत बढ़ती जाती है। इससे उपभोक्ता एवं देश की अर्थव्यवस्था दोनों ही प्रभावित होते हैं। इसके साथ ही ईंधन के मूल्य में वृद्धि और इसकी कमी, विद्युत् एवं रेल परिवहन के अभाव ने हमारी अर्थव्यवस्था को कमजोर किया है। इससे लागत में वृद्धि हुई है और देश में कृषि अथवा कृषि उत्पादों सहित सभी उपभोक्ता वस्तुओं के मूल्य में वृद्धि हुई है।

□

निजी क्षेत्र

विकास में अवरोध

[15 दिसंबर, 1969 को मद्रास में अनंतरामकृष्णन स्मृति व्याख्यानमाला के अंतर्गत '70 के दशक में व्यवसाय एवं उद्योग— चुनौतियाँ और दायित्व' विषय पर दिया गया भाषण।]

आज हमें यह स्वीकार करना चाहिए कि भारत के औद्योगिक एवं आर्थिक विकास में विगत आधी शताब्दी के दौरान निजी क्षेत्र को जितना योगदान देना चाहिए उतना वह नहीं दे सका है। जिन्हें निजी उपक्रमों में विश्वास है तथा देश के आर्थिक अभ्युदय के प्रति चिंता है, उनके लिए ऐसी परिस्थिति निश्चय ही गंभीर निराशाजनक है। इसका जो सबसे गंभीर परिणाम दृष्टिगोचर होता है, वह यह है कि निजी क्षेत्र की खराब छवि के कारण सरकार तथा संसद् में इसके प्रति शंका व्याप्त है। इससे देश की आर्थिक प्रगति में सार्वजनिक क्षेत्र के उपक्रम के साथ कदम-से-कदम मिलाकर कार्य करने से इसे वंचित किया जाता है।

सरकार समय-समय पर इसके प्रयासों एवं कार्यों पर अंकुश लगाने के लिए अनेक प्रकार के नियम, नियंत्रण एवं विनियम लागू करती रही है। इससे इस धारणा को बल मिला है कि निजी क्षेत्र की कंपनी कितनी भी बड़ी हो, देश के आर्थिक विकास में व्यापक योगदान दे रही हो, वह साधन-संपन्न, ईमानदार एवं प्रतिस्पर्धा में सक्षम हो तब भी उसे प्रगति के पथ पर बढ़ने नहीं दिया जाएगा, अन्यथा इसके प्रबंधकों के हाथों में अत्यधिक शक्ति केंद्रित हो जाएगी। फलस्वरूप ईमानदार, प्रतिस्पर्धी एवं संसाधन-संपन्न कंपनियों द्वारा चलाई गई कई ठोस महत्त्वपूर्ण परियोजनाओं को निरस्त किया जा रहा है, जिससे देश की आर्थिक प्रगति में

अवरोध उत्पन्न होता है।

मेरे अनुसार, स्वतंत्रता के पश्चात् देश की आर्थिक प्रगति का सबसे त्रासद पक्ष यह है कि देश के औद्योगिक विकास के लिए सुविचारित रूप से जिस मिश्रित अर्थव्यवस्था को तत्कालीन शासकों एवं विधि-निर्माताओं ने चुना, उसे समाजवाद के नाम पर कुंठित करने का हरसंभव प्रयास किया जा रहा है। इससे दोनों क्षेत्रों के स्वस्थ विकास में बाधाएँ उत्पन्न होती हैं।

निजी क्षेत्र आज विकास के उस स्तर पर पहुँच गया है, उसके पास इतनी विशेषज्ञता हो गई है कि वह देश के आर्थिक विकास में व्यापक योगदान दे सकता है। देश के छोटे-बड़े उद्योगपतियों में से अधिकांश राष्ट्रभक्त हैं और वे किसी विशेष पक्षपात अथवा बड़े लाभ की उम्मीद लगाए नहीं बैठे हैं। न तो वे अर्थव्यवस्था पर अपना एकाधिकार चाहते हैं और न हो देश की समस्त आर्थिक एवं राजनीतिक शक्ति को अपने हाथ में लेना चाहते हैं। वे सिर्फ इतना चाहते हैं कि उन्हें शेयरधारकों, श्रमिकों एवं उपभोक्ताओं को लाभ देने के साथ-साथ रोजगार के अवसर सृजन करने में अपने प्रयास, कौशल एवं संसाधनों के उपयोग का अवसर प्रदान किया जाए। तथापि निजी क्षेत्र, विशेष रूप से भारी उद्योग, के प्रति इतनी अधिक दुर्भावना रही है कि '60 के दशक में इससे देश की आर्थिक प्रगति प्रभावित हुई। अब तो वर्तमान योजना में लक्ष्य को प्राप्त करना असंभव लगता है।

यदि हम लोगों को आनेवाले दशकों में निजी क्षेत्र को गरिमामय स्थान दिलाकर महत्त्वपूर्ण भूमिका अदा करनी है तो हमें संसद्, सरकार और आम जनता को यह विश्वास दिलाना होगा कि हम विश्वसनीय हैं।

इस संदेह एवं वैमनस्यता का मुख्य कारण क्या है? इसमें कोई संदेह नहीं है कि मार्क्सवादियों के मन में निजी क्षेत्र के प्रति उग्र विरोध है और वे मानते हैं कि इस सिद्धांत के प्रचार के लिए निजी उपक्रमों का अंत होना अनिवार्य है। दूसरा विरोध समाजवादियों का है, जो साम्यवादियों की हिंसा तथा विखंडनकारी गतिविधियों के विरुद्ध होते हुए भी इस अंधविश्वास के प्रभाव में उनकी आर्थिक नीतियों को स्वीकार करते हैं कि निजी क्षेत्र के उपक्रमों से समाजवादी लक्ष्य प्राप्त नहीं किया जा सकता है। यदि ऐसा होता भी तो हम भारतीय व्यवसायी एवं उद्योगपति इन लक्ष्यों में विश्वास नहीं करते अथवा इन्हें प्राप्त करने के लिए आवश्यक त्याग भी नहीं करते।

दोनों धारणाएँ अनुचित हैं। प्रथम, अधिकांश पश्चिमी समाजवादी देशों में, जहाँ समाजवाद उच्च स्तरीय दौर में है, वहाँ भी यह धारणा पुरानी पड़ गई है कि

उत्पादन एवं वितरण के साधनों पर राज्य का अधिकार हो। अपितु वहाँ इस बात पर जोर दिया जाता है कि सार्वजनिक क्षेत्र, सरकारी क्षेत्र एवं निजी क्षेत्र के उपक्रम मिलकर अत्यधिक उत्पादन करें तथा करारोपण के माध्यम से व्यापक कल्याणकारी कार्यों द्वारा संसाधन का समान वितरण हो। द्वितीय महत्त्वपूर्ण बात यह है कि निजी उद्योग के पक्षधर सदा से इस बात को एक मत से स्वीकार करते आए हैं कि सामाजिक लक्ष्यों को प्राप्त करने सहित समस्त प्रगतिशील कार्यों में योगदान दिया जाए। हमें यह अवश्य स्वीकार करना चाहिए कि अभी तक निजी क्षेत्र के अधिकांश व्यवसायी एवं उद्योगपति अपने उत्पादों के निर्माण एवं वितरण के अतिरिक्त अन्य किसी कार्य को अपना कर्तव्य एवं दायित्व नहीं समझते। इनमें से अधिकांश यह सोचते हैं कि यदि वे अच्छे उत्पाद बनाते हैं, उन्हें उचित मूल्य पर बेचते हैं, कर देते हैं और अपने कार्मिकों को उचित वेतन देते हैं तो उनका सामाजिक उत्तरदायित्व पूर्ण हो जाता है।

व्यापक स्तरीय व्यवसाय का लोग इसलिए भी विरोध करते हैं कि उन्हें भय है कि बड़े उद्योगपतियों के हाथ में समस्त आर्थिक शक्ति केंद्रित हो जाएगी। भारत में इन दिनों इस बात पर जोर दिया जाता है कि देश में एक कठोर नियंत्रणवाली अर्थव्यवस्था लागू हो और समस्त आर्थिक शक्ति सरकारी अधिकारियों एवं मंत्रियों के हाथ में केंद्रित हो जाए। किंतु यह कोरी कल्पना है, यथार्थ से इसका कोई संबंध नहीं। यही कारण है कि अधिकांश लोगों के मन में समाजवादी विचारधारा के प्रति लगाव है।

निजी उपक्रम के प्रति संदेह एवं वैमनस्यता का सबसे विनाशकारी कारण यह रहा है कि हमारे देश में व्यापार एवं उद्योग से जुड़े कुछ लोगों का नैतिक स्तर इतना निम्न रहा है कि उनपर सहज विश्वास नहीं किया जा सकता।

विगत पच्चीस वर्षों में बड़े उपक्रमों के कुछ गिने-चुने उद्योगपतियों द्वारा धनार्जन एवं स्वार्थवश इस तरह के हथकंडे अपनाए गए, जिसके कारण जनता के हितों को आघात पहुँचा और निजी व्यवसाय एवं उद्योग की जो छवि बनी, वह नुकसानदेह है। समाज-विरोधी तत्त्वों द्वारा निजी स्वार्थ के लिए कर बचाने, कालाबाजारी करने, विदेशी मुद्रा का अवैध व्यापार करने, रिश्वत देने, भ्रष्टाचार फैलाने एवं राजनीतिक षड्यंत्र करने जैसे दुष्कार्य किए जाते रहे हैं।

व्यापक दायित्व

उद्योग जगत् के कुछ खास गिने-चुने लोगों द्वारा कदाचार फैलाने के कारण

निस्संदेह इस देश में निजी क्षेत्र के उपक्रमों के प्रति जनता में जो धारणा है, वह निंदनीय है। अपने बीच के भ्रष्ट तत्त्वों से हमें खुलेआम नाता तोड़ लेना चाहिए। आचार-संहिता एवं स्वच्छ व्यापार आचरण परिसंघ की अध्यक्षता स्वीकार करने से जनता के मनो-मस्तिष्क पर अपेक्षित सकारात्मक असर नहीं पड़ा है।

सरकार एवं राजनेताओं द्वारा समाज के सच्चे सेवक एवं समाज-विरोधी तत्त्वों के बीच भेद न करने से हमारा कार्य अधिक दुष्कर हो गया है। वर्षों से अवांछित कार्य करनेवाले व्यक्ति सभी प्रकार के लाइसेंस प्राप्त करते रहे हैं तथा राष्ट्रीय सम्मेलन एवं सरकारी संस्थाओं में भाग लेते रहे हैं। हम लोग भी उन्हें व्यापार एवं उद्योग संघों के पदों पर आसीन करते रहे हैं।

इस जटिल एवं संवेदनशील समस्या का सरल निदान मेरे पास नहीं है। तथापि हममें से जो लोग स्वच्छ, ईमानदार एवं सामाजिक चेतना से परिपूर्ण व्यापार एवं उद्योग में संलग्न रहना चाहते हैं, उन्हें अपने सद्विचार व्यक्त करने तथा समाज-विरोधी तत्त्वों से अपना संबंध-विच्छेद करने का कोई अवसर नहीं गँवाना चाहिए। यदि यह संभव नहीं हो तो हम ऐसे तत्त्वों को वर्तमान व्यापार एवं उद्योग संघों से बाहर निकाल सकें तो हमें नए संघों के निर्माण के लिए तैयार हो जाना चाहिए। इसकी सदस्यता उन्हें ही मिलनी चाहिए, जिनका स्वच्छ व्यापार का रिकॉर्ड रहा है। संघ के संविधान में इससे संबद्ध कठोर प्रावधान हो कि कदाचार करनेवाले उद्योगपतियों को संस्था से बरखास्त कर दे।

इसके अतिरिक्त अपने सद्विचार व्यक्त करने के लिए मेरा सुझाव है कि प्रबंधन एवं सामाजिक लेखा परीक्षा हेतु हमें ऐसी स्वैच्छिक संस्थाओं का निर्माण करना चाहिए जो अपनी रिपोर्ट समय-समय पर प्रस्तुत करती रहें। ऐसी लेखा परीक्षा संचालित करनेवाली संस्थाओं में ऐसे निष्पक्ष व्यक्ति एवं संगठन सम्मिलित हों जिनकी दक्षता एवं पारदर्शिता सर्वविदित हो। इन लेखा परीक्षा रिपोर्टों के आधार पर सरकार एवं जनता यह समझ सके कि किन प्रतिष्ठान एवं समूहों के साथ विश्वासपूर्वक व्यापार किया जा सकता है।

हालाँकि, सिर्फ अपनी छवि सुधारने का प्रयास करना पर्याप्त नहीं है। हममें से अधिकांश के लिए ऐसा करना कोई नवीन कार्य नहीं होगा। नियमों के उल्लंघन करनेवालों के लिए अच्छी छवि का कोई औचित्य नहीं रह जाता। वे धनार्जन एवं अपने अस्तित्व की रक्षा को अपनी प्रतिष्ठा से ऊपर मानते हैं।

हम स्वच्छ आचरण एवं अच्छे नागरिकों के कर्तव्यों का पालन करने के अतिरिक्त और क्या कर सकते हैं?

अपनी नियमित गतिविधियों के अलावा औद्योगिक एवं व्यावसायिक प्रतिष्ठान जन-कल्याण के लिए कई प्रकार के माध्यम अपना सकते हैं। कल्याणकारी कार्यों हेतु राशि दान करने के अतिरिक्त मेरी तरह लोग अपने वित्तीय प्रबंधन एवं मानव संसाधनों का उपयोग प्रत्यक्ष रूप से सहायता एवं पुनर्निर्माण कार्यों में कर सकते हैं।* दान-कार्य तो हम लोग वर्षों से करते आए हैं। इस प्रकार की जनसेवा को विभिन्न उद्योग समूहों के सहकारी प्रयासों से विस्तृत आयाम प्रदान किया जा सकता है।

परोपकार

मेरी राय में प्रत्येक कंपनी का अपने कार्यस्थल के आस-पास के क्षेत्रों के प्रति विशेष दायित्व है। जहाँ कंपनी के कर्मचारी एवं उनके परिजन निवास करते हैं, उस क्षेत्र की चिंता कंपनी को करनी चाहिए। छोटे-बड़े सभी गाँवों एवं शहरों में विकास, सहायता, नेतृत्व एवं मार्गदर्शन की सतत आवश्यकता होती है। मेरे अनुसार संगठित उद्योग अपने आस-पास के लोगों की सबसे सार्थक सेवा वहाँ के जीवन में व्याप्त समस्याओं की पहचान कर उनके निदान हेतु अपने संसाधनों, कौशल एवं प्रतिभा के उपयोग के माध्यम से संपन्न कर सकता है।

बड़े शहरों से दूर देहाती क्षेत्रों में जहाँ हमारी कंपनियाँ स्थापित हैं, वहाँ हम स्थानीय परिस्थिति एवं अपने व्यवसाय के विस्तार के अनुरूप कॉलोनी बसाकर अपने कर्मचारियों को आवास-सुविधा प्रदान कर सकते हैं। अपने कर्मचारियों के परिजनों को रोजगार देने तथा उनके लिए सुविधा उपलब्ध कराने के अतिरिक्त हम स्थानीय निवासियों के लिए क्या कर सकते हैं? कंपनी की कॉलोनी में रहनेवाले कार्मिकों एवं उनके परिजनों के अतिरिक्त देश के प्रत्येक गाँव एवं समाज में किसान, व्यापारी, नौकरी-पेशावाले लोग, महिला, बच्चे, वृद्ध, बेरोजगार, रुग्ण एवं विपन्न लोग रहते हैं।

मेरा मानना है कि निजी अथवा सार्वजनिक क्षेत्र के उपक्रम अपने आस-पास के जीवन-स्तर को सुधारने, उनके कष्टों को दूर करने तथा बेरोजगारों की सहायता करने में काफी योगदान दे सकते हैं। इस देश में ऐसा कोई गाँव नहीं जहाँ

---

* आपदा सहायता हेतु टाटा ट्रस्ट एवं कंपनियों ने 'टाटा आपदा सहायता समिति' का गठन किया है। इस समिति ने सन् 1977 में आंध्र प्रदेश के चक्रवात में तथा 1982 के गुजरात चक्रवात में प्रशंसनीय कार्य किया था। इसने आंध्र प्रदेश में कंक्रीट के छह सौ मकान तथा ग्यारह विशाल आवास स्थल और गुजरात में एक सौ मकानों का निर्माण किया है।

जीवन-स्तर सुधारने की आवश्यकता न हो; वहाँ विद्यालय, औषधालय, सड़क, पेयजल एवं रोजगार के अवसर जैसी मूलभूत सुविधाओं की आवश्यकता न हो।

इन कार्यों में प्रत्यक्ष अथवा अप्रत्यक्ष रूप से थोड़ा-बहुत व्यय तो होगा, किंतु लोगों की पर्याप्त सहायता हो सकेगी। कंपनी को उसके श्रमिकों एवं उनके परिजनों के लिए बहुत सी सामग्रियों की आपूर्ति करनी पड़ती है। ये सामग्रियाँ बाहर से मँगाने की तुलना में आस-पास के गाँवों से प्राप्त की जा सकती हैं। उदाहरण के रूप में, मुरगी-पालन से संबंधित उत्पाद, दुग्ध उद्योग से संबंधित उत्पाद, सब्जियाँ, फल, अस्पताल एवं औषधालय के लिए पट्टी के साथ-साथ गाँव के बढ़ई, राजमिस्त्री, लोहार एवं कुटीर उद्योग के द्वारा तैयार उत्पादों का उपयोग कॉलोनी में किया जा सकता है।

ग्रामीण क्षेत्र में उद्योग स्थापित किए जाएँ। उद्योग गाँवों को गोद लें। इसके प्रबंधकों, अभियंताओं, चिकित्सकों और विशेषज्ञों को उद्योग एवं ग्रामीणों के सहयोग से चलनेवाली परियोजनाओं में सहायता एवं सलाह देने के लिए अवसर प्रदान किया जाना चाहिए। गाँवों में परिवार-नियोजन के संबंध में सहायता प्रदान करना एक महत्त्वपूर्ण सेवा-माध्यम हो सकता है।

इसे दानार्थ कार्य न माना जाए। यद्यपि समय-समय पर निःशुल्क सेवा एवं वित्तीय सहायता की आवश्यकता होगी, तथापि यह कार्य कंपनी तथा ग्रामीणों के बीच सहकारिता के आधार पर स्व-सहायता कार्यक्रम के रूप में हो सकता है। निश्चित रूप से इस प्रकार की परियोजना का प्रारंभिक लाभ ग्रामीणों को होगा, किंतु आस-पास का क्षेत्र स्वस्थ, समृद्ध एवं शांत रहने से कंपनी का ही हित होगा।

किंतु जो उपक्रम नगरों में स्थापित हैं, उन्हें क्या करना चाहिए? निश्चित रूप से उनका योगदान दूसरे प्रकार का होगा। कृषक समाज के अनुकूल प्रत्यक्ष गतिविधि का संचालन शहरी समाज के लिए कठिन एवं अनुपयुक्त होगा। तथापि शहर में सेवा की अधिक आवश्यकता है। बंबई एवं कलकत्ता जैसे शहरों में झोंपड़पट्टियों एवं विपन्न बस्तियों का अबाध रूप से विस्तार हो रहा है।

सरकारी तंत्र साधिकार इस समस्या का दीर्घकालीन हल ढूँढ़ सकते हैं; किंतु मेरे मतानुसार निजी क्षेत्र सरकारी तंत्र को सहयोग देते हुए इस समस्या में थोड़े सुधार के लिए अपने वित्तीय, तकनीकी एवं प्रबंधन संसाधनों का योगदान दे सकते हैं। झोंपड़पट्टियों के पुनर्वास एवं देखरेख के अतिरिक्त निजी क्षेत्र के व्यवसायी एवं उद्योगपति अपने बल पर अथवा सहकारिता के आधार पर व्यापक स्तर पर सेवा कार्य संपन्न कर लोगों की शुभकामना अर्जित कर सकते हैं।

रोटरी एवं लायंस क्लब के साथ-साथ कई स्वयंसेवी संस्थाओं द्वारा लघु स्तर पर ही सही, किंतु प्रशंसनीय कार्य किए जा रहे हैं। अपने व्यापक स्तरीय संसाधन, संगठित व्यवसाय एवं उद्योग के बल पर अपने स्वयंसेवी कार्यों का निष्पादन कर बड़े शहरों में निजी क्षेत्र उत्साह का संचार कर सकते हैं। उद्योगपति अपने गृहनगरों में गरीब लोगों की सहायता एवं सेवा के लिए बड़े पैमाने पर कार्य कर सकते हैं। ऐसे सहकारी कार्यक्रमों की संभावनाओं का पता लगाने तथा तदनुसार कार्य करने में यदि मेरा सहयोग लिया जाता है तो मुझे प्रसन्नता होगी।

मुझे विश्वास है कि नगर निगम निजी संस्थाओं से सहायता प्राप्त करने के साथ-साथ सहकारिता के आधार पर कार्य करने के लिए सहर्ष तैयार हो जाएगा। शिक्षित एवं गरीब तबके के युवकों के बीच सकारात्मक एवं रचनात्मक कार्य करने की संभावना है। यह स्पष्ट है कि आज की भावी पीढ़ी कल देश की कर्णधार बनेगी; किंतु व्यवसाय एवं उद्योग जगत् के लोग उनमें रुचि नहीं लेते। इन्हें युवकों के बेहतर भविष्य एवं जीवन-स्तर की चिंता करनी चाहिए। अपने देश में दुनिया के सर्वाधिक बेरोजगार लोग हैं। उन्हें मार्गदर्शन प्रदान करने एवं सुखद भविष्य के लिए प्रशिक्षण देने की हम लोगों में व्यापक संभावना है।

मैंने जिस विषय पर कई बार विस्तार से व्याख्यान दिया है एवं जिसके अपनी युवावस्था में मेरे मन में सपने थे, लगता है वह काम मेरे जीवनकाल में पूरा नहीं हो सकेगा। युवावस्था में मेरे मन में सपने आते थे कि भारत जैसा विकासशील देश गरीबी, दुःख एवं अज्ञानता के चक्र से निकलकर संपन्नता एवं समृद्धि के स्वर्ण-काल में प्रवेश करेगा। तथापि किंचित् निराशा के बावजूद सपनों को साकार करने के लिए हमें अपने मार्ग से विचलित नहीं होना चाहिए। मुझे विश्वास है कि एक दिन ऐसा आएगा जब भारतवासियों को शताब्दियों के अपने श्रम, धैर्य एवं बलिदान का फल प्राप्त होगा।

□

मिश्रित अर्थव्यवस्था के गुण

शक्ति संतुलन

[3 सितंबर, 1953 को टाटा आयरन ऐंड स्टील कंपनी लिमिटेड के अध्यक्ष के रूप में दिया गया वक्तव्य।]

हमारी सरकार ने इस देश के लिए मिश्रित अर्थव्यवस्था की अवधारणा को स्वीकार किया है। इस अवधारणा को व्यापक जन-स्वीकृति प्राप्त है, जिसका समर्थन करने के लिए व्यवसाय एवं उद्योग जगत् के लोग व्यग्र हैं। मिश्रित अर्थव्यवस्था से तात्पर्य यह है कि सरकारी एवं निजी उपक्रमों का सहअस्तित्व होना। इसका तात्पर्य यह नहीं है कि राज्य-नियंत्रित अर्थव्यवस्था में निजी उद्योगपतियों को अस्थायी तौर पर कार्य करने दिया जाएगा और अस्तित्व मात्र रहने दिया जाएगा। मिश्रित अर्थव्यवस्था का प्रयोग तभी सफल हो सकता है जब समाज में कार्यरत शक्तियों के बीच संतुलन बना रहे। समाज में स्वायत्त निजी उपक्रम के साथ-साथ सरकारी उपक्रम, ट्रेड यूनियन एवं अन्य तत्त्वों के बीच संतुलन तथा सहयोग बना रहे।

मैं यह कहने पर विवश हूँ, क्योंकि मैंने सरकार की एक महत्त्वपूर्ण प्रवृत्ति, कदाचित् बिना किसी उद्‌देश्य के विषय में महसूस किया है कि वह निजी उपक्रमों की अभिव्यक्ति की स्वतंत्रता को महत्त्व नहीं देती तथा महत्त्वपूर्ण विषयों में उद्योग जगत् के साथ सलाह-मशवरा नहीं करती। उदाहरण के रूप में, हाल ही में राष्ट्रीयकृत भारतीय वायु परिवहन व्यवस्था को अकारण वहन करने पर सरकार तैयार हो गई और उद्योग जगत् के प्रतिनिधियों से इसके आर्थिक दुष्परिणाम के संबंध में चर्चा किए बिना यह निर्णय ले लिया गया। इस संबंध में मैं सुझाव देना

चाहूँगा कि अब समय आ गया है जब सरकार अपनी स्थिति स्पष्ट करे। वह यह स्पष्ट करे कि मिश्रित अर्थव्यवस्था में दोनों क्षेत्रों को स्वतंत्रतापूर्वक कार्य करने का अवसर दिया जाएगा अथवा सभी औद्योगिक उपक्रमों पर राज्य का एकाधिकार बना रहेगा।

हमारे देश की वास्तविकता के विपरीत कार्य हो रहे हैं। विश्व के अन्य स्वतंत्र राष्ट्रों, वर्षों के राज्य के एकाधिकार एवं कठोर नियंत्रणवाली अर्थव्यवस्था के दुःखद अनुभवों से ऊबकर लोग विकल्प की तैयारी में लगे हुए हैं। लोग समझ रहे हैं कि समाजवाद सैद्धांतिक रूप में चाहे कितना भी उत्कृष्ट हो, किंतु अपने समर्थकों के दावे के विरुद्ध यह आर्थिक एवं सामाजिक समस्याओं के समाधान में विफल रहा है। यह वर्गविहीन समाज की स्थापना न करके खतरनाक ढंग से कुछ खास मंत्रियों एवं नौकरशाहों के हाथों में सभी प्रकार की आर्थिक शक्तियाँ केंद्रित करना चाहती है। यह जिस निरंकुश राज्य के निर्माण की ओर अग्रसर है, वास्तव में वह प्रजातंत्र-विरोधी है।

आर्थिक मामलों में पुराने जमाने की तरह नियंत्रण-विहीन व्यवस्था की ओर लौटने की वकालत नहीं है। निश्चित रूप से राष्ट्र-हित व्यक्ति-हित से अधिक महत्त्वपूर्ण है। राज्य यथावश्यक औद्योगिक एवं व्यावसायिक नियंत्रण बनाए रख सकता है, किंतु वह उद्योग एवं व्यवसाय को पंगु न बनाए। सरकार अपनी प्राथमिकताओं के वास्तविक आकलन की सीमाओं के अंतर्गत अपने संगठन एवं कार्य-पद्धति के अनुकूल क्षेत्रों में उत्पादन में भी सकारात्मक भूमिका निभा सकती है; किंतु इस प्रक्रिया में उसे अपने प्राथमिक उद्देश्य को नहीं भूलना चाहिए। सरकार का प्राथमिक उद्देश्य है कि वह उत्पादन एवं रोजगार के अवसर का विस्तार करे। यह उद्देश्य रचनात्मक उपक्रमों एवं प्रयासों को हतोत्साहित कर, पूँजी जमा करने की प्रक्रिया को कमजोर कर तथा निवेशकों के विश्वास को समाप्त कर प्राप्त नहीं किया जा सकता। मुझे दृढ़ विश्वास है कि सिद्धांतों के आग्रह को त्यागकर, वास्तविक एवं सुविचारित नीतियों के सहारे उत्पादन को बढ़ाकर, निवेश को प्रोत्साहित कर, ईमानदार एवं सक्षम प्रबंधन के महत्त्व को स्वीकार कर, समाज-विरोधी गतिविधियों को नकारकर एवं स्वतंत्र उपक्रमों को संबल प्रदान कर प्राप्त किया जा सकता है। इससे महात्मा गांधी के न्यासी सिद्धांत का निजी क्षेत्र में प्रचार होगा तथा वे निजी एवं वर्ग-हित से ऊपर राष्ट्र-हित को मानने लगेंगे।

समुचित क्षेत्रों में निजी उपक्रमों एवं राज्य उपक्रमों के बीच परस्पर सहयोग

की नीति अपनाकर, लघु एवं कुटीर उद्योगों के साथ सहकारिता आंदोलन को बढ़ावा देकर, भूमि एवं सामाजिक सुधारों के साथ जनसंख्या-नियंत्रण का उपाय कर, देश की आर्थिक गतिविधि में व्यापक प्रगति लाकर इस देश में मिश्रित अर्थव्यवस्था की अवधारणा को सफल बनाया जा सकता है।

पूर्वग्रह का अंत

[26 अगस्त, 1954 को टाटा आयरन ऐंड स्टील कंपनी लिमिटेड के अध्यक्ष के रूप में दिया गया वक्तव्य।]

सरकार एवं संसद् सदस्यों को मैं सादर सुझाव देना चाहता हूँ कि वे इस बात का प्रचार बंद कर दें, जिससे जनता में अविश्वास पनप रहा है कि मिश्रित अर्थव्यवस्था एक तात्कालिक व्यवस्था है और यह पूर्ण समाजवाद अथवा राज्य-संचालित पूँजीवाद की दिशा में एक कदम मात्र है।

इससे भी महत्त्वपूर्ण यह है कि हमारे देश में सरकार एवं राजनीतिक चिंतकों के मनो-मस्तिष्क को प्रभावित करनेवाले पूर्वग्रहों का अंत हो। उदाहरण के रूप में, लाभ कमाने की नीयत बेईमानी से भरी है, लाभ कमाना कालाबाजारी है, मूल धन पर 3 प्रतिशत का ब्याज उपयुक्त है, जनसंख्या समस्या का स्वत: हल प्राप्त हो जाएगा, मशीनीकरण को बेरोजगारी बढ़ाने का साधन माना जाता है, गरीबों को संपन्न बनाने की तुलना में अमीरों को दरिद्र बनाने पर जोर दिया जाता है, कल्याण के साधन जुटाए बिना कल्याणकारी राज्य बनाया जा सकता है, राष्ट्रीयकरण से अतिरिक्त आय प्राप्त होती है तथा राज्य के उपक्रम एवं प्रबंधन समाजवादी ढाँचे के स्वरूप हैं।

मैं एक प्रसिद्ध समाजवादी नेता के महान् विचारों की ओर आपका ध्यान आकर्षित करना चाहूँगा, जिन्हें पूँजीवाद-समर्थक अथवा समाजवाद-विरोधी कदापि नहीं माना जा सकता। सन् 1954 में श्री जयप्रकाश नारायण ने भूदान आंदोलन के संबंध में अपने एक लेख में कहा—

> 'वर्तमान विश्व में राज्य न सिर्फ अपने निरंकुशतावादी स्वरूप में, अपितु लोक-कल्याणकारी रूप में भी अधिकाधिक शक्तियों एवं दायित्वों को अपने हाथ में केंद्रित कर रहा है। कल्याण के नाम पर कल्याणकारी राज्य मनुष्य को निरंकुश राज्य का गुलाम बनाने को तैयार है। मनुष्य को पंगु बनानेवाली इस व्यवस्था का विरोध अवश्य करना चाहिए। तथ्य यह है कि

कल्याणकारी राज्य मनुष्य द्वारा निर्मित एक संस्था है, किंतु इससे परिवर्तन नहीं हो पा रहा है। प्रजातांत्रिक चुनावों की पद्धति में 18 करोड़ लोगों को उनके 500 प्रतिनिधियों के समान नहीं माना जा सकता। चुनावों में केवल वयस्क ही मताधिकार का प्रयोग करते हैं। जब तक 18 करोड़ लोग व्यवस्था में प्रत्यक्ष भागीदार नहीं बनते और राज्य की शक्तियों एवं कार्यों को नियंत्रित नहीं किया जाता तब तक वास्तविक प्रजातंत्र प्रयोग में नहीं आएगा।'

मैं विगत वर्षों में ब्रिटेन में हुए महत्त्वपूर्ण परिवर्तन की ओर आपका ध्यान आकर्षित करना चाहूँगा—और कि किस प्रकार आर्थिक क्षेत्र में सरकार की नीति व्यवसाय एवं उद्योग को प्रोत्साहित कर उत्पादक ऊर्जा प्रदान करने तथा विश्वयुद्ध के समय से उन्हें कमजोर करनेवाली नौकरशाही के नियंत्रण तथा सैद्धांतिक अनिश्चितताओं के दबाव से मुक्त करने की ओर उन्मुख हुई।

मुझे विश्वास है कि हमारी सरकार यदि एक बार ऐसा ही प्रयास करती है और एक व्यावहारिक सीमा के अंतर्गत निजी क्षेत्र को अपने अंकुश से मुक्त कर इसे अपने स्तर से प्रयास करने की छूट देती है तो इसके आश्चर्यजनक परिणाम प्राप्त हो सकते हैं। आर्थिक मामलों में संपूर्ण नियंत्रण हटा लेने की सलाह कोई भी व्यक्ति नहीं दे सकता। आर्थिक परिदृश्य के विस्तार में सक्रिय भूमिका निभाने के साथ-साथ देश में अवांछित प्रवृत्तियों को रोकने, सामाजिक क्षमता के अनुरूप आवश्यक सेवा प्रदान करने तथा विपन्न व्यक्तियों की सुरक्षा करने के लिए राज्य को आर्थिक गतिविधियों पर नियंत्रण रखना ही पड़ता है। कोई भी राज्य अपने लक्ष्यों को उन नीतियों के बल पर नहीं प्राप्त कर सकता, जो उद्योग एवं सत्प्रयासों को बाधित करें, निम्न श्रम उत्पादकता को बढ़ावा दें और आर्थिक शक्तियों को सरकार के हाथ में केंद्रित करें।

तथापि इसके साथ ही निजी क्षेत्र में औद्योगिक एवं वित्तीय प्रबंधन से संबद्ध लोगों के मस्तिष्क में एक धारणा स्पष्ट हो जानी चाहिए। सरकार को निजी क्षेत्र के प्रति नए दृष्टिकोण अपनाने, निवेशकों का विश्वास जीतने तथा श्रमिकों का सहयोग प्राप्त करने के लिए हमें अपने आपको विश्वसनीय बनाना होगा। हमारे देश में प्रारंभ किए गए इस महान् प्रयास में स्वार्थ, क्षुद्रता एवं कदाचार का कोई स्थान नहीं है। इन कार्यों से पिछले कुछ वर्षों में कई बार निजी क्षेत्र की प्रतिष्ठा धूमिल हुई है।

कालातीत सिद्धांत

[30 अगस्त, 1956 को टाटा आयरन ऐंड स्टील कंपनी लिमिटेड के अध्यक्ष के रूप में दिया गया वक्तव्य।]

हमें यह स्वीकार करना चाहिए कि स्वतंत्रता के पश्चात् हमारी सरकार ने सराहनीय कार्य किया है। अभूतपूर्व राजनीतिक, आर्थिक एवं सामाजिक समस्याओं का सामना करने में इसने योग्यता, निष्ठा एवं व्यापक उत्तरदायित्व का वहन करते हुए सफलता का परिचय दिया है। हम यह भी महसूस करते हैं कि आनेवाले वर्षों में सरकार के समक्ष कई चुनौतियाँ होंगी। इस देश की जनता की प्रसन्नता एवं खुशहाली के लिए आर्थिक विकास योजनाओं की सफलता अनिवार्य है। आगामी संघर्षपूर्ण वर्षों में राज्य की समृद्धि, प्रजातांत्रिक मूल्यों की वृद्धि तथा राष्ट्र की खुशहाली के लिए हम उद्योग एवं व्यवसाय जगत् के लोग सरकार के साथ होंगे।

हम लोग सरकार के साथ सिर्फ आर्थिक गतिविधि में राज्य एवं व्यक्ति की भूमिका को लेकर नहीं हैं। हम यह गंभीरतापूर्वक महसूस करते हैं कि सरकार की कुछ नीतियाँ पूँजीवादी आर्थिक नीतियों पर आधारित हैं और समाजवाद का आज कोई औचित्य नहीं रह गया है। हमारी सरकार विगत कुछ दशकों में दुनिया के अन्य देशों में हुए सामाजिक एवं आर्थिक प्रयोगों से सीख नहीं लेना चाहती। अमेरिका के अतिरिक्त जिन यूरोपीय देशों ने स्वतंत्र उपक्रमों की शक्ति में विश्वास किया और उन्हें सहयोग दिया तथा प्रोत्साहित करने की दिशा में आवश्यक कदम उठाए, वे न सिर्फ आर्थिक दृष्टि से संपन्न बने, अपितु यथार्थवादी वित्तीय एवं प्रशासनिक उपायों के माध्यम से समानतावादी एवं कल्याणकारी राज्य के समाजवादी आदर्शों को भी प्राप्त किया।

हमारी अमूल्य निधि

[8 दिसंबर, 1969 को भारतीय वाणिज्य एवं उद्योग परिसंघ, दिल्ली के स्वर्ण जयंती समारोह के अवसर पर 'विकास के दूसरे दशक में उद्योग' विषय पर दिया गया भाषण।]

आज सामाजिक लक्ष्यों को प्राप्त करने के में विवादों का कोई स्थान नहीं। इस बात का क्या औचित्य है कि सामाजिक न्याय, सभी के लिए समान

अवसर के हितों की रक्षा, जीवन-स्तर में द्रुतगति से उन्नति, प्रजातंत्र तथा व्यक्ति-स्वातंत्र्य के प्रति आह्वान जैसे उद्देश्य सर्वस्वीकृत हैं।

हमें बार-बार आश्वस्त किया जाता है कि सरकारी नीतियों अथवा संसद् की विधायी प्रक्रिया को सिद्धांत प्रभावित नहीं करेगा। तथापि आर्थिक नीतियों की घोषणा करते समय प्रच्छन्न रूप से समाजवाद को राष्ट्र का मुख्य लक्ष्य मानकर इस दिशा में आगे बढ़ने का प्रयास किया जाता है, न कि कल्याणकारी राज्य की ओर।

मैं सरकार एवं संसद् में बैठे राष्ट्र के नीति-निर्माताओं के प्रति असीम श्रद्धा रखते हुए उन्हें यह बताना चाहता हूँ कि समाजवाद के नकारात्मक पक्षों पर एक सीमा से अधिक जोर देने के कारण इस द्वितीय दशक में भी विकास की गति धीमी हो गई। सकारात्मक पक्षों के वांछित तत्त्वों पर जोर देने के बजाय नकारात्मक पक्षों को बढ़ावा दिया गया। गरीबों की आय बढ़ाने की तुलना में अमीरों की आय कम करने पर जोर दिया गया। समाज-विरोधी तत्त्वों के कदाचार के कारण समाज का कल्याण चाहनेवाले तत्त्वों द्वारा किए गए प्रयासों एवं कार्यों पर अंकुश लगाने का प्रयास किया गया। आर्थिक विकास को कमजोर करनेवाले सैद्धांतिक रुझानों को पूरा करने हेतु लोक-कल्याण के नाम पर उत्पादक तत्त्वों को परेशान करने के लिए उनपर करारोपण किया गया।

हम इस अवधि के दौरान ऑस्ट्रेलिया, जापान और अन्य एशियाई देशों में हुई प्रगति को नजरंदाज कर देते हैं और इस विषय पर सोचने का प्रयास नहीं करते कि उनके आर्थिक दर्शन हमसे कितने भिन्न हैं।

हमारे देश में भी अन्य किसी देश के समान ही बुद्धिमत्ता, कौशल, दक्षता एवं इच्छाशक्ति उपलब्ध हैं। भारतवासियों ने यह सिद्ध कर दिया है कि आर्थिक विकास की चुनौतियों से जूझने की उनमें पर्याप्त क्षमता है। मैथ्यू अर्नोल्ड ने कहा, 'ईश्वरीय शक्ति के बीज हमारे अंदर विद्यमान हैं। यदि हम चाहें तो अपने आपको कवि, संत, नायक बना सकते हैं।' इस विकास के द्वितीय दशक में भारत की वास्तविक आशा इन शब्दों में समाहित है। यह देश के नेतृत्व पर निर्भर है कि वे अपनी अमूल्य निधि का अपव्यय न करें।

प्रगति के लिए साथी

[25 अगस्त, 1970 को '19वीं या 20वीं शताब्दी में समाजवाद' विषय पर बंबई के रोटरी क्लब में दिया गया भाषण।]

क्या हमारे मन में यह प्रश्न नहीं उठता कि कई अन्य विकासशील देशों ने किस प्रकार बेहतर ढंग से व्यापक रोजगार सृजन करके चहुँमुखी संपन्नता और राष्ट्र जीवन में स्थायित्व कायम किया, वहीं हमारे देश में—बीस वर्षों की योजना, कठोर नियंत्रण और विकास हेतु 30 हजार करोड़ रुपए निवेश करने के पश्चात् भी—हमारी अर्थव्यवस्था की गति धीमी तथा सर्व अभाव व्याप्त है। क्या उन देशों में ऐसा कुछ है जो भारत में नहीं है? वस्तुतः उन देशों में सरकार समान आर्थिक नीतियों का अनुसरण कर रही है।

इन सभी देशों में लोग हमारी तरह आर्थिक सिद्धांतों एवं पूर्वग्रहों से बँधे हुए नहीं हैं। समाजवादी सरकारों सहित उन सभी देशों की सरकारें उत्पादन एवं वितरण हेतु मुख्य रूप से निजी उपक्रम पर आधारित हैं। इन सभी देशों में निजी निवेश, प्रयास तथा उपक्रम हेतु अनुकूल परिस्थिति तैयार करने का प्रयास किया जाता है। इन देशों में भारत की तरह दुःखद लाइसेंस प्रणाली एवं व्यापार तथा उद्योग को पंगु बना देनेवाली व्यापक नियंत्रण व्यवस्था नहीं है। इनमें से किसी देश में यह मिथक विद्यमान नहीं है कि समस्त आर्थिक शक्ति निजी हाथों में केंद्रित हो जाएगी, इसलिए इन्हें कुछ गिने-चुने मंत्रियों एवं नौकरशाहों के हाथों में केंद्रित कर दिया जाए। किसी भी देश में हमारी सरकार की तरह सरकार नहीं है, जो विश्वास करती हो कि समाजवाद का अर्थ मुख्य रूप से व्यापार एवं उद्योग का राष्ट्रीयकरण करना है। किसी भी देश में ऐसा सशक्त सार्वजनिक क्षेत्र नहीं है। उन देशों में निजी क्षेत्र को समाजवाद का सहयोगी माना जाता है। वहाँ हमारी तरह का पुराने ढर्रे का समाजवाद नहीं है। वहाँ 20वीं शताब्दी का समाजवाद है।

किसी भी देश में भारत जितनी अमानवीय व्यक्तिगत कर की दरें नहीं हैं। इस कारण देश में निवेश एवं सत्प्रयास को धक्का लगा है। कर बचाने एवं काला-बाजारी की प्रवृत्तियों को प्रोत्साहन मिला है। भारतीय समाजवाद 19वीं शताब्दी के मार्क्सवादी समाजवाद की ओर उन्मुख हैं जबकि वे समझते हैं कि मार्क्स की प्रत्येक आर्थिक नीति एवं भविष्यवाणी विगत सौ वर्षों में विफल हुई है। प्रत्येक गैर-साम्यवादी देश में प्रजातांत्रिक समाजवादी मार्क्स के सिद्धांतों से अपना कोई संबंध नहीं रखते अपितु वे धनार्जन की व्यावहारिक पद्धतियों का अनुकरण करते

हैं। इसके सहारे वे समतावादी लोक-कल्याणकारी राज्य की ओर अग्रसर होते हैं। वे न सिर्फ मार्क्सवादी आर्थिक कार्यक्रमों से परिचित हैं अपितु यह भी जानते हैं कि प्रजातांत्रिक व्यवस्था में उसे लागू नहीं किया जा सकता; किंतु हमारे यहाँ के समाजवादी उन्हें अपनाने के लिए आतुर हैं। इन सिद्धांतों को क्रूर निरंकुश उपायों से ही लागू किया जा सकता है। साम्यवाद उत्पादन करने में असफल हो गया है। इससे उस उन्नत समाज का निर्माण नहीं हो पा रहा है जैसा विश्व के अन्य देशों में हुआ।

इस प्रकार हम देखते हैं कि आधुनिक समाजवादी सरकारें आर्थिक विकास के लिए निजी उपक्रमों को प्रोत्साहित करती हैं। वे समाजवादी राज्य की लोक-कल्याणकारी सेवाओं हेतु संसाधनों से कर प्राप्त करती हैं। वे समझ गए हैं कि समाजवाद के पोषण में पूँजीवादी उपक्रमों की महत्त्वपूर्ण भूमिका होती है। विकास प्रक्रिया के प्रत्येक चरण में लोगों को आर्थिक विकास का लाभ प्रदान किया जाए, इसे हमारे समाजवादी नहीं समझ पाए हैं। हमारे यहाँ समाजवादी पकवान बनाने से पहले ही उसे बाँटना चाहते हैं।

भारत प्रारंभिक दौर में प्रगति के पथ पर था। जवाहरलाल नेहरू के नेतृत्व में इस देश में मिश्रित अर्थव्यवस्था लागू की गई, जिसके तहत द्रुत औद्योगिकीकरण एवं आर्थिक विकास हेतु सार्वजनिक क्षेत्र के उपक्रमों के साथ निजी क्षेत्र को कदम-से-कदम मिलाकर कार्य करना था। कुछ वर्गों में इस अवधारणा के प्रति आशंका होते हुए भी भारतीय उद्योगपतियों एवं व्यवसायियों ने ऐसी मिश्रित अर्थव्यवस्था की अवधारणा को समर्थन दिया और वे आशान्वित थे कि इस व्यवस्था में उन्हें कुछ भूमिका दी जाएगी।

मैं अपने भोलेपन के कारण यह विश्वास कर बैठा कि भारत इस प्रकार अन्य देशों की तुलना में तेजी से विकास करेगा। दूसरे देश सिर्फ उद्यम और निवेश के स्रोतों में विश्वास करते हैं। मैं सार्वजनिक एवं निजी उपक्रमों के बीच सहयोग के सपने देखा करता था। मैं सोचता था कि अपनी काबिलीयत के अनुसार प्रत्येक अनुकूल क्षेत्र में अपने आपको केंद्रित करूँगा। परस्पर सहयोग के आधार पर इस देश को एक महान् औद्योगिक शक्ति बनाने में सरकार की मदद करूँगा। इससे प्रत्येक वर्ष लाखों रोजगार सृजित होने की संभावना थी। किंतु इस सपने का अंत हो गया, क्योंकि प्रगति हेतु सार्वजनिक एवं निजी उपक्रमों की अवधारणा को ही नकार दिया गया।

प्रधानमंत्री से लेकर निचले स्तर तक के सभी सरकारी व्यक्ति समाजवाद में निष्ठा व्यक्त करने की अपनी घोषणा को दोहराते रहे हैं। चाहे वे लोक-कल्याणकारी

राज्य की अवधारणा को भूल जाएँ। उनके मनो-मस्तिष्क को समाजवादी विचार आच्छादित किए हुए हैं। वे सिर्फ सार्वजनिक क्षेत्र के माध्यम से आर्थिक विकास करना चाहते हैं। देश के विकास में वे निजी क्षेत्रों की भूमिका स्वीकार नहीं करते। व्यापक स्तर पर व्यापार से वे घृणा करते हैं।

अतएव, आर्थिक विकास के कार्य को दिशा देने के स्थान पर अपनी समस्त ऊर्जा, योग्यता, संसाधनों तथा देश में उपलब्ध विशेषज्ञता के साथ-साथ यथावश्यक विदेशी सहायता का उपयोग कर सरकारी, आर्थिक एवं औद्योगिक नीतियाँ कृषि एवं लघु उद्योग को छोड़कर अन्य सभी निजी व्यवसाय की प्रगति में अवरोध खड़ा करती हैं।

राजनीतिक-आर्थिक जीवन-पद्धति के रूप में आधुनिक 20वीं शताब्दी के समाजवाद में मेरी पूर्ण निष्ठा है। समाजवाद का यह स्वरूप समानता, स्वतंत्रता एवं मित्रता के वैश्विक मानवीय आदर्शों की उद्घोषणा करता है; किंतु मुझे यह भी विश्वास है कि भारत जैसे देश में, जहाँ गरीबी एवं बेरोजगारी अभी भी व्यापक स्तर पर है, वहाँ जनता को दरिद्रता से मुक्ति तथा कार्य करने की स्वतंत्रता को अन्य सिद्धांतों की तुलना में प्राथमिकता देनी चाहिए। समाजवाद का प्राथमिक उद्देश्य भारतीय जनता को जीवन की मूलभूत सुविधाएँ तथा सम्मानित जीवन जीने के लिए कार्य एवं उपार्जन का अधिकार होना चाहिए। यदि दार्शनिक आधार पर नहीं तो आर्थिक आधार पर ही सही, कल्याणकारी राज्य 20वीं शताब्दी के समाजवाद का मूल तत्त्व है, जिसके प्रति मैं निष्कपट भाव से निष्ठावान् हूँ।

गंभीरता एवं विनम्रता से मैं सरकार के अंदर एवं बाहर के सभी समाजवादी मित्रों को सलाह देता हूँ कि उनकी नीतियाँ समाजवाद के आदर्शों एवं उद्देश्यों को विफल करती हैं तथा जनहित-विरोधी हैं। उनकी नीतियाँ उस जन-समूह के विरुद्ध हैं जिनका वे प्रतिनिधित्व करते हैं। वे सागर-पार के उन देशों पर अपनी निगाहें दौड़ाएँ जहाँ 20वीं शताब्दी के प्रजातांत्रिक समाजवाद के कार्यान्वयन से महत्त्वपूर्ण उपलब्धियाँ हासिल की गईं। उन्हें यह महसूस होना चाहिए कि उनके नीचे की जमीन खिसकती जा रही है। उन्हें इस बात का ज्ञान होना चाहिए कि भारत की जनता अनुत्पादक एवं कालातीत समाजवाद के नाम पर अधिक दिनों तक अनावश्यक रूप से त्याग करने के लिए तत्पर नहीं रहेगी; क्योंकि यह समाजवाद उसे सतत गरीबी, बेरोजगारी तथा अभाव के जाल में आबद्ध रखे हुए है।

मार्क्सवादी जड़ता

4 अप्रैल, 1975 को नई दिल्ली में भारतीय वाणिज्य एवं उद्योग परिसंघ में 'मिश्रित अर्थव्यवस्था क्यों' विषय पर दिया गया भाषण।

मिश्रित अर्थव्यवस्था के संदर्भ में हमारी अवधारणा स्पष्ट होनी चाहिए। यद्यपि इसे आसानी से परिभाषित नहीं किया जा सकता। फिर भी इस संबंध में 'छह अंधे व्यक्ति एवं हाथी' वाला भारतीय मिथक चरितार्थ होता है। छहों में से प्रत्येक व्यक्ति ने स्पर्श के आधार पर हाथी के स्वरूप की व्याख्या की। वर्तमान परिचर्चा के दृष्टिकोण से हम सरल शब्दों में मिश्रित अर्थव्यवस्था के अंतर्गत सरकारी नियंत्रण में आनेवाले रेल, वायु परिवहन, दूरसंचार, शस्त्र-अस्त्र, परमाणु ऊर्जा इत्यादि क्षेत्र तथा निजी क्षेत्र के कृषि, लघु उद्योग, सहकारिता एवं व्यक्तिगत नियंत्रणवाले क्षेत्र आते हैं।

अतएव वर्तमान संदर्भ में हम मिश्रित अर्थव्यवस्था के अंतर्गत संगठित उद्योग, व्यापार एवं वित्त क्षेत्र को मानते हैं, जिसका स्वामित्व तथा नियंत्रण सरकार अथवा निजी क्षेत्र—किसी के भी पास हो सकता है। शेष क्षेत्र किसी एक अथवा दोनों के अंतर्गत हो सकता है।

साम्यवादी देशों को छोड़कर दुनिया के प्रत्येक देश में मिश्रित अर्थव्यवस्था लागू है। यहाँ तक कि स्वयं को समाजवादी माननेवाले देशों को भी मिश्रित अर्थव्यवस्था के अंतर्गत न गिनने पर उन्हें आपत्ति होती है। क्योंकि उन्हें लगता है कि ऐसा न मानने पर उन्हें निरंकुश देश माना जाता है। दूसरी ओर, जर्मनी एवं जापान जैसे पूँजीवादी देश भी अपने विषय में ऐसा ही सोचते हैं। अन्यथा इसका अर्थ यह निकाला जाएगा कि उनके यहाँ 19वीं शताब्दी जैसी नियंत्रण-विहीन अर्थव्यवस्था है।

अतएव संपूर्ण गैर-साम्यवादी देशों में मिश्रित अर्थव्यवस्था के विभिन्न मॉडल प्रचलित हैं। हालाँकि 'मिली-जुली अर्थव्यवस्था' कहना अधिक उपयुक्त है। यहाँ तक कि यूगोस्लाविया जैसे साम्यवादी देशों में अपनी तरह की अलग मिश्रित अर्थव्यवस्था है।

मिश्रित अर्थव्यवस्था की अवधारणा द्वितीय विश्वयुद्ध के बाद की है, जब युद्ध प्रभावित देश अपनी ध्वस्त अर्थव्यवस्था का पुनर्निर्माण चाहते थे। इस धारणा का विकास दक्षिणपंथियों एवं वामपंथियों के बीच व्यावहारिक समझौते के आधार पर हुआ। इसमें यथावश्यक क्षेत्रों में राष्ट्रीयकरण लागू किया जाता है तथा राज्य की

देख-रेख में निजी क्षेत्रों को प्रोत्साहन दिया जाता है और उन्हें सहायता दी जाती है। कराधान की दर उच्च है, किंतु यह दिवालिया बनानेवाली नहीं है। इन देशों में सरकारी उपक्रमों का मूल मंत्र स्वतंत्रता है। योजना प्रोत्साहनकारी होती है, न कि नियंत्रणकारी।

इस प्रकार इस अवधारणा की मुख्य बातें स्पष्ट हैं। आर्थिक संसाधनों के स्वामित्व तथा प्रबंधन में राज्य एवं निजी क्षेत्र के उपक्रमों की अपनी भागीदारी है। इस भागीदारी की प्रतिशतता में एक देश की तुलना में दूसरे देश में अंतर हो सकता है, किंतु दोनों क्षेत्रों का अस्तित्व बना रहता है।

व्यावहारिक दृष्टिकोण

भारत में स्वतंत्रता-प्राप्ति के समय मिश्रित अर्थव्यवस्था की स्थापना तथा प्रगति के लिए असामान्य रूप से अनुकूल कारक विद्यमान थे। उस समय भारत में प्रजातांत्रिक आदर्शों एवं विकास के प्रति समर्पित उच्च प्रतिभा-संपन्न, परिपक्व राजनीतिक नेतृत्व—जो विकासवादी था, न कि क्रांतिकारी—सक्रिय उद्यमी वर्ग, सक्षम एवं ईमानदार नौकरशाही, सशक्त आधारभूत औद्योगिक संरचना स्थापित करने के प्रयास तथा ब्रिटिश कॉमनवेल्थ के सबसे विशाल एकीकृत इस्पात संयंत्र जैसे कारक विद्यमान थे। सबसे बढ़कर उस समय स्वतंत्र भारत के नव-निर्वाचित प्रतिनिधियों तथा व्यवसायी वर्ग के बीच आपसी तालमेल था। वस्तुत: उस समय व्यवसायी वर्ग राजनीतिक नेतृत्व से अधिक दूरदर्शी था। भारत के व्यवसायियों के एक वर्ग ने सन् 1944 में 'बॉम्बे प्लान' बनाया, जिसमें जनता के जीवन-स्तर को उठाने, मिश्रित अर्थव्यवस्था के विकास में व्यापक निवेश करने—जिसमें निजी क्षेत्र के विकास की पर्याप्त संभावना थी—उद्यम एवं श्रम प्रतिफल का लाभ सभी के बीच वितरित करने तथा अधिकांश जनता को वंचित कर कुछ गिने-चुने लोगों को लाभ नहीं पहुँचाने जैसे प्रावधान थे। स्वतंत्रता के पश्चात् यह हमारा राष्ट्रीय लक्ष्य बना।

दूसरी ओर, राजनेताओं ने आर्थिक समस्याओं के निदान हेतु सैद्धांतिक दृष्टिकोण के बजाय व्यावहारिक दृष्टिकोण अपनाया। महात्मा गांधी अत्यधिक नियंत्रणवाले राज्य का विरोध करते थे। जवाहरलाल नेहरू, वल्लभभाई पटेल और अन्य नेता मिश्रित अर्थव्यवस्था के पक्षधर थे, जिसमें जहाँ अत्यावश्यक हो वहीं राष्ट्रीयकरण किया जाए तथा परिसंपत्ति निर्माण एवं तत्कालीन परिसंपत्ति के अधिग्रहण हेतु सार्वजनिक क्षेत्र के उपक्रम स्थापित किए जाएँ। इन नेताओं के अनुसार इस अर्थव्यवस्था में निजी उपक्रम की महत्त्वपूर्ण भूमिका होनी चाहिए। वे निजी एवं

सार्वजनिक क्षेत्र के उपक्रमों को अलग-अलग इकाई के रूप में नहीं देखते थे, अपितु एक समग्र व्यवस्था के अंग के रूप में देखते थे।

विश्व के किसी भी देश में निजी क्षेत्र द्वारा योजना एवं नियंत्रण का ऐसा समर्थन नहीं किया जाता। यहाँ सामाजिक रूप से साकांक्ष निजी उद्यमी तथा राजनेता यथार्थपरक आर्थिक नीतियों तथा विकासवादी मिश्रित अर्थव्यवस्था के प्रति निश्चित रूप से प्रतिबद्ध हैं जहाँ दोनों क्षेत्र अपनी संपूर्ण क्षमता का उपयोग कर राष्ट्र-निर्माण की ओर अग्रसर हों।

सरकार ने इस परस्पर विश्वासपूर्ण परिवेश को कार्यरूप देने का उत्कृष्ट उदाहरण सन् 1947 में एक माह के अंतर्गत प्रस्तुत किया, जब उसने भारत के प्रथम संयुक्त क्षेत्र के उपक्रम एयर इंडिया इंटरनेशनल के प्रबंधन का दायित्व अपने निजी क्षेत्र के भागीदार को दिया। दूसरा उदाहरण सन् 1950 के दशक में ICICI की स्थापना के रूप में प्रस्तुत किया गया। इस संस्था के निर्माण में सरकार एवं निजी क्षेत्र के बीच सद्भावना का उदाहरण पेश किया गया। इसके निर्माण में सरकार, निजी बैंक उद्योग तथा विदेशी वित्तीय संस्थाओं ने महत्त्वपूर्ण भूमिका अदा की। यह एक व्यावहारिक एवं प्रगतिशील कदम था। यह निजी क्षेत्र हेतु निवेश एवं वित्तीय सहायता का प्रमुख स्रोत था।

ऑक्टोपस

जवाहरलाल नेहरू के प्रारंभिक विचारों को निरस्त करते हुए वायु परिवहन, बैंक, बीमा, कोयला तथा ताँबा जैसे निजी क्षेत्र के प्रमुख उपक्रमों को राष्ट्रीयकृत कर दिया गया। ऐसा जब्ती के आधार पर किया गया। सहकारिता के उद्देश्यों की पूर्ति के लिए संविधान में बार-बार संशोधन किया गया। संविधान के 25वें संशोधन में मौलिक अधिकार में सुधार किया गया, जिसके तहत क्षतिपूर्ति* की अवधारणा को निरस्त कर दिया गया। निजी क्षेत्र जिन आर्थिक गतिविधियों का उत्कृष्ट निष्पादन करता आ रहा था, उनसे भी उसे वंचित कर दिया गया। निजी कंपनियों के प्रचालन पर अंकुश लगाने के लिए कानून, विनियम एवं नियंत्रण का निर्माण किया गया। यह कार्य तब तक चलता रहा जब तक स्वामित्व का अधिकार एवं प्रबंधन

---

* सन् 1971 में भारतीय संविधान में 25वाँ संशोधन किया गया, जिसमें 'क्षतिपूर्ति' शब्द को प्रतिस्थापित कर 'राशि' शब्द का प्रयोग किया जाने लगा और यह स्पष्ट किया गया कि नकद के रूप में नहीं अपितु अन्य रूप में उल्लिखित राशि दी जाएगी।

की स्वतंत्रता को पूर्णरूपेण समाप्त नहीं कर दिया गया। विश्व में सर्वाधिक कराधान करनेवाला देश भारत बन गया। यहाँ कर की दर इतनी ऊँची थी कि व्यक्ति दिवालिया बन जाता था। बैंक एवं बीमा क्षेत्र के राष्ट्रीयकरण से निवेश एवं ऋण राशि पर सरकार का संपूर्ण एकाधिकार हो गया। निजी स्वामित्व की राशियों को जब्त कर संयुक्त स्टॉक की कंपनियों के स्वामित्व में शेयर प्राप्त किया जाता था। निजी क्षेत्र के उपक्रमों को सरकारी स्वामित्व में लाने हेतु अनिवार्य अपरिवर्तनीय उपबंध से वित्तीय संस्थाओं के सभी प्रकार के ऋणों को जोड़ा गया।

परिणामस्वरूप सरकारी आकलन के अनुसार सन् 1980 तक आधी औद्योगिक एवं खनन परिसंपत्ति पर सार्वजनिक क्षेत्र के उपक्रमों का प्रत्यक्ष स्वामित्व होगा। सरकार या तो स्वयं ऐसा करेगी अथवा अपने किसी अभिकरण के माध्यम से निजी क्षेत्र की कंपनियों में इतना अधिक शेयर का स्वामित्व प्राप्त कर ले, ताकि देश की समस्त औद्योगिक पूँजी का 80 प्रतिशत सरकारी नियंत्रण में आ जाए। ऐसे स्वामित्व तथा सरकार के निजी क्षेत्र की कंपनियों के प्रचालन पर सर्वव्यापी नियंत्रण के बीच निजी क्षेत्र की कंपनियों को अपने प्रबंधन करने, यथा—उच्च अधिकारियों की नियुक्ति तथा उनके वेतन इत्यादि निर्धारित करने से भी वंचित कर दिया जाएगा। इस प्रकार सरकारी नियंत्रण में निजी क्षेत्र का अस्तित्व समाप्त हो जाएगा तथा एक प्रभावकारी आर्थिक शक्ति के रूप में मिश्रित अर्थव्यवस्था की अवधारणा ही समाप्त हो जाएगी।

समाजवाद अथवा लोक-कल्याणकारी राज्य

अब सिद्धांत के गूढ़ पक्षों की चर्चा करते हैं। मेरे मत से इन सिद्धांतों के कारण मिश्रित अर्थव्यवस्था में निजी उपक्रम के प्रति सरकार के दृष्टिकोण में व्यापक परिवर्तन आया है।

सरकारी प्रवक्ता सदैव आश्वासन देते हैं कि उनकी आर्थिक नीतियों में सिद्धांत का कोई स्थान नहीं, किंतु तथ्य इसके विपरीत हैं। यदि यह मान लिया जाए कि समाजवाद एक सैद्धांतिक अवधारणा नहीं है तो उनकी बात पर विश्वास किया जा सकता है। सरकारी पक्ष की आर्थिक नीतियों में सैद्धांतिक प्रेरणा का प्रस्फुटन, जबरन राष्ट्रीयकरण, निर्बाध रूप से कानून निर्माण, अध्यादेश विनियम, निर्देश एवं नियंत्रणों के कार्यान्वयन से सरकार की आर्थिक शक्ति का इतने व्यापक स्तर पर अपव्यय हुआ है कि इसका उदाहरण किसी अन्य प्रजातांत्रिक देश में नहीं मिल सकता, सिवाय निरंकुश राज्यों के। सत्ताधारी दल की आर्थिक नीतियों

में इस सिद्धांत के असर के कारण ही संविधान में बार-बार संशोधन किया गया। फलस्वरूप लोगों के मौलिक अधिकारों का हनन किया गया। इसी कारण से संवेदनशील सरकारी पदों पर कट्टर मार्क्सवादी लोगों को आसीन किया गया। इनमें से कई साम्यवादी दल के सदस्य थे। साम्यवादी नारे का व्यापक उपयोग करते हुए बड़े औद्योगिक घरानों को 'एकाधिकार घराने' कहकर निंदा की जाती रही है, यद्यपि दत्ता समिति ने अधिकांश घरानों को इस दोष से मुक्त घोषित किया है।

इस बिंदु पर प्रकाश डालने के पश्चात् भारत जैसे देश में यह समझना आसान है कि जहाँ जनसंख्या का अधिकांश भाग गरीबी में जीवन व्यतीत कर रहा है वहाँ मानवीय दार्शनिक पक्षों के साथ-साथ समाजवाद के मौलिक लक्ष्यों को प्राप्त करने की पर्याप्त संभावना है। वेब्स और हेरॉल्ड लास्की के समाजवाद को दुनिया में बहुत से गैर-साम्यवादियों का समर्थन प्राप्त हुआ। इनमें से सर्वाधिक प्रमुख जवाहरलाल नेहरू थे। उन्होंने आर्थिक समस्याओं के समाधान के लिए व्यावहारिक दृष्टिकोण अपनाया, न कि समाजवादी सिद्धांत से चिपके रहना पसंद किया। यह उनके सन् 1955 में कांग्रेस पार्टी में दिए गए भाषण से स्पष्ट है, जिसमें उन्होंने कहा कि निजी क्षेत्र के अस्तित्व को कायम रखने एवं इसे निष्पादन हेतु प्रोत्साहन देने तथा इसके अस्तित्व को नष्ट कर देने के लिए हमारे पास कोई विकल्प नहीं है। निजी क्षेत्र के अस्तित्व को मानना, फिर उसके महत्त्व को अस्वीकार कर देना और पुन: उन्हें काम न करने देना एक प्रकार की मूर्खता है। मेरा व्यक्तिगत विचार यह है कि सार्वजनिक क्षेत्र के सुचारु संचालन के लिए भी प्रतिस्पर्धी निजी क्षेत्र का होना आवश्यक है।

हमें भारत में इस प्रकार के समाजवाद को स्वीकार करने में आपत्ति है, जो पूर्णरूपेण नियोजित एवं नियंत्रित अर्थव्यवस्था के मार्क्सवादी संस्करण से अभिन्न है, जिसके संभावित खतरे के प्रति न तो हमारे बुद्धिजीवी सतर्क हैं और न ही अधिकांश जनता।

समय पर समस्या की पहचान न होने से इस तरह की व्यवस्था अपने वास्तविक रूप में आ सकती है। इसका आंशिक विरोध भी अवश्य होना चाहिए, क्योंकि इसका असर शनै:-शनै: हमारे आर्थिक जीवन में दृष्टिगोचर हो रहा है। मुझे विश्वास है कि इस व्यवस्था को तुरंत लागू किए जाने पर भारत को स्वतंत्रता दिलानेवाले तथा संविधान के निर्मातागण यदि जीवित होते तो उनकी प्रतिक्रिया तीक्ष्ण, त्वरित एवं निर्णायक होती।

निजी क्षेत्र के निरंतर ह्रास के प्रति तटस्थ दृष्टिकोण का एक कारण यह है कि हमारे कुछ गंभीर किंतु मासूम विचारकों के मन में इसके प्रति शंका है। उदाहरण के तौर पर, वे पूछते हैं कि प्रजातंत्र के लिए मिश्रित अर्थव्यवस्था को अनिवार्य बतानेवाला तर्क कितना उचित है? जब हमारे पास सक्षम एवं स्वायत्त सार्वजनिक क्षेत्र हैं तो हमें निजी उपक्रम की क्या आवश्यकता है? राजनीतिक प्रजातंत्र के साथ पूर्णरूपेण राज्य के स्वामित्व में अर्थव्यवस्था का सहअस्तित्व क्यों नहीं हो सकता?

अतएव अपने संतोष के लिए इस संबंध में मेरे दो प्रश्न हैं—पहला, उस व्यवस्था में, जहाँ विकल्प की स्वतंत्रता न हो, सरकार का वास्तविक स्वामित्व हो, वही एकमात्र नियोक्ता हो, अकेला निवेशक, एकमात्र उत्पादक एवं एकमात्र वितरक हो, तो क्या इसे निरंकुशतावादी शासन नहीं कहेंगे? दूसरा, क्या ऐसी अर्थव्यवस्था उचित रूप से विकास करेगी, जहाँ सरकार अपने निर्णयों को मनवाने के लिए जनता पर राजनीतिक नियंत्रण कायम रखती है? दूसरे शब्दों में, क्या निरंकुश राजनीतिक परिवेश के बिना निरंकुश अर्थव्यवस्था का अस्तित्व बनाए रखना संभव है?

यदि वे सोचते हैं कि कृषि, लघु उद्योग एवं स्वरोजगार का सृजन करनेवाले उद्योगों को छोड़कर अन्य क्षेत्रों से निजी उद्योग को समाप्त किया जा सकता है, उत्पादन एवं वितरण के समस्त माध्यमों पर सरकार के स्वामित्व, प्रबंधन एवं नियंत्रण रखे जाते हैं तथा राजनीतिक स्तर पर वर्तमान प्रजातांत्रिक जीवन-पद्धति को कायम रखा जा सकता है, तो मैं उनसे अनुरोध करता हूँ कि वे विश्व के अन्य देशों पर दृष्टि डालें।

ऐसा करने पर उन्हें पता चल जाएगा कि निरंकुशतावादी आचरण एवं प्रजातांत्रिक जीवन-मूल्य का सहअस्तित्व होना दुष्कर है। इसलिए दुनिया के प्रत्येक प्रजातांत्रिक देश में मिश्रित अर्थव्यवस्था अपनाई गई है।

अतएव मेरी दृष्टि में वर्तमान अर्थव्यवस्था के सुचारु विकास के दो माध्यम हैं—पहला, साम्यवादी देशों में त्वरित परिणाम देनेवाली निरंकुशतावादी अर्थव्यवस्था, जहाँ सभी स्तरों पर सैनिक बल-प्रयोग द्वारा कार्य संपन्न कराया जाता है; दूसरा, सभी गैर-साम्यवादी देशों में प्रजातांत्रिक रूप से अपनाई गई मिश्रित अर्थव्यवस्था, जिसमें निजी उपक्रमों एवं जनता के प्रयासों को प्रोत्साहन दिया जाता है तथा उसके लाभ को जनता तक पहुँचाया जाता है। इस पद्धति से निरंकुशतावादी व्यवस्था की तुलना में द्रुत गति से आर्थिक एवं सामाजिक प्रगति होती है।

मिश्रित अर्थव्यवस्था की प्रगति के कारक

इस संबंध में मेरा क्या मत हो सकता है? इस देश की अधिकांश जनता तथा जनप्रतिनिधि वर्तमान समय अथवा भविष्य में वामपंथी या दक्षिणपंथी किसी भी प्रकार की तानाशाही नहीं चाहते। इस विषय में कठोर निर्णय लेने की आवश्यकता है। मिश्रित अर्थव्यवस्था को एक निश्चित अवधि तक न सिर्फ स्वीकार किया जाए, अपितु इसे प्रोत्साहित किया जाए। इसे सामाजिक न्याय के साथ आर्थिक प्रगति का मुख्य माध्यम माना जाए। जब एक बार ऐसा निर्णय लिया जाता है तो मैं निम्नलिखित सुझाव दूँगा—

मिश्रित अर्थव्यवस्था में निजी क्षेत्र के लिए कार्य-निष्पादन के अनुकूल परिस्थिति का निर्माण तथा सुविधाएँ उपलब्ध कराने का प्रबंध करना चाहिए। ऐसा करने से निजी क्षेत्र अनुकूल परिणाम दे सकेगा। आर्थिक नीतियाँ फलदायी होनी चाहिए, विचारधारा पर आधारित नहीं। जिन आर्थिक नियंत्रणों से राष्ट्रीय उद्‌देश्य की पूर्ति नहीं होती, उत्पादन में वृद्धि नहीं होती, भ्रष्टाचार का उन्मूलन नहीं होता तथा जिनसे समाज के कमजोर वर्गों का संरक्षण नहीं होता, उन्हें समाप्त कर देना चाहिए।

लोगों की क्रय शक्ति बढ़ाने के लिए कुछ समय तक आर्थिक प्रयास होना चाहिए। इस हेतु देश के ग्रामीण क्षेत्रों में रोजगार-सृजन के व्यापक अवसर उपलब्ध कराने होंगे। विदित हो कि ग्रामीण क्षेत्रों में देश की अधिकांश जनता निवास करती है। मूलभूत आवश्यक वस्तुओं का उत्पादन तथा उनका समुचित वितरण करना होगा। विद्युत्, ईंधन एवं परिवहन की अनिवार्य आवश्यकताओं की आपूर्ति सुनिश्चित करनी होगी। इन कार्यों को संपन्न किए बिना पूर्ण रोजगार-सृजन के लक्ष्य तथा जनसमूह के उपभोग की वस्तुएँ जुटाना असंभव होगा। निर्धारित क्षमता से अधिक उत्पादन करने पर सरकार को पुरस्कृत करना चाहिए, न कि दंडात्मक नीति अपनानी चाहिए—कम-से-कम प्राथमिक उद्योगों में।

पुराने उद्योगों को बंद कर सहयोग एवं सम्मान प्रदान कर नए उद्यमों को प्रोत्साहन देना चाहिए। वित्तीय एवं आर्थिक नीतियाँ निजी बचत एवं निवेश को प्रोत्साहन करनेवाली होनी चाहिए, न कि उसे हतोत्साहित करनेवाली। इस प्रकार मिश्रित अर्थव्यवस्था में निजी क्षेत्र सरकारी वित्तीय सहायता पर पूर्ण रूप से निर्भर नहीं रहेगा।

निवेश को बढ़ाने तथा उसे दिशा देने में स्टॉक एक्सचेंज एवं अन्य

वित्तीय संस्थाओं की भूमिका स्वीकार कर लेनी चाहिए। सरकार इन संस्थाओं एवं निवेशकों पर इतना ही प्रतिबंध एवं नियंत्रण रखे, जिनसे कदाचार एवं भ्रष्टाचार को रोका जा सके।

वर्तमान संदर्भ में सरकारी वित्तीय संस्थाओं द्वारा सशर्त ऋण को शेयर पूँजी में बदलने की अनिवार्यता प्रत्येक मामले में लागू न की जाए, अपितु यह अधिकार संबद्ध संस्थाओं के बोर्ड के विवेक पर छोड़ दिया जाए। ऐसी इन शर्तों को वे तब स्वीकार करें जब वे उनके लिए व्यावसायिक रूप से अनुकूल हों। सरकारी प्रवक्ता द्वारा बार-बार निजी प्रतिष्ठानों एवं उद्यमों को 'एकाधिकार संस्थाएँ' जैसे भ्रामक मार्क्सवादी अभिव्यक्तियों से संबोधित करना अनुचित है। ये प्रतिष्ठान मूलत: गैर-एकाधिकारवादी हैं। एकाधिकार कानून का मुख्य कार्य यह होना चाहिए कि वह वास्तविक एकाधिकारवादियों की पहचान करे तथा प्रतिबंधकारी व्यापारिक आचरणों पर रोक भी लगाए।

सरकार निजी एवं सार्वजनिक क्षेत्र की कंपनियों के निदेशक-मंडलों को अपने प्रतिष्ठानों के प्रबंधन, कार्यकारियों की नियुक्ति तथा उनके वेतन-निर्धारण की स्वतंत्रता दे। सरकार भ्रष्टाचार को रोकने के लिए ही हस्तक्षेप करे तथा यह सुनिश्चित करे कि बड़े एवं सुरक्षा की दृष्टि से महत्त्वपूर्ण सभी उद्योगों में सुचारु प्रबंधन के साथ-साथ प्रगति हो रही है। दोनों क्षेत्रों में कदाचार फैलानेवालों के प्रति सरकार कठोर बन जाए, किंतु स्वच्छ प्रबंधन के महत्त्व को स्वीकार करते हुए उसे प्रोत्साहन दे। सरकार राजनीतिक दलों के चुनाव अभियान में धन देनेवाले निगमों पर अंकुश लगाए। जिस प्रकार वर्तमान में अंकुश लगाया जाता है, वह देश में भ्रष्टाचार फैलाने का प्रमुख साधन बन गया है।

सरकार और विधायकों को सलाह देने से पूर्व यह मेरा दायित्व है कि पहले इसे मैं निजी क्षेत्र के उद्यमी बंधुओं को कार्यान्वित करने के लिए कहूँ।

यदि इस देश में मिश्रित अर्थव्यवस्था का अस्तित्व कायम रखना है और इसे आर्थिक प्रगति का सक्षम माध्यम सिद्ध करना है तो निजी क्षेत्र के उद्योगपतियों के लिए यह आवश्यक है कि वे न सिर्फ अपने शेयरधारकों, कार्मिकों एवं उपभोक्ताओं की आकांक्षाओं की पूर्ति करें अपितु समाज एवं संपूर्ण देश के हित के संबंध में सोचें। भारत में ऐसे स्वार्थी तत्त्वों के लिए कोई जगह नहीं, जो निर्बाध रूप से धन-संचय करते हैं, कर बचाते हैं, कालाबाजारी करते हैं, अवैध रूप से विदेशी मुद्रा

विनिमय तथा फिजूलखर्ची करते हैं। इन लोगों के कारण संपूर्ण भारतीय व्यवसायी वर्ग की प्रतिष्ठा को ठेस पहुँची है तथा इनके प्रति जनमानस में अविश्वास का संचार हुआ है। इससे व्यवसायी वर्ग का अस्तित्व ही संकट में पड़ गया है।

उपर्युक्त वक्तव्य में मैंने वर्तमान की जिस विषम परिस्थिति और भविष्य के प्रति चिंता व्यक्त की है, मेरा विश्वास है कि उचित एवं व्यावहारिक आर्थिक नीतियों को लागू करने तथा हमारे पूर्वजों एवं स्वतंत्रता सेनानियों के त्याग, निष्ठा एवं नैतिक मूल्यों को स्वतः अथवा अनिवार्य रूप से स्वीकार करने पर उनका समाधान हो जाएगा। भारत की समस्याग्रस्त जनता आगामी एक-दो दशकों में गरीबी एवं दुःख के भँवरजाल से निकलकर संपन्नता, आत्मसम्मान एवं संतोष की जिंदगी व्यतीत करेगी।

□

अपने अंतरंग मित्र
श्री डेविड रॉकफेलर (झुके हुए)
के साथ जे.आर.डी. (बैठे हुए)।

प्रिंस फिलिप के साथ जे.आर.डी.।

प्रो. जे.के. गैलब्रेथ (मध्य में)
के साथ जे.आर.डी.।

बंबई के चौपाटी बीच पर खड़े जे.आर.डी.।

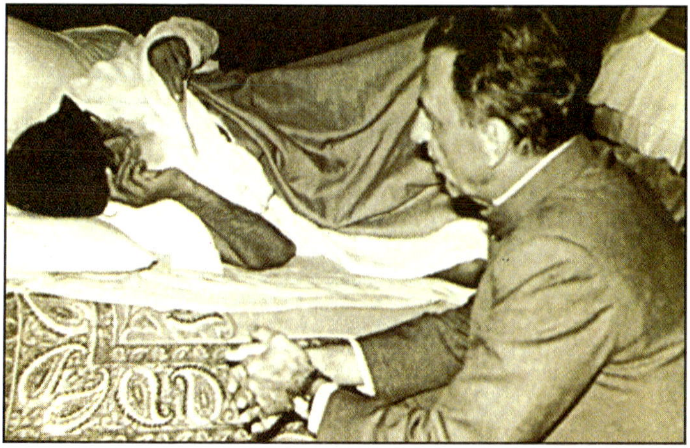

आचार्य विनोबा भावे के साथ जे.आर.डी.।

जयप्रकाश नारायण के साथ जे.आर.डी.।

जे.एन. टाटा मेमोरियल सेंटर, नवसारी के उद्‌घाटन अवसर पर मोरारजी देसाई (बाएँ से प्रथम) के साथ जे.आर.डी.।

साभार : फोटो विभाग, राष्ट्रपति भवन

तत्कालीन राष्ट्रपति श्री आर. वेंकटरमण से 'भारत रत्न' सम्मान प्राप्त करते हुए।

पं. जवाहरलाल नेहरू के साथ जे.आर.डी.।

पत्नी थेल्मा (मध्य में)
एवं श्रीमती इंदिरा गांधी
के साथ जे.आर.डी.।

जे.आर.डी. की प्रथम पुण्यतिथि पर सन् 1994 में जारी डाक टिकट।

डॉ. होमी भाभा के साथ जे.आर.डी.।

भारतीय विज्ञान संस्थान द्वारा आयोजित स्वागत समारोह के अवसर पर जे.आर.डी.।

जनसमूह का हाथ हिलाकर अभिवादन करते हुए।

जमशेदपुर में जमशेदजी टाटा की प्रतिमा के सम्मुख खड़े जे.आर.डी.।

शक्ति का संकेंद्रण–एक मिथक

एक मिथक

भारी एवं लघु उद्योग

एक मिथक

मेरा प्रातः जागरण

[2 अगस्त, 1968 को नई दिल्ली में योजना आयोग द्वारा आहूत उद्योगपतियों की बैठक में संबोधन उस समय डॉ. डी.आर. गाडगिल योजना आयोग के उपाध्यक्ष थे।]

चतुर्थ पंचवर्षीय योजना के दिशा-निर्देश पत्र में बार-बार 'आर्थिक शक्ति के के संकेंद्रण के खतरे' का उल्लेख हुआ है। वामपंथी योजनाकारों अथवा सरकारी अधिकारियों के साथ होनेवाली प्रत्येक आर्थिक परिचर्चा के दौरान इस मुद्‌दे को उठाया जाता है। हम भारतीय लोग किसी भी नारे को आनन-फानन में अपना लेते हैं और बिना सोचे-समझे ही उसके बहकावे में आ जाते हैं। वामपंथियों द्वारा संवेदनशील लोगों के मनो-मस्तिष्क को इस तरफ मोड़ने की चेष्टा की जाती है।

जनता के बीच यह बात फैलाई जा रही है कि आज देश में जनसंख्या वृद्धि, विदेशी आक्रमण, सांप्रदायिक उन्माद तथा दंगों और लोगों की घोर विपन्नता से भी बढ़कर खतरा कुछ प्रतिष्ठानों एवं बड़े उद्योगपतियों के हाथ में आर्थिक शक्ति का संकेंद्रण है। लोग जिन्हें बड़े उद्योगपति कहते हैं, भारतीय स्तर से वे बड़े हो सकते हैं, किंतु अंतरराष्ट्रीय स्तर पर उनकी सामर्थ्य अत्यंत कम है।

निजी क्षेत्र के सबसे बड़े उद्योग समूह का प्रमुख होने के नाते मेरे पास विपुल आर्थिक संपदा होनी चाहिए। जब मैं प्रात: जागता हूँ तो सबसे पहले यह सोचता हूँ कि मैं अपनी इस विपुल सत्ता का उपयोग किस उद्‌देश्य की पूर्ति हेतु करूँ। क्यों मैं अपने प्रतियोगियों को नीचा दिखाने, उपभोक्ताओं का शोषण करने, व्यवधान उत्पन्न करनेवाले मजदूरों को नौकरी से निकालने अथवा कहीं की सरकार

गिराने में अपनी शक्ति का उपयोग करूँ? मैं चाहता हूँ कि डॉ. गाडगिल अथवा इस सिद्धांत के अनुयायी में से कोई मेरा मार्गदर्शन करे। मैं अकेले इसकी प्रकृति पहचानने में असफल रहा हूँ।

निश्चित रूप से निजी हाथों में आर्थिक शक्ति का तात्पर्य आर्थिक निर्णय लेने की शक्ति, नए उद्योग की स्थापना, पूँजी निर्माण करने और ऋण प्राप्त करने, श्रमिक नियुक्त करने, प्रबंधक रखने तथा उनका वेतन निर्धारित करने, उत्पादों के मूल्य निर्धारित करने, सेवाओं की दर तय करने, व्यवसाय अथवा मनोरंजन हेतु विदेश यात्रा करने, प्रबंधन अथवा अन्य सेवाओं हेतु अनुबंध करने जैसी शक्तियों से है। क्या वर्तमान में ऐसा नहीं लगता कि इस देश के व्यवसायी वर्ग को इन आर्थिक शक्तियों से पूर्णरूपेण वंचित रखा जा रहा है?

सज्जनो! हमें यह स्वीकार करना चाहिए कि निजी उद्योगपतियों के हाथ में आर्थिक शक्ति का संकेंद्रण एक मिथक है, जिसका सुनियोजित रूप से प्रचार उन लोगों द्वारा किया जा रहा है, जो विशाल निजी उपक्रमों के घोर विरोधी हैं।

वस्तुतः आज जिस आर्थिक शक्ति के संकेंद्रण से डर है, वह सिर्फ हमारे मंत्रियों, योजनाकारों तथा सरकारी अधिकारियों के हाथों में केंद्रित है। हमारे प्रजातंत्र को आर्थिक शक्ति के इस संकेंद्रण से वास्तविक खतरा है। इन सज्जनों के हाथों में केंद्रित आर्थिक शक्ति के कारण, न कि उद्योगपतियों के कारण, निर्णय लेने में विलंब, अपूर्ण नीतियाँ एवं कुप्रबंधन दृष्टिगोचर हो रहे हैं। इनसे हमारी अर्थव्यवस्था काफी समय से आहत रही है।

यदि टाटा जैसा बड़ा औद्योगिक समूह कोई नया महत्त्वपूर्ण औद्योगिक कार्य प्रारंभ नहीं कर रहा है तो उसे निष्क्रिय एवं गतिहीन कहकर दोष दिया जाता है। इसमें कोई आश्चर्य की बात नहीं। यदि यह छोटी-छोटी औद्योगिक इकाइयों में विभक्त होना चाहता है तो इसे लघु उद्यमियों को नष्ट करने का दोष दिया जाता है। यदि यह कोई पूँजी आधारित बड़ी परियोजना शुरू करना चाहता है तो इसे पूँजी संसाधनों पर एकाधिकार करने तथा आर्थिक शक्ति के संकेंद्रण में सहयोग देने का दोष दिया जाता है।

दिशा-निर्देश पत्र बड़े प्रतिष्ठानों को संस्थागत वित्त से वंचित करना चाहता है। ऐसा इसलिए किया जा रहा है, क्योंकि आर्थिक शक्ति के संकेंद्रण का भय व्याप्त है। किंतु इस तथ्य से लोग अवगत नहीं हैं कि बड़ी कंपनियों के पास विशाल मानव एवं भौतिक संसाधन उपलब्ध हैं, जिनके बल पर वे बड़ी परियोजनाएँ कार्यान्वित कर सकते हैं। विशाल से क्या तात्पर्य है? वास्तविक रूप में अथवा

दिखावे के रूप में सरकार की आर्थिक नीतियों में आर्थिक शक्ति का संकेंद्रण एक महत्त्वपूर्ण कारक बन गया है। इसके पीछे हठधर्मिता तथा मनोवैज्ञानिक भय है। इसी हठधर्मिता के कारण प्रबंधन अभिकरण प्रणाली से प्राप्त होनेवाले प्रबंधन सुधार को नकारते हुए इसे पूर्णरूप से निरस्त करने की माँग की जा रही है।

इस संबंध में मेरा विचार है कि अब समय आ गया है जब इस प्रश्न तथा इससे जुड़े एकाधिकार जैसे प्रश्नों पर राजनीतिक परिदृश्य से अलग हटकर एक आयोग अथवा स्थायी अर्थ-न्यायिक संस्था के अधीन विचार किया जाना चाहिए। यह व्यावहारिक रूप से प्रत्येक मामले की जाँच तथा उसपर निर्णय करेगा। शक्ति के संकेंद्रण अथवा आर्थिक शक्ति के दुरुपयोग जैसे अभियोगों सहित अन्य बातों पर विचार करने का उत्तरदायित्व प्रस्तावित एकाधिकार प्रतिरोधक व्यापार आचरण आयोग पर छोड़ देना चाहिए। अन्यथा सरकार के समक्ष निजी क्षेत्रों को प्रभावित करनेवाले प्रत्येक महत्त्वपूर्ण आर्थिक मुद्दे को यह अस्पष्ट अभियोग बाधित एवं कुंठित करता रहेगा।

निरुत्साहित उपक्रम

[27 जनवरी, 1967 को अहमदाबाद प्रबंधन संघ एवं अहमदाबाद आर्थिक संघ की बैठक में दिया गया संबोधन।]

विगत वर्षों में भारतीय उद्यमियों ने विश्व के अन्य देशों के उद्यमियों की तुलना में सफलता हेतु किसी भी प्रकार से कम जोखिम भरे प्रयास एवं इच्छाशक्ति का परिचय नहीं दिया है। किंतु हमारे योजनाकार यह भूल जाते हैं कि उद्योग में निजी पूँजी के निवेश हेतु अनुकूल आर्थिक परिवेश एवं आधारभूत संरचना की आवश्यकता होती है; परंतु इनकी आर्थिक नीतियों के कारण देश में ऐसा माहौल नहीं बन पाया है।

विगत वर्षों में भारतीय उद्यमियों ने नई परियोजनाओं को प्रारंभ करने तथा पहले से चली आ रही परियोजनाओं के विस्तार में जिन कठिन, समय गँवानेवाली तथा उबाऊ परिस्थितियों का सामना किया है, उनका यहाँ उल्लेख करना आवश्यक नहीं है। यदि सरकार की इच्छा औद्योगिक क्षेत्र में निजी निवेश को निरुत्साहित करने की होती तो इसकी आर्थिक एवं वित्तीय नीतियों, प्रावधानों एवं उपायों का स्वरूप वर्तमान में जैसा है वैसा नहीं रहता, कुछ भिन्न प्रकार का होता।

दंडात्मक कराधान, मौद्रिक मूल्यगत वितरण एवं अन्य प्रकार के नियंत्रणों

जैसे आर्थिक अस्त्र-शस्त्र के बल पर सरकार ने तृतीय पंचवर्षीय योजना के दूसरे वर्ष तक देश में ऐसी परिस्थिति का निर्माण कर दिया, जिसमें न सिर्फ पूँजी बाजार का अस्तित्व संकट में पड़ गया, अपितु निजी क्षेत्र में उद्योग की स्थापना एवं विस्तार के किसी प्रयास को साकार करने में हतोत्साहित करनेवाली दीर्घकालीन समझौते एवं परिचर्चा करने के साथ आवेदन, प्रतिवेदन, प्रदर्शन आदि करने तथा मंत्रालयों एवं विभागों के दरवाजे खटखटाने की ऐसी प्रक्रिया प्रारंभ हुई, जो परिश्रमी एवं देशभक्त उद्यमियों को भी निराश करने में तत्पर थी। विदेशी उद्यमियों के विषय में तो ऐसी परिस्थिति में कुछ कहा ही नहीं जा सकता था।

अतएव जब हम निजी क्षेत्र में योजना कार्यान्वयन की चर्चा करते हैं तो इसे प्रभावित करनेवाली सरकारी नीतियों एवं विभिन्न प्रकार के नियंत्रणों को भी ध्यान में रखना उचित समझते हैं। किसी भी परियोजना के कार्यान्वयन में सरकारी नीतियों का सकारात्मक अथवा नकारात्मक प्रभाव पड़ना अवश्यंभावी है। जापान और जर्मनी में जिस प्रकार की उचित आर्थिक नीतियों का अनुसरण किया गया, वैसा करने से किसी परियोजना के प्रारंभ करने, पूरा करने तथा सफल प्रचालन करने में इनका योगदान रहेगा। अन्यथा गलत आर्थिक नीतियों एवं कठोर नियंत्रणों के कारण परियोजनाओं का प्रचालन दुष्कर हो जाएगा तथा इसका खर्च बढ़ जाएगा।

सरकार द्वारा लाइसेंस प्रदान करने में प्रशासनिक तथा प्रक्रियागत विलंब होने के अतिरिक्त विचारधारागत बाधाओं का भी सामना करना पड़ता है। सरकार की नीतियों को प्रभावित करनेवालों में कुछ लोग ऐसे भी हैं, जो बड़े उद्योगों के प्रति नकारात्मक भाव रखते हैं। उनकी नकारात्मकता एवं हठधर्मिता की बलिवेदी पर कई बार परियोजनाओं के वांछित विकास को भेंट चढ़ाना पड़ा है।

इस प्रकार हम देखते हैं कि वित्तीय एवं प्रबंधन संसाधनों से संपन्न कई औद्योगिक घरानों के पास दक्षतापूर्वक विशाल परियोजनाओं की स्थापना करने तथा संचालित करने की योग्यता होने के बावजूद नई परियोजनाओं के लाइसेंस हेतु आवेदन करते समय उन पर आर्थिक शक्ति के संकेंद्रण एवं औद्योगिक एकाधिकार की दुर्भावना रखने जैसे आरोप लगाए जाते हैं। उनकी सर्जनात्मक एवं संचालन क्षमता पर संदेह किया जाता है।

प्रमाद का मनोविज्ञान

[3 जनवरी, 1969 को नई दिल्ली में उद्योगों की केंद्रीय सलाहकार परिषद् को संबोधन।]

हमारे देश में आर्थिक निर्णय में विलंब के कई कारण प्रमाद के मनोविज्ञान में निहित हैं। शक्ति का मनोविज्ञान जैसी कोई चीज है, जो लोगों को प्रेरित करती है। इसमें नियंत्रण एवं संरक्षण की शक्ति, आवेदन-पत्र को लंबित रखने की शक्ति, फाइल को दबाकर रखने की शक्ति, स्वागत-कक्ष में लोगों को प्रतीक्षारत रखने की शक्ति इत्यादि निहित हैं। चेतन अथवा अवचेतन रूप से लोग इन शक्तियों को अपनी प्रतिष्ठा एवं महत्त्व बढ़ने में सहयोगी मान बैठे हैं। आपको लगता होगा कि यह मेरी मनगढ़ंत धारणा है, किंतु परोक्षत: नौकरशाही से संबद्ध कई व्यक्तियों ने यह स्वीकार किया है, जो ऐसी शक्तियों का वर्षों से प्रयोग करते आए हैं।

इसके अतिरिक्त विलंब करने के अन्य मनोवैज्ञानिक कारण भी हैं। सरकारी तंत्र में पदासीन लोगों के मन में उद्योग जगत् के प्रति अविश्वास, उत्तरदायित्व, स्वीकार करने की अनिच्छा, आलोचना का भय एवं भविष्य में जाँच की संभावना व्याप्त रहती है। पहले कई निर्णय सिविल सेवकों द्वारा लिये जाते थे, वे अब मंत्रियों द्वारा लिये जाते हैं। इस कारण निर्णय लेने में विलंब होता है। मंत्रियों को संसद् तथा अपने दल में आलोचना का भय रहता है; वे चाहते हैं कि अधिकांश निर्णय मंत्रिमंडल की बैठक में लिये जाएँ। मंत्रिमंडल में विचारधारागत मतैक्य नहीं रहता और राजनीतिक एवं दबावों के कारण सदस्यों में मतभेद बना रहता है। जब तक कोई निर्णय सर्वमान्य नहीं हो तब तक उसे स्वीकृति नहीं दी जाती है। इस प्रकार सरकार में आर्थिक निर्णय को प्रभावित करनेवाले सिविल सेवक, मंत्री तथा मंत्रिमंडल जैसे कई चरण होते हैं। सभी स्तर पर ऐसे प्रयास किए जाते हैं कि अंत में विषय अनिर्णीत रह जाता है।

लाइसेंस हेतु मानदंड

[24 दिसंबर, 1970 को अहमदाबाद में भारतीय कनिष्ठ परिसंघ में दिया गया भाषण।]

किसी प्रतिष्ठान एवं कंपनी के संबंध में विचार करते समय सरकार को सिर्फ उसके आकार पर नहीं, अपितु कई अन्य महत्त्वपूर्ण मानदंडों पर ध्यान देना

चाहिए। उदाहरण के रूप में—

- कंपनी के उत्पादों की गुणवत्ता एवं उत्पाद के मूल्यों का रिकॉर्ड कैसा रहा है?
- कंपनी की श्रम-नीति, कर्मचारियों के साथ संबंध, इसके श्रम एवं कल्याणकारी मानक किस प्रकार के हैं?
- अपने लाभ का उपयोग ये किस प्रकार से करते हैं?
- इसका प्रबंधन कितना पेशेवर एवं दक्ष रहा है?
- लघु एवं आनुषंगिक उद्योगों के विकास में इसने किस प्रकार सहायता की है?
- आयात-निर्यात के क्षेत्र में इसका निष्पादन कैसा रहा है?
- शोध-कार्यों पर इसने कितना एवं किस प्रकार खर्च किया है?
- राजनीतिक षड्यंत्रों से यह कितना मुक्त रहा है?
- इसने अपनी आर्थिक शक्ति का किस प्रकार उपयोग किया है? इसकी आर्थिक शक्ति जन-हित में प्रयुक्त हुई है अथवा जन-विरोधी रही है?
- इसकी प्रतिष्ठा एवं छवि कितनी उज्ज्वल है?

ये प्रश्न भी कम महत्त्वपूर्ण नहीं हैं।

इन मानदंडों के अनुसरण से जितनी तकनीकी गुणवत्ता, मानव एवं वित्तीय संसाधन, विगत काल में आचरण एवं निष्पादन आर्थिक प्रगति को प्रोत्साहित करनेवाले रहे हैं, उन उद्योगों का भविष्य में विस्तार करने तथा अन्य क्षेत्रों में आगे बढ़ने से केवल आकार के आधार पर नहीं रोकना चाहिए।

मेरा विश्वास है कि दृष्टिकोण में इस प्रकार से परिवर्तन होने पर निजी क्षेत्र के प्रोत्साहन एवं नियमन में उत्पन्न बाधाओं का समाधान होगा। इससे दीर्घकाल से व्याप्त संशय का निवारण होगा तथा अनिश्चित काल तक लंबित रखने की प्रवृत्ति का उन्मूलन भी संभव हो सकेगा। इन समस्याओं के कारण वर्तमान में निराशा एवं कटुता का जो वातावरण बना है, उसका भी अंत हो जाएगा।

प्रतिस्पर्धा, स्वच्छता एवं सामाजिक चेतना के कठिन मानदंडों को पूरा करनेवाले उद्योगों के प्रति न सिर्फ जनता में निष्ठा होगी, अपितु वे देश की औद्योगिक प्रगति में भी अधिकतम योगदान देंगे। दूसरी ओर, जो इन मानदंडों को पूरा नहीं करते उन्हें सुधार का अवसर दिया जाएगा। यदि वे ऐसा नहीं करेंगे तो उन्हें औद्योगिक समाज से बहिष्कृत कर उनपर प्रतिबंध एवं अंकुश लगाए जाएँगे।

बाधाओं पर अतिक्रमण करने का पाठ्यक्रम

[1 नवंबर, 1971 को टाटा केमिकल्स लिमिटेड के अध्यक्ष के रूप में संबोधन।]

निजी उद्योग के आवेदन के संबंध में सरकार द्वारा अपनाई जानेवाली जटिल प्रक्रिया से होनेवाले विलंब के कारण देश की औद्योगिक प्रगति प्रभावित होती है। इससे अवगत होने एवं इस संबंध में समय-समय पर प्रतिक्रिया व्यक्त करने के बावजूद इस विषय में सरकार के दृष्टिकोण में कोई महत्त्वपूर्ण परिवर्तन नहीं हुआ है।

कुछ वर्ष पूर्व पहले उद्देश्य पत्र जारी हो जाता था। तदनंतर लाइसेंस स्वतः प्राप्त हो जाता था। इसके पश्चात् यह मान लिया जाता था कि परियोजना का संचालन सुचारु रूप से चलता रहेगा। किंतु इसके विपरीत आज सन् 1971 में सशर्त लाइसेंस देने के पश्चात् भी लाइसेंस प्राप्तकर्ता को बाधायुक्त मार्ग पर चलना पड़ता है। परियोजना की मंजूरी के लिए आधे दर्जन मंत्रालयों का चक्कर लगाना पड़ता है। जब कोई बड़ा उद्योग समूह परियोजना प्रारंभ करना चाहता है तो इसे मंत्रिमंडल की अनुमति प्राप्त करनी पड़ती है। इस कार्य में कई माह लग जाते हैं।

इस बाधा-दौड़ में सबसे बड़ा अवरोध हाल में गठित एकाधिकार आयोग है। विश्व के कई देशों में एकाधिकार-विरोधी कानून एवं आयोग हैं, जो सुपरिचित तथा सर्व-स्वीकृत विधायी एवं प्रशासनिक उपायों के माध्यम से यह सुनिश्चित करते हैं कि किसी का बाजार पर जन-हित को आघात पहुँचानेवाला नियंत्रण अथवा एकाधिकार न हो। अतएव सैद्धांतिक आधार पर भारत में इसके गठन में किसी को आपत्ति नहीं होनी चाहिए। वस्तुतः समुचित एवं व्यावहारिक मानदंड अथवा दिशा-निर्देश का अनुसरण कर एकाधिकार आयोग वर्तमान प्रक्रिया को सरल एवं गतिशील बना सकता था। मुझे अफसोस है कि एकाधिकार आयोग इस अपेक्षा को पूरा करने में विफल रहा है। इसके वर्तमान क्रिया-कलाप को देखते हुए आशंका है कि यह विलंब एवं संदेह पैदा करने के प्रमुख स्रोत के रूप में कार्य करेगा।

टाटा केमिकल्स के अंशधारकों को यह जानकार आश्चर्य होगा कि बॉम्बे हाउस में इस कंपनी के मुख्यालय तथा अपनी अन्य कंपनियों के मुख्यालय में विगत कुछ दिनों से कोई अन्य कार्य संपन्न नहीं किया जा सका है, सिवाय एकाधिकार आयोग के प्रश्नों के उत्तर देने तथा इस हेतु कागजात प्रस्तुत करने के। आयोग के प्रश्न हमारी किसी परियोजना अथवा निकट भविष्य के कार्य से संबंधित नहीं हैं,

अपितु वे टाटा इंजीनियरिंग ऐंड लोकोमोटिव कंपनी (TELCO) से संबंधित हैं। इससे भी बढ़कर आश्चर्य का विषय यह है कि हम लोगों से माँगी गई अधिकांश सूचनाओं का टेल्को की विस्तार परियोजना से कोई संबंध नहीं है। अधिकांश सूचनाएँ सर्वविदित हैं तथा हमारे द्वारा प्रकाशित सामग्री में उपलब्ध हैं।

टेल्को विस्तार परियोजना से पूर्णरूप से असंबद्ध कई कंपनियों के संबंध एकाधिकार आयोग की अतिसाधारण कार्रवाई तथा टेल्को के आवेदन में अपनाई गई जाँच प्रक्रिया से न सिर्फ सरकार एवं उद्योग जगत् के अधिकारियों का बहुमूल्य समय नष्ट हुआ है, अपितु यह उन कंपनियों एवं अधिकारियों को परेशान करने का एक अवांछित कार्य है, जो ईमानदारी से कार्य करते हुए अपनी क्षमता का सर्वोत्तम सदुपयोग करने हेतु अपनी कंपनी तथा देश की सेवा करने का प्रयास करते हैं।

सरकार तथा इसके एकाधिकार आयोग की नजर में टाटा केमिकल्स के संबंध में औद्योगिक प्रदर्शनी में भाग लेना, एक ही भवन से प्रचालन करना, थोड़ा-बहुत सेवा-कार्य करना तथा टाटा समूह की अन्य कंपनियों के साथ समान टेलीफोन एक्सचेंज का उपयोग करना एवं आर्थिक शक्ति के संकेंद्रण से भी बढ़कर विगत वर्ष अपनी प्रतिस्पर्द्धी कंपनियों की तुलना में अपने उत्पाद का मूल्य घटाकर 50 लाख का घाटा आपत्तिजनक है। जब से मूल्य-नियंत्रण हटा लिया गया है। इस प्रकार के कार्य से इसने 2 करोड़ रुपए का नुकसान किया है।

इस प्रकार की क्षमता, पारदर्शिता एवं राष्ट्र-सेवा के प्रति सामाजिक रूप से सचेत कंपनी, जो समाज एवं उपभोक्ताओं के प्रति निष्ठावान् रही है, को बिना कारण परेशान करने में जितने समय एवं ऊर्जा का अपव्यय किया जाता है, उससे किसी को भी निराशा हो सकती है। इससे उनके राष्ट्रीय प्राथमिकता के प्रति अनभिज्ञता तथा कार्य की तात्कालिकता के संबंध में ज्ञान के अभाव का पता चलता है। इस प्रकार के व्यवधान से राष्ट्रीय हित को भारी क्षति होती है।

आर्थिक शक्ति

4 जुलाई, 1972 को टाटा आयरन ऐंड स्टील कंपनी लिमिटेड के अध्यक्ष के रूप में दिया गया वक्तव्य।

सरकार अभी भी निजी हाथों में आर्थिक शक्ति के संकेंद्रण के मिथक में दृढ़ विश्वास रखती है। घोर वामपंथी प्रचारकों ने वर्षों से इस मिथक का निर्बाध एवं सफलतापूर्वक प्रचार किया है। दक्षता एवं पारदर्शिता की स्वच्छ छवि रखनेवाली

कंपनियों अथवा समूहों तथा घोर कदाचार फैलानेवाली कंपनियों के बीच कोई भेद नहीं किया जाता है।

मुझे विश्वास है कि आर्थिक सत्ता की सही प्रकृति एवं विस्तार के विषय में संदेह व्याप्त है। आर्थिक सत्ता के विषय में वास्तविक अथवा राजनीतिक रूप से भय एवं संदेह का माहौल बनाया गया है। भारी उद्योग की प्रत्येक गतिविधि के संबंध में यह स्पष्ट है कि औद्योगिक प्रबंधन के हाथों में कोई वास्तविक शक्ति नहीं है, क्योंकि आर्थिक शक्ति का तात्पर्य अपने आर्थिक निर्णय स्वयं लेने की शक्ति है। जबकि सभी प्रकार के औद्योगिक नियंत्रण एवं विनियमों के साथ-साथ सरकारी ऋण प्रदान करनेवाली संस्थाओं के एकाधिकार के कारण भारी उद्योग समूहों के प्रबंधन पर अब सरकार द्वारा नियंत्रण के उपाय किए जा रहे हैं।

उत्पादन, मूल्य-नियंत्रण, ऋण-प्राप्ति, शेयर जारी करने एवं शेयर के मूल्य निर्धारित करने, श्रमिकों की मजदूरी तथा बोनस निर्धारित करने, अधिकारियों की नियुक्ति करने, उनके वेतन निर्धारित करने तथा कई मामलों में लाभांशों को वितरित करने के संबंध में निजी उद्योगों के अध्यक्ष से लेकर निदेशकों तक को कोई अधिकार प्राप्त नहीं हैं। मेरा ही संदर्भ लिया जाए, भारत के बाहर शायद ही विश्व के किसी देश में इतने बड़े उपक्रम के प्रमुख को मेरे जितनी कम शक्ति प्राप्त हो। वस्तुतः दुनिया की कोई भी सरकार उद्योग समूह के प्रबंधन को वास्तविक आर्थिक शक्ति से वंचित कर उसे अपने हाथों में संकेंद्रित करने के लिए इतने अधिक उपायों का प्रयोग नहीं करती।

मेरा सुझाव है कि व्यापक रूप से शक्ति-संपन्न हमारी समाजवादी सरकार के लिए उचित यह होगा कि समाज-विरोधी तत्त्वों द्वारा गैर-कानूनी ढंग से धन-संचय की प्रवृत्ति को रोकने के लिए प्रत्येक कारगर उपाय करे, किंतु राष्ट्र-निर्माण के उद्देश्य से अपने समस्त संसाधनों एवं ऊर्जा का उपयोग करनेवाले निष्ठावान् निजी उद्यमियों के प्रति संदेह न करे, विशेष रूप से जिनकी छवि राष्ट्रीय स्तर पर विश्वसनीय रही है।

इस निराशापूर्ण माहौल में भी मैं आशा करता हूँ कि एक दिन हमारी सरकार इस नीति को स्वीकार करेगी; क्योंकि इसी में वह सामर्थ्य है, जो उपलब्ध संसाधनों का दोहन कर अधिकतम सामाजिक न्याय के साथ अधिकतम प्रगति के लिए प्रयास हेतु प्रेरित कर सकती है।

□

भारी एवं लघु उद्योग

विशालता में भी सौंदर्य निहित होता है

[24 दिसंबर, 1970 को अहमदाबाद में भारतीय कनिष्ठ परिसंघ के समक्ष संबोधन।]

प्रतियोगी क्षमता बनाए रखने के लिए पूँजी आधारित उद्योग का व्यापक पैमाने पर अस्तित्व अनिवार्य है। विशालता अन्य कारणों से भी वांछित है। विशाल संसाधनों से संपन्न बड़ी कंपनियाँ ही शोध-कार्य पर अधिक धन खर्च कर सकती हैं। उत्पाद में गुणवत्ता लाने के लिए शोध-कार्य आवश्यक है, जिससे उद्योग विकसित तकनीकी, आधुनिक प्रबंधन तथा विपणन कौशल से लाभान्वित होता है। बड़ी कंपनी ही लघु उद्योगों के लिए बाजार तैयार कर सकती है। भारी उद्योग के लिए आनुषंगिक उत्पाद एवं सामग्रियों की आपूर्ति लघु उद्योग करता है।

व्यवसाय तभी घातक होता है जब उससे अर्जित धन का प्रयोग जन-विरोधी गतिविधियों में किया जाता है। वस्तुतः संविधान में इसका उल्लेख है तथा इस संबंध में एकाधिकार एवं प्रतिरोधी व्यापार आचरण कानून में प्रावधान किया गया है। आधुनिक विश्व में जीवन का विकास जिस रूप में हुआ है, उसमें बड़े उद्योगों के विकास को कोई नहीं रोक सकता है। सरकार, श्रमिक संघ, उपभोक्ता शक्ति में फैलाव से पूर्व व्यवसाय एवं उद्योग में विस्तार आवश्यक है।

आज हम विस्तार के जटिल युग में प्रवेश करते जा रहे हैं। जैसा कि जॉन गैलब्रेथ ने कहा है—एक क्षेत्र का विस्तार दूसरे क्षेत्र के विस्तार से टकराता है। एक क्षेत्र दूसरे क्षेत्र के विस्तार पर अंकुश लगाता है। विभिन्न प्रकार के विस्तारों से बिना किसी क्षति के लाभ लेने के स्थान पर हमारे देश में विस्तार-विरोधी लोग समस्त संभावनाओं को सरकार की दैत्याकार झोली में कैद कर देना चाहते हैं।

सहयोग

[10 जुलाई, 1970 को टाटा ऑयल मिल्स कं. लि. के अध्यक्ष के रूप में दिया गया वक्तव्य।]

भारत में औद्योगिक लाइसेंस नीति इस दोषपूर्ण विचार पर आधारित है कि भारी उद्योग एवं लघु उद्योग के बीच अनिवार्य रूप से संघर्ष होता है। दूसरे देश के अनुभवों से पता चलता है कि भारी उद्योग का विकास लघु उद्योग के विकास में बाधक नहीं होता है। वस्तुतः परिणाम इसके विपरीत होता है। भारी उद्योगों के निर्माण से लघु उद्योगों के विकास को गति मिलती है। जहाँ आवश्यक हो, लघु उद्योगों की प्रतियोगी क्षमता बढ़ाने के लिए मौद्रिक एवं वित्तीय प्रोत्साहन दिया जा सकता है।

यह संभव है कि भारी एवं लघु उद्योगों के परस्पर सहयोग से आपसी लाभ लेने हेतु ईमानदारी एवं प्रयोगधर्मी प्रकृति के साथ कुछ योजनाएँ बनाई जा सकती हैं। लघु इकाइयों को तकनीकी ज्ञान एवं विभिन्न प्रकार की सुविधाएँ प्रदान की जा सकती हैं। बड़े उपक्रमों द्वारा निर्मित राष्ट्रव्यापी विपणन प्रणाली का लाभ विशेष रूप से लघु इकाइयों को प्राप्त हो सकता है। लघु इकाइयाँ व्यापक स्तर पर विपणन एवं बाजार अनुसंधान विभाग की स्थापना अपने बल पर नहीं कर सकती हैं।

उपभोक्ता उत्पाद

[24 जून, 1969 को टाटा ऑयल मिल्स कं. लि. के अध्यक्ष के रूप में दिया गया वक्तव्य।]

चतुर्थ पंचवर्षीय योजना के प्रारूप में उल्लिखित है कि यदि स्थायित्व के साथ प्रगति के लक्ष्य को प्राप्त करना है तो उपभोक्ता वस्तुओं की माँग में वृद्धि के साथ ही उनकी आपूर्ति में वृद्धि करना आवश्यक है।

यदि योजना आयोग का यही रवैया रहा तो इसकी संस्तुति से उपभोक्ताओं के हित पर प्रतिकूल असर पड़ेगा। उपभोक्ता वस्तुओं की अतिरिक्त माँग को पूरी करने की संभावना बड़े औद्योगिक समूहों के पास है, क्योंकि तकनीकी रूप से चुनौती भरे क्षेत्रों में भी परियोजनाएँ शुरू करने की उनमें क्षमता है; किंतु सरकार बड़े औद्योगिक समूहों को उत्पादन लक्ष्य निर्धारित करने की अनुमति नहीं दे

सकती। सरकार का यह दृष्टिकोण तकनीकी पक्षों की उसकी अनभिज्ञता तथा उपभोक्ता उद्योगों के सामर्थ्य के प्रति अज्ञान का द्योतक है।

यह विश्वास कि उपभोक्ता वस्तुओं के उत्पादन में आधुनिक प्रौद्योगिकी की कोई भूमिका नहीं है, सर्वथा विरोधी तथ्य है। संपूर्ण विश्व में खाद्य पदार्थ, साबुन अथवा डिटर्जेंट, वस्त्र उद्योग अथवा रेडियो सेट के क्षेत्र में संलग्न उपभोक्ता उद्योगों में व्यापक एवं अद्यतन प्रौद्योगिकी का उपयोग किया जा रहा है। जहाँ उपभोक्ता उद्योगों के क्षेत्र में कदम रखनेवाले नए उद्यमियों को सभी प्रकार से उपयुक्त प्रोत्साहन प्रदान कर आगे बढ़ाने की आवश्यकता है वहाँ सिर्फ उनकी विशालता के आधार पर कम मूल्य में उच्च गुणवत्तावाली वस्तुओं की आपूर्ति करने की उनकी क्षमता का लाभ उठाने से विशाल एवं निरंतर विस्तृत हो रहे भारतीय उपभोक्ता समाज को वंचित रखना वास्तव में हितकर नहीं हो सकता। यह मार्ग प्रगति अथवा भारतीय अर्थव्यवस्था के संतुलन के साथ-साथ उपभोक्ताओं के हित के भी अनुकूल नहीं है।

उपभोक्ता वस्तुओं की बढ़ रही माँग की पूर्ति के लिए भारी उपभोक्ता उद्योगों को विस्तार के अवसर से वंचित करने का भय दिखाने के स्थान पर औद्योगिक लाइसेंस को समाप्त करना चाहिए तथा यथा पूर्व उल्लिखित, इस क्षेत्र में कदम रखनेवाले नए एवं लघु तथा मध्यम उद्योगों को उचित प्रोत्साहन दिया जाना चाहिए। इसके अतिरिक्त बिक्री एवं आय बढ़ाकर मुद्रास्फीति रोकने में बड़ी कंपनियों की महत्त्वपूर्ण भूमिका के साथ-साथ अपने कुछ वित्तीय संसाधन, विकसित विपणन व्यवस्था तथा विक्रय तंत्र के सहारे ये उद्योग, उपभोक्ता वस्तुओं के निर्यात के लिए सर्वाधिक उपयुक्त हैं।

निजी हाथों में आर्थिक शक्ति के कपोल-कल्पित संकेंद्रण के अपने दुराग्रह के कारण इस देश में कुछ लोगों के मन में व्यापक स्तर पर व्यापार विस्तार के प्रति विचित्र धारणाएँ हैं। अधिक प्रबुद्ध देशों में हमारी टाटा ऑयल मिल्स, जिसका वार्षिक कारोबार सिर्फ 1 करोड़ 70 लाख पौंड अथवा 4 करोड़ डॉलर है, उसे एक छोटी कंपनी माना जाएगा और उसे हरसंभव प्रोत्साहन दिया जाएगा, जब तक कि वह विश्व बाजार में बड़ी कंपनियों के साथ समान शर्त पर प्रतिस्पर्धा के अनुकूल नहीं बन जाती।

हमारे योजनाकार भारतीय निर्माण कंपनियों को विदेश की बड़ी कंपनियों के साथ निर्यात बाजार में प्रतिस्पर्धा के लायक बनने हेतु प्रोत्साहन देने के बजाय यह सुनिश्चित करने का प्रयास करते हैं कि कोई भी भारतीय कंपनी उतनी बड़ी नहीं

हो, ताकि वह विदेशी कंपनियों के साथ समान शर्त पर प्रतिस्पर्धा के अनुकूल बन सके। इस प्रकार के विचार आर्थिक दृष्टि से अनुकूल नहीं हैं।

निर्बल को बल मिले, बलवान् कमजोर न बने

[8 जुलाई, 1971 को टाटा ऑयल मिल्स कं. लि. के अध्यक्ष के रूप में दिया गया वक्तव्य।]

दत्त समिति ने अपने निष्कर्षों में सिर्फ एक-दो बड़े औद्योगिक समूहों को आर्थिक शक्ति का उपयोग समाज-विरोधी गतिविधियों में करने का दोषी पाया। किंतु सरकार अभी भी कुछ औद्योगिक समूहों को औद्योगिक लाइसेंस का दुरुपयोग करने तथा कदाचार फैलाने का दोषी मानती है। ऐसी दोषी कंपनियों का नाम काली सूची में डाल दें। किंतु सिर्फ आकार के आधार पर निर्दोष औद्योगिक समूहों को दंडित करना न्यायोचित नहीं है।

देश में सभी प्रकार के उद्योगों की आवश्यकता है। वस्तुतः लघु उद्योगों के विकास के लिए कई बड़े उद्योगों का अस्तित्व आवश्यक है। बड़े उद्योग छोटे उद्योगों के विकास में सहयोग देते हैं। हमारे जैसे विशाल उद्योग-समूहों के विस्तार से जो बाजार बना है, उसमें लघु उद्योगों के विकास की पर्याप्त संभावनाएँ हैं।

ग्रामीण क्षेत्र में रोजगार सृजन

[6 जुलाई, 1978 को टाटा ऑयल मिल्स कं. लि. के अध्यक्ष के रूप में दिया गया वक्तव्य।]

प्रौद्योगिकी के बावजूद ग्रामीण औद्योगिकीकरण की प्रक्रिया एवं गति अभी भी प्राथमिक स्तर की है। इस कार्य में ग्रामीण लोगों की इच्छा एवं तत्परता आवश्यक है। यह देश विविधताओं से परिपूर्ण है। इस तथ्य से कोई इनकार नहीं कर सकता कि वर्तमान में ग्रामीण जनता कृषि एवं आनुषंगिक गतिविधियों के अतिरिक्त किसी अन्य कार्य में दक्ष नहीं है।

ग्रामीण क्षेत्र को संपन्न बनाने हेतु व्यापक स्तर पर रोजगार-सृजन के लिए प्रथम चरण में सड़क निर्माण, वृक्षारोपण, सिंचाई, जल एवं मृदा संरक्षण जैसे मध्यम एवं लघु स्तरीय कार्य को प्रोत्साहन दिया जा सकता है। यह महज

संयोग नहीं कि आज देश के सर्वाधिक विकसित राज्य पंजाब एवं हरियाणा में सर्वाधिक विकसित सड़क एवं सिंचाई तंत्र है। वहाँ सर्वाधिक संख्या में लघु उद्योग एवं उच्च रोजगार-दर तक है। इन राज्यों में काफी संपन्नता है।

जहाँ वर्तमान संगठित उद्योगों द्वारा उपभोक्ता वस्तु-निर्माण करने का संबंध है, मेरा सुझाव है कि सरकार की उपयुक्त नीति के कारण तकनीकी रूप से उन्नत उत्पाद को प्रोत्साहन मिलेगा। इसके साथ ही बड़े उद्योगों के संसाधनों एवं विशेषज्ञताओं का उपयोग ग्रामीण क्षेत्रों में लघु उद्योग एवं रोजगार आधारित अन्य गतिविधियों को प्रोत्साहन देने में किया जा सकता है।

□

जन-हितकारी योजना

योजनाएँ

विकास एवं सामाजिक न्याय

यह महत्त्वपूर्ण नहीं है कि हमारी थाली में क्या है अथवा हम क्या खाते हैं, अपितु यह महत्त्वपूर्ण है कि हम क्या पचा सकते हैं। वर्षों से टाटा अति महत्त्वाकांक्षी योजनाएँ बनाने के प्रति लोगों को सावधान करते रहे हैं। वे पंचवर्षीय योजनाओं के आलोचक होने के साथ-साथ योजनाओं के कार्यान्वयन हेतु सृजनात्मक सुझाव देते रहे हैं। उन्होंने सुझाव दिया कि योजना आयोग में दो स्कंध होने चाहिए—एक योजना निर्माण के लिए तथा दूसरा योजना के कार्यान्वयन के पर्यवेक्षण हेतु।

सन् 1944 में श्री जे.आर.डी. टाटा ने 'बॉम्बे प्लान' के नाम से विख्यात आर्थिक योजना को तैयार करनेवाली आठ सदस्यीय समिति का गठन किया। इस समिति में सर श्रीराम, सर पुरुषोत्तमदास ठाकुरदास, घनश्याम दास बिड़ला, कस्तूरभाई लालभाई तथा टाटा समूह के चार निदेशक थे। इन चार निदेशकों में जे.आर.डी. टाटा, सर आर्देशिर दलाल, ए.डी. श्रॉफ तथा योजना का मसौदा तैयार करनेवाले डॉ. जॉन मथाई थे। सरकार की प्रथम पंचवर्षीय योजना सन् 1951-52 में लागू की गई।

द्वितीय खंड में यह उल्लिखित है कि आर्थिक प्रगति के लिए वर्षों के श्रम से टाटा द्वारा की गई खोज अपने आप में साध्य नहीं, अपितु सामाजिक न्याय का एक साधन है। यह संपूर्ण देश के सामाजिक एवं राजनीतिक नियंत्रण का माध्यम नहीं, अपितु गरीबी उन्मूलन का एक उपाय है।

योजनाएँ

समाजवादी व्यवस्था के मायने

[25 अगस्त, 1955 को टाटा आयरन ऐंड स्टील कं. लि. के अध्यक्ष के रूप में दिया गया वक्तव्य।]

दृढ़ योजना की आवश्यकता के संबंध में किसी को संदेह नहीं; किंतु देश की व्यापक एवं तात्कालिक आवश्यकताओं को ध्यान में रखते हुए कुछ प्रस्तावों के प्रति लोगों के मन में गंभीर आशंकाएँ व्याप्त हैं। उदाहरणस्वरूप, वास्तविक रूप में उपलब्ध संसाधनों के आधार पर क्या अत्यधिक वित्तीय घाटे के बिना प्रस्तावित लक्ष्य प्राप्त किया जा सकता है? हम वर्तमान में जिस लक्ष्य के प्रति सोचते हैं, वह बिना वित्तीय घाटे के पूरा नहीं होगा। इससे मुद्रास्फीति बढ़ने का खतरा उत्पन्न हो जाएगा। फलस्वरूप अधिकांश जनता अपने श्रम के मूल्य से वंचित हो जाएगी।

पर्याप्त संख्या में उपभोक्ता वस्तु उद्योगों के बिना भारी उद्योगों के विकास तथा लघु उद्योगों की प्रगति के मध्य संतुलन अस्त-व्यस्त हो जाएगा। परिणामस्वरूप एकांगी विकास होने से मुद्रास्फीति में वृद्धि तथा उपभोक्ता वस्तुओं का अभाव हो जाएगा।

ऐतिहासिक विकास की सामान्य प्रक्रिया को पलटना क्या बुद्धिमत्तापूर्ण कार्य है? ऐतिहासिक प्रक्रिया के तहत उपभोक्ता वस्तु उद्योग की स्थापना पहले होती है और तदनंतर पूँजी आधारित उद्योग की संरचना स्पष्ट होती है।

क्या संगठित उद्योग द्वारा कम मूल्य में प्रदान की जानेवाली वस्तुओं के लाभ उठाने से उपभोक्ताओं को वंचित कर दिया जाएगा? अंतत: क्या ऐसा अनुमान करना व्यावहारिक होगा कि कुटीर उद्योगों को बढ़ती हुई माँग के अनुरूप आवश्यक

उपभोक्ता वस्तुओं के निर्माण हेतु पर्याप्त गति से विकसित किया जा सकता है?

मेरा अनुरोध है कि द्वितीय पंचवर्षीय योजना को अंतिम रूप देने से पूर्व इन समस्याओं पर विचार करना आवश्यक है। हमारे देश के समक्ष 'समाजवादी व्यवस्था के अनुरूप समाज' निर्माण का लक्ष्य रखा गया है। इसका अर्थ यह है कि समाज में सभी को समान अधिकार एवं अवसर प्राप्त हैं। इस प्रकार के समाज में निर्धनों की सुरक्षा तथा उन्हें बेहतर जीवन व्यतीत करने के लिए सहायता प्रदान की जाती है। इसमें राष्ट्र-निर्माण के सकारात्मक उद्देश्य से आर्थिक क्रिया-कलाप संपन्न होते हैं। स्वार्थवश शक्ति का दुरुपयोग तथा समाज-विरोधी क्रिया-कलापों पर अंकुश लगाया जाता है। हम इन सद्विचारों का समर्थन करते हैं।

किंतु यदि इस प्रकार के समाज में व्यक्ति के उद्यम एवं प्रयत्न को हतोत्साहित किया जाता है, अधिकांश उद्योग-व्यवसाय पर सरकार का अधिकार होता है, आर्थिक शक्ति सरकार के हाथों में केंद्रित रहती है, व्यक्ति उत्पादक अथवा उपभोक्ता में स्वतंत्र निर्णय लेने का अधिकार नहीं रखता है तो मैं मानता हूँ कि वह एक अपूर्ण समाज होगा, जिसमें जनता की इच्छा के अनुरूप कम मूल्य पर यथेष्ट मात्रा एवं गुणवत्ता वाली सामग्री और सेवाएँ प्राप्त नहीं हो सकेंगी। यह नियंत्रित एवं अप्रजातांत्रिक समाज होगा, जिसे स्वतंत्रता-प्रेमी सभी लोगों को अस्वीकार कर देना चाहिए।

देश में प्रचलित विभिन्न प्रवृत्तियों की ओर ध्यान देने से दो प्रमुख विचार मन में आते हैं। प्रथम विचार यह है कि लाभ अथवा भौतिक उन्नति की आकांक्षा में व्यक्ति प्रयास करता है। मानव की प्रगति में यह एक प्रमुख तत्त्व रहा है, इसे आप समाज-विरोधी कार्य कह सकते हैं। दूसरा विचार यह है कि उत्पादकता को क्षति पहुँचाए बिना प्रत्येक व्यक्ति समाज की भलाई के लिए निस्स्वार्थ भाव से काम करे। दूसरे विचार के माननेवालों का दावा है कि समान संपन्नता के लिए एकमात्र रास्ता समाजवाद है।

उपर्युक्त तथ्य के अतिरिक्त किसी व्यक्ति द्वारा स्वयं तथा अपने परिवार का जीवन-स्तर उठाने के लिए प्रयास करने में अनुचित कुछ भी नहीं है। अपने कर्म के बल पर भौतिक तथा वित्तीय सुरक्षा हेतु प्रयास करना उचित है। आपत्ति वहाँ नहीं होती जब कोई किसान अथवा मजदूर अपनी भौतिक उन्नति के लिए प्रयास करता है। आपत्ति तो तब होती है जब कोई पेशेवर व्यक्ति, प्रशासक, प्रबंधक, उद्योगपति अथवा निवेशक अर्थोपार्जन के लिए प्रयास करता है। किंतु हमें यह नहीं भूलना चाहिए कि देश में आर्थिक विकास-योजनाओं की सफलता हेतु इन लोगों की पहल एवं नेतृत्व की आवश्यकता है। लोग ऐसा चाहते हैं कि

इनको प्रोत्साहन एवं सम्मान न दिया जाए। ये लोग सिर्फ मिशनरी उत्साह से समाज की सेवा करते रहें।

यह सच है कि आज देश का नेतृत्व जिन लोगों के हाथ में है, उनमें से अधिकांश लोगों ने देश की उन्नति के लिए अपना जीवन समर्पित कर दिया है और वे सेवा के महान् आदर्श से प्रेरित रहते हैं; किंतु यह सच नहीं होगा कि हम सभी से ऐसी अपेक्षा करें। देश के सभी क्षेत्रों में 1 प्रतिशत से भी कम लोग नहीं होंगे, जो अपने निजी हित एवं आवश्यकताओं को त्यागकर राष्ट्र-सेवा के विषय में सोचें।

देश के अधिकांश लोगों को भौतिक प्रोत्साहन से वंचित करना उचित नहीं होगा। इससे उनमें कार्य तथा उत्पादन करने का उत्साह नहीं रह जाएगा अथवा वे गैर-कानूनी माध्यम से अर्थोपार्जन करेंगे। हमें यह तथ्य स्वीकार करना चाहिए कि अधिकांश लोग भौतिक लाभ अथवा भय के वशीभूत होकर कठिन परिश्रम करते हैं अथवा उनपर दोनों का मिला-जुला प्रभाव पड़ता है। हमारी व्यक्तिगत पसंद कुछ भी हो, किंतु यह एक उल्लेखनीय तथ्य है।

हम कार्य करने, उत्पादन करने, निर्माण करने, अर्थ-संचय करने तथा निवेश करने के लिए बाध्य हैं। ऐसे में समान वितरण हेतु पर्याप्त धनार्जन से पहले क्या अपनी आमदनी कम करना उचित होगा?

आय कम करने की दिशा में अत्यधिक प्रयास करने का एक दुर्भाग्यपूर्ण परिणाम यह हुआ है कि इससे विदेशी पूँजी निवेश पर प्रतिकूल असर पड़ा है, अन्यथा देश के आर्थिक विकास में इसकी महत्त्वपूर्ण भूमिका हो सकती थी।

आधुनिक पूँजीवाद

विगत शताब्दी की तुलना में इस शताब्दी में आधुनिक पूँजीवाद के स्वरूप में व्यापक परिवर्तन आया है। इसमें कल्याणकारी राज्य की आधुनिक अवधारणा के अनुरूप ढलने की व्यापक संभावना है। इसके साथ ही इसमें मानव इतिहास में अभूतपूर्व रूप से धन एवं संपन्नता सृजित करने की अपार क्षमता है।

इस बात के पर्याप्त प्रमाण हैं कि पूर्वी यूरोप की तुलना में पश्चिमी यूरोप में जीवन-स्तर बेहतर है। पश्चिमी यूरोप में युद्धोत्तर पुनर्निर्माण एवं आर्थिक प्रगति की गति तुलनात्मक दृष्टि से तीव्र है। इस द्वंद्व को पूर्वी जर्मनी एवं पश्चिमी जर्मनी की यात्रा करके देखा जा सकता है। ये दोनों क्षेत्र युद्ध के दौरान समान रूप से क्षतिग्रस्त हुए थे। आज दोनों देशों के जीवन-स्तर एवं आर्थिक स्तर में काफी अंतर है।

पश्चिमी जर्मनी में आर्थिक गतिविधियाँ अपने उत्कर्ष पर हैं तथा उपभोक्ता वस्तुओं एवं पूँजीगत संपदाओं की भरमार है। इस देश में सरकार को प्रबंधन एवं मजदूरों को अधिक एवं लंबे समय तक कार्य करने पर प्रतिबंध लगाना पड़ा है। दूसरी ओर, पूर्वी जर्मनी में जीवन-स्तर अत्यंत ही दयनीय है तथा वहाँ के छोटे उद्यमी अधिक उत्पादन करने से इसलिए डरते हैं कि कहीं उनके अतिरिक्त श्रम का लाभ सरकार न ले ले।

वर्तमान में स्वतंत्र एवं प्रजातांत्रिक समाज के ढाँचे में द्रुत विकास हेतु हमारे पास अधिक अवसर हैं। अपने लक्ष्य को प्राप्त करने के लिए साधन का चयन बहुत कुछ हमारी योजना की सफलता अथवा असफलता पर निर्भर करेगा। त्वरित परिणाम प्राप्त करने के लिए जल्दबाजी तथा आवेश में भी हमें मानवीय प्रकृति पर आधारित आर्थिक तंत्र अथवा दर्शन का ध्यान रखना चाहिए, क्योंकि यह समय की कसौटी पर सच साबित हुआ है।

राज्यसत्ता का विस्तार

[30 अगस्त, 1956 को टाटा आयरन ऐंड स्टील कं. लि. के अध्यक्ष के रूप में दिया गया वक्तव्य।]

लगभग पचास वर्ष पूर्व वुडरो विल्सन ने कहा था—

> 'स्वतंत्रता का इतिहास राज्यसत्ता को सीमित करने का इतिहास है, इसे बढ़ाने का नहीं। जब हम प्रतिरोध करते हैं···शक्ति के संकेंद्रण का, विनाशकारी शक्ति का; क्योंकि शक्ति के संकेंद्रण से सदैव मानव स्वतंत्रता का हनन होता है।'

हम भारत में आर्थिक क्षेत्र में राज्यसत्ता के विस्तार का अनुभव करते हैं। हमारे यहाँ राजनीतिक प्रजातंत्र और आर्थिक तानाशाही का विचित्र एवं अस्वाभाविक संयोग दृष्टिगोचर हो रहा है। प्रश्न यह है कि यदि हमारी आर्थिक स्वतंत्रता खतरे में पड़ जाएगी तो क्या हमारी राजनीतिक स्वतंत्रता सुरक्षित रह पाएगी? यदि एक बार आर्थिक शक्ति सरकार के हाथ में केंद्रित हो जाती है तो क्या सरकार के हित में अन्य प्रकार की स्वतंत्रता का हनन नहीं हो जाएगा। जो लोग आज सत्ता में हैं वे प्रजातांत्रिक आदर्श से प्रेरित होकर सत्ता का दुरुपयोग नहीं करेंगे; किंतु इतिहास गवाह है कि असीमित शक्ति प्राप्त होने के उपरांत राज्यसत्ता से खतरा भी उत्पन्न होता है। सत्ता किसी दिन अयोग्य व्यक्ति के हाथ में भी जा सकती है।

विषम परिस्थिति में

[13 अगस्त, 1965 को नई दिल्ली में उद्योगपतियों की केंद्रीय सलाहकार समिति में दिया गया भाषण।]

यदि मैं आशावादी रहा हूँ तो इसका मुख्य कारण यह है कि विषम परिस्थिति में भी मैं सरकार तथा योजना आयोग के दृष्टिकोण एवं नीतियों में परिवर्तन की आस लगाए बैठा हूँ। यह सच है कि यदि विगत तीन पंचवर्षीय योजनाओं के दौरान हम इतने आशावादी नहीं रहे होते, तो आज हम जिस मोड़ पर खड़े हैं, वहाँ नहीं होते।

प्रश्न योजना आयोग द्वारा प्रगति हेतु लक्ष्य निर्धारित करने का नहीं, अपितु उस प्रगति को प्राप्त करने के लिए अपनाई गई रणनीति की विश्वसनीयता का है। मैं अन्य लोगों के साथ इस बात पर जोर देता था कि चतुर्थ योजनाकाल की अवधि सात वर्ष की होनी चाहिए, जिसमें से प्रथम दो-तीन वर्ष सुदृढ़ीकरण हेतु रखे जाने चाहिए। हमारे विचार को नकार दिया गया तथा सुदृढ़ीकरण के हमारे तर्क को विकास की गति को अवरुद्ध करनेवाला माना गया; किंतु सच तो आपके सामने है।

सुदृढ़ीकरण का अर्थ विश्राम अथवा योजना अवकाश नहीं है। जैसी दलील दी जाती है उसके अनुरूप सुदृढ़ीकरण का अर्थ यह भी नहीं है कि योजना व्यय में एकाएक कटौती कर दी जाए। इसका तात्पर्य सिर्फ प्रथम तीन वर्षों के दौरान समय में परिवर्तन तथा योजना की गति एवं निवेश की संरचना में बदलाव है। वस्तुतः सुदृढ़ीकरण का उद्देश्य आगे की प्रगति हेतु मजबूत आधार प्रदान करने के लिए विस्तार को गति देना है।

योजना का प्रभावी कार्यान्वयन महत्त्वपूर्ण है, न कि सिर्फ कागजी तैयारी तक सीमित रहना। कंपनियों द्वारा आंशिक उत्पादन करना, सीमेंट के अभाव में परियोजनाओं का अपूर्ण रहना, इसे पूरा करने में विद्युत् एवं इस्पात की आपूर्ति न होना, भंडारण अथवा कीटनाशक के अभाव में खाद्यान्न का नष्ट होना, माल-ढुलाई के अभाव में वस्तुओं का नष्ट होना एवं आवश्यक वस्तुओं को आयात न करना—हमारे संसाधनों को नष्ट करने जैसे प्रयास हैं। मुझे आशंका है कि जब तक हम इन प्राथमिक लक्ष्यों को प्राप्त नहीं करेंगे तब तक देश प्रगति के पथ पर अग्रसर नहीं होगा और न ही जनता का जीवन-स्तर बेहतर हो सकेगा। आज हम जनता को बेहतर जीवन प्रदान करने की अपनी यात्रा के जटिल मोड़ पर हैं। यदि हम अपनी योजना को सही दिशा नहीं

देते हैं तो देश में अभाव, निराशा एवं आर्थिक अशांति का माहौल बन जाएगा, जिससे उबरने में हमें वर्षों लग जाएँगे। यदि हम सही मार्ग पर व्यवस्थित रूप से आगे बढ़ेंगे तो किसी सैन्य अभियान की तरह हर कदम पर अपनी सैन्य टुकड़ियों एवं संचार व्यवस्था को दुरुस्त रखते हुए आपूर्ति प्रणाली को मजबूत रखना होगा। प्रथम चरण में हमें धीमी गति से आगे बढ़ना चाहिए; किंतु अगले चरण में हम कम लागत से, लेकिन द्रुत गति से अपने लक्ष्य की ओर प्रयाण करेंगे।

संसाधन आधारित योजना

[30 जून, 1966 को टाटा आयरन ऐंड स्टील कं. लि. के अध्यक्ष के रूप में दिया गया वक्तव्य।]

योजना की अवधारणा में मौलिक परिवर्तन होना चाहिए। हमारे योजनाकार गत पाँच वर्षों के दौरान अपेक्षित वस्तुओं एवं सेवाओं के उत्पादन हेतु निवेश की मात्रा निर्धारित करने के अभ्यस्त रहे हैं। जिन वस्तुओं एवं सेवाओं को वे उचित समझते थे, पहले उनका निर्धारण करते थे, तदनंतर उसपर होनेवाले व्यय का निर्धारण करते थे। संभावित गलतियों, विलंब एवं अवांछित असफलताओं में सुधार की कोई संभावना नहीं रहती थी। इसके साथ ही योजना अवधि के दौरान रुपए की क्रय शक्ति में होनेवाली कमी को रोकने का कोई प्रावधान नहीं होता था। यदि उपलब्ध संसाधनों को पर्याप्त नहीं माना जाता है तो योजना में संशोधन नहीं किया जाता है; अपितु संसाधन अंतराल को आवश्यक बुराई मानकर सहर्ष स्वीकार कर लिया जाता है। यदि कोई व्यक्ति अपना परिवार इस रूप में चलाएगा तो वह शीघ्र ही दिवालिया हो जाएगा और ऋण न चुकाने के जुर्म में संभवत: जेल भी जाएगा।

जनता की असीमित आवश्यकताओं के संबंध में सभी एकमत हैं। अब यह स्पष्ट हो जाना चाहिए कि इस तरह की अव्यावहारिक योजना से जनता के जीवन स्तर को न तो बेहतर बनाया जा सका है और न ही मुद्रास्फीति को रोका जा सका है। जनता के त्याग के बदले में उसे कुछ भी नहीं मिला है। देश की आधारशिला एवं शक्ति माने जानेवाले मध्य वर्ग के जीवन-स्तर में सही अर्थों में गिरावट ही आई है।

अतएव हमारी योजना वर्तमान अथवा प्राप्य संसाधनों पर आधारित होनी चाहिए, न कि लक्ष्यों पर। इसके अतिरिक्त कुछ उपलब्ध संसाधनों को निवेशकों के

पास जमा-पूँजी के रूप में छोड़ देना चाहिए। अब तक अति व्यापक योजनाओं के वित्तीय पोषण हेतु संसाधन न सिर्फ अपर्याप्त एवं घाटे के बजट अस्तित्व में आए हैं, अपितु उद्योग जगत् एवं निवेशक पूर्णरूप से कार्य करने एवं वर्तमान उद्योगों को विस्तार देने के लिए आवश्यक राशि की कमी महसूस करते हैं। नए संसाधन निर्मित करने की जिम्मेदारी व्यक्ति पर छोड़ दी जाती है।

हमारी वर्तमान दयनीय आर्थिक स्थिति के लिए अयथार्थवादी एवं अपव्ययी योजना, नौकरशाही का अत्यधिक नियंत्रण तथा अधिक करारोपण जैसे तीन प्रमुख कारण उत्तरदायी रहे हैं। इन तीन कारणों में से अंतिम दो निजी क्षेत्र के लिए घातक रहे हैं। इन नीतियों की असफलता आज सर्वविदित है और अब हमारी आर्थिक सोच में परिवर्तन लाने का समय आ गया है। अवमूल्यन के ऐसे अलोकप्रिय उपायों के संदर्भ में निर्णय लेते समय साहस एवं यथार्थवादी दृष्टिकोण का परिचय देने के उपरांत हमें आशा करनी चाहिए कि नियंत्रण एवं करारोपण के संबंध में हमारे प्रधानमंत्री एवं उनके मंत्रिमंडल के लोग साहस एवं बुद्धिमत्ता का परिचय देते हुए नई आर्थिक नीति का निर्माण करेंगे। अर्थव्यवस्था को अनावश्यक नियंत्रण से मुक्त करने तथा कर की दर में कमी करने से क्षति नहीं के बराबर होगी। ऐसी नीतियों के सुखद परिणाम मिलने के उदाहरण पश्चिमी देशों में विद्यमान हैं; किंतु हम जानबूझकर उनका अनुसरण नहीं करना चाहते।

सामान्य आर्थिक परिस्थिति के संदर्भ में मैंने अभी तक सिर्फ सरकार की भूमिका पर टिप्पणी की है। सामान्य रूप से व्यवसायी वर्ग तथा विशेष रूप से निजी क्षेत्र के उद्योगों को भी एक महत्त्वपूर्ण भूमिका का निर्वाह करना चाहिए। यह उनपर निर्भर करता है कि वे उदारीकृत आयात व्यवस्था का पूर्ण लाभ लेते हुए यथासंभव द्रुत गति से उत्पादन बढ़ाएँ तथा अपनी लागत को कम अथवा नियंत्रित करें।

जिन उद्योगों पर मूल्य-नियंत्रण प्रावधान लागू नहीं है, उनपर यह महान् दायित्व है कि वे अपनी वस्तुओं के मूल्य को अवमूल्यन पूर्व स्तर से नीचे अथवा यथासंभव उसके निकट रखने का प्रयास करें। समाचार-पत्रों में आएदिन उद्योगपति अपने निर्णय की घोषणा करते हैं कि वे मूल्य-वृद्धि नहीं करेंगे। इससे उद्योग जगत् के एक महत्त्वपूर्ण वर्ग की राष्ट्रभक्ति एवं दायित्व के शुभ संकेत मिलते हैं। मुझे आशा है कि अन्य लोग भी इस सत्कार्य का अनुकरण करेंगे तथा इस राष्ट्रीय संकट के समय में सरकार निजी उद्योगों अथवा कंपनियों पर विचार करते समय उनके व्यवहार को ध्यान में रखेगी।

बदलता दृष्टिकोण

[14 अक्तूबर, 1966 को नई दिल्ली में उद्योगपतियों की केंद्रीय सलाहकार समिति में दिया गया वक्तव्य।]

मेरे अनुसार अब समय आ गया है कि किसी खास विचारधारा के आधार पर देश में पंद्रह वर्षों की आर्थिक योजना एवं नियंत्रण के पश्चात् हम भविष्य की दिशा तय करने से पहले अपनी सफलताओं एवं असफलताओं का मूल्यांकन करें।

बार-बार कहा जाता है कि हमारा मुख्य लक्ष्य समाजवाद की स्थापना है, सिर्फ इसी माध्यम से जनता संपन्नता एवं कल्याण के मार्ग पर अग्रसर हो सकती है; हालाँकि विश्व के विभिन्न देशों में समाजवाद का स्वरूप भिन्न-भिन्न रहा है। हम लोगों ने जिस समाजवादी योजना का चयन किया है वह सोवियत संघ के प्रारूप पर आधारित है, जिसमें संपूर्ण योजना, कठोर नियंत्रण, भारी उद्योगों पर जोर, बड़ी परियोजनाओं पर जोर, सार्वजनिक क्षेत्र के उपक्रमों का किसी भी स्थिति में विस्तार जैसे प्रावधान हैं।

जिन देशों में हमारी समाजवादी व्यवस्था को अपनाया गया, वहाँ आर्थिक प्रगति की दर न्यूनतम रही है। यह मात्र संयोग नहीं, अपितु एक तथ्य है। क्या यह सच नहीं कि हमारी व्यवस्था से भिन्न जापान, दक्षिण कोरिया तथा ताइवान जैसे पूर्व के देश और जर्मनी, फ्रांस तथा इटली जैसे पश्चिम के देशों में आर्थिक प्रगति की दर ऊँची रही है और संपत्ति का वितरण भी न्यायोचित रहा है?

जब रोगी की हालत नहीं सुधरती है तो अत्यंत हठधर्मी चिकित्सक भी अपनी चिकित्सा एवं आहार-पद्धति में परिवर्तन लाते हैं; किंतु योजना आयोग एवं सरकार में बैठे डॉक्टर अपनी परची में परिवर्तन लाने का कोई संकेत नहीं दे रहे हैं। इसके विपरीत, चतुर्थ पंचवर्षीय योजना एवं कांग्रेस के घोषणा-पत्र में कुछ नए वायदे नहीं किए गए हैं अपितु मुद्रास्फीति में उफान लानेवालों तथा जनता के मुश्किलों एवं तनावों को बढ़ानेवाले वही पुराने ज्वर को शांत करने के लिए दी गई दवाई है, जो कि ज्वर तो शांत करती है, पर अंदर से शरीर को जला देती है। इस मोड़ पर मैं कोई नया सुझाव नहीं देना चाहता, अपितु हमें पूर्वग्रह-मुक्त एवं तथ्यपरक तटस्थ दृष्टिकोण रखना चाहिए। अन्यथा इसके अभाव में विगत पंद्रह वर्षों से हम अपनी आर्थिक व्यवस्था को स्वरूप देने में जिस दोष के भागी बने हैं, उनकी पुनरावृत्ति होगी।

हमें अपने विश्वासों को साहसपूर्वक व्यक्त करना चाहिए, किंतु हमारी

मान्यताएँ तथ्य एवं यथार्थ पर आधारित होनी चाहिए, न कि किसी सिद्धांत पर।

छह अर्थशास्त्री, सात विचार

[27 जनवरी, 1967 को अहमदाबाद प्रबंधन संघ एवं अहमदाबाद आर्थिक संघ के समक्ष दिया गया वक्तव्य।]

20वीं शताब्दी में दुनिया के अधिकांश देशों में योजना-निर्माण को परम पावन कार्य माना जाता है तथा नव अथवा विकासशील राष्ट्रों में यह राष्ट्रध्वज के समान राष्ट्रीय स्वतंत्रता का प्रतीक बन गया है, तथापि योजनाबद्ध एवं नियंत्रित अर्थव्यवस्था में शायद ही कोई आर्थिक प्रगति हो पाई हो। योजना का जहाज कार्यान्वयन की कठोर चट्टान से टकराकर चूर-चूर हो जाता है।

दुर्भाग्यवश भारत में जनता की अभिरुचि एवं उत्साह अभी तक आर्थिक मुद्दों की तुलना में राजनीतिक, धार्मिक, भाषाई एवं दार्शनिक मुद्दों से शीघ्रतापूर्वक जगाए जाते हैं। किंतु यह उनपर निर्भर है कि जनता का कल्याण कैसे हो। इसके साथ ही आर्थिक विषयों में अनभिज्ञ राजनेताओं के ऊपर आर्थिक निर्णय लेने का अधिकार छोड़ दिया जाता है तथा सैद्धांतिक विषयों पर अर्थशात्रियों के विचार लिये जाते हैं।

क्लेमेंस्यू ने एक बार कहा था, 'युद्ध इतना खतरनाक होता है कि इसे सिर्फ सेनानायकों के भरोसे नहीं छोड़ा जा सकता।' हम अपने विगत पंद्रह वर्षों के अनुभव के आधार पर यह बात समान रूप से कह सकते हैं कि राजनीति इतनी संवेदनशील होती है कि इसे राजनीतिज्ञों के भरोसे तथा अर्थशास्त्र को अर्थशास्त्रियों के भरोसे नहीं छोड़ा जा सकता। अर्थशास्त्र के मामले में यह कहावत प्रचलित है कि छह अर्थशास्त्रियों के सात विचार होते हैं, किंतु भारत में योजना-निर्माण के लिए जिन अर्थशास्त्रियों का चयन किया जाता है, वे वामपंथी विचारों से प्रभावित होते हैं और उनका मुख्य कार्य आर्थिक विकास योजनाओं के कार्यान्वयन से अधिक समाजवाद को लागू करना होता है।

क्या इन असफलताओं के लिए हमें दोषपूर्ण कार्यान्वयन अथवा दोषपूर्ण योजना को जिम्मेदार ठहराना चाहिए? इसका उत्तर यह है कि स्पष्ट रूप से दोनों कारण जिम्मेदार हैं, किंतु मेरा विश्वास है कि योजनाओं के कुप्रबंधन की तुलना में हमें गलत एवं महत्त्वाकांक्षी योजनाओं से अधिक नुकसान पहुँचा है। कुप्रबंधन के कारण एक अच्छी योजना विफल हो सकती है। किंतु कितना भी अच्छा प्रबंधन हो

तब भी गलत अथवा अयथार्थवादी योजना कदापि प्रभावशाली नहीं हो सकती।

आवश्यकता आधारित योजनाओं के पक्षधर वित्तीय एवं प्रबंधन संसाधनों की परवाह नहीं करते। वे यह महसूस करने में असफल रहे हैं कि अनावश्यक रूप से व्यापक योजनाओं की असफलता सुनिश्चित रहती है।

लक्ष्य में चूक

भारत में हम लोग अति महत्त्वाकांक्षी योजना से उत्पन्न होनेवाले खतरों के संबंध में प्रो. डब्ल्यू. आर्थर लेविस* की कटु सत्य चेतावनी के पश्चात् ही सत्य को जान पाए हैं। उन्होंने कहा था—

> 'यह बहुत महत्त्वपूर्ण है कि राष्ट्रीय आय में वृद्धि का लक्ष्य कपोल-कल्पना पर आधारित नहीं होना चाहिए; क्योंकि यदि लक्ष्य तथ्य पर आधारित नहीं होंगे तो संपूर्ण योजना निरर्थक हो जाएगी। जो योजनाकार निष्पादन क्षमता से अधिक का आश्वासन देते हैं, वे स्थिति को इस प्रकार नियंत्रण से बाहर कर देते हैं, ताकि भविष्य में कोई योजना ही न बन सके।'

पूँजी आधारित अति विशाल योजना को सफल होने में लंबा समय लगता है, जिससे अनिवार्यत: अर्थव्यवस्था में मुद्रास्फीति एवं असंतुलन उत्पन्न होते हैं। इससे निर्धारित सीमा से अधिक समय एवं खर्च लगता है, जिसके कारण बाह्य नियंत्रण की पूरी शृंखला अस्त-व्यस्त हो जाती है और अल्प प्रशासनिक संसाधनों का अपव्यय होता है।

एक विशाल योजना के अंतर्गत कई विशाल परियोजनाएँ होती हैं, जिनके लिए व्यापक स्तर पर प्रबंधनजन्य समस्याएँ उत्पन्न होती हैं। एक अति विकसित एवं औद्योगिक देश में आवश्यक प्रबंधन संसाधन स्वत: उपलब्ध हो जाते हैं; किंतु अल्प विकसित देश में इनका नितांत अभाव होता है। यहाँ उपस्थित लोगों को इस बात का व्यावहारिक अनुभव है कि प्रबंधन-कौशल एवं अनुभव के विकास में कितने वर्षों का समय लगता है। परिणामस्वरूप योजनाओं के अंतर्गत औद्योगिक विकास हेतु स्थापित कई बड़े कार्यक्रमों में देश की अपार संपत्ति का अपव्यय हुआ है, किंतु उनसे वांछित परिणाम प्राप्त नहीं हुए हैं और वे अपेक्षित परिणाम देने में शायद ही कभी सक्षम हों। अधिकांश नहीं तो कुछ समस्याओं का कारण कुप्रबंधन नहीं, अपितु गलत योजनाएँ हैं। विशेष रूप से गलत प्राथमिकताओं एवं अप्राप्य

---

* सन् 1979 में अर्थशास्त्र के क्षेत्र में उल्लेखनीय योगदान के लिए नोबेल पुरस्कार से पुरस्कृत।

लक्ष्यों का निर्धारण करना है। इस संबंध में हमें व्यंग्यकार आर.के. लक्ष्मण का वह व्यंग्य याद आता है, जिसमें लक्ष्यभेदन में असमर्थ जवान से कुछ दूरी पर खड़े क्रुद्ध सारजेंट अनुदेशक पूछते हैं, 'तुम क्या सोचते हो, यह योजना आयोग है?'

यह ध्यान देने लायक है कि रूस एवं पूर्वी यूरोप के साम्यवादी देशों में लोग अब अनुभव करने लगे हैं कि व्यापक स्तर पर योजना बनाने से जो जटिलता एवं दबाव अर्थव्यवस्था के ऊपर उत्पन्न होते हैं, उनसे प्रशासनिक तंत्र एवं योजना को कई स्तर पर आघात लगता है। उनका यह अनुभव कई दशकों तक योजना आधारित अर्थव्यवस्था से प्राप्त हुआ है, किंतु हम उनकी योजनाओं को आधार बनाकर विकास करना चाहते हैं। परिणामस्वरूप यूगोस्लाविया एवं चेकोस्लोवाकिया में प्रशासनिक तंत्र अपने आपको कुछ मुख्य लक्ष्यों के कार्यान्वयन तक ही सीमित रखते हैं और शेष क्षेत्रों के लिए योजना कार्यान्वयन की जिम्मेदारी माँग एवं आपूर्ति के समीकरण पर छोड़ देते हैं। वे जान गए हैं कि प्रशासनिक संसाधनों का अनावश्यक कार्यों में दुरुपयोग न किया जाए और वे अन्य लक्ष्यों को प्राप्त करने का दायित्व सामान्य आर्थिक शक्तियों के ऊपर छोड़ देते हैं।

कार्य की सफलता के लिए योजना बनाना

देश के वित्तीय क्षेत्र में प्रतिवर्ष नए-नए प्रयोग करने के जो अभ्यास किए जाते हैं, उनका अंत होना चाहिए। इससे देश को भारी क्षति पहुँचती है। हमारी कर संरचना में व्यावहारिक स्थायित्व होना चाहिए। निजी करारोपण के मामले में कर राहत की माँग बहुत पुरानी है। विशेष रूप से निम्न आय वर्ग के लोगों को अधिक कर चुकाना पड़ता है। इसका कोई औचित्य नहीं है कि कर चुकाने के लिए निजी निवेशकों का अस्तित्व ही दाँव पर लग जाए। कर एवं अनिवार्य जमा के नाम पर निजी क्षेत्र अपनी समस्त पूँजी सरकार के खाते में डाल दे तथा पुनः उसे सरकार अथवा सरकारी वित्तीय संस्थाओं से ऋण के रूप में वापस ले।

यद्यपि योजना प्रारंभ होने के इन पंद्रह वर्षों के दौरान हमारे देश में काफी प्रगति हुई है तथापि अन्य एशियाई देशों की तुलना में हमारी वार्षिक वृद्धि-दर अत्यंत कम रही है। विगत तीन योजना अवधियों के दौरान हमारी वार्षिक वृद्धि-दर 3.9 प्रतिशत रही है, जबकि ताइवान की 8.1 प्रतिशत, थाइलैंड की 6.1 और फिलीपींस की 5.4 प्रतिशत रही है। एशिया एवं सुदूर पूर्व के लिए गठित आर्थिक आयोग के अनुसार इस दर के बल पर भारतीयों को जापानियों के बराबर अपनी आय बढ़ाने में एक सौ सैंतीस वर्ष लगेंगे।

आवश्यकता इस बात की है कि हम व्यापक योजना न बनाकर कुछ खास क्षेत्रों के लिए योजना बनाएँ, ताकि प्राथमिक लक्ष्यों को यथाशीघ्र प्राप्त करने के लिए अपने सीमित वित्तीय एवं प्रशासनिक संसाधनों को केंद्रित कर सकें। हम ऐसी योजना चाहते हैं, जो नियंत्रण की तुलना में प्रोत्साहन को अधिक महत्त्व दे सके। इस बात के महत्त्व को कई साम्यवादी देश अब जान पाए हैं। यह सच है कि आर्थिक प्रगति श्रम, संघर्ष एवं कर के बिना संभव नहीं हो सकती; किंतु इन सबके होते हुए भी कई बार प्रगति संभव नहीं हो पाती। मुद्रास्फीति एवं अत्यधिक करारोपण से एक सीमा तक मुक्ति तो मिलनी ही चाहिए, किंतु निम्न रोजगार-सृजन की संभावनावाले भारी निवेशों से भी हमें बचना चाहिए। रोजगार-सृजन एवं उपभोक्ता वस्तुओं के बढ़ने से लोग योजना का लाभ अपने जीवनकाल में उठा सकें।

सुव्यवस्थित कंपनी के प्रबंधन को इस बात का ज्ञान होता है कि उसने संसाधन से अधिक क्षमतावाली योजना का निर्माण किया है। पुनः वह ऐसी गलती नहीं करता। वह अपने संसाधन, वित्त प्रबंधन को पुनः व्यवस्थित करता है। द्रुत विकास की अवधि के पश्चात् वह प्रबंधन अपने आपको पुनः सुदृढ़ करता है और ऐसी प्रत्येक अवधि के दौरान शेयरधारकों को उनके धैर्य के लिए कंपनी प्रोत्साहन देती है। इस सादृश्यता के आधार पर हमारी राष्ट्रीय अर्थव्यवस्था के प्रबंधकों को भी प्रत्येक नई प्रगति के पश्चात् सुदृढ़ीकरण के उपाय करने चाहिए। नई योजना लागू करने से पूर्व विगत योजना का लाभ जनता के बीच पहुँचाने का प्रयास करना चाहिए। यदि भविष्य में योजनाओं को सफल बनाना है तो इसमें जन-सहभागिता आवश्यक है, लोगों एवं औद्योगिक समूहों को इसकी सफलता हेतु उत्तरदायित्व का बोध हो। सफलता के लिए लोगों को प्रेरित करें एवं प्रोत्साहन दें, ताकि वे भविष्य में कंधे-से-कंधा मिलाकर काम कर सकें, जिससे बेहतर जीवन के हमारे सपने सिर्फ मृग-मरीचिका अथवा भ्रम बनकर न रह जाएँ अपितु साकार हों।

□

विकास एवं सामाजिक न्याय

अधिकार एवं कर्तव्य

[24 अगस्त, 1948 को टाटा आयरन ऐंड स्टील कं. लि. के अध्यक्ष के रूप में दिया गया वक्तव्य।]

जहाँ कई वर्तमान आर्थिक समस्याओं के लिए सरकारी नीतियाँ अथवा नीतियों का अभाव जिम्मेदार हैं, वहीं सभी समस्याओं के लिए सरकार को उत्तरदायी ठहराना उचित नहीं है। समस्याओं की जटिलता एवं प्रकृति को देखते हुए यह कहा जा सकता है कि विगत वर्षों में हमारी सरकार के समक्ष जिस प्रकार के व्यवधान उपस्थित हुए, उसमें इसने जो प्रगति की है, वह प्रशंसनीय है। हमें इसके लिए सरकार का कृतज्ञ होना चाहिए। सरकार को और अधिक सफलता मिलती, यदि इसे जन-सहयोग प्राप्त हुआ होता।

यह खेद का विषय है कि केंद्र एवं राज्य सरकारों द्वारा जनता की आर्थिक एवं सामाजिक स्थिति में सुधार लाने के लिए प्रारंभ किए गए कार्यों को देश के विभिन्न वर्गों में विद्यमान स्वार्थी एवं समाज-विरोधी तत्त्वों द्वारा असफल कर दिया गया। वर्तमान समस्याओं के निदान हेतु अनुशासन, दायित्वपूर्ण दृष्टिकोण, व्यक्तिगत स्वार्थ एवं सुविधा के उत्सर्ग की आवश्यकता है। इस कार्य में समाज के सभी वर्गों को आगे आना चाहिए, विशेष रूप से संपन्न लोगों को।

एक वैभवशाली प्रजातांत्रिक राष्ट्र का निर्माण तब तक नहीं हो सकता जब तक जनता को प्रजातांत्रिक अधिकार के साथ देश एवं सरकार के प्रति अपने कर्तव्यों एवं दायित्वों का पूर्ण ज्ञान न हो।

आकर्षक निवेश

[18 सितंबर, 1958 को टाटा आयरन ऐंड स्टील कं. लि. के अध्यक्ष के रूप में दिया गया वक्तव्य।]

आर्थिक समस्या के समाधान के प्रति पूर्व की तुलना में आज हमें अधिक व्यावहारिक एवं यथार्थवादी होने की आवश्यकता है। इस प्रक्रिया में विगत काल में हमारे चिंतन को व्यापक रूप से प्रभावित करनेवाले पूर्वग्रहों एवं विचारधाराओं का त्याग करना आवश्यक है।

अब हमें भविष्य में आर्थिक प्रगति के प्रमुख तत्त्वों के प्रति स्पष्ट धारणा रखने की आवश्यकता है। इसके लिए सर्वप्रथम खाद्यान्न के मामले में हमें आत्मनिर्भर बनने की आवश्यकता है। द्वितीय, हमें भुगतान-संतुलन में समुचित अधिशेष रखना चाहिए, ताकि हम आवश्यक वस्तुओं का आयात एवं विदेशी ऋणों की अदायगी कर सकें।

तत्पश्चात् हमारी अर्थव्यवस्था में किसी भी प्रकार का व्यापक प्रसार पूँजी के सतत प्रवाह की क्षमता पर निर्भर करेगा। इस प्रकार की सफलता के साथ-साथ हम देश की कुछ छुपी हुई संपदा का उपयोग भी कर सकेंगे। प्रतिशतता की दृष्टि से उच्च राष्ट्रीय बचत का उपयोग विकास कार्य की व्यापकता एवं गति में वित्तीय सहयोग देने में हो सकता है। इस कार्य में निवेश एवं विदेशी ऋण का उपयोग हो सकता है।

अतएव हमारा एक महत्त्वपूर्ण कार्य यह होगा कि हम विदेशियों एवं विदेश में रह रहे भारतीयों को उत्पादक उपक्रमों में निवेश हेतु प्रेरित कर सकें। यह तब तक संभव नहीं हो सकता है जब तक हम आश्वस्त न हो जाएँ कि यह पूँजी प्रवाह उस दिशा में हो रहा है जिस दिशा में सुरक्षा, अच्छी आय एवं सराहना मिलने की आशा हो। यदि पॉर्टो रिको ने दस वर्षों में इतनी अधिक प्रगति की है और कनाडा एवं अन्य अमेरिकी देश अपनी आवश्यकताओं के अनुरूप सभी प्रकार की पूँजी प्राप्त कर सकते हैं तथा संरचनात्मक उपक्रमों की स्थापना कर सकते हैं तो सुरक्षित बंदरगाहों एवं उच्च लाभ की संभावनावाले हमारे देश की प्रगति के प्रति आशा व्यक्त करने के पीछे तो स्पष्ट एवं सहज तर्क है। इस सरल बात को अब तक नकारा जाता रहा है अथवा ठीक से समझा नहीं गया है।

यदि सरकार और संसद् इस प्रकार के परिवेश का निर्माण कर सकें, जिससे लोगों को लगे कि भारत में रचनात्मकता एवं ईमानदार प्रयास की पर्याप्त संभावनाएँ

हैं, जहाँ लोग अपनी बचत एवं अधिशेष पूँजी का समुचित लाभ ले सकेंगे तो देश के अंदर एवं विदेश से पूँजी का ऐसा प्रवाह तथा आर्थिक गतिविधि में ऐसी प्रगति होगी, जिससे कुछ ही दशक में हमारे देश एवं यहाँ के लोगों के जीवन-स्तर में व्यापक सुधार होगा।

विगत दस वर्षों से आर्थिक दर्शन एवं नीतियों के कारण इस देश में उपक्रमों एवं सत्प्रयासों को हतोत्साहित किया गया है। फलस्वरूप भारतीय पूँजीपति एवं विदेशी निवेशक अभी भी उत्साहित नहीं हो रहे हैं। मैं विशेष रूप से यह उल्लेख करना चाहूँगा कि विभिन्न प्रावधानों के माध्यम से उद्योग पर लगाए गए विभिन्न प्रकार के जटिल एवं कठोर नियंत्रण, व्यक्ति एवं उद्योग जगत् पर उच्च कर दर का दबाव, विभेदकारी आयात एवं उत्पाद शुल्क, जिन्हें एकीकृत कर प्रणाली की संज्ञा दी गई है, किंतु ये कार्य करने में जोखिम उठाने की इच्छाशक्ति का अंत करनेवाले हैं; सभी के पीछे उस विचारधारा का हाथ है, जो निजी उपक्रमों के प्रति शत्रुता एवं अविश्वास रखती है।

कालाबाजारी का अंत

[13 जुलाई, 1973 को टाटा आयरन ऐंड स्टील कं. लि. के अध्यक्ष के रूप में दिया गया वक्तव्य।]

यह स्पष्ट है कि किसी भी कारण से जो नीति निवेश एवं औद्योगिक विकास को हतोत्साहित करती है, उससे समाज में विपन्नता फैलती है तथा मुद्रा-स्फीति में विस्तार होता है। इस प्रकार की व्यवस्था में सुचारु वितरण प्रणाली के होते हुए भी अभाव का वातावरण बना रहेगा।

आज हम जिस विषम आर्थिक परिस्थिति में हैं, उससे मुक्ति पाने का एकमात्र उपाय उत्पादन में द्रुत एवं पर्याप्त वृद्धि कर उसका समान रूप से वितरण करना है। आज व्यावहारिक, रचनात्मक एवं विचारधारा से मुक्त आर्थिक नीति की आवश्यकता है। इसके साथ ही प्राथमिक उद्योगों में उत्पादन एवं निवेश बढ़ाने के लिए सुचारु प्रावधानों की जरूरत है। यदि इन लक्ष्यों को प्राप्त करना है तो वर्तमान में मूलभूत वस्तुओं के मूल्य, जो अत्यंत ही निम्न हैं, में कुछ वृद्धि होगी। हमें यह नहीं भूलना चाहिए कि वस्तुओं की कमी होने पर उपभोक्ता को उसकी अधिक कीमत चुकानी पड़ती है। वस्तुओं में कमी का एक कारण कालाबाजारी भी है। उत्पादन एवं निवेश बढ़ानेवाली नीतियों से कालाबाजारी का अंत हो जाएगा तथा

वस्तुओं की पर्याप्त आपूर्ति होगी। इन समस्याओं से हमारी अर्थव्यवस्था दीर्घकाल से प्रभावित रही है।

यद्यपि विशिष्ट नीतियों एवं उपायों की सलाह देने हेतु यह उपयुक्त स्थान नहीं है, तथापि एक ओर उद्योग एवं व्यापार जगत् को तथा दूसरी ओर नीति निर्माताओं को संभावित खतरे के प्रति चेतावनी देने के लिए मुझे क्षमा कर दिया जाए।

उद्योग एवं व्यापार जगत् के लोगों से मैं आग्रह करता हूँ कि वे देश की वर्तमान मनोदशा को समझने का प्रयास करें। आज संपूर्ण उपभोक्ता बाजार में जो अभाव, गैर-कानूनी ढंग से आय अर्जित करने की प्रवृत्ति, प्रत्यक्ष एवं अप्रत्यक्ष रूप से कदाचार फैले हैं, वे अनैतिक होने के साथ-साथ दीर्घकाल में स्वयं उनके लिए भी अहितकर हैं, जो इनमें लिप्त हैं, क्योंकि इसके विरुद्ध होनेवाली प्रतिक्रिया को रोका नहीं जा सकता है। अंततः उन्हें इसका परिणाम भुगतना पड़ेगा।

सरकार के लिए मेरा सुझाव है कि सामाजिक न्याय के साथ पर्याप्त आर्थिक प्रगति तब तक संभव नहीं है जब तक मुद्रास्फीति के नाम पर निवेश को रोकने तथा निजी हाथों में कपोल-कल्पित आर्थिक शक्ति के संकेंद्रण के नाम पर नियंत्रण के प्रयत्न समाप्त नहीं होते। मैं एक बार पुनः इसका उल्लेख करता हूँ कि इस देश में जैसा नियंत्रण, लाइसेंस एवं परमिट तंत्र है, उसके विकास में बाधक किसी प्रकार की आर्थिक शक्ति का संकेंद्रण संभव नहीं है।

सामाजिक न्याय का पथ

[5 दिसंबर, 1972 को नई दिल्ली में आर्थिक पत्रकारों के अंतरराष्ट्रीय सम्मेलन के अवसर पर दिया गया भाषण।]

सन् 1940 के दशक में ही जवाहरलाल नेहरू की अध्यक्षता में योजना पर विचार करने के लिए कांग्रेस ने एक समिति का गठन किया तथा 1944 में मेरे सहित उद्योगपतियों के एक छोटे वर्ग द्वारा 'बॉम्बे प्लान' तैयार किया गया। इस देश में आर्थिक योजना बनाए जाने का यह प्रथम प्रयास था।

इसमें सामाजिक न्याय के साथ आर्थिक प्रगति पर जोर दिया गया था। 'बॉम्बे प्लान' में इस बात पर जोर दिया गया कि देश में व्याप्त असमानता को दूर करने के लिए गरीबी की समस्या का अंत सिर्फ आर्थिक प्रगति से संभव नहीं है। इसके लिए उचित वितरण प्रणाली का होना आवश्यक है।

अतएव यदि तीस वर्ष बाद हम आर्थिक प्रगति के साथ सामाजिक न्याय पर

जोर दे रहे हैं तो इसका अर्थ यह नहीं है कि प्रारंभ से हम इसके प्रति साकांक्ष नहीं हैं, अपितु अब हमें विश्वास हो चला है कि आर्थिक प्रगति की दर कितनी भी ऊँची हो, फिर भी हम सिर्फ इसी के बल पर समानुपाती दर से रोजगार-सृजन नहीं कर सकते हैं। व्यापक स्तर पर रोजगार-सृजन से जनता की क्रय शक्ति बढ़ती है।

हम विश्वास कर बैठे कि ऊर्ध्वगामी वर्गीकृत कर संरचना तथा करारोपण की अन्य विधि से आर्थिक वितरण सुनिश्चित हो सकेगा तथा सामाजिक न्याय की स्थापना हो सकेगी; किंतु हमारा विश्वास कितना गलत था।

आज हम महसूस करते हैं कि इस देश के करोड़ों लोग गरीबी के अमानवीय दंश से आहत हैं। ऐसे में आर्थिक प्रगति के प्रति मोहभंग स्वाभाविक है। लोग विश्वास कर रहे हैं कि सामाजिक न्याय के बल पर प्रगति की प्रक्रिया आगे बढ़ेगी।

भारतीय संदर्भ में सामाजिक न्याय की अवधारणा के प्रति हमारा दृष्टिकोण स्पष्ट होना चाहिए। सरकारी दृष्टि से देखें तो सामाजिक न्याय का तात्पर्य समाजवाद है। मेरा आरंभ से ही समाजवाद की स्थापना का लक्ष्य रहा है। दुर्भाग्यवश, समाजवाद के प्रति हमारी अवधारणा को कभी परिभाषित नहीं किया गया।

अकसर इसे महान् मानवीय दर्शन तथा सामाजिक-आर्थिक व्यवस्था के रूप में मान्यता नहीं मिली है। इसका वोट प्राप्त करने के लिए नारे के रूप में उपयोग किया गया, जिसका उद्‌देश्य संपन्न व्यक्ति को विपन्न बनाना है, न कि विपन्न को संपन्न। इसे राजनीतिक एवं आर्थिक सत्ता प्राप्त करने के साधन के रूप में देखा गया है। लोग अर्थव्यवस्था को नियंत्रित कर इससे लाभ उठाना चाहते हैं।

अपने मानवतावादी दृष्टिकोण के लिए विख्यात एक भारतीय अर्थशास्त्री ने हाल ही में उल्लेख किया है—'समाजवाद का मौलिक उद्‌देश्य संपूर्ण अर्थव्यवस्था पर जन-हित में सामाजिक एवं जन-नियंत्रण स्थापित करना है।'

इस उक्ति के साथ मैं विनम्रतापूर्वक अपनी असहमति व्यक्त करता हूँ। वर्तमान तथा भविष्य में भारत की जनता के लिए समाजवाद का तात्पर्य गरीबी उन्मूलन है, जिसका सीधा अर्थ उन्हें रोजगार के अवसर प्रदान करना तथा अनिवार्य आवश्यकताओं की पूर्ति करना है।

भारत जैसे देश में प्रगति का लाभ जन-जन तक पहुँचाना ही पर्याप्त नहीं होगा। समाज में व्याप्त घोर असमानता को देखते हुए सामाजिक न्याय के अंतर्गत आर्थिक प्रगति से सृजित अधिशेष आय को पहले समाज के निर्धनतम व्यक्ति तक पहुँचाना होगा, ताकि व्यापक सामाजिक अंतराल को समाप्त किया जा सके।

प्रगति के नए अर्थशास्त्र, जिसकी चर्चा जोरों पर है, स्पष्ट संकेत है कि

आर्थिक प्रगति की उच्च दर अनिवार्य है; किंतु सामाजिक न्याय के लिए यह अपने आप अनुकूल परिस्थिति नहीं बनाती। इस हेतु आर्थिक व्यवस्था में अन्य तंत्र विकसित किए जाने चाहिए, जिनकी सकारात्मक दिशा आर्थिक प्रगति के साथ सामाजिक न्याय सुनिश्चित करना हो।

आखिर गलती कहाँ हुई?

गरीबी रेखा से नीचे जीवन-यापन करनेवाले लोगों के संदर्भ में गरीबी उन्मूलन में हमारी विफलता का कदाचित् सबसे बड़ा एवं प्रमुख कारण जनसंख्या* में अनियंत्रित वृद्धि है। स्वतंत्रता के पश्चात् विगत पच्चीस वर्षों में देश की जनसंख्या में 20 करोड़ की भारी वृद्धि हुई है। इनमें अधिकांश लोग घोर अभाव में जीवन व्यतीत कर रहे हैं। यह वृद्धि तो संयुक्त राष्ट्र अमेरिका की जनसंख्या के लगभग समान तथा जापान अथवा ब्राजील की जनसंख्या की दुगुनी है।

दूसरे, हम इस तथ्य को स्वीकार नहीं कर पाए कि गरीबी का मूल कारण रोजगार का अभाव था। बिना रोजगार के निर्धन व्यक्ति के पास क्रय शक्ति का होना असंभव है।

हमें इस सरल एवं सुखद विश्वास से संतोष नहीं होता है कि कृषि उत्पादन में वृद्धि के साथ द्रुत गति से औद्योगिकीकरण के फलस्वरूप रोजगार के अवसर स्वत: सृजित हो जाएँगे। इस घातक अवधारणा को पुष्ट करने में व्यापक स्तर पर पूँजी आधारित उद्योगों की पक्षधरता का भी हाथ था, जिसके फलस्वरूप रोजगार के अत्यधिक अवसर सृजित करने की आवश्यकता को नकारा गया।

मूलभूत उद्योगों की आवश्यकता पर जोर देनेवाला संभवत: मैं अंतिम व्यक्ति हूँ। आज से लगभग सौ वर्ष पहले जमशेदजी टाटा के आधुनिक औद्योगिक भारत के सपने में इस्पात एवं विद्युत् उद्योग के साथ तकनीकी शिक्षा का महत्त्वपूर्ण स्थान था, तथापि प्रश्न प्राथमिकता का है। एक समय में जो उचित प्राथमिकता होती है, वह दूसरे समय के लिए अनुकूल नहीं रहती है।

इससे मुझे अर्थव्यवस्था की दुर्दशा का तीसरा कारण ज्ञात होता है। लोगों की क्रय शक्ति बढ़ाने के साथ-साथ उपभोक्ता वस्तुओं के निर्माण के प्रति प्राथमिकता तय न करना हमारी असफलता रही है। इससे रोजगारोन्मुखी योजनाओं का निर्माण हो सकता था। आवश्यक खाद्यान्न, वस्त्र एवं आवास, भोजन तैयार करने के लिए

* इस विषय में 'जनसंख्या' अध्याय में विस्तृत चर्चा की गई है।

ईंधन, पेयजल, रोग-निवारणार्थ औषधि एवं बाजार तक वस्तुओं के परिवहन की व्यवस्था के बिना गरीबी के किस स्वरूप की हम चर्चा करेंगे। यदि हम अपनी आवश्यकता के अनुरूप वस्तु एवं सेवा नहीं प्राप्त कर सकते तो रोजगार का कोई अर्थ नहीं रह जाता। यदि हम प्रगति हेतु ऐसी संरचना विकसित कर सकें, जिसमें व्यापक स्तर पर रोजगार-सृजन के साथ-साथ उपभोक्ता वस्तुओं का उत्पादन कर सकें तो हम वर्तमान समय की सबसे बड़ी समस्या का समाधान ढूँढ़ लेंगे।

चौथा कारण, जिससे हम मुँह मोड़ नहीं सकते, वह है—अत्यधिक रक्षा व्यय। सन् 1971-72 के मूल्य पर विगत दस वर्ष में रक्षा पर कुल खर्च 12,650 करोड़ रुपए किए गए। इस संबंध में कल्पना करें कि यदि इस राशि का आधा भी रोजगारोन्मुखी आर्थिक विकास पर व्यय किया जाता तो आज हम जिस स्थिति में हैं उससे कहीं बेहतर स्थिति में होते। हालाँकि रक्षा-व्यय में राष्ट्रीय आय की प्रतिशतता के रूप में हाल में गिरावट आई है। हमारी आवश्यकता कुछ भी हो, हम अपनी राष्ट्रीय आय का एक-तिहाई सेना पर खर्च करना चाहते हैं। इन सभी कारणों से हमारी विगत गलतियों का पता चलता है। इससे हमारे भविष्य की दिशा तय होती है। यदि रोग का विश्लेषण सही तरीके से हो जाता है तो उसका उचित उपचार भी मिल जाता है।

भविष्य का मार्ग

हमारा सबसे पहला प्रयास यह होना चाहिए कि हम जनसंख्या वृद्धि पर अंकुश लगाएँ, किंतु हमारे पास समय का अभाव है और इतने कम समय में कुछ विशेष नहीं किया जा सकता। 20वीं शताब्दी के अंत तक भारत की जनसंख्या 100 करोड़ से ऊपर हो जाएगी। संपूर्ण राष्ट्र को इसके दुष्परिणाम के प्रति सचेत हो जाना चाहिए। दो दशकों के अंदर जनसंख्या वृद्धि की वर्तमान दर 2.4 प्रतिशत से घटाकर 1.2 प्रतिशत करनी होगी।

दूसरा, हम लोग इस बात से सहमत हैं कि हमारी अगली पंचवर्षीय योजना में अत्यधिक रोजगार-सृजन के अवसर पर बल दिया जाए। श्रम आधारित उद्योगों तथा ग्रामीण जनता के रोजगार-सृजन हेतु उत्पादक कार्यक्रमों के माध्यम से ऐसा किया जा सकता है।

यदि समय रहते हुए हम इस संस्तुति को स्वीकार कर लेते हैं तो मेरे मतानुसार इस प्रकार की आर्थिक व्यवस्था तात्कालिक प्रवृत्ति की होगी, क्योंकि हमारा मुख्य उद्‌देश्य अभी यथासंभव द्रुत गति से मानव को अभावों के क्रूर दंश से

मुक्त कराना है। अभाव का मुख्य कारण काम तथा धनार्जन के अवसर का अभाव है। कृषि, खनन, सड़क एवं बाँध-निर्माण, नहर एवं कूप-खनन, पौधारोपण एवं अन्य परियोजनाओं जैसी श्रम आधारित गतिविधियों को अत्यधिक बढ़ाकर लाभकारी एवं उत्पादक रोजगार सृजित किए जा सकते हैं। इससे कुछ हद तक आगामी वर्षों में जनता के कष्टों में कमी हो सकेगी तथा परिणामस्वरूप आर्थिक विकास की गति द्रुत हो जाएगी। उसके पश्चात् रोजगार एवं क्रय शक्ति में उच्च वृद्धि-दर होने से सेवा-क्षेत्र में रोजगार के अवसर बढ़ जाएँगे। उद्योग में वृद्धि होने से बेरोजगारी को दूर किया जा सकेगा। तत्पश्चात् एक परिपक्व अर्थव्यवस्था के अनुरूप हम विभिन्न प्रकार की प्राथमिकताओं को तय कर सकेंगे।

तीसरा, जनता की प्राथमिक आवश्यकताओं की पूर्ति के लिए, आवश्यक वस्तुओं एवं सेवाओं के सृजन के लिए औद्योगिक योजनाओं पर अधिक ध्यान देने का समय आ गया है। इससे मुद्रास्फीति पर अंकुश लगाया जा सकेगा। इस कारण सामाजिक असमानता पनपती है। सुचारु औद्योगिक नीति के फलस्वरूप उपभोक्ता वस्तुओं का बाजार सृजित होगा। अन्य प्रकार की औद्योगिक गतिविधि की तुलना में इसमें आनुपातिक रूप से रोजगार के अधिक अवसर प्राप्त होंगे। इस क्षेत्र में अनेक नए उद्यमी कदम रखेंगे। इसके फलस्वरूप ग्रामीण क्षेत्रों में उद्योगों का विकास होगा। इससे 'गरीबी हटाओ' कार्यक्रम को ठोस आधार प्रदान किया जा सकेगा। परिणामस्वरूप एक साथ आर्थिक विकास एवं सामाजिक न्याय को प्रोत्साहित किया जा सकेगा।

चौथा, हमें अपनी वितरण प्रणाली को और अधिक सार्थक बनाना पड़ेगा। भारत जैसे गरीब देश में बचत की दर में वृद्धि तथा घोर असमानता को दूर करने के लिए तुलनात्मक दृष्टि से करारोपण की उच्च दर को नकारा नहीं जा सकता, किंतु हमें यह अवश्य सुनिश्चित करना चाहिए कि कर प्रणाली आर्थिक प्रगति को प्रोत्साहित करनेवाली हो। इसके पश्चात् ही समाज कल्याण के कार्यक्रमों को वित्त पोषित करने के लिए सरकार के पास पर्याप्त संसाधन उपलब्ध हो सकेंगे। जैसा कि वान चू समिति ने सुझाव दिया—हमारी कर-प्रणाली ऐसी नहीं होनी चाहिए, जिसमें कर की दर इतनी अधिक हो जाए, जिससे लोग काले धन की ओर अधिक उन्मुख हों।

हमारी विकासशील अर्थव्यवस्था में जहाँ सतत अभाव बना रहता है वहाँ कुछ हद तक नियंत्रण उचित है; किंतु अत्यधिक नियंत्रण की क्या आवश्यकता है? इतने व्यापक फलकवाली समय-साध्य नियंत्रण प्रणाली की क्या आवश्यकता है?

प्रशासनिक स्तर पर इतनी कठोर नियंत्रण व्यवस्था का क्या औचित्य है? क्या हम नहीं जानते कि समाजवाद के नाम पर लगाए गए विभिन्न प्रकार के नियंत्रण अपने उद्देश्य की ओर उन्मुख हैं तथा क्या वे दीर्घकाल में घातक नहीं होंगे?

अंततोगत्वा, तथ्य की गलत व्याख्या करनेवाले लोगों की कमी नहीं है, फिर भी मैं इस बात पर जोर दे रहा हूँ कि आर्थिक विकास की दर तीव्र करने की अत्यंत आवश्यकता है। आर्थिक प्रगति की दर निम्न रहने से सामाजिक असमानता फैलती है। यदि उत्पादन अपर्याप्त रहता है और वर्तमान आकलन के अनुसार उपभोक्ता वस्तुओं की कीमत में प्रतिवर्ष 10 प्रतिशत की वृद्धि होती है तो सामाजिक न्याय का क्या औचित्य है?

सामाजिक न्याय के नाम पर हाल के वर्षों में प्रारंभ की गई नियंत्रणकारी नीतियों पर सबसे घातक असर जनता के निर्धनतम वर्ग पर पड़ा है।

अतएव सामाजिक न्याय के साथ आर्थिक विकास के मौलिक तत्त्वों की स्थापना निश्चित रूप से हो। हम अत्यधिक आर्थिक विकास के प्रति वचनबद्ध होने के साथ-साथ यह सुनिश्चित करें कि इस विकास का अधिकाधिक लाभ उन व्यक्तियों तक पहुँचे, जिन्हें इसकी अधिकतम आवश्यकता है। प्रगति की ऐसी प्रक्रिया निर्मित हो, जिसमें राष्ट्रीय आय में 1 प्रतिशत वृद्धि होने से समाज के निर्धनतम एक-तिहाई व्यक्ति की व्यक्तिगत आय में वृद्धि हो। ऐसा आर्थिक गतिविधि के लिए अनिवार्य प्रोत्साहन एवं सम्मान को विनष्ट किए बिना संपन्न होना चाहिए।

बहुआयामी दृष्टिकोण

[16 मई, 1988 को नई दिल्ली में भारतीय वाणिज्य एवं उद्योग परिसंघ द्वारा आयोजित उद्योग एवं व्यवसाय विषय पर राष्ट्रीय सम्मेलन के उद्घाटन सत्र में दिया गया भाषण।]

हम भारत के स्वतंत्र होने के चालीस वर्ष बाद की यात्रा कर चुके हैं। इस दौरान हमने विभाजन की त्रासदी और पाकिस्तान के साथ युद्ध सहित कई भयानक समस्याओं एवं कठिनाइयों का कुशलतापूर्वक मुकाबला किया है। हमने 554 देशी रियासतों को एकीकृत कर एक विशाल संविधान का निर्माण एवं उसे अंगीकार किया है। विगत वर्षों में हमने निम्नलिखित प्रशंसनीय लक्ष्यों को प्राप्त किया है—

- विषम परिस्थिति के बावजूद हमने खाद्यान्न उत्पादन में अत्यधिक बढ़ोतरी की है।

- हमने सार्वजनिक एवं निजी क्षेत्रों में तीव्र विकास के अनुकूल औद्योगिक संरचना का निर्माण किया है।
- पहले हम पेट्रोलियम उत्पादों के आयात पर पूर्णरूप से निर्भर रहा करते थे, किंतु अब हम अपनी आवश्यकता का आधा पेट्रोलियम स्वयं परिशोधित करते हैं। इससे विदेशी मुद्रा की काफी बचत होती है।
- हमने सफलतापूर्वक मुद्रास्फीति पर नियंत्रण किया तथा विदेशी मुद्रा की समस्या का समाधान इतने कौशल एवं दक्षता के साथ किया कि विदेशों में हमारी साख में काफी बढ़ोतरी हुई। आज लोग हमारे वित्तीय प्रबंधन से प्रभावित होकर ऋण देने के लिए तत्पर हैं।

भयंकर भूलें

दुर्भाग्यवश हमारे आर्थिक विकास को कमजोर करनेवाली भयंकर भूलें निम्नलिखित हैं—

- विगत वर्षों में जिन अन्य बातों की ओर हमने ध्यान नहीं दिया, उनमें ग्रामीण क्षेत्रों का विकास एक प्रमुख विषय था। ग्रामीण क्षेत्र में अत्यंत गरीबी है।
- हमने अपनी आर्थिक प्रगति की योजनाओं का आधार समाजवाद को बनाया, जिसके परिणामस्वरूप अतिनियोजित, अतिनियंत्रित, अक्षम, नौकरशाही आधारित राज्य-पूँजीवाद का उदय हुआ।
- हमारी सबसे गंभीर विफलता जनसंख्या वृद्धि को नियंत्रित न करना था, जिसके परिणामस्वरूप स्वतंत्रता के समय जहाँ हमारी जनसंख्या 35 करोड़ थी, उसमें मात्र चालीस वर्षों में 45 करोड़ की बढ़ोतरी हुई है और अब देश की जनसंख्या 90 करोड़ तक पहुँच गई है। फलस्वरूप नई शताब्दी में प्रवेश करते ही हमारी जनसंख्या 100 करोड़ से अधिक हो जाएगी।
- ग्रामीण समाज में अधिकांश लोग अभी भी साक्षर नहीं हुए हैं तो उनके शिक्षित होने का प्रश्न ही नहीं।
- देश में विद्युत्-आपूर्ति की अत्यंत कमी है।
- सड़कों को देश के आर्थिक विकास की धमनी कहा गया है, जिससे होकर अर्थव्यवस्था के जीवन-तत्त्व प्रवाहित होते हैं तथा जन-संचार इस व्यवस्था का तंत्रिका-तंत्र है। देश में सड़कों की हालत अभी भी

दयनीय है, जबकि हमारी दूरभाष प्रणाली तो दुनिया की सबसे खराब प्रणाली है। भारत में बड़े नगरों को छोड़कर छोटे नगरों तक टेलीफोन की पहुँच ही नहीं है; जहाँ है भी तो वहाँ संपर्क स्थापित होने में कई दिन का समय लग जाता है।

- कदाचित् हमारी सबसे भयंकर विफलता जनसंख्या वृद्धि है। इसके फलस्वरूप भूमि का अपरदन आता है। अपरदन के कारण व्यापक स्तर पर ग्रामीण क्षेत्रों में वनों की कटाई होती है। वनों की कटाई के कारण मृदा अपरदन तथा नदियों के मार्ग में अवसादी पदार्थ जम जाते हैं और समय-समय पर बाढ़ की समस्या उत्पन्न होती है।

सुझाव

सौभाग्यवश हमारी अधिकांश विफलताओं से उत्पन्न समस्याओं के समाधान हेतु प्रयास किए जा रहे हैं। मैं वर्तमान प्रधानमंत्री श्री राजीव गांधी को उदारीकरण की नई आर्थिक नीति के लिए धन्यवाद देना चाहता हूँ। उन्होंने जिस नीति को लागू किया, वह संसाधनों के अभाव एवं कालाबाजारी के कारण अपना असर नहीं दिखा पा रही है, किंतु पूँजी बाजार से राशि प्राप्त करने में अत्यधिक वृद्धि तथा कर से प्राप्त आय में भी काफी वृद्धि हुई है, जिसके फलस्वरूप क्रेता बाजार का निर्माण हुआ है। किंतु कई क्षेत्रों में अभी बहुत कुछ करना शेष है।

सर्वप्रथम जनसंख्या समस्या को सरकारी एवं सार्वजनिक तौर पर प्रगति एवं आधुनिक राष्ट्र के अस्तित्व के लिए घातक माना जाना चाहिए। एक समृद्ध राष्ट्र के निर्माण में यह बाधा है। लोगों को प्रत्यक्ष एवं अप्रत्यक्ष रूप से प्रभावित करनेवाली नीतियों और योजनाओं को ध्यान में रखते हुए स्वास्थ्य एवं परिवार-नियोजन कार्यक्रमों को मौलिक राष्ट्रीय लक्ष्य माना जाए। हमारी पंचवर्षीय योजनाओं एवं वार्षिक बजटों में परिवार-नियोजन कार्यक्रमों के लिए अपर्याप्त राशि आवंटित की जाती रही है।

नीति संबंधी उद्घोषणाओं, संसदीय परिचर्चाओं, संचार-तंत्र, अकादमी अथवा व्यवसायी वर्ग के बीच हमारे देश में बहुत कम अवसरों पर इस संबंध में चर्चा की जाती है।

वर्तमान परिवार-नियोजन कार्यक्रमों को लागू करने अथवा नए कार्यक्रमों को लागू करने की मुख्य जिम्मेदारी राज्य सरकारों पर है। समस्त राष्ट्रीय उद्देश्यों की पूर्ति के लिए जिम्मेदार केंद्र सरकार को ऐसे कार्यक्रमों के सतत अनुवीक्षण,

सहयोग तथा पर्यवेक्षण का उत्तरदायित्व स्वीकार करना चाहिए।

बेरोजगारी अथवा अर्ध-बेरोजगारी, मेरे अनुसार दूसरी सबसे बड़ी समस्या है, जिसका तत्काल समाधान आवश्यक है। देश में व्याप्त निर्धनता का यह सबसे महत्त्वपूर्ण कारण है। इससे ग्रामीण समुदाय अत्यंत ही त्रस्त है। अकसर लोग औद्योगिकीकरण को इसका उपचार बताते हैं, किंतु उन्हें इस बात का ज्ञान होना चाहिए कि अधिकांश ग्रामीण जनता कृषि एवं संबंधित कार्य के अतिरिक्त अन्य कार्यों में उतनी दक्ष नहीं है। उन्हें औद्योगिक कार्य के अनुकूल बनाने में वर्षों का समय लग सकता है; किंतु उन्हें रोजगार तो वर्तमान में ही चाहिए, अतएव इस संबंध में मेरा मत स्पष्ट है कि ग्रामीण क्षेत्रों में अप्रशिक्षित लोगों के लिए व्यापक स्तर पर रोजगार के अवसर सृजित किए जाएँ।

ग्रामीण क्षेत्रों में सड़क-निर्माण, पौधारोपण, कूप एवं नहर-उत्खनन तथा जल एवं मृदा प्रबंधन जैसी कई परियोजनाओं हेतु मानव संसाधन बृहत् पैमाने पर उपलब्ध हैं। इन परियोजनाओं से द्रुत गति से उत्पादक राष्ट्रीय संपदाओं का निर्माण हो सकता है। लोग इन परियोजनाओं से जुड़े रहकर कृषि कार्य सुचारु रूप से संपन्न कर सकते हैं। यदि वित्तीय संसाधन का अभाव हो तो प्रारंभ में श्रम आधारित परियोजना तथा पूँजी आधारित परियोजना में से पहले का चयन किया जा सकता है। पहले को चयन करने के लिए तात्कालिक रूप से द्वितीय को स्थगित भी किया जा सकता है।

तीसरा, सबसे महत्त्वपूर्ण कार्य यह है कि हमारी अर्थव्यवस्था को सतत पंगु बनानेवाली विद्युत् आपूर्ति की कमी तुरंत दूर की जाए। विद्युत् आपूर्ति में कमी का मुख्य कारण राज्य सरकारों के स्वामित्व में संचालित होनेवाले अधिकांश सार्वजनिक क्षेत्र के विद्युत् ऊर्जा संयंत्रों की निम्न क्षमता है। इन संयंत्रों में संस्थापित क्षमता की तुलना में बहुत कम विद्युत् उत्पादन होता है। आधुनिक विश्व में भारत के एक-दो संयंत्रों को छोड़कर शेष की क्षमता न्यूनतम है।

मैं इस विवाद में नहीं पड़ना चाहता, किंतु यह एक तथ्य है कि सरकार नियंत्रित विद्युत् बोर्डों की स्थिति अत्यंत दयनीय है। इसका मुख्य कारण इन बोर्डों पर राजनीतिक दबाव का होना है। राजनीतिक दबाव के कारण अधिकाधिक लोगों को रोजगार प्रदान करने से इन बोर्डों में कर्मचारियों की संख्या आवश्यकता से अधिक हो गई है।

उनकी क्षमता में वांछित स्तर तक की वृद्धि करने के बावजूद वर्ष-दर-वर्ष हमें अतिरिक्त उत्पादन क्षमता नियमित रूप से सृजित करनी होगी। यदि सरकार

इन्हें वित्तीय सहयोग देने में कठिनाई का अनुभव करती है तो इसका एक समाधान यह है कि सरकार जैसा इस समय विचार कर रही है, उसी के अनुसार इस क्षेत्र में निजी उद्यमियों को आमंत्रित कर सकती है। निजी क्षेत्रों को ऐसी परियोजनाओं को सुचारु रूप से चलाने का पर्याप्त अनुभव है। मुझे विश्वास है कि निजी उद्यमी इसके प्रति अपनी सकारात्मक प्रतिक्रिया व्यक्त करेंगे। इसके विकल्प के रूप में सरकार एवं निजी क्षेत्र मिलकर संयुक्त उपक्रम के रूप में नई परियोजनाओं को प्रारंभ कर सकते हैं।

□

मानव एवं मशीन

उद्योग जगत् में मानवीय संबंध

आधुनिकीकरण

टाटा स्टील उद्योग के श्रमिक का इतिहास अशांति का व संघर्षपूर्ण रहा है। सन् 1920 से 1928 तक तीन प्रमुख हड़ताल हुईं। तब से 'भारत छोड़ो आंदोलन' के दौरान अगस्त 1942 में संक्षिप्त व्यवधान के अलावा कभी हड़ताल नहीं हुई।

सार्वजनिक क्षेत्र के प्रमुख इस्पात संयंत्रों के निर्माण से पूर्व सन् 1911 से लेकर 1950 के दशक तक देश की एकमात्र सबसे बड़ी कंपनी होने के नाते टाटा स्टील को कई प्रतिरोधी शक्तियों का सामना करना पड़ा। यह टाटा इस्पात उद्योग का सौभाग्य है कि इसके मान्यताप्राप्त श्रमिक संघ के नेता के रूप में सी.एफ. एंड्रूज एवं सुभाष चंद्र बोस जैसे व्यक्ति रहे हैं।

टाटा इस्पात उद्योग में सुव्यवस्थित कार्मिक संरचना के अस्तित्व के पीछे सन् 1943 में जे.आर.डी. टाटा द्वारा रखे गए प्रस्ताव की भूमिका है। उस समय टाटा न्यूमोनिया से प्रभावित होकर ओटैकमुंड में स्वास्थ्य-लाभ कर रहे थे। उन्होंने महसूस किया कि कंपनी मानव की तुलना में मशीन पर अधिक ध्यान देती है। इस टिप्पणी के पश्चात् कार्मिक विभाग की स्थापना की गई, जिसके फलस्वरूप श्रमिक एवं प्रबंधन के बीच सहयोग के नए युग का सूत्रपात हुआ। सन् 1979 में जमशेदपुर में 'औद्योगिक शांति के पचास वर्ष' नाम से एक समारोह आयोजित किया गया।

टाटा इस्पात उद्योग में श्रमिक संघ में विकास के परिणामस्वरूप सन् 1956 में संयुक्त विभागीय परिषद् की स्थापना की गई, जिसमें विभिन्न स्तर पर श्रमिक एवं प्रबंधन बैठकर अपनी समस्याओं का हल ढूँढ़ते हैं। इन परिषदों के अध्यक्ष एक वर्ष के लिए श्रमिक संघ के प्रतिनिधि बनते हैं तो दूसरे वर्ष प्रबंधन के प्रतिनिधि। टाटा के मूल प्रस्ताव के अंश यहाँ पुनः प्रस्तुत किए जा रहे हैं—

उद्योग जगत् में मानवीय संबंध

[टाटा स्टील के अध्यक्ष बनने के पाँच वर्ष बाद सन् 1943 में जे.आर.डी. टाटा ने अपने सहनिदेशकों के बीच एक प्रस्ताव परिचालित करवाया, जिसमें जमशेदपुर में एक कार्मिक विभाग की स्थापना का उल्लेख था।]

यद्यपि जमशेदपुर में अभी तक सन् 1920, 1922 एवं 1928 में तीन श्रमिक हड़तालें हुई हैं और 1942 की राजनीतिक हड़ताल को छोड़कर विगत पंद्रह वर्षों में कोई हड़ताल नहीं हुई है, तथापि अपने श्रमिक संबंध के इतिहास के विषय में स्वयं की प्रशंसा अथवा बधाई देने के लिए हमारे पास कोई आधार नहीं है। तथ्य यह है कि उपर्युक्त तीन हड़तालों के बीच की अवधि तथा सन् 1928 से वर्तमान युद्ध तक हमारे श्रमिक सतत संघर्षशील रहे हैं। कई बार हड़ताल जैसी परिस्थिति उत्पन्न हो गई।

हमने स्थिति पर नियंत्रण करने का प्रयास किया और विगत दस वर्षों के दौरान कोई हड़ताल नहीं होने दी। इसका मुख्य कारण यह था कि हमारी आय में बेतहाशा वृद्धि हुई, जिससे रोजगार के अवसर बढ़े तथा सुरक्षा, वेतन, बोनस में वृद्धि हुई। हमने उन लोगों के लिए हरसंभव सत्कार्य करने का प्रयास किया, जिन्होंने टाटा स्टील को आगे बढ़ाने में योगदान दिया। इसके साथ ही हमने समय-समय पर श्रमिकों की माँगों को पूरा करने का प्रयास किया।

श्रमिकों के साथ तालमेल बिठाने में मुख्य समस्याएँ क्या हैं? कई अर्थों में हम अपने श्रमिकों को अत्यंत ही उत्कृष्ट मानते हैं। हम किसी भी भारतीय कंपनी से अधिक अपने कर्मचारियों के लिए वेतन, बोनस, कार्यविधि, सेवा-शर्तें, आवास, चिकित्सा एवं उनके परिवार के लिए सुविधाओं का ध्यान रखते हैं। स्वाभाविक रूप से हमारी अपेक्षा तर्कपूर्ण है कि हम जमशेदपुर में कार्यरत कर्मचारियों के प्रति

अपने उदार दृष्टिकोण के बदले यह अपेक्षा रखें कि वे हमारे इन कार्यों की सराहना करें। इसके बावजूद यदि वे हमसे असंतुष्ट रहते हैं और हम पर विश्वास नहीं करते तो उनके संघर्षपूर्ण रवैए के लिए हम उन्हें दोष नहीं देते, अपितु अपने में दोष ढूँढ़ते हैं। अतएव स्वयं में दोष ढूँढ़कर हमें समाधान निकालने का प्रयास करना चाहिए।

आधुनिक बड़े उद्योगों में श्रमिक असंतोष का एक प्रमुख कारण प्रबंधन एवं कर्मचारियों के बीच निजी संबंध का न होना है। इसके परिणामस्वरूप कई ऐसी छोटी माँगें, जो व्यक्तिगत स्तर पर तो नगण्य, किंतु सामूहिक स्तर पर बड़ी होती हैं। समय पर सौहार्दपूर्ण बातचीत से इन समस्याओं का समाधान हो जाता है; किंतु ऐसा न करने पर श्रमिकों का असंतोष भड़कता है और वे निराश हो जाते हैं।

उचित शिकायत अथवा माँग के अतिरिक्त प्रत्येक व्यक्ति यह चाहता है कि वह एक अनुकूल एवं मानवीय संगठन का सम्मानित सदस्य बने, न कि किसी हृदयविहीन तंत्र का केवल एक यंत्र बनकर रह जाए। ऐसे में प्रबंधन एवं कंपनी के प्रति उसका दृष्टिकोण प्रतिकूल एवं अविश्वासपूर्ण हो जाता है, फलस्वरूप प्रतिरोध के स्वर मुखरित होते हैं। वह अपने आपको अव्यवस्था एवं दुर्व्यवहार का शिकार मानने लगता है। ऐसे में बहुत थोड़ी मेहनत में वह अपने नियोक्ताओं को अपना शत्रु मानने लगता है। ऐसे व्यक्ति को सहज ही संघर्ष के लिए उतारा जा सकता है।

मुझे विश्वास है कि जमशेदपुर में श्रमिक संबंध की दिशा में किए गए हमारे प्रयास सार्थक नहीं रहे हैं। हमारे श्रमिक प्रबंधन में अभी भी व्यक्तिगत संबंध का कोई स्थान नहीं है। हालाँकि इसके कई अपवाद भी हैं, तथापि जमशेदपुर में श्रमिकों एवं प्रबंधन के बीच परस्पर विश्वास एवं मैत्रीपूर्ण संबंध का अभाव दृष्टिगोचर हो रहा है।

यह स्पष्ट है कि इस स्थिति के लिए कंपनी की नीति अथवा अधिकारी जिम्मेदार नहीं हैं। दोष कुछ बातों पर ध्यान न देने के कारण है; किंतु जान-बूझकर गलती करने के कारण नहीं। मेरा विश्वास है कि श्रमिक संबंध के विषय में एक संगठन के न होने के कारण हमारी कंपनी में सतत एवं नियोजित श्रमिक नीति का अभाव रहा है। वस्तुतः यह संगठन हमारे इस्पात उद्योग का सर्वाधिक आश्चर्यजनक पक्ष है।

औद्योगिक प्रबंधन की तीन प्रमुख समस्याओं—मशीन अनुरक्षण एवं विस्थापन का प्रावधान, सामग्री प्रवाह नियंत्रण एवं उत्पादन प्रक्रिया तथा मानव प्रबंधन—में सर्वाधिक जटिल एवं कठिन कार्य मानव प्रबंधन है। यद्यपि हम लोगों ने प्रथम दो समस्याओं के निदान हेतु पर्याप्त मात्रा में धन, ऊर्जा एवं मानसिक शक्ति का उपयोग किया है; किंतु सबसे जटिल समस्या, जो अपने तीस-चालीस हजार लोगों के

प्रबंधन की है, उसके संबंध में हमने व्यावहारिक रूप से कुछ नहीं किया है।

यदि हम अपनी तीस हजार मशीनों के प्रचालन के लिए श्रमिक नियुक्त करते हैं तो मशीनों की देख-रेख के लिए एक विशेष विभाग स्थापित करते हैं; किंतु उन तीस हजार व्यक्तियों की देख-रेख के लिए कोई अलग संगठन नहीं बनाते हैं और मान लेते हैं कि वे खुद की देखभाल स्वयं करेंगे, जबकि इनमें से प्रत्येक का अपना व्यक्तित्व होता है।

न ही श्रमिकों की भरती एवं प्रबंधन में तथा न ही उनके कल्याण के लिए किसी विशेषज्ञ को नियुक्त करते हैं। विशेष रूप से उस अर्थ में जिस अर्थ में हम मशीनों की देख-रेख के लिए प्रशिक्षित विशेषज्ञ नियुक्त करते हैं। प्रतिदिन हम जिन हजारों समस्याओं का सामना करते हैं, उनमें से बहुत कम का निदान कर पाते हैं। समस्याओं पर विचार ही हम बहुत देर से करते हैं। व्यक्ति के स्तर पर कोई समस्या छोटी हो सकती है, किंतु जहाँ किसी श्रमिक के रोजगार का सवाल है वहाँ यह विषय निश्चित रूप से श्रमिक संबंध के अंतर्गत आता है। व्यक्तिगत स्तर पर ऐसे निर्णयों का भले ही कोई महत्त्व न हो, किंतु सामूहिक रूप से वे अति महत्त्वपूर्ण होते हैं। यदि ऐसा है तो क्या यह उचित है कि ऐसे मामलों पर कोई अधिकारी अथवा श्रमिक नेता फुरसत के क्षणों में विचार करे? यदि श्रमिक प्रबंधन की दैनिक समस्याओं को उचित महत्त्व दिया जाता है, यदि उनपर विचार किया जाता है और सामान्य रूप से इसे श्रम संबंधी नीतियों का अंग बनाया जाता है तो यह जरूरी है कि पूर्णकालिक कार्मिकों से युक्त एक विशेष संगठन की स्थापना की जाए, जिसे कम-से-कम अपने निर्णय के कार्यान्वयन के पर्यवेक्षण का अधिकार हो।

असंतोष के कारण

जहाँ छोटी माँगों एवं शिकायतों को उचित रूप में और ईमानदारीपूर्वक निबटाने के महत्त्व को बढ़ा-चढ़ाकर आँका नहीं जा सका, तो इसके कई अन्य कारण हैं, जो तात्कालिक प्रकृति के होते हुए भी श्रमिकों में असंतोष उत्पन्न करते हैं। इनमें से जिन कारणों का मुझे स्मरण हो रहा है, वे इस प्रकार हैं—

अधीनस्थ कर्मचारियों में भ्रष्टाचार का होना—ये कर्मचारी जब श्रमिकों को रोजगार, सुरक्षा, अवकाश, पदोन्नति इत्यादि देते समय उनसे घूस माँगते हैं। भरती एवं कार्य आवंटन की अव्यवस्थित विधि के कारण व्यक्ति सतत समस्याग्रस्त रहता है। जिस कार्य के लिए वह उपयुक्त नहीं है वह कार्य उसे करना पड़ता है; किंतु यदि उसे थोड़ी अधिक सावधानी एवं

वैज्ञानिक विधि से नियुक्त किया गया होता तो किसी भिन्न कार्य में वह एक अच्छा एवं संतुष्ट श्रमिक बनता।

कई बार समस्याएँ पर्यवेक्षण कर्मचारियों द्वारा असहानुभूतिपूर्वक व्यवहार करने से उत्पन्न होती हैं। इसका मुख्य कारण आधुनिक श्रम प्रबंधन पद्धति के प्रति उनकी लापरवाही अथवा अनभिज्ञता है।

कदाचित् कई समस्याएँ व्यक्तिगत स्तर पर होती हैं; किंतु कंपनी इनका भी निदान कर सकती है। उदाहरण के लिए—अनुपयुक्त अथवा गलत स्थान पर अवस्थित आवास, अत्यंत श्रम के कारण खराब स्वास्थ्य, गलत आहार, चिंता, ऋण इत्यादि।

वर्षों तक पदोन्नति नहीं होने के कारण भी श्रमिक हतोत्साहित हो जाते हैं। व्यक्तिगत कैरियर के संबंध में सहानुभूतिपूर्वक विचार न करने के कारण ऐसा होता है। समुचित प्रकाश व्यवस्था न होने, अत्यधिक गरम वातावरण—जैसी श्रमसाध्य कार्य-परिस्थितियों के कारण थकान से भी समस्याएँ उत्पन्न होती हैं।

यह स्पष्ट है कि यदि हमारे श्रम संबंधी कार्यक्रम को वास्तविक रूप में प्रभावी बनाना है तो इसे श्रमिकों के रोजगार अथवा उसके शारीरिक, मानसिक स्वास्थ्य को प्रभावित करनेवाले या सुदृढ़ बनानेवाले तथा उनके परिवार के कल्याण से जुड़े सभी विषयों एवं गतिविधियों पर विचार करना होगा। इसे असंतोष के कारण को नष्ट करने जैसे नकारात्मक कार्य नहीं करने चाहिए, अपितु श्रमिक संतुष्ट रहे, इस हेतु सकारात्मक कार्य करना चाहिए।

मेरा विश्वास है कि अंतिम लक्ष्य प्राप्त करने के लिए श्रमिक एवं प्रबंधन के बीच संपर्क के लिए पद्धति विकसित होनी चाहिए। जहाँ तक मैं साकांक्ष हूँ, जमशेदपुर में इस तरह के प्रयास नहीं हुए हैं। हमारे श्रमिक इसी से संतुष्ट हैं कि उनके विषय में सोचने का कार्य उनके पर्यवेक्षक करते हैं और उनका काम सिर्फ अपने शारीरिक श्रम से संगठन को सहयोग देना है। यहाँ तक कि कल्याण एवं स्वास्थ्य जैसे प्राथमिक मुद्दे, जो उनसे अभिन्न रूप से जुड़े हैं, उनके विषय में भी उन्हें बोलने का अधिकार नहीं है।

मेरा दृढ़ विश्वास है कि जिन व्यक्तियों को प्रतिभा का उपयोग करने तथा पहल करने की छूट दी जाएगी, उनसे अधिक दक्षता एवं कार्यक्षमता का सहयोग प्राप्त किया जा सकता है। जिस व्यक्ति को यह विश्वास हो कि कंपनी उसके मस्तिष्क के साथ-साथ उसकी शारीरिक शक्ति का सदुपयोग कर रही है, वह

कंपनी के लिए अधिक तन्मयतापूर्वक कार्य करेगा। किंतु व्यक्ति दंड के भय से पूर्ण मनोयोग से कार्य नहीं करेगा। श्रम मनोविज्ञान के इस पक्ष के प्रति साकांक्ष सहानुभूतिपूर्ण पर्यवेक्षण अधिकारी कंपनी के अनुशासन तथा सुचारु कार्य-प्रणाली से समझौता किए बिना एक अनुकूल परिवेश का निर्माण कर सकेंगे। प्रत्येक प्रचालन विभाग में उत्पादन लक्ष्य को प्राप्त करने के लिए नियमित बैठक होती है, वहाँ इन समस्याओं का सामना करना पड़ता है। उत्पादन एवं क्षमता बढ़ाने संबंधी मुद्दों पर चर्चा विभागीय प्रमुखों के साथ की जा सकती है। यदि उपयोगी हो तो सुधार हेतु सलाह माँगी जा सकती है तथा चर्चा के उपरांत उसे स्वीकार किया जा सकता है।

अच्छे सुझावों को स्वीकार करने के उपाय सुनिश्चित किए जाने चाहिए तथा उन्हें यथाशीघ्र लागू करवाने की व्यवस्था करनी चाहिए। अच्छे सुझाव देनेवाले व्यक्तियों को सम्मानित करना चाहिए। इस प्रकार कर्मचारी विभाग की पूरी गतिविधि में बुद्धिमत्तापूर्वक रुचि लेंगे। विभाग के प्रचालन में वह अपना निजी दायित्व विकसित करेगा।

पुनः सुरक्षा एवं कल्याण के मामलों में मेरा विचार है कि यदि प्रबंधन की गतिविधियों में सामान्य श्रमिकों को शामिल किया जाता है तो श्रमिकों के कल्याण हेतु कंपनी द्वारा किए गए उपायों को बेहतर ढंग से समझा जाएगा और इसकी प्रशंसा की जाएगी

मैं एक गतिशील श्रमिक संबंधी कार्यक्रम के विषय में सोच रहा हूँ। इसमें इस प्रकार के कई विचारों को समाहित किया जा सकता है। इसके साथ ही इस कार्यक्रम में आवश्यकता, पदोन्नति, श्रेणी, बोनस, सुरक्षा, स्वास्थ्य, कल्याण तथा आवास इत्यादि के विषय में दीर्घकालीन सुनियोजित नीति अपनाई जा सकती है। इस उद्देश्य-पूर्ति हेतु एक तदर्थ संगठन की स्थापना की जा सकती है, जो अपना संपूर्ण समय एवं ऊर्जा संपूर्ण कर्मचारी के साथ कंपनी के संबंध सुधारने, कंपनी के कल्याण एवं उत्पादकता बढ़ाने में लगाएगा।

टाटा ने कार्मिक विभाग की संगठनात्मक संरचना का भी उल्लेख किया, जो इस प्रकार है—

> कार्मिक विभाग की स्थापना में सबसे जटिल बात इसके निदेशक का चयन होगी। इस हेतु उपयुक्त व्यक्ति को व्यापक प्रशासनिक अनुभव होना चाहिए। उन्हें औद्योगिक समस्याओं का प्रत्यक्ष अनुभव तथा इन समस्याओं के गहन एवं व्यापक ज्ञान के साथ-साथ उनमें कर्तव्यनिष्ठा, उदारता, सहानुभूति, चारित्रिक बल तथा कल्पनाशीलता जैसे मानवीय गुण

होने चाहिए, जिनके बल पर वह श्रमिकों का दिल जीत सकें। वह एक भारतीय व्यक्ति हो तो उत्तम होगा; उनके चयन में सांप्रदायिक, क्षेत्रीय तथा राजनीतिक विचारों के आने से चयन-प्रक्रिया जटिल हो जाएगी। अतएव सर्वोत्तम व्यक्ति के चयन के लिए भरपूर प्रयास किया जाना चाहिए।

संक्षेप में, मैं यह कहना चाहूँगा कि यह विषय मेरे मन में एक वर्ष अथवा कुछ अधिक समय से है। काफी सोच-विचार करने के बाद मैं इस निष्कर्ष पर पहुँचा हूँ कि इस ज्ञापन में उल्लिखित सामान्य बातों पर कारवाई तुरंत शुरू होनी चाहिए। इसके पश्चात् ही हम भारत में सर्वाधिक प्रगतिशील एवं प्रबुद्ध नियोक्ता होने के दावे को उचित ठहरा सकेंगे और अपने कर्मचारियों के प्रति नैतिक दायित्वों एवं कर्तव्यों को पूरा कर सकेंगे। इसके पश्चात् ही हम अपनी प्रचालन क्षमता में उच्च मानक स्थापित कर सकेंगे, जिसके बल पर भविष्य में हम अपनी प्रतियोगी क्षमता कायम रख सकेंगे। अंततः हम ऐसी स्थिति में होंगे कि श्रमिक अशांति पर नियंत्रण रख सकें। ऐसी अपेक्षा हम युद्ध की पाबंदियों के समाप्त होने के पश्चात् कर सकेंगे। युद्ध के कारण कंपनी की नियमित प्रगति को भारी क्षति पहुँची है।

उत्पादन एवं आवंटन

[26 अगस्त, 1947 को टाटा स्टील ऐंड आयरन कं. लि. के अध्यक्ष के रूप में दिया गया संबोधन।]

भारत के दीर्घकालीन इतिहास में एक युग का अंत हुआ है और एक गरिमामय युग प्रारंभ हुआ है। भारत के 40 करोड़ लोगों द्वारा अहिंसा के बल पर स्वतंत्रता प्राप्त करना विश्व इतिहास में एक अद्वितीय घटना है। किंतु स्वतंत्रता प्राप्त करना ही पर्याप्त नहीं है। हम अपने आपको स्वतंत्रता के लायक सिद्ध करें तथा उसको सुरक्षित रखते हुए समाज के निम्न स्तर तक ले जाएँ। स्वतंत्रता सिर्फ राजनीतिक स्तर पर ही नहीं, अपितु आर्थिक स्तर पर भी मिलनी चाहिए। हमारे देश में आज अधिकाधिक उत्पादन की अत्यंत आवश्यकता है। बिना उत्पादन में गिरावट लाए तथा मूल्य बढ़ाए प्रत्येक हाथ को काम मिलना चाहिए।

यदि सामान्य व्यक्ति के जीवन में उन्नति नहीं हुई तो स्वतंत्रता के संघर्ष का कोई औचित्य नहीं रह जाएगा। इस बात से किसी का विरोध नहीं है कि परिस्थिति के अनुरूप श्रमिकों के साथ उचित व्यवहार किया जाए तथा उनके जीवन-स्तर में

उत्तरोत्तर सुधार हो; किंतु हमें यह नहीं भूलना चाहिए कि धन के वितरण से पहले धनार्जन करना पड़ता है।

श्रमिकों द्वारा उद्योगों का प्रबंधन

[30 अगस्त, 1956 को टाटा स्टील ऐंड आयरन कं. लि. के अध्यक्ष के रूप में दिया गया वक्तव्य।]

जैसी अवधारणा कुछ श्रमिक मंडलियों की है कि कंपनी चाहे राज्य के अथवा अंशधारकों के स्वामित्व में हो, उसका प्रबंधन श्रमिकों के द्वारा किया जाए। श्रमिक संघ उपक्रम के लिए श्रमिकों की आपूर्ति तथा प्रबंधन करेंगे, मैं इस विचार से सहमत नहीं हूँ। मेरे विचार में यह एक अव्यावहारिक दृष्टिकोण है। इसे लागू करने से सिर्फ विवादों को बढ़ावा मिलेगा और अंततः निराशा ही हाथ लगेगी।

बड़े उद्योगों का प्रबंधन दिनानुदिन जटिल होता जा रहा है। इस हेतु उच्च स्तरीय तकनीकी, प्रशासनिक तथा विपणन अनुभव एवं दक्षता की आवश्यकता होती है। किसी श्रमिक का उपक्रम में स्तर कुछ भी हो, किंतु निष्पादन क्षमता एवं प्रतिभा के आधार पर उसकी प्रगति निर्धारित करनी चाहिए। किंतु यह स्पष्ट है कि एक सीमा के बाद वह प्रबंधन का अंग बन जाता है। किंतु किसी कंपनी के प्रबंधन को श्रमिकों के हाथ में दे देना इससे भिन्न विषय है।

अतएव, मैं आशा करता हूँ कि श्रमिकों द्वारा प्रबंधन की निरर्थक अवधारणा के संबंध में समय और ऊर्जा का अपव्यय न किया जाए। यह लघु उद्योगों को छोड़कर अन्य क्षेत्रों में सफल नहीं होगी। लघु उद्योगों को सहकारिता की अवधारणा के आधार पर संचालित किया जा सकता है।

व्यक्ति-निर्माण

[6 जुलाई, 1961 को टाटा इंजीनियरिंग ऐंड लोकोमोटिव कं. लि. के अध्यक्ष के रूप में दिया गया वक्तव्य।]

हमारे देश में यह प्रवृत्ति है कि नए उद्योगों की स्थापना में भवन, संयंत्र, उपकरण तथा त्वरित परिणाम प्राप्त नहीं होने पर आलोचना के अतिरिक्त अन्य वस्तुओं की आवश्यकता नहीं होती है। हमें भी ऐसी आलोचनाओं का सामना करना पड़ा है। हालाँकि कई उपकरणों में सिर्फ भवन एवं मशीन ही होते हैं। किंतु

हमारे उपक्रम इनसे कुछ भिन्न हैं। भवन एवं मशीन उद्योग की सिर्फ अस्थि हैं। उनके शरीर के अन्य अवयव कच्चे माल, वित्त, प्रबंधन तथा कर्मचारियों के संयोग से बनते हैं। संपूर्ण तंत्र के निर्माण में वर्षों का समय लगता है। ठीक उसी तरह जैसे शिशु को विकसित होकर एक उत्पादक मानव बनने में समय लगता है।

उत्पादकता एवं क्षमता में बढ़ोतरी शनैः-शनैः होती है। इन्हें सतत कठोर परिश्रम, एकाग्र ध्यान, उच्च स्तरीय गुणवत्ता तथा निष्पादन के माध्यम से प्राप्त किया जा सकता है। मुझे विश्वास है कि देश जिस औद्योगिक विकास योजना के पथ पर अग्रसर है, उसके कार्यान्वयन के समय औद्योगिक प्रगति के इस महत्त्वपूर्ण पक्ष को ध्यान में रखा जाएगा।

राजनीतिक प्रतिरोध

[8 दिसंबर, 1969 को दिल्ली में भारतीय वाणिज्य एवं उद्योग परिसंघ के स्वर्ण जयंती समारोह के अवसर पर 'उद्योग में विकास का दूसरा दशक' विषय पर दिया गया भाषण।]

हम महसूस करते हैं कि औद्योगिक संबंध में अनुशासनहीनता जैसी जटिल समस्या सिर्फ भारत में ही व्याप्त नहीं है, किसी-न-किसी रूप में औद्योगिक संघर्ष पूरे विश्व में दृष्टिगोचर हो रहा है। यह आश्चर्य का विषय नहीं है कि एक शताब्दी से भी अधिक समय तक अधिकांश उद्योगपतियों द्वारा शोषित होने के पश्चात् श्रमिक नई जागृति का अनुभव कर रहे हैं। अब वे अपर्याप्त पारिश्रमिक एवं दयनीय कार्यावस्था के विरुद्ध अपनी स्थिति सुधारने हेतु प्रबंधन पर अत्यधिक दबाव देने की स्थिति में आ गए हैं। आज भी भारत में कई सत्कार्य करने के पश्चात् अन्य समस्याएँ मार्ग में हैं। आनेवाले दशक में औद्योगिक संबंध में सुधार हेतु कई और कार्य होने चाहिए। श्रमिकों की उचित माँगों पर ध्यान देकर प्रबंधन की पारदर्शिता के प्रति उनमें विश्वास की भावना बढ़ाने से दोनों के बीच वास्तविक सहयोग के नए युग का सूत्रपात होगा।

दुर्भाग्यवश, हमारे देश में औद्योगिक समस्या सिर्फ पारिश्रमिक, अल्प लाभ, कार्यावस्था इत्यादि तक ही सीमित नहीं है। यह समस्या राजनीति-प्रेरित भी है। तीन प्रमुख श्रमिक संगठनों पर तीन विभिन्न राजनीतिक दलों का आधिपत्य है। ये दल अपने राजनीतिक उद्देश्यों की पूर्ति के लिए इन संगठनों का उपयोग करने में संकोच नहीं करते।

इस समस्या का कोई सरल समाधान नहीं है। अच्छा तो यह होता कि इन

श्रमिक संगठनों का अपने मूल राजनीतिक दलों से संबंध विच्छेद हो जाता अथवा यदि यह संभव नहीं है तो इन राजनीतिक दलों में इतनी समझ पैदा होती कि श्रमिक संगठनों के अस्तित्व के लिए कंपनी में उत्पादन की अत्यंत आवश्यकता होती है, अतएव राजनीतिक उद्‌देश्यों के लिए श्रमिकों के उपयोग पर प्रतिबंध लगाने की घोषणा की जाती। देश की वर्तमान स्थिति को ध्यान में रखते हुए ऐसा नहीं लगता कि समस्या का इतना सरल समाधान हो जाएगा। समस्या का समाधान अथवा इसे कुछ हद तक कम करने के लिए सरकार को उद्योग-विरोधी गतिविधियों के प्रति कठोर एवं त्वरित काररवाई करनी होगी; किंतु ऐसा करते समय मजदूरों के वास्तविक हितों के प्रति सदैव साकांक्ष एवं निष्ठावान् रहना होगा।

प्रतिरोध के मूल्य

[7 जुलाई, 1971 को टाटा इंजीनियरिंग ऐंड लोकोमोटिव कं. लि. के अध्यक्ष के रूप में दिया गया वक्तव्य।]

भारत के लिए यह दुर्भाग्य का विषय है कि संस्थापित उपकरण से उत्पादन एवं उनका उपयोग दुनिया के किसी देश से अधिक होते हुए भी यहाँ हड़ताल के कारण उत्पादन पर सर्वाधिक असर पड़ता है। संगठित उद्योगों में कुल 70 लाख श्रमिक कार्यरत हैं और यहाँ 1 करोड़ 90 लाख कार्य-दिवसों का प्रतिवर्ष नुकसान होता है, जबकि पश्चिमी जर्मनी में औद्योगिक श्रमिकों की संख्या 1 करोड़ 10 लाख है और वहाँ विगत वर्ष सिर्फ 2.5 लाख कार्य-दिवसों की क्षति हुई।

स्वतंत्रता से अब तक श्रमिकों के संगठन में काफी प्रगति हुई है। सिर्फ पारिश्रमिक के स्तर में सुधार नहीं, अपितु कार्य-परिस्थिति एवं सेवानिवृत्ति लाभ में भी सुधार हुए हैं। इसका श्रेय श्रमिक संगठनों के संघर्ष, सरकार एवं संसद् द्वारा विभिन्न प्रावधान बनाए जाने, न्यायाधिकरण एवं पारिश्रमिक बोर्डों के निर्णयों, सरकार प्रायोजित निकायों तथा प्रबंधन सहयोग को जाता है।

विगत वर्षों में हमें प्रसन्नता है कि टाटा समूह ने श्रमिकों के हित के विषय में सहानुभूतिपूर्वक विचार किया। भारतीय श्रमिकों को अकसर शोषित किया जाता था तथा उन्हें सुरक्षा एवं अन्य लाभों से वंचित रखा जाता था; किंतु वे इसके हकदार थे। टाटा समूह ने श्रमिकों को उनका हक दिलाने का यथासंभव सकारात्मक प्रयास किया। यह अब कोई नई बात नहीं है। उत्पादकता एवं अन्य कारकों को ध्यान में रखते हुए सार्वजनिक एवं निजी क्षेत्रों में संगठित श्रमिक अब उचित पारिश्रमिक

पाते हैं तथा कार्यस्थल का परिवेश भी अनुकूल बन गया है। कृषि एवं असंगठित औद्योगिक श्रमिकों की तुलना में संगठित उद्योग के श्रमिकों की स्थिति काफी बेहतर हो गई है। हड़ताल के दौरान होनेवाली उत्पादन क्षति का देश के निर्धन व्यक्तियों पर सर्वाधिक असर पड़ता है। अतएव जैसा कि उद्योगों में हड़ताल की जाती है, उसका कोई औचित्य नहीं है। इससे प्रतिवर्ष उत्पादन पर घातक असर पड़ता है। देश इस तरह की क्षति को अधिक दिन तक स्वीकार नहीं कर सकता। हमें प्रजातंत्र के लिए कुछ मूल्य तो चुकाना ही पड़ेगा।

मेरा व्यक्तिगत अनुभव यह है कि अधिकांश श्रमिक समस्याओं का समाधान प्रबंधन एवं श्रमिकों के बीच प्रत्यक्ष बातचीत द्वारा सौहार्दपूर्ण वातावरण में किया जा सकता है। बिना राजनीतिज्ञों की मध्यस्थता अथवा राजनीतिक निष्ठा पर आधारित श्रमिक संगठनों के वैमनस्य के इस कार्य में सफलता मिल सकती है। ये दोनों कारण अधिकांश श्रमिक समस्याओं की जड़ हैं। ये श्रमिक संगठनों के विकास को भी प्रभावित करते हैं। अब वह समय आ गया है जब दोनों क्षेत्रों में हर प्रकार की भरती के दौरान शांति एवं न्यूनतम अनुशासन की आवश्यकता है।

विगत कुछ वर्षों में संसद् एवं सरकार के द्वारा श्रम संबंधों को नियंत्रित करने के लिए कई प्रकार के कानून बनाए एवं अध्यादेश जारी किए गए। भारतीय कानून में इनका उल्लंघन अपराध माना जाता है; इन नियमों का सतत उल्लंघन किया जाता है, किंतु सरकार सिर्फ एक मामले को छोड़कर अन्य किसी मामले में उचित काररवाई नहीं कर सकी है। जिन्हें कानून के माध्यम से नियंत्रित किया जाना चाहिए, यदि वे इनका उल्लंघन करते हैं तो इससे बेहतर कानून का न होना था।

अब समय आ गया है जब सरकार को प्रावधानों के उल्लंघन करनेवाले प्रबंधन अथवा श्रमिक या उनके संगठनों के विरुद्ध कठोर काररवाई करनी चाहिए। मुझे आशा है कि सरकार उद्योग जगत् में कानून व्यवस्था बहाल करने से पीछे नहीं हटेगी। इनके बिना देश में उत्पादन की उच्च्च दर प्राप्त नहीं की जा सकती।

व्यावहारिक लक्ष्य

[6 अगस्त, 1974 को टाटा ऑयल मिल्स कं. लि. के अध्यक्ष के रूप में दिया गया वक्तव्य।]

अब ऐतिहासिक एवं अन्य कारणों से श्रमिक संगठनों को यह बात समझ में आ गई है कि हमारी जैसी पुरानी अधिकांश भारतीय कंपनियों में आवश्यकता से

अधिक श्रमिक नियुक्त हैं। कुछ वर्ष पूर्व तक जब पारिश्रमिक एवं उत्पादकता के स्तर निम्न थे तब अतिरिक्त श्रमिकों का होना कोई बहुत बड़ी समस्या नहीं थी, किंतु अब परिस्थिति बदल गई है। अब श्रमिकों पर खर्च बहुत अधिक बढ़ गया है तथा आधुनिक उपकरण अधिक उत्पादक बन गए हैं। आज प्रबंधन के सामने सबसे बड़ी चुनौती वर्तमान नियोजन-स्तर को बनाए रखने की है। अव्यावहारिक माँगों एवं प्रतिरोधों से कंपनी में रोजगार-सृजन की उच्च संभावना बनाए रखने के प्रयास को आघात पहुँचेगा। अतएव मैं कर्मचारियों एवं उनके संघों से अनुरोध करता हूँ कि उनका हित कंपनी के प्रचालन जारी रखने में है।

नियोक्ता के प्रति सामूहिक कारवाई

[6 जुलाई, 1978 को टाटा ऑयल मिल्स कं. लि. के अध्यक्ष के रूप में दिया गया वक्तव्य।]

मैं केंद्र एवं राज्य सरकारों से अनुरोध करना चाहता हूँ कि वर्तमान समय में वे अपनी नीतियाँ स्पष्ट करें। जिस स्वतंत्रता को प्राप्त करने के लिए इतना अधिक संघर्ष करना पड़ा, उसे विखंडनकारी एवं हिंसक गतिविधियों के माध्यम से उत्पादन एवं श्रमिकों की आय को क्षति पहुँचाकर खतरे में नहीं डाला जा सकता है। इन दिनों अनुशासनहीनता एवं विखंडनकारी गतिविधियाँ अकसर दृष्टिगोचर हो रही हैं। उपक्रम के स्वामी अकसर कुप्रबंधन के लिए जिम्मेदार होते हैं। इस प्रकार श्रमिकों एवं उनके संगठनों के साथ कटु संबंध के लिए वे स्वयं उत्तरदायी होते हैं। इसका समाधान भी वे कर सकते हैं।

कार्य एवं प्रगति के सहचर

[2 मार्च, 1985 को जमशेदपुर में प्रथम माइकल जॉन स्मृति व्याख्यानमाला में दिया गया व्याख्यान (माइकेल जॉन सन् 1947 से 1977 तक टाटा श्रमिक संघ के अध्यक्ष रहे)।]

यद्यपि टाटा इस्पात उद्योग में श्रमिक संबंधी विषयों में मेरी रुचि प्रारंभ से ही थी। आज से साठ वर्ष पूर्व जब मैंने टाटा समूह में कार्यभार सँभाला तब से मैं इस विषय में रुचि ले रहा हूँ। उस समय श्रमिकों के हित के लिए आज की भाँति व्यापक स्तर पर सुविधाएँ उपलब्ध नहीं थीं। किंतु आठ घंटे की कार्य अवधि,

नि:शुल्क चिकित्सा सुविधा, सेवानिवृत्ति लाभ, सवेतन अवकाश एवं अन्य प्रकार की सुविधाओं का प्रावधान उस समय भी था। ये सुविधाएँ टाटा समूह में तब प्रारंभ की गईं जब ये यूरोप और अमेरिका में भी नहीं दी गई थीं।

कदाचित् इस संध्या में, इस कक्ष में सिर्फ मैं वह व्यक्ति हूँ, जो वर्तमान शांति एवं सहयोग के समय से पूर्व के संघर्षपूर्ण दिनों का प्रत्यक्षदर्शी रहा हूँ। सन् 1925 में महात्मा गांधी के जमशेदपुर आगमन का अत्यंत ही सकारात्मक प्रभाव पड़ा था। श्रमिकों एवं प्रबंधन के बीच सहयोगपूर्ण वातावरण के निर्माण में सी.आर. दास, सी.एफ. एंड्रूज, राजेंद्र प्रसाद एवं सुभाष चंद्र बोस के मार्गदर्शन महत्त्वपूर्ण रहे हैं। इन सभी घटनाओं का मुझे प्रत्यक्ष ज्ञान है।

सन् 1938 में प्रो. अब्दुल बारी के जमशेदपुर में प्रथम आगमन के पश्चात् टाटा श्रमिक संघ की स्थापना हुई। इसके बाद कंपनी एवं श्रमिक संघ के मध्य निकट सहयोग के युग का प्रादुर्भाव हुआ। इसके परिणामस्वरूप सन् 1956 का ऐतिहासिक समझौता हुआ। यह समझौता परस्पर सलाह करनेवाली व्यवस्था पर आधारित है। आज के सहयोगमय परिवेश के पीछे इस समझौते की महती भूमिका है। इसके पश्चात् जो घटनाएँ घटित हुईं, उनसे आप सभी परिचित हैं। इनके संबंध में उल्लेख करने की आवश्यकता नहीं।

मैं इन्हीं शब्दों के साथ अपनी वाणी को विराम दे सकता था; किंतु जब किसी वृद्ध को अवसर दिया जाता है तो वह अपने पुराने दिनों को याद करने लगता है और अपने जीवन-दर्शन की व्याख्या करने लगता है। मैं आपके कुछ क्षणों का उपयोग इन दोनों कार्यों के लिए करना चाहता हूँ। सन् 1938 में जब मैंने टाटा उद्योग समूह के अध्यक्ष के रूप में अपना कार्यभार सँभाला, उससे पहले मुझे श्रमिक समस्याओं की प्रत्यक्ष जानकारी नहीं थी; किंतु मैं प्रारंभ से ही श्रमिकों के साथ मधुर संबंधों के महत्त्व को समझता था, इसलिए भारत एवं दुनिया के अन्य देशों में संघर्ष एवं अशांति का जो वातावरण व्याप्त था, उससे मैं दु:खी था। जीवन के प्रत्येक क्षेत्र में कलह एवं संघर्ष व्याप्त था।

मैं सोचता था कि सभी प्राणी ईश्वर की देन हैं। उनकी प्रत्येक गतिविधि को ईश्वर ही संचालित करते हैं; किंतु एक ही मानव समुदाय के अंग होने के बावजूद लोग परस्पर शांति एवं सहयोग के साथ जीवन व्यतीत नहीं कर सकते। परिणामस्वरूप मानव-इतिहास संघर्षों से भरा हुआ है। संघर्ष एवं वैमनस्य के कारण पीढ़ी-दर-पीढ़ी लोग कष्ट झेलते रहे हैं। मुझे समझ में नहीं आ रहा था कि मानवीय प्रकृति में संदेह एवं वैमनस्य का इतना व्यापक असर क्यों है। मैंने लोगों के साथ सदैव

सहजता का अनुभव किया है।

इस समस्या पर विचार करते हुए मैंने अशांति एवं कलह के निवारण हेतु तीन महत्त्वपूर्ण आवश्यकताओं का अनुभव किया, जो परस्पर संबंध की दृष्टि से महत्त्वपूर्ण हैं। ये आवश्यकताएँ निम्नलिखित हैं—

> पहली आवश्यकता संप्रेषण की है। मधुर संबंध बनाने के लिए लोगों अथवा समूहों के बीच सतत निष्पक्ष चर्चाओं का आयोजन होते रहना चाहिए। इसके फलस्वरूप जमशेदपुर में इस्पात कंपनी तथा श्रमिक संघ के बीच वर्षों से शांति कायम रही है। इसकी सफलता एवं प्रभाव कंपनी, श्रमिकों एवं उनके संघों के बीच सतत संवाद पर निर्भर करता है। परिणामस्वरूप दोनों पक्षों के बीच सभी विषयों एवं निर्णयों के संबंध में आपसी समझ में वृद्धि होती है।
>
> दूसरा महत्त्वपूर्ण कार्य लोगों के साथ सदैव ईमानदारी एवं गंभीरता के साथ पेश आना चाहिए। यह कार्य वास्तविक या संभावित संघर्ष अथवा असहमति होने की स्थिति में उन्हें सुलझाने के लिए अधिक महत्त्वपूर्ण हो जाता है। मानव-इतिहास परस्पर अविश्वास एवं संदेह के उदाहरणों से भरा हुआ है। राष्ट्र एवं संस्कृतियाँ एक-दूसरे को संदेह की दृष्टि से देखते हैं। आज दो विश्व-शक्तियों सहित विभिन्न देशों के बीच व्याप्त वैमनस्य इसके उदाहरण हैं।
>
> तीसरा महत्त्वपूर्ण कार्य यह है कि लोगों पर विश्वास करें तथा उन्हें प्रेरित करें। मैं इस कार्य के अनुपम उदाहरण का स्मरण कर रहा हूँ। जब मैं प्रो. अब्दुल बारी के संपर्क में आया, जमशेदपुर में उन्हें श्रमिकों को संबोधित करते देख प्रेरित हुआ।

आप लोगों में से जो प्रो. बारी को जानते होंगे, वे स्मरण करेंगे तो पाएँगे कि वे एक उत्तेजक प्रकृति के व्यक्ति थे तथा हिंसक उन्माद फैलाने की उनमें क्षमता थी। मैंने प्रबंधन के प्रति उनके क्रुद्ध एवं अशोभनीय वक्तव्यों को सुना। सुनकर मैं उलझन में पड़ गया। सहज ही उसे भुलाना कठिन हो गया; किंतु अगले दिन सुबह जब मैं उनसे मिला तो उनकी प्रशंसा करने से अपने आपको रोक नहीं सका। वे पूर्णत: ईमानदार व्यक्ति थे। मैंने मित्रतापूर्ण मुसकान के साथ उनसे हाथ मिलाया। मैंने पाया कि उनके चेहरे पर सकारात्मक भाव का संचार हुआ। बाद में मुझे संतोष हुआ कि गत रात्रि में हमारे प्रति क्रुद्ध वचन अनुचित नहीं थे। मेरा उनके प्रति मैत्रीपूर्ण दृष्टिकोण रहा। मैंने मुसकराते हुए धीरे से उनसे कहा, 'आपने हमारे लिए

जिन शब्दों का प्रयोग किया, क्या हम उनके पात्र हैं?' इसपर उन्होंने कहा, 'टाटा साहब, इस बात के लिए मुझे खेद है; किंतु जब मैं मंच पर जाता हूँ तो उत्तेजित हो उठता हूँ और अपने आपको नहीं रोक पाता हूँ।'

उसी क्षण हम दोनों के बीच सम्मान के भाव का संचार हुआ। हमारे बीच मधुर संबंध सन् 1947 में उनकी दुःखद मृत्यु के समय तक बने रहे। मित्रता एवं सौहार्द के इस प्रयास को माइकेल जॉन के साथ भी कायम रखा गया। श्री जॉन प्रो. बारी के समय में उपाध्यक्ष थे तथा बाद में उन्होंने श्रमिक संघ को नेतृत्व प्रदान किया।

मैंने इस घटना का उल्लेख आपसे अपनी मान्यता को स्पष्ट करने के लिए किया है। सामान्य रूप से लोगों के साथ अच्छे संबंध बनाने में कोई समस्या नहीं है। विशेष रूप से प्रबंधन एवं श्रमिकों के बीच मधुर संबंध बनाना सहज है। ऐसा तब संभव होता है जब व्यक्ति दूसरे की समस्याओं में रुचि लेता है और उसमें विश्वास करता है। प्रारंभिक दिनों से लेकर आज तक कंपनी में जो उत्कृष्ट संबंधों एवं सहयोग का वातावरण व्याप्त है, उस हेतु मैं अपने योगदान का उल्लेख नहीं करना चाहता। यदि इस उपलब्धि का श्रेय किसी एक व्यक्ति को दिया जाए तो वे आपके वर्तमान अध्यक्ष श्री रूसी मोदी हैं। श्री मोदी के मानवीय गुण एवं असाधारण योग्यता लोगों में प्रेम एवं मैत्री का संचार करते हैं। मैं भी उनसे प्रभावित हूँ। ताली एक हाथ से नहीं बजती, सहयोग हेतु दोनों ओर से प्रयास किया जाना चाहिए। श्रमिक संघ में अब्दुल बारी एवं माइकेल जॉन की परंपरा को आगे बढ़ानेवाले योग्य उत्तराधिकारी श्री गोपाल हैं। उनकी कार्यशैली की हम सभी प्रशंसा करते हैं।

विगत दिनों को स्मरण किया गया एवं वर्तमान संदर्भ का भी उल्लेख किया गया, किंतु भविष्य के प्रति जिज्ञासा बनी हुई है। जहाँ तक जमशेदपुर में कंपनी के प्रचालन का प्रश्न है, भविष्य में अतिरिक्त अथवा नई नियुक्तियों की संभावना नहीं है। तथापि नई पीढ़ियों को कार्य एवं धनार्जन के अवसर प्रदान करने हेतु उपायों की खोज की जानी चाहिए। दुनिया के कई देशों में हमारी कंपनियों जैसी पुरानी कंपनियों में नए रोजगार-सृजन की समस्याएँ विद्यमान हैं। इस संदर्भ में मेरा सुझाव है कि जमशेदपुर के आस-पास के क्षेत्रों में लघु अथवा मध्यम स्तर के उद्योगों या सेवा-केंद्रों की स्थापना की जा सकती है। इसमें स्वरोजगार केंद्र भी खोले जा सकते हैं। जमशेदपुर के श्रमिकों तथा टाटा श्रमिक संघ ने देश में स्वस्थ श्रमिक संगठन की परंपरा स्थापित करने में सराहनीय योगदान दिया है। उनकी सतत सफलता एवं संपन्नता हेतु मेरी शुभकामनाएँ!

□

आधुनिकीकरण

मानव एवं मशीन

[26 अगस्त, 1954 को टाटा स्टील ऐंड आयरन कं. लि. के अध्यक्ष के रूप में दिया गया संबोधन।]

मानव एवं मशीन के बीच संबंध को लेकर चर्चा काफी पुरानी है। सैकड़ों वर्ष पहले खोजी मानवों को जला दिया जाता था अथवा जादूगर कहकर पत्थर मार-मारकर उनके प्राण ले लिये जाते थे। 19वीं शताब्दी में ब्रिटेन में जब मशीनों को नष्ट किया गया तथा फैक्टरियों को जलाया गया तो लोगों के लिए यह असहनीय हो गया। अन्य देशों में भी मशीनीकरण की प्रगति को रोकने के प्रयास किए गए। सिलाई मशीन, जिसके प्रति महिलाओं का बड़ा लगाव होता है और महात्मा गांधी का भी इसके प्रति स्नेहपूर्ण दृष्टिकोण था, पहली बार फ्रांस में इसकी शुरुआत होने से क्रुद्ध दर्जियों ने उसे तोड़ डाला।

सदियों से मशीन के प्रति इस दुर्भावना का मुख्य कारण यह रहा है कि लोग सोचते हैं, औद्योगिक प्रक्रियाओं का मशीनीकरण होने से बेरोजगारी बढ़ जाएगी। किंतु वास्तविक रूप से मशीन के कारण सर्वाधिक संख्या में रोजगारों का सृजन हुआ है।

ब्रिटेन में कपड़ा मिल के श्रमिकों द्वारा विद्युत्-चालित करघाओं और धुरियों को तोड़ने की घटना के कुछ ही वर्ष बाद कपड़ा मिलों में पहले की तुलना में दस गुना अधिक रोजगार का सृजन हुआ। अमेरिका में विगत साठ वर्षों में रोजगार प्राप्त करनेवाले लोगों की संख्या 1 करोड़ 80 लाख से बढ़कर 6 करोड़ तक पहुँच गई, जबकि मशीनीकरण के मामले में अमेरिका दुनिया का अग्रणी देश है। यहाँ सन्

1939 एवं 1953 के मध्य उत्पादक उद्योगों में रोजगार में 75 प्रतिशत की वृद्धि हुई। यह तथ्य है कि इन उद्योगों में मशीनीकरण की गति सर्वाधिक थी।

ताँगा चलाने से जहाँ 10 लाख लोगों का जीवन-यापन होता था, वहीं मोटर वाहन से 65 लाख लोगों का जीवन-यापन होता है। जब मोटरकार के पुर्जे हाथ से बनाए जाते थे तो कुछ धनी व्यक्ति ही इसे खरीद पाते थे। इस उद्योग का असर आम जनजीवन पर नहीं था, किंतु जब इसके पुरजे मशीन से बनने लगे तो इसमें रोजगार के अवसर बढ़े।

जब मोटर वाहन उद्योग ने हेनरी फोर्ड के नेतृत्व में मशीनीकरण की ओर कदम रखा तो इसमें क्रांतिकारी परिवर्तन आया। नई मशीन एवं नई पद्धति के फलस्वरूप द्रुत गति से अधिक संख्या में सस्ती कारों का निर्माण होने लगा। पहले जहाँ कार के क्रेताओं की संख्या हजार में होती थी, वह अब बढ़कर लाखों तक पहुँच गई।

इस क्रांति का असर रोजगार पर भी पड़ा। कार निर्माण हेतु कारखानों में लाखों लोगों को रोजगार मिला। हजारों लोग टायर, बैटरी, सजावट के समान एवं ईंधन उद्योगों में कार्यरत हुए। लाखों लोगों को कार बिक्री, मरम्मत, बीमा, सर्विस केंद्र, ट्रक एवं बस व्यापार में रोजगार प्रदान किया गया। अतएव कार निर्माण में प्रत्यक्ष रूप में कम लोगों के संलग्न होते हुए भी इसके आनुषंगिक उद्योगों में लाखों लोगों को रोजगार के अवसर मिले।

निश्चित रूप से मशीनीकरण से रोजगार के अवसर बढ़ने से कोई इनकार नहीं कर सकता है। इस बात में किसी को संदेह नहीं कि आधुनिक उद्योग के कारण विगत सौ वर्षों में पर्याप्त संख्या में रोजगारों का सृजन हुआ। मशीनीकरण के मार्ग पर अग्रसर हुए बिना क्या ऐसा होना संभव था?

भारत में जनसंख्या वृद्धि की दर खतरनाक स्तर पर पहुँच गई है। दुनिया के अन्य देश मशीनीकरण के मामले में तटस्थ रह सकते हैं, किंतु भारत जैसे विशाल जनसंख्यावाले देश में इस विषय में निर्णय लेना ही होगा। उद्योग के सहारे लाखों लोगों को शीघ्र रोजगार दिया जा सकता है। इससे भूमि पर जनसंख्या का दबाव कम हो जाएगा, पर बिना मशीनीकरण किए ऐसा नहीं किया जा सकता। आधुनिकीकरण के अभाव में उद्योग का अस्तित्व संकट में पड़ जाएगा।

पुराने औजारों से उत्पादकता में गिरावट आती है। निम्न उत्पादकता के कारण मूल्य-वृद्धि होती है तथा मजदूरी-दर में गिरावट आती है। मजदूरी की दर में कमी से क्रय शक्ति एवं माँग में कमी आती है। माँग में कमी से उत्पादन में कमी

होती है। हमारे जैसे औद्योगिक रूप से पिछड़े देश में गरीबी का मुख्य कारण यह दुश्चक्र है। इस समस्या से निजात पाने तथा जीवन-स्तर को ऊँचा उठाने का एकमात्र उपाय आधुनिक उपकरणों तथा पद्धति का उपयोग है। इससे अधिक उत्पादन होगा। लोगों को कम कीमत पर वस्तुएँ मिलेंगी। इससे उत्पादन में संलग्न लोगों को अधिक पारिश्रमिक दिया जा सकेगा।

बिना सोचे-समझे भारत में द्रुत गति से मशीनीकरण के कारण उत्पन्न समस्याओं के प्रति मैं संप्रति साकांक्ष नहीं हूँ। सौभाग्यवश, यहाँ की संभावित समस्या तात्कालिक प्रकृति की होगी। इसका स्तर उतना व्यापक नहीं होगा। व्यापक स्तर पर मशीनीकरण करने में वर्षों का समय लग जाएगा। इस कार्य में पर्याप्त संसाधन की आवश्यकता होगी, जबकि हमारे पास सीमित संसाधन हैं। अतएव यह कार्य धीरे-धीरे होना चाहिए।

जो नियोक्ता मशीनीकरण एवं आधुनिकीकरण के इच्छुक हैं, उन्हें कई उत्तरदायित्वों का पालन करना पड़ेगा। वे पहले आश्वस्त हो जाएँ कि वे सक्षम तथा मितव्ययी हैं। उन्हें पहले यह प्रयास करना चाहिए कि अप्रशिक्षित कर्मचारियों को अन्यत्र नियोजित करें। अतिरिक्त कर्मचारियों को अन्य कार्य हेतु प्रशिक्षित करने में राज्य की सहायता करनी चाहिए। जो वैकल्पिक रोजगार प्राप्त करने में सक्षम नहीं हैं अथवा रोजगार प्राप्त नहीं करना चाहते हैं, उन्हें पर्याप्त धनराशि देकर क्षतिपूर्ति करनी चाहिए। अंततः कम लागत से प्राप्त उत्पाद का लाभ कर्मचारियों एवं उपभोक्ताओं को प्रदान करने के लिए उन्हें निस्संकोच रूप से तैयार रहना चाहिए।

वास्तविक समस्या मनोवैज्ञानिक स्तर पर है। श्रमिकों को इस परिवर्तन के लिए मानसिक रूप से तैयार करना होगा। अमेरिका एवं यूरोप में श्रमिक संघ न सिर्फ तकनीकी उन्नति का पक्ष लेते हैं, अपितु इन कार्यों को बढ़ावा देते हैं। इस कार्य में वे सहयोग देते हैं। श्रमिक संघ के नेता मानने लगे हैं कि उत्पादकता बढ़ने एवं वस्तुओं की कीमत कम होने से ही उनकी नौकरी सुरक्षित रह सकती है।

मैं भारत के श्रमिक नेताओं से आग्रह करता हूँ कि वे इस समस्या के विषय में तटस्थ एवं वैज्ञानिक दृष्टि से सोचें। यदि संभव हो तो प्रबंधन को सहयोग दें। संपूर्ण विश्व में मशीन के कारण मानव को मुक्ति मिली है। हजारों वर्षों के श्रम, संघर्ष एवं विपन्नता से मुक्ति मिली है, इससे पारिश्रमिक में बेतहाशा वृद्धि हुई है। पारिश्रमिक वहीं पर निम्न रहा है जहाँ मशीन का उपयोग अपर्याप्त रूप से अथवा अक्षमतापूर्वक किया गया है।

अतएव मैं सभी से वास्तविकता का सामना करने का अनुरोध करता हूँ।

आधुनिक उद्योग एवं पुरानी पद्धति के उद्योग में से एक का चयन करना होगा। हम मशीनीकरण के कारण उच्च उत्पादकतावाले समाज की स्थापना करेंगे, जिसमें श्रमिक सम्मान का जीवन व्यतीत करेंगे अथवा प्रारंभिक काल के औद्योगिक रूप को अपनाएँगे, जिसमें जनसंख्या वृद्धि के कारण गरीबी एवं अवसादपूर्ण जीवन व्यतीत करेंगे।

□

अस्तित्व हेतु रणनीति

जनसंख्या

संकट में एक शहर

अस्तित्व हेतु रणनीति

राष्ट्रपतीय प्रणाली

यद्यपि जे.आर.डी. टाटा राजनीति से तटस्थ थे, तथापि समकालीन समस्याओं में उन्होंने गहन रुचि ली। वे पहले भारतीय थे, जिन्होंने सन् 1951 में जनसंख्या विस्फोट के खतरों के प्रति लोगों को सचेत किया। वे उन कुछ गिने-चुने लोगों में से थे, जिन्होंने सन् 1968 में भारत के लिए राष्ट्रपति प्रणाली अपनाने का प्रस्ताव रखा। जनसंख्या की समस्या के प्रति राजनीतिज्ञ देर से साकांक्ष हुए, जबकि टाटा इस कार्य हेतु पहले से प्रयासरत थे। उन्होंने अन्य दूरदर्शी लोगों के साथ सन् 1970 में भारतीय परिवार नियोजन प्रतिष्ठान की स्थापना की।

वे अकसर इस समस्या के बहुमुखी समाधान हेतु सुझाव दिया करते थे। वे अकसर 'जनसंख्या की विस्फोटक वृद्धि' जैसे वाक्यांश बोलते थे। भारत में जब दूरदर्शन की शुरुआत हुई तो उन्होंने कहा कि इसमें जनसंख्या परिदृश्य, विशेष रूप में ग्रामीण क्षेत्रों में, परिवर्तित करने की संभावना है। परिवार नियोजन कार्यक्रम में योगदान हेतु उन्हें सन् 1992 में 'संयुक्त राष्ट्र जनसंख्या पुरस्कार' प्रदान कर सम्मानित किया गया।

जब सन् 1983 में बंबई के महापौर द्वारा उनका नागरिक अभिनंदन किया गया तो उन्होंने उस शहर की दयनीय स्थिति पर प्रकाश डाला। भारत की वाणिज्यिक राजधानी को पतन से बचाने के लिए उन्होंने कुछ बहुमूल्य सुझाव दिए। वे नागरिक जीवन में सक्रिय रहे हैं। वे बंबई मुख्य भूमि संपर्क परियोजना की संचालन समिति के अध्यक्ष रहे। उन्होंने नगर, उद्योग, देश जैसे सभी विषयों पर अपने सुझाव रखे। सन् 1969 में जब उन्हें स्टॉकहोम की नोबेल प्रतिष्ठान ने संबोधन के लिए बुलाया तो उन्होंने 'मानव अस्तित्व हेतु रणनीति' विषय का चयन किया। वैश्विक परिदृश्य में टाटा ने विकासशील देशों में माँग की समस्या तथा पश्चिमी देशों में मानसिक चेतना की समस्या पर विचार किया।

जनसंख्या

तत्काल जागृति

[22 अगस्त, 1951 को टाटा आयरन ऐंड स्टील कं. लि. के अध्यक्ष के रूप में दिया गया वक्तव्य।]

विगत वर्षों में लोग जनसंख्या समस्या पर विचार ही नहीं करना चाहते थे अथवा इसे खाद्य-उत्पादन से जोड़कर सरलीकृत करने की घातक प्रवृत्ति दृष्टिगोचर होती थी। यदि खाद्यान्न का उत्पादन जनसंख्या वृद्धि के अनुरूप होता है तो भी समस्या का आंशिक समधान ही होगा, क्योंकि खाद्यान्न की पर्याप्त उपलब्धता के बावजूद देश के निर्धन लोगों को पर्याप्त मात्रा में अन्न उपलब्ध नहीं हो सकेगा।

पश्चिमी देशों में व्याप्त उच्च जीवन-स्तर से प्रेरित होकर भारतीय भी वस्त्र, आवास, शिक्षा, स्वास्थ्य, सुरक्षा इत्यादि में उच्च स्तर की माँग करेंगे। सीमित समय में उच्च जीवन स्तर प्राप्त करना अत्यंत ही कठिन होगा। यदि जनसंख्या वर्तमान स्तर पर स्थिर भी हो जाती है तो भी सीमित संसाधनों से ऐसा कर पाना दुष्कर होगा।

अगर सामान्य अंक गणितीय विधि से आकलन किया जाए और जनसंख्या वृद्धि की दर को रोकने का प्रयास न किया जाए तो आगामी पैंतीस वर्षों में हमारी जनसंख्या में 20 करोड़* की बढ़ोतरी होगी तथा पचास वर्षों में यह दुगुनी हो जाएगी। इस भयावह जनसंख्या वृद्धि को देखते हुए क्या यह संभव है कि इस समस्या का समाधान किए बिना कोई भी महान् प्रयास जनजीवन को ऊर्जावान्

---

* सन् 1951 में जब यह भाषण दिया गया उस समय भारत की जनसंख्या 36 करोड़ 10 लाख थी। सन् 1981 में देश की जनसंख्या 68 करोड़ 50 लाख हो गई।

बनाने में सार्थक हो सकेगा! ऐसा लगता है कि वर्तमान पीढ़ी के जीवनकाल में आपदाएँ घटित हो जाएँगी।

मैं साकांक्ष हूँ कि भारत जैसी प्राचीन सभ्यता में यह समस्या सांस्कृतिक अवधारणा से किस प्रकार जुड़ी हुई है। तथापि मैं उन लोगों में से नहीं हूँ, जो निराश हो जाएँ। वस्तुतः एक बार इसकी व्यापकता एवं ज्वलंत प्रकृति समझ में आने पर इसका समाधान कई प्रकार से करना संभव है। सर्वप्रथम सरकार को अविलंब एक उच्च शक्ति प्राप्त समिति* का गठन करना चाहिए, जिसमें प्रसिद्ध वैज्ञानिक, अर्थशास्त्री तथा समाजशास्त्री हों, जो समस्या के सभी पहलुओं पर विचार कर सकें।

समस्या के कारण के संबंध में उनके स्पष्ट एवं प्राधिकृत विचार तथा उनके उपाय का ज्ञान होने से इस दिशा में सार्थक प्रयास किए जा सकते हैं। इसके पश्चात् जन-जागृति, वैधानिक तथा प्रशासनिक प्रावधानों के लिए एक ठोस आधार तैयार हो सकेगा।

जनसंख्या, संसाधन एवं पर्यावरण

[13-15 सितंबर, 1983 को जिनेवा में जनसंख्या समस्या पर गैर-सरकारी संगठनों के अंतरराष्ट्रीय सम्मेलन में दिया गया भाषण।]

सर्वप्रथम लोगों के व्यक्तिगत प्रयास तथा स्वयंसेवी संगठनों की कोशिशों से इसपर अध्ययन एवं कार्यक्रम प्रारंभ किए गए। तदनंतर सरकार का ध्यान जनसंख्या वृद्धि की ओर गया। जन्म-दर वृद्धि को मानव अधिकार के प्रश्न सदृश उठाया गया और इस दिशा में काररवाई की माँग की गई। इसी सुंदर शहर जिनेवा में सन् 1927 में प्रथम विश्व जनसंख्या सम्मेलन का आयोजन किया गया था। जन्म-दर नियंत्रण के संबंध में मारग्रेट सैंगर की प्रेरक पहल के कारण दुनिया के प्रसिद्ध वैज्ञानिक जनसंख्या समस्या पर विचार करने के लिए एकत्र हुए थे। अनुभव एवं विशेषज्ञता के साथ लक्ष्य के प्रति पूर्ण निष्ठा अपनाने से व्यापक प्रभाव पड़ता है।

---

* दो वर्ष पश्चात् सन् 1953 में टाटा इस्पात के शेयरधारकों के समक्ष भाषण देते हुए टाटा ने पुनः इस समस्या की गंभीरता के प्रति सचेत किया और दोहराया कि समिति के गठन की दिशा में प्रयास नहीं किए गए। आगामी दशकों के दौरान भी वे इस समस्या को उठाते रहे।

हम मानते हैं कि जनसंख्या नियंत्रण एवं प्रबंधन जैसे कार्यक्रम में सरकार को राष्ट्रीय स्तर पर अभियान चलाकर इस दिशा में अपने राजनीतिक वर्चस्व, संसाधन एवं तंत्र का उपयोग करना चाहिए। ऐसे अभियान चलाने में सरकार की प्रमुख भूमिका है। पुनः इन कार्यक्रमों का अंतरराष्ट्रीय आयाम है तथा इस समस्या का वैश्विक निदान खोजना पड़ेगा। संयुक्त राष्ट्र संघ के तत्त्वावधान में अंतरराष्ट्रीय पहल अनिवार्य है; किंतु इस कार्य में हमारी अत्यंत ही सशक्त एवं सहयोगात्मक भूमिका होगी।

आज अधिकांश सरकारी अधिकारी जितना इस समस्या के प्रति सजग दिखते हैं, उसकी तुलना में यहाँ एकत्र हम लोग अधिक समय से जनसंख्या समस्या के प्रति सचेत रहे हैं। इस दिशा में मैंने सर्वप्रथम सन् 1951 में प्रयास किया था, जब सार्वजनिक रूप से मैंने निर्बाध बढ़ रही जनसंख्या के प्रति लोगों को सचेत किया था। मैंने लोगों को आगाह किया कि यदि इस समस्या का निदान नहीं किया गया तो सारे महान् प्रयास व्यर्थ हो जाएँगे; लोगों के जीवन में नव ऊर्जा का संचार नहीं हो पाएगा, वर्तमान पीढ़ी के जीवनकाल में ही आपदाओं की मार पड़ेगी। मेरी चेतावनी का असर पड़ा, इसलिए आगामी तीस वर्षों में देश की जनसंख्या में सिर्फ 35 करोड़ की वृद्धि हुई।

हम सभी इस समस्या के घातक पहलुओं से परिचित हैं; किंतु इस तथ्य के प्रति अनभिज्ञ हैं कि मानव की जनसंख्या 1 अरब तक पहुँचने में 10 लाख वर्ष का समय लगा है। इसके पश्चात् 100 वर्ष में ही यह संख्या दुगुनी हो गई। सिर्फ 20वीं शताब्दी में जनसंख्या में साढ़े चार अरब की वृद्धि हुई। अमेरिकी राष्ट्रपति को प्रस्तुत की गई 'वैश्विक 2000 रिपोर्ट' के अनुसार आज तक पृथ्वी पर जितने मानव आए उनमें से तीन-चौथाई अभी जीवित हैं।

खतरे की घंटी अब भी बज रही है। संयुक्त राष्ट्र संघ एवं विश्व बैंक के पूर्वानुमान के अनुसार 20वीं शताब्दी के अंत तक जनसंख्या में 4 से 6 अरब तक की वृद्धि होगी। जनसंख्या संतुलन 21वीं शताब्दी में ही हो सकता है जब यह 10 से 12 अरब तक पहुँच जाएगी।

वर्तमान शताब्दी का अन्य भयकारी पक्ष यह है कि अल्प विकसित देशों में जनसंख्या एक विकट समस्या के रूप में दृष्टिगोचर हो रही है। आप्रवासन की समस्या को छोड़कर विकसित देशों में अन्य सभी समस्याएँ निबट गईं। विकसित देशों में 20वीं शताब्दी के पूर्वार्ध में ही जनसंख्या सीमित हो गई। विकसित देशों में औद्योगिक क्रांति के कारण आर्थिक प्रगति हुई, जिसके परिणामस्वरूप लोगों

के जीवन स्तर में उन्नति हुई। उन देशों में जनसंख्या वृद्धि को नियंत्रित किया जा सका। किंतु विकासशील देशों में जनसंख्या वृद्धि की तुलना में आर्थिक प्रगति नहीं हो सकी।

उपर्युक्त कथन के संदर्भ में भारत का उदाहरण समीचीन है। भारत में जनसंख्या वृद्धि की औसत-दर 2.4 प्रतिशत रही है, जबकि आर्थिक विकास-दर विगत 30 वर्षों में औसत रूप से 3.5 प्रतिशत रही है। जापान एवं कोरिया जैसी अत्यंत द्रुत गामी अर्थव्यवस्था को छोड़कर अन्य देशों की तुलना में भारत की आर्थिक प्रगति संतोषजनक रही। जनसंख्या वृद्धि के कारण प्रति व्यक्ति आय बढ़ाने के लिए सिर्फ 1.3 प्रतिशत का संसाधन शेष रह जाता है। परिणामस्वरूप 170 अरब डॉलर योजना विकास पर खर्च करने के बावजूद आज गरीबी रेखा के नीचे रहनेवाले लोगों की संख्या तीस वर्ष पूर्व की तुलना में अधिक है। गरीबी रेखा को भारत में सरकार परिभाषित करती है। जिस व्यक्ति की वार्षिक आय 100 डॉलर से कम होती है उसे गरीबी रेखा के नीचे माना जाता है।

इससे निश्चित तौर पर स्पष्ट होता है कि आर्थिक विकास जीवन-स्तर बढ़ाने में सहायक होता है। प्रत्येक विकासशील देश में आर्थिक प्रगति को बाध्यकारी लक्ष्य के रूप में स्वीकार किया जाना चाहिए। अल्प अवधि में यह लक्ष्य स्वत: प्राप्त नहीं होगा, इस हेतु जनसंख्या वृद्धि की दर को नियंत्रित करना आवश्यक है।

घातक परिणाम

पिछली शताब्दी में अल्प विकसित अथवा विकासशील देशों में जनसंख्या विस्फोट के तीन घातक परिणाम हुए—

प्रथम, इसके कारण लोगों में घोर निर्धनता व्याप्त रही तथा वे सब बेहतर जीवन-स्तर के अवसर से वंचित हो गए।

दूसरा, पृथ्वी के सीमित संसाधनों पर इतना अधिक दबाव पड़ा कि वह पर्यावरण के लिए घातक सिद्ध हुआ। इसके कारण हमारे देश में व्यापक स्तर पर वन-विनाश, भूमि अपरदन, नदियों के मार्ग में अवरोध एवं मैदानी भागों में सतत बाढ़ की घटनाएँ घटित हुई हैं। इस संबंध में लेस्टर ब्राउन ने उचित ही कहा है—'माँग की सीमा जब एक बार धारणीयता के स्तर को पार कर जाती है तो अतिरिक्त माँग की पूर्ति आधारभूत उत्पादक संसाधनों को विनष्ट करके ही की जाती है।'

तीसरा, इसके परिणामस्वरूप ग्रामीण क्षेत्रों से नगरों की ओर पलायन हुआ। फलत: सीमित क्षेत्रफल में अत्यधिक लोगों का जमाव होने लगा, जिससे मौलिक

आवश्यकताओं से वंचित झुग्गी बस्तियाँ अस्तित्व में आईं। जनसंख्या रुझान से यह स्पष्ट होता है कि 20वीं शताब्दी के इस अंतिम चतुर्थांश में विश्व में 5 लाख से अधिक जनसंख्यावाले 5 हजार शहरों का उदय होगा। इनमें से लगभग सभी शहर विकासशील देशों में होंगे, जिनसे स्थानाभाव, झोंपड़पट्टी एवं प्रदूषण जैसी भयानक समस्याएँ फैलेंगी।

हालाँकि यहाँ यह उल्लेख करना आवश्यक है कि जिन देशों की जनसंख्या अधिक नहीं है वहाँ भी पर्यावरण को क्षति पहुँच सकती है। अमेरिका तथा यूरोप के कई भागों में भूमि, वायु, नदियाँ, झीलें, हरे-भरे जंगल प्रदूषण की चपेट में आ जाएँगे। इसके साथ ही इन देशों में रसायनों के प्रभाव से मिट्टी जहरीली हो जाएगी।

अत्यधिक द्रुत गति से जनसंख्या वृद्धि के परिणामस्वरूप व्यापक स्तर पर बेरोजगारी बढ़ेगी। यूरोप एवं अमेरिका के जिन देशों में जनसंख्या संतुलित हो गई है वहाँ भी बेरोजगारी दृष्टिगोचर हो सकती है। हाल की आर्थिक मंदी के दौरान संपन्न देशों में रोजगार विहीन लोगों को सामाजिक सुरक्षा लाभ दिए गए। ऐसे लाभ विकासशील देशों में उपलब्ध नहीं हैं। इन देशों में बेरोजगारी के कारण गरीबी बढ़ती है।

अंतरराष्ट्रीय आँकड़े बताते हैं कि अधिकांश विकासशील देशों में वार्षिक जनसंख्या वृद्धि-दर 2.5 प्रतिशत है। इस वृद्धि-दर के परिणामस्वरूप इन देशों में 6 से 7 प्रतिशत तक श्रमिकों की संख्या में वृद्धि होती है। इन देशों में वर्तमान जनसंख्या को नियोजित करने की क्षमता तो है नहीं, अतिरिक्त श्रमिकों को वे कहाँ से नियोजित कर पाएँगे। यह समस्या इस तथ्य से और अधिक जटिल हो जाती है कि आधुनिक उद्योग श्रम आधारित न होकर पूँजी आधारित हैं। वस्तुत: सरकारी आँकड़े यह दरशाते हैं कि हाल के वर्षों में जितने रोजगार सृजित होते हैं, उनमें से सिर्फ 3 प्रतिशत प्रत्यक्ष रूप से आधुनिक संगठित उद्योग में नियोजित किए जाते हैं। ब्राजील में एक दशक से अधिक समय तक 8 से 10 प्रतिशत तक सकल राष्ट्रीय उत्पाद में वृद्धि होने के बावजूद बेरोजगारी की समस्या का हल नहीं ढूँढ़ा जा सका।

अंतत: जनसंख्या वृद्धि के कारण लोग भुखमरी के शिकार हो रहे हैं। गरीबी रेखा के नीचे जीवन-यापन करनेवाले लोगों की संख्या में बढ़ोतरी होती जा रही है। आगामी दशकों में विकासशील राष्ट्रों को यह वाक्य आत्मसात् करना चाहिए—'भूमि को उर्वर बनाएँ, परिवार नियोजन कराएँ।'

टेलीविजन से अपेक्षाएँ

सीमित संसाधनों की तुलना में बढ़ती हुई माँग तथा निर्बाध रूप से जनसंख्या वृद्धि के कारण बढ़ रही गरीबी चिंता के विषय हैं। अब प्रश्न यह है कि तथ्यों की जानकारी, तकनीकी ज्ञान एवं कौशल की उपलब्धता के बावजूद जनसंख्या वृद्धि के इस रुझान को बदलने के लिए किंचित् मात्र भी प्रयास नहीं किए गए हैं। यदि इस रुझान पर अंकुश नहीं लगाया जाएगा तो वैश्विक स्तर पर गरीबी, प्राकृतिक आपदा एवं राजनीतिक संकट उत्पन्न होंगे। सुरसा के मुख की तरह बढ़ रही जनसंख्या ही दुनिया के सभी प्रमुख देशों की सरकारों को इस दिशा में कार्य करने तथा जनसंख्या नियंत्रण कार्यक्रमों हेतु संसाधन आवंटन हेतु प्रेरित करेगी। खतरे तो दिख रहे हैं, किंतु अभी तक खतरे की घंटी नहीं बजी है। इस संदर्भ में आपातकाल जैसी स्थिति घोषित नहीं की गई है। इस दिशा में कुछ गैर-सरकारी संगठन, संयुक्त राष्ट्र जनसंख्या कार्यक्रम निधि, कतिपय चिंतकों, सरकारी अधिकारियों तथा मीडिया के अतिरिक्त अन्य कोई भी सजग नहीं है।

टेलीविजन कार्यक्रमों के प्रसारण को विस्तार देने के उद्देश्य से उपलब्ध उपग्रह संचार के हाल के दिनों में विकास से अधिक संख्या में टेलीविजन केंद्रों की स्थापना की आवश्यकता महसूस की जा रही है। इससे साक्षरता, प्राथमिक शिक्षा, स्वास्थ्य, परिवार नियोजन, कृषि संबंधी सलाह, महत्त्वपूर्ण समाचार एवं मनोरंजन संबंधी उच्च स्तरीय कार्यक्रम प्रसारित करने की दिशा में नए आयामों के द्वार खुले हैं। इसका लाभ ग्रामीण क्षेत्र में करोड़ों लोगों को होगा। मुझे प्रसन्नता है कि भारत सरकार ने भू-रेखीय उपग्रहों से जोड़ने के लिए 180 दूरदर्शन केंद्रों को स्थापित करने के अपने साहसपूर्ण कदम की घोषणा की है। इससे ग्रामीण क्षेत्र के 70 प्रतिशत लोग लाभान्वित हो सकेंगे।

मैं इस संचार माध्यम के प्रति उत्साही हूँ, क्योंकि इससे हमारे देश में साक्षरता सहित प्राथमिक शिक्षा का प्रसार होगा, जिसके फलस्वरूप परिवार नियोजन के प्रति लोग जागरूक होंगे। इस तथ्य को स्पष्ट करने के लिए केरल का उदाहरण द्रष्टव्य है। भारत में केरल एक ऐसा राज्य है जहाँ साक्षरता की दर उच्चतम है तथा जन्म-दर न्यूनतम। वहीं राजस्थान में साक्षरता-दर न्यूनतम है तथा जन्म-दर उच्चतम।

हमारे देश में साक्षरता की दर काफी निम्न है, किंतु इसने विश्व को अत्यंत प्रतिभाशाली एवं शिक्षित रचनाकार दिए हैं। यहाँ भवन निर्माण एवं विद्यालय की स्थापना खर्चीला कार्य होने के कारण विद्यालय बिना भवन के भी प्रारंभ किए जाते हैं। किंतु इस कार्य हेतु लाखों प्रशिक्षित शिक्षकों की आवश्यकता होगी। भारत जैसे

बहुभाषी देश में समस्या और भी जटिल है। कई ऐसे मामले भी प्रकाश में आए हैं जहाँ साक्षरता प्रसार के लिए शिक्षकों की नियुक्ति के बावजूद निरक्षरता बरकरार है। एक बार साक्षर होने के बाद व्यक्ति को पुस्तकों, पत्रिकाओं एवं समाचार-पत्रों की आवश्यकता होती है, ताकि लिखने-पढ़ने में उसकी रुचि बनी रहे। यह तुलनात्मक रूप से पिछड़े क्षेत्रों की समस्या है, जहाँ इसका निदान एक सीमा तक टेलीविजन कर सकेगा।

मैंने सिर्फ 'जनसंख्या' विषय पर लंबा भाषण दिया है, किंतु 'संसाधन एवं पर्यावरण' के मुद्दे पर चर्चा होनी चाहिए, क्योंकि ये सभी विषय आपस में संबद्ध हैं।

विकसित एवं अल्प विकसित देशों में पर्यावरण क्षति से व्यापक स्तर पर समस्याएँ उत्पन्न हुई हैं। विकसित देशों में वायु, भूमि एवं नदियों में निर्बाध रूप से हाइड्रोकार्बन उत्पादों के जलने से उत्पन्न गैसों तथा रासायनिक पदार्थों के प्रवाह से प्रदूषण फैला है। अल्प विकसित देशों में गरीबी के कारण कृषि भूमि के प्रसार तथा जलावन हेतु वनों की कटाई के कारण पर्यावरण संकट उत्पन्न हुआ है। भारत के ग्रामीण क्षेत्रों में उपले के अतिरिक्त लकड़ी ही एकमात्र जलावन का सस्ता साधन है।

वन-विनाश

20वीं शताब्दी के मध्य में पृथ्वी का एक-चौथाई भाग वनाच्छादित था, किंतु सन् 1980 तक पृथ्वी पर सिर्फ 20 प्रतिशत हरित क्षेत्र शेष है। प्रत्येक वर्ष संपूर्ण हंगरी अथवा आधे कैलीफोर्निया के बराबर वन क्षेत्र का विनाश हो रहा है।

हिमालय विश्व का प्रमुख पारिस्थितिकी क्षेत्र है, किंतु यह क्षेत्र भी पर्यावरण संकट से गुजर रहा है। यह पर्वत श्रृंखला 21वीं शताब्दी के मध्य तक बंजर प्रदेश में परिवर्तित हो जाएगी।

हिमालय क्षेत्र में 3,000 मीटर की ऊँचाई तक वन क्षेत्र विलुप्त हो गया है। 3,000 मीटर की ऊँचाई से ऊपर के मध्य हिमालय क्षेत्र में भी वनों का अल्प विस्तार है। पहले हिमालयीय क्षेत्र का एक-तिहाई भाग वनाच्छादित था, किंतु अब छठे अथवा आठवें भाग में ही वन उपलब्ध हैं। सरकारी आँकड़ों के अनुसार हिमालयीय क्षेत्र में वन-विनाश से बाढ़ में वृद्धि, मृदा अपरदन, बाँधों के मार्ग में अवरोध तथा मौसम परिवर्तन संबंधी घटनाएँ घटित हो रही हैं। दूसरे शब्दों में, देश के पर्यावरण में सतत विनाश के कारण देश दिवालियापन के कगार पर है।

विश्व में गरीबी, बीमारी एवं अभाव के प्रमुख कारणों में अत्यधिक जनसंख्या वृद्धि प्रमुख है। फलस्वरूप अरबों की संख्या में मनुष्य का जीवन संकटग्रस्त है। मानवता आज जिन संकटों से जूझ रही है उनमें जनसंख्या की समस्या मुख्य है। यदि वर्तमान एवं भविष्य की पीढ़ियों को विनाश से बचाना है तो जन्म-दर पर नियंत्रण करना होगा।

यदि सन् 1969 में मानव को चंद्रमा पर भेजने हेतु अमेरिका 25 अरब डॉलर (आज के मूल्य के अनुसार 75 अरब डॉलर) खर्च कर सकता है तो इसका एक अंश विश्व के समस्त देश मिलकर शांति एवं संपन्नता के अनुसंधान कार्य पर खर्च कर ही सकते हैं। निर्बाध रूप से बढ़ रही जनसंख्या विश्व शांति एवं वैभव के लिए खतरा है।

तथापि, निराश होने की आवश्यकता नहीं। दुनिया के निर्धनतम देशों में महिलाएँ भी इस दिशा में सजग हो गई हैं। यदि उन्हें अवसर प्रदान किए जाएँ तो वे उचित निर्णय लेने के लिए कटिबद्ध हैं। भारत सहित उच्च जनसंख्यावाले देशों में सरकारें इस खतरे की भयावहता से परिचित हैं तथा इसके निदान हेतु वे दीर्घकालीन कार्यक्रम अति शीघ्र प्रारंभ करने के विषय में कृत-संकल्प हैं।

अंततः, नई प्रौद्योगिकी एवं तकनीकी विकास के साथ-साथ जनसंचार के नए माध्यमों के कारण जनसंख्या, स्वास्थ्य और विकास कार्यक्रमों को सहयोग देने के लिए तंत्र कायम हो गया है। पहले ऐसा करना संभव नहीं था। अभी बहुत कुछ करना शेष है। हमारे समक्ष जो कठिन लक्ष्य है, उसे प्राप्त करने के लिए गैर-सरकारी संगठनों के ज्ञान, अनुभव एवं संसाधनों के उपयोग की पहले की तुलना में वर्तमान में अधिक आवश्यकता है। मुझे विश्वास है कि हमारी महत्त्वपूर्ण भूमिका के फलस्वरूप विश्व के विपन्न लोगों को बेहतर जीवन-स्तर प्रदान किया जा सकेगा।

जन-समूह की चिंता

[29 अगस्त, 1987 को दिल्ली में जनसंख्या प्रबंधन विषय पर राष्ट्रीय सम्मेलन में दिया गया भाषण।]

हमारे यहाँ प्रति हजार जन्म-दर 33 तथा मृत्यु-दर 12 है। जनसंख्या संबंधी पूर्वानुमानों से पता चलता है कि जन्म-दर को यदि नाटकीय ढंग से कम नहीं किया जाता है तो संपन्न देशों की तरह जनसंख्या संतुलन में सक्षम नहीं हो सकेंगे।

यदि यह कार्य शताब्दी के अंत तक नहीं किया गया तो हमारा देश निर्धनतम देशों की श्रेणी में आ जाएगा।

मेरे जैसे लोग, जो प्रारंभ से ही जनसंख्या समस्या के प्रति साकांक्ष रहे हैं, वे इस बात से चिंतित हैं कि स्वतंत्रता के चालीस वर्ष के पश्चात् भी जनसंख्या नियंत्रण की दिशा में सार्थक उपाय नहीं किए जा सके हैं। भारत परिवार-नियोजन कार्यक्रम प्रारंभ करनेवाला अग्रणी देश है। अत्यधिक ऊर्जा एवं समय अभी भी अपेक्षाकृत कम महत्त्वपूर्ण विषयों तथा राजनीतिक विवादों पर व्यय किए जा रहे हैं; किंतु जनता की वास्तविक एवं तात्कालिक समस्याओं से इनका संबंध नहीं है।

मेरा प्रयास होगा कि मैं विषय के सरलीकरण से बचूँ तथा उन विशिष्ट समस्याओं की ओर आपका ध्यान आकर्षित करने के साथ समाधान प्रस्तुत करूँ, जो हमारी चर्चा एवं संस्तुतियों की दृष्टि से महत्त्वपूर्ण हैं।

इस संबंध में मेरा विचार अधिकांश लोगों के विचार से भिन्न है। लोग सोचते हैं कि जनसंख्या संबंधी समस्या भारत में युगों पुरानी है और इसके समाधान हेतु सदियों का समय लग सकता है; किंतु मैं इसे हाल की समस्या मानता हूँ। विगत पचास-साठ वर्षों में नई औषधियों के आविष्कार एवं चिकित्सा सुविधा की उपलब्धता के कारण मृत्यु-दर में काफी गिरावट आई है तथा जन्म-दर प्रायः यथावत् है। पश्चिमी देशों में इस प्रकार की जनसंख्या संबंधी समस्या विद्यमान न होने के मुख्य कारण निम्न जन्म-दर, सार्वभौमिक शिक्षा, द्रुत आर्थिक प्रगति के कारण छोटे परिवारों को आर्थिक लाभ तथा गर्भ-निरोधक गोलियों एवं अन्य उपायों की अनियंत्रित उपलब्धता है।

दुर्भाग्यवश भारत में गरीबी, अज्ञानता, निरक्षरता तथा सामाजिक रीतियों में गहरी आस्था के कारण छोटे परिवारों के महत्त्व को लोग देर से समझ सके हैं। देर से जन-जागृति होने के कारण जन्म-दर उच्च रही है।

देश में त्वरित जनसंख्या विस्फोट से केंद्र एवं राज्य सरकारें चकित हैं। जटिल सामाजिक-आर्थिक समस्याओं से निबटने का उन्हें पर्याप्त अनुभव नहीं है। समस्या को कम प्राथमिकता देने के कारण यह गंभीर रूप धारण कर चुकी है। योजनागत व्यय का 1 प्रतिशत ही जनसंख्या समस्या के समाधान पर खर्च किया जाता है।

अतएव हम इस समय देश की स्वतंत्रता की चालीसवीं वर्षगाँठ मना रहे हैं, किंतु हम में से कई इस विषय में गंभीर हैं कि आज से सौ वर्ष बाद, जब भारत की जनसंख्या 1.5 अरब हो जाएगी तो उस समय क्या होगा?

स्पष्ट लक्ष्य

यद्यपि यह चिंता का विषय है, किंतु निराश होने की आवश्यकता नहीं। चालीस वर्ष पूर्व हम यह नहीं जानते थे कि जनसंख्या वृद्धि इस सीमा तक होगी। हम इसके सामाजिक-आर्थिक दुष्परिणामों से परिचित नहीं थे। अतएव हम तभी साकांक्ष होते हैं जब समस्याओं से घिर जाते हैं। अब हम इस दिशा में प्रयत्नशील हैं। हमने अपनी असफलताओं के साथ कतिपय सफलताओं से बहुत कुछ सीखा है। संप्रति अपने मार्ग के काँटों को हटाने के लिए हमारे पास ज्ञान, कौशल एवं उपकरण विद्यमान हैं।

हमें व्यापक स्तरीय जटिल कार्यक्रमों के नियोजन एवं संचालन का पर्याप्त अनुभव है। हमने लक्ष्यों को प्राप्त करने की दिशा में पर्याप्त प्रगति की है। प्रजनन आयु वर्ग के 4.5 करोड़ दंपती अथवा कुल दंपतियों के 35 प्रतिशत अवांछित जन्म को रोकने में सक्षम हैं। अभी तक 7 करोड़ 60 लाख अवांछित जन्मों को रोका जा सका है और प्रतिवर्ष 80 लाख जन्मों को रोका जा रहा है।

हमारे समक्ष जनसंख्या संबंधी लक्ष्य स्पष्ट हैं। शुद्ध रूप से प्रजनन-दर को एक व्यक्ति के स्तर तक लाना है। जन्म-दर प्रति हजार 21 रखनी होगी। व्यावहारिक दृष्टि से यह लक्ष्य हम कब तक प्राप्त कर सकेंगे? योजना आयोग लक्ष्य वर्ष में सदैव परिवर्तन करता रहा है। आयोग ने अब सन् 2010 को लक्ष्य वर्ष माना है।

अब महिलाओं में छोटे परिवार की स्वीकार्यता बढ़ी है। प्रजनन आयु वर्ग की 25 प्रतिशत महिलाओं द्वारा गर्भ-निरोधक का उपयोग किया जा रहा है। हमने विभिन्न प्रकार की गर्भ-निरोधक तकनीक विकसित की हैं। इस हेतु चिकित्सकीय एवं अर्ध-चिकित्सकीय मानव संसाधन तंत्र विकसित किया गया है।

हमारे पास 12 हजार प्राथमिक स्वास्थ्य केंद्र तथा 90 हजार उपकेंद्र हैं। इन केंद्रों में 40 हजार चिकित्सक एवं 1 लाख 85 हजार अन्य कर्मचारी कार्यरत हैं। इनकी पहुँच 3 लाख 90 हजार गाँवों तक है। इस तंत्र के बेहतर प्रबंधन एवं देख-रेख से स्थिति में परिवर्तन आ सकता है।

अतएव निराशा का कोई औचित्य नहीं। जितना कार्य हमने विगत वर्षों में किया है, लक्ष्य प्राप्त करने के लिए उससे कहीं अधिक कार्य करना होगा। समस्या की व्यापकता एवं जटिलता को देखते हुए ऐसा लगता है कि इसमें सहयोग देने हेतु कई अन्य बातों की आवश्यकता है। यदि इस समस्या को प्राथमिकता देते हुए इस पर उचित ध्यान दिया जाता है तो इसके समाधान हेतु मेरे पास कुछ विशिष्ट सुझाव हैं। मैं इन सुझावों का यहाँ उल्लेख करना चाहूँगा—

विवाह की उम्र

अधिक उम्र में विवाह करने से स्त्री के जीवन में प्रजनन वर्ष स्वत: ही कम हो जाते हैं। प्रजनन वर्ष के कम होने से शिशु जन्म संख्या में स्वाभाविक रूप से कमी आएगी। इस दिशा में सन् 1978 में प्रावधान लागू किया गया। स्त्री विवाह की न्यूनतम आयु पंद्रह वर्ष से बढ़ाकर अठारह वर्ष कर दी गई। किंतु हम जानते हैं कि प्रारंभ से ही इस कानून की अवहेलना की जाती रही है। अधिकांश बालिकाओं का विवाह निर्धारित न्यूनतम आयु से पूर्व ही कर दिया जाता है। अल्पायु में विवाह करने के विरुद्ध सामाजिक दबाव नहीं है। सरकार भी डरती है कि इस संबंध में सख्ती बरतने से उसके वोट बैंक पर असर पड़ जाएगा।

साक्षरता

इस दिशा में महिला शिक्षा अत्यंत महत्त्वपूर्ण है। प्रजनन संबंधी सजगता लाने हेतु महिला साक्षरता अत्यंत आवश्यक है। इसके अभाव में जनसंख्या समस्या में विस्तार होता जा रहा है। आँकड़े इस बात के प्रमाण हैं। उदाहरण के रूप में, उच्चतम महिला साक्षरतावाले राज्य केरल में जन्म-दर न्यूनतम है। राजस्थान, जहाँ महिला साक्षरता न्यूनतम है वहाँ जन्म-दर उच्चतम है। साक्षरता एवं जन्म-दर के बीच संबंध अन्य राज्यों के आँकड़ों से भी स्पष्ट होते हैं। यह बात केंद्र एवं राज्य सरकारों को साक्षरता कार्यक्रमों पर ध्यान केंद्रित करने हेतु पर्याप्त है। बालिका एवं युवा महिलाओं को साक्षरता की दिशा में सकारात्मक प्रयास करने से जन्म-दर में काफी कमी आ सकती है। इसके अतिरिक्त साक्षरता के कारण अज्ञान दूर करने, भेदभाव मिटाने, अन्याय एवं अन्य बुराइयों के उन्मूलन में सहायता मिलेगी। इन समस्याओं से महिलाएँ सदियों से जूझती रही हैं।

जनसंचार

जनसंचार माध्यम की समुचित व्यवस्था न होने के कारण परिवार-नियोजन एवं स्वास्थ्य कार्यक्रमों में द्रुत गति से अनुकूल परिणाम प्राप्त नहीं हो सका है। संचार माध्यमों के समुचित प्रयोग से लोगों के अंधविश्वास एवं आदतों को बदला जा सकता है। यह तथ्य है कि दूरस्थ स्थिति एवं संचार सुविधाओं के अभाव में इन कार्यक्रमों को ग्रामीण समाज में व्यापक स्तर पर फैलाना कठिन रहा है। संपर्क का एकमात्र साधन रेडियो रहा है।

टेलीविजन प्रौद्योगिकी का आगमन होने के पश्चात् इस तंत्र को देश के

अधिकांश भागों में द्रुत गति से फैलाने की केंद्र सरकार के बुद्धिमत्तापूर्ण एवं सर्जनात्मक निर्णय को यदि प्रभावी ढंग से लागू किया जाए तो ग्रामीण क्षेत्र की अधिकांश जनसंख्या प्रत्यक्ष संपर्क में आ जाएगी। किंतु यह तभी संभव होगा जब देश के प्रत्येक बड़े गाँव में टी.वी. सेट उपलब्ध हों तथा उनकी मरम्मत की व्यवस्था हो। यह विगत समय में मुख्य धारा से अलग-थलग, सूचना-विहीन एवं असहाय लोगों के लिए सूचना, सलाह, सहयोग एवं शिक्षा प्राप्त करने के साथ-साथ मनोरंजन का सर्वोत्तम माध्यम है। इस माध्यम की सफलता हेतु सावधानीपूर्वक सुनियोजित, सर्जनात्मक, विश्वसनीय एवं ग्रामीण वास्तविकताओं के अनुकूल कार्यक्रम बनाना होगा। इस कार्यक्रम को उच्च प्राथमिकता देनी होगी।

प्रोत्साहन

इस संबंध में मेरा चौथा सुझाव यह है कि लोगों को हतोत्साहित करने की तुलना में छोटे परिवार-व्यवस्था को अपनाने तथा महिलाओं को प्रजनन वर्ष के दौरान गर्भ-निरोधकों का प्रयोग करने हेतु प्रेरित करने के लिए आर्थिक प्रोत्साहन दिया जाना अधिक उपयुक्त है। दुर्भाग्यवश अपने देश में अधिकांश लोग न सिर्फ गरीब हैं, अपितु अशिक्षित भी हैं। ऐसे में अल्प वित्तीय प्रोत्साहन भी लोगों को प्रेरित करने की दिशा में एक सार्थक कदम होगा। कुछ वर्षों से भारत में प्रत्येक परिवार-नियोजन हेतु दो सौ रुपए दिए जाने का प्रावधान है। इतनी कम राशि के लोभ में भी भारतीय नर-नारी बंध्याकरण हेतु तैयार हो जाते हैं।

मैंने सन् 1981 में अपने भाषण में यह उल्लेख किया था कि एक नागरिक एवं उसकी दो पीढ़ियों की मूलभूत आवश्यकताओं की पूर्ति हेतु सरकार पर 42 हजार रुपए का अतिरिक्त बोझ पड़ेगा। यह अनुमान तत्कालीन मूल्य के आधार पर किया गया था। आज के मूल्य के आधार पर यह राशि लगभग 80 हजार रुपए होगी। मेरे अनुसार प्रत्येक बंध्याकरण पर 5 हजार की प्रोत्साहन राशि दिए जाने से इस दिशा में अनुकूल परिणाम प्राप्त होंगे। राष्ट्र के लिए यह एक अत्यंत ही उपयोगी निवेश होगा।

वित्तीय प्रोत्साहन के कई रूप हो सकते हैं। उदाहरण के लिए, प्रत्येक नवविवाहित दंपती को विवाह के समय में एक बॉण्ड दिया जाए, जिससे बीस वर्ष के पश्चात् उसे 50 हजार रुपए की प्राप्ति होगी, बशर्ते वे दो से अधिक संतान पैदा न करें। अन्य प्रकार के प्रोत्साहन के रूप में कम बच्चे पैदा करनेवाले माता-पिता को रोजगार एवं आवास आवंटन में प्राथमिकता दी जा सकती है।

शिशु मृत्यु-दर पर अंकुश

[1 जुलाई, 1988 को नई दिल्ली में 'प्रजनन के संदर्भ में शिशु मृत्यु' विषय पर आयोजित राष्ट्रीय सम्मेलन में दिया गया भाषण।]

मुझे यह स्वीकार करना चाहिए कि जिस समय जनसंख्या समस्या में रुचि पैदा हुई थी उस समय देश की जनसंख्या केवल 35 करोड़ थी, तब से अब तक जनसंख्या में 45 करोड़ की वृद्धि हुई है। मैं इस विषय में अत्यंत ही सचेत था कि शिशु की मृत्यु से माता-पिता को घोर कष्ट होता है। इस दु:खद स्थिति का आगामी वर्षों में स्वत: अंत हो जाएगा। मुझे इस बात पर आश्चर्य नहीं है कि हमारे देश में उच्च शिशु मृत्यु-दर की समस्या से अधिकांश लोग अवगत नहीं हैं। वस्तुत: शिशु मृत्यु की उच्च-दर होने से प्रजनन-दर बढ़ती है। यह एक सर्वविदित तथ्य है। विकासशील देशों में शिशु मृत्यु-दर में कमी होने से जन्म-दर में कमी आई है।

भारत में शिशु मृत्यु की समस्या अत्यंत भयावह है। देश में प्रत्येक वर्ष 2 करोड़ 60 लाख बच्चे पैदा होते हैं। औसत रूप में 1 हजार में से 95 बच्चे जन्म के प्रथम वर्ष में ही मृत्यु का ग्रास बन जाते हैं अर्थात् प्रतिवर्ष 25 लाख बच्चे मर जाते हैं। नवजात शिशुओं में से 80 लाख शिशु पाँच वर्ष से अधिक जीवित नहीं रह पाते। इस शिशु मृत्यु की यह त्रासद समस्या गरीब परिवारों में अधिक व्याप्त है। इन परिवारों के बच्चे बीमारी, कुपोषण एवं असावधानी के शिकार बन जाते हैं। ग्रामीण क्षेत्रों में निवारक उपायों के मौजूद होने के बावजूद बीमारी से बच्चों की मृत्यु हो जाती है और फिर शिशु मृत्यु की संभावना बनी रहती है। यह अत्यंत ही शर्मनाक स्थिति है। दु:खी माता-पिता के कष्ट के निवारण हेतु मानवीय सहायता के अतिरिक्त शिशुओं को बचाना इसलिए आवश्यक है कि इनमें से कई देश के कर्णधार हो सकते हैं। हमारे देश में किसी भी स्वास्थ्य एवं परिवार-नियोजन कार्यक्रम का प्राथमिक उद्देश्य यह होना चाहिए कि जनसंख्या समस्या से जुड़ी उच्च शिशु मृत्यु-दर जैसी कटु वास्तविकता के निवारण हेतु ठोस उपाय किए जाएँ।

आज जिस बात की सर्वाधिक आवश्यकता है वह यह है कि शिशु को बचाने के लिए सशक्त आंदोलन चलाना चाहिए। सन् 1980 के दशक के अनुभव यह बताते हैं कि शिशु सुरक्षा एवं विकास कार्यक्रम के माध्यम से भारत में पाँच-दस वर्ष की छोटी अवधि में नाटकीय परिवर्तन हो सकता है। अतएव इस दिशा में हमें ध्यान केंद्रित करना चाहिए। वर्तमान में उपलब्ध उच्च एवं निम्न लागतवाली चिकित्सा पद्धतियों के बीच समन्वय से अधिकांश असामयिक मृत्यु से बचा जा सकता है।

शांति एवं संपन्नता की ओर

[17 सितंबर, 1992 को 'संयुक्त राष्ट्र जनसंख्या पुरस्कार' प्राप्त करते समय संयुक्त राष्ट्र संघ, न्यूयॉर्क में दिया गया भाषण।]

यह एक ऐतिहासिक तथ्य है कि दुनिया में आज से बारह हजार वर्ष पूर्व जब कृषि प्रारंभ हुई तो उस समय विश्व की जनसंख्या आज के लंदन शहर की जनसंख्या के बराबर अर्थात् 1 करोड़ थी। आज से दो हजार वर्ष पूर्व ईस्वी सन् प्रारंभ होने के पश्चात् अठारहवीं शताब्दी में औद्योगिक क्रांति के कारण विश्व की जनसंख्या 1 अरब हुई। पुनः 1 अरब जनसंख्या बढ़ने में 100 वर्ष का समय लगा, किंतु सिर्फ 30 वर्ष के अंदर विश्व की जनसंख्या 3 अरब तक पहुँच गई। आगामी 15 वर्षों में जनसंख्या 4 अरब हो गई और इसके 12 वर्षों के पश्चात् ही विश्व की जनसंख्या 5 अरब हो गई। अब हमारी जनसंख्या 6 अरब तक पहुँचने वाली है।

यह एक सर्वविदित तथ्य है कि जनसंख्या-दर में इस भयावह वृद्धि को भारत में नजरअंदाज किया गया। मैंने यह महसूस किया है कि जो लोग इस समस्या के प्रति साकांक्ष थे, वे भी अर्थव्यवस्था पर इसके दुष्प्रभाव को समझ नहीं सके। मैंने इस विषय में अल्पज्ञ होते हुए भी सन् 1951 में अपने भाषण के दौरान लोगों को सचेत किया था। मैं देश में व्याप्त गरीबी से अत्यंत आहत था, जिसके कारण लोग न्यूनतम जीवन-स्तर से भी वंचित थे, फलस्वरूप देश की सामाजिक-आर्थिक प्रगति के सारे प्रयास व्यर्थ हो जाते थे। आज भी यह विषय मेरे लिए अत्यंत महत्त्वपूर्ण है, क्योंकि व्यक्तिगत स्तर पर मैं अभी भी इस समस्या से आहत हूँ।

सन् 1951 भारत के लिए एक संक्रमण वर्ष था। इस वर्ष के पश्चात् भारत की जनसंख्या में बेतहाशा वृद्धि हुई। मृत्यु-दर में काफी कमी आई। हैजा और चेचक जैसी महामारी एवं संक्रामक बीमारियों के उन्मूलन से ऐसा संभव हो सका। इसके पश्चात् के वर्षों में इस दिशा में मुझे चिंता करने की आवश्यकता महसूस नहीं हुई, तथापि मैं अपनी सामान्य गतिविधियों के माध्यम से लोगों को इस गंभीर समस्या के प्रति सजग करता रहा और यथासंभव स्थानीय परिवार-नियोजन कार्यक्रमों को सहयोग देता रहा। इस दिशा में विशेष कुछ करने का अवसर तब प्राप्त हुआ जब फोर्ड फाउंडेशन ने मुझे परिवार-नियोजन कार्यक्रम के प्रचार हेतु कार्यक्रम बनाने की सलाह दी। उन्होंने इस कार्य हेतु मुझे यथावश्यक प्रोत्साहन तथा सहयोग दिया।

सन् 1947 में जब हमारे प्रथम प्रधानमंत्री जवाहरलाल नेहरू ने 'भाग्य से

अनुबंध' नामक प्रभावपूर्ण भाषण दिया तो हममें से अधिकांश लोगों के मन में आशा का संचार हुआ कि भारत शीघ्र ही उपनिवेशवादी पिछड़ी मानसिकता को त्यागकर आधुनिक प्रगतिशील राष्ट्र के रूप में स्थापित हो सकेगा। यह शताब्दी के अंत तक यूरोप एवं अन्य प्रगतिशील देशों की भाँति संपन्न हो सकेगा। भारत पं. जवाहरलाल नेहरू की आकांक्षाओं के अनुरूप कुछ क्षेत्रों में सफलता मिली। यहाँ डॉ. नॉरमन बोरलॉग की हरित क्रांति से बहुत सहयोग मिला। हमारी धरती से महामारी का अंत किया जा सका। अल्पावधि में अज्ञानता एवं रोगों का एक हद तक निवारण किया जा सका; किंतु हम जनसंख्या नियंत्रण के मुख्य लक्ष्य को प्राप्त करने से वंचित रह गए। भारत की जनसंख्या में प्रत्येक वर्ष 1 करोड़ 70 लाख की बढ़ोतरी हो जाती है, जो कि संपूर्ण ऑस्ट्रेलिया की जनसंख्या के बराबर है। यदि भारत की जनसंख्या में इसी गति से बढ़ोतरी होती रही तो 20वीं शताब्दी के अंत तक यह 1 अरब तक पहुँच जाएगी। यदि इसपर अंकुश नहीं लगाया गया तो सिर्फ 25 वर्षों में भारत की जनसंख्या चीन से भी अधिक अर्थात् दुनिया में सर्वाधिक हो जाएगी।

असफलता के कारण

भारत परिवार-नियोजन कार्यक्रम प्रारंभ करनेवाला विश्व का अग्रणी देश होते हुए भी यूरोपीय देशों की तुलना में जनसंख्या समस्या पर विजय पाने में असफल रहा।

भारत में शताब्दियों से संयुक्त परिवार की व्यवस्था रही है। इस शताब्दी में सबसे महत्त्वपूर्ण परिवर्तन लघु परिवार व्यवस्था की स्वीकृति है। यह कार्य मुख्य रूप से यूरोपीय देशों में हुआ। भारत में लघु परिवार व्यवस्था को अपनाने में कौन सी समस्याएँ थीं? यूरोपीय जीवन में अपने निजी अनुभव के आधार पर हमने वहाँ की सफलता हेतु दो सामाजिक-आर्थिक कारणों को मुख्य रूप से जिम्मेदार माना है। पहला, संतान उत्पन्न करनेवाले प्रत्येक दंपती दृढ़-संकल्प रहते हैं कि उनके बच्चे न सिर्फ शारीरिक रूप से स्वस्थ हों अपितु उत्पादक कार्य हेतु विशिष्ट क्षेत्र में सुप्रशिक्षित होने के साथ-साथ सुशिक्षित भी हों। दूसरा, वे इस बात से सहमत हैं कि अधिकांश देशों में आधुनिक शिक्षा अथवा व्यावसायिक प्रशिक्षण इतना खर्चीला हो गया है कि बड़े आकार के परिवार को सुनियोजित ढंग से चलाने की उनमें क्षमता नहीं है। मेरा विश्वास है कि इन दो तथ्यों के साथ-साथ कुछ अन्य कठिनाइयों के कारण इन देशों के लोग येन-केन प्रकारेण छोटा परिवार व्यवस्था को मानने के लिए

विवश हो गए। इसके विपरीत भारत में इन दो विचारों को मान्यता न मिलने से यहाँ जनसंख्या वृद्धि पर अंकुश नहीं लगाया जा सका। ये ही यहाँ की गरीबी के भी मुख्य कारण हैं।

यदि उपर्युक्त विचार स्वीकार किए जाते हैं तो भारत में जनसंख्या नियंत्रण के उपायों को प्राथमिकता देनी होगी। सामान्य रूप से जनता को तथा विशेष रूप से दंपतियों को यह समझाना होगा कि परिवार का आकार छोटा रखना न सिर्फ उनके अथवा उनके बच्चों के हित में होगा, अपितु देश के हित में भी होगा।

सन् 1990 के दशक हेतु रणनीति

वर्तमान समय महत्त्वपूर्ण है। 'वर्ल्ड वाइड फंड फॉर नेचर ऐंड फ्रेंड्स ऑफ अर्थ' द्वारा जारी आँकड़ों के अनुसार जिन बारह दिनों तक रियो सम्मेलन का आयोजन हुआ, उन्हीं के दौरान पृथ्वी से 600 से लेकर 900 तक वृक्ष प्रजातियाँ लुप्त हो गईं और विश्व की जनसंख्या में 3 करोड़ 30 लाख की वृद्धि हो गई। जनसंख्या में इस अबाध वृद्धि एवं संसाधनों के विनाश के प्रति अतिशीघ्र कदम उठाने की आवश्यकता है। भारत में जो बात बीत गई उसकी चिंता न करने में उतनी क्षति नहीं है, किंतु भविष्य की समस्या से बचने के लिए प्रयास किया जाना चाहिए।

क्या हम संयुक्त राष्ट्र संघ द्वारा सन् 1990 में पारित प्रस्ताव की अनदेखी कर सकते हैं, जिसमें अंतरराष्ट्रीय विकास रणनीति स्वीकृत की गई थी और शताब्दी के अंतिम दशक को 'द्रुत विकास दशक' घोषित किया गया। सन् 1990 की विकास रणनीति के अनुसार जनसंख्या को नियंत्रित करने के लिए पर्याप्त ध्यान देने की आवश्यकता है। इस संबंध में विकसित एवं विकासशील राष्ट्रों को समान रूप से जनसंख्या कार्यक्रमों हेतु संसाधन आवंटन के प्रयासों में तेजी लानी चाहिए।

यह परम संतोष का विषय है कि संयुक्त राष्ट्र संघ की इस दशक में प्राथमिकता न सिर्फ युद्ध को रोकने की है, अपितु शांति एवं संपन्नता प्रदान करने की भी है। यह कार्य उनके द्वारा निर्धारित सामाजिक-आर्थिक लक्ष्यों की पूर्ति करने से संभव है।

□

संकट में एक शहर

[11 मार्च, 1983 को वृहन् बंबई नगर निगम (अब वृहन् मुंबई नगर निगम) द्वारा जे.आर.डी. टाटा के नागरिक अभिनंदन के अवसर पर उनके द्वारा दिया गया संबोधन।]

जन्म से ही बंबई मेरा गृहनगर रहा है और यहाँ मैं विगत 78 वर्षों से रह रहा हूँ। जैसा कि मैं यहाँ से शहर के सुंदर दृश्य देख रहा हूँ (कमला नेहरू पार्क से), इस समय मुझे उस बंबई की याद आ रही है, जिसे मैंने अपनी युवावस्था में देखा था। उस समय यहाँ का बंदरगाह अत्यंत भव्य था, यहाँ की पहाड़ियाँ हरे-भरे वृक्षों से आच्छादित थीं, यहाँ सर्वत्र फल-पुष्पों से लदे हुए वृक्ष दिखाई पड़ते थे, जनसंख्या सीमित थी, किसी की यात्रा को रोकने के लिए मोरचे नहीं निकाले जाते थे। यहाँ भिखारी नहीं दिखाई देते थे। उस समय बंबई में कानून-व्यवस्था की समस्या नहीं थी। यहाँ के निवासियों का जीवन सुखमय था। बंबई एक ऐसा शहर था, जिस पर लोग गर्व करते थे।

जब मैं वर्तमान बंबई के विषय में सोचता हूँ तो मुझे अफसोस होता है। मैं क्रुद्ध हो जाता हूँ। बंबई से जुड़ी मेरे पुराने दिनों की सुखद स्मृतियाँ विलुप्त हो जाती हैं। पचास वर्ष से किंचित् अधिक के कालखंड के दौरान सुंदर, स्वच्छ एवं सुव्यवस्थित बंबई कदाचित् विश्व के सर्वाधिक झुग्गी-झोंपड़ियोंवाला शहर बन गया, जिसमें भग्न मकान, अवैध विक्रेताओं से भरी संकीर्ण गलियाँ, असंख्य भिक्षुक एवं प्रदूषण व्याप्त हैं। शहर की गलियों में टहलते समय ये गलियाँ आपदाग्रस्त क्षेत्र के भग्न मार्ग जैसी लगती हैं। ऐसा नहीं लगता है कि शहर निवास करने योग्य रह गया है।

मेरे जैसा वृद्ध नागरिक जब इस शहर के विषय में सोचता है तो उसके मन में दो प्रकार की भावनाएँ प्रवाहित होने लगती हैं। एक ओर जहाँ मैं उन 50 लाख

अथवा 80 लाख लोगों के प्रति सहानुभूति रखता हूँ, जो देश के ग्रामीण भागों से आकर यहाँ जीवन-यापन करना चाहते हैं, वे भीड़ भरे अमानवीय माहौल में रहने के लिए मजबूर हैं। दूसरी ओर, मैं सरकार की असफलता के साथ-साथ नगर निगम एवं स्वयं अपने लोगों द्वारा समस्या का सामना करने की अक्षमता के विषय में सोचता हूँ। हम लोग इस शहर में व्याप्त अशांति एवं अव्यवस्था का समाधान करने में विफल रहे। स्वतंत्रता के पश्चात् तीन दशकों तक इस शहर में लोगों के अत्यधिक आगमन से जीवन संकटपूर्ण हो गया है।

संपूर्ण देश में महाराष्ट्र अपने सुशासन के लिए विख्यात है। औद्योगिक दृष्टि से अभी भी यह देश का अग्रणी राज्य है। कई योजनाओं की शुरुआत सर्वप्रथम महाराष्ट्र में ही की गई। उदाहरणस्वरूप रोजगार गारंटी योजना। अतएव अज्ञानता अथवा अक्षमता बंबई को संकटग्रस्त बनानेवाली समस्याओं के निदान न होने के लिए उत्तरदायी नहीं है, अपितु इसके लिए अनियोजित जन-लुभावनी नीतियाँ जिम्मेदार हैं। आज राजनीतिकरण के परिवेश में लोग कुछ मामले इसलिए नहीं उठाते कि ऐसा करने से उनके वोट बैंक पर असर न पड़ जाए। जब मैंने यह प्रश्न उठाया तो उन लोगों ने मुझसे कहा—विगत तीस वर्षों के दौरान लाखों लोग वैध रूप से काम की तलाश में बंबई आए। प्रजातांत्रिक व्यवस्था में कोई ऐसा प्रावधान नहीं है जिससे लोगों को बंबई आने से रोका जाए। मैं इससे सहमत नहीं हूँ। यहाँ आनेवालों में से अधिकांश समुचित रोजगार एवं काम पाने से वंचित तो रह ही गए, साथ ही उन्हें एक सामान्य मनुष्य की तरह जीने लायक जिंदगी भी न मिल सकी। जैसी जिंदगी वे अपने गाँव में व्यतीत करते थे वैसी जिंदगी भी उन्हें यहाँ नहीं मिल सकी। इसके विपरीत, बंबई में उन्हें वैसी जिंदगी मिली, जो जानवरों के लिए भी अनुकूल नहीं होती है।

अतिक्रमण की समस्या

इस संबंध में मैं एक महत्त्वपूर्ण बिंदु का उल्लेख करने जा रहा हूँ। यदि यहाँ आनेवाले लाखों लोगों को विश्वास नहीं होता कि यहाँ आने पर उन्हें रहने का स्थान मिल जाएगा, सरकारी अथवा निजी जमीन पर जहाँ कहीं अवसर मिलेगा, एक झोंपड़ी बना लेंगे, चाहे सड़क अथवा रेल मार्ग का किनारा हो या पगडंडी हो, उन्हें जगह मिल ही जाएगी और इस कार्य में सरकार, पुलिस अथवा नगर निगमों के अधिकारियों की ओर से कोई प्रतिरोध होता तो वे इस विशाल शहर में नहीं आते। अधिकांश झोंपड़पट्टी निवासियों को बंबई में रोजगार प्राप्त होता है और उनको

उचित पारिश्रमिक मिलता है। गलियों में, जो हजारों विक्रेता तस्करी के सामान बेचते हैं, उनकी भी इतनी आय होती है कि वे सरकार को उसका एक अंश सेवा-कर के रूप में दे सकते हैं। उनसे प्राप्त आय का उपयोग विशाल शहर की देख-रेख, भवन के अनुरक्षण, सड़क, विद्यालय, अस्पताल, पार्क इत्यादि के रख-रखाव तथा जलापूर्ति, विद्युत्, परिवहन, अग्निशमन, स्वास्थ्य सेवा जैसी सुविधाएँ प्रदान करने में किया जा सकता है। तथापि जैसा मैं सोचता हूँ, सामाजिक न्याय की गलत व्याख्या के नाम पर उन्हें बिना कोई मूल्य चुकाए इन सेवाओं एवं लाभों का उपयोग करने दिया जाता है।

मैंने हाल ही में एक उपमंत्री का भाषण पढ़ा, जिसमें उन्होंने उल्लेख किया है कि 80 लाख की आबादीवाले इस शहर में 50 लाख लोग, जो झुग्गी बस्तियों में निवास करते हैं, उनसे कुल 80 लाख रुपए प्रतिवर्ष प्राप्त होते हैं, जबकि शहर में नागरिक सुविधा प्रदान करने का वार्षिक बजट 540 करोड़ रुपए है। संभवत: अधिकांश झोंपड़पट्टी निवासी जिसको सबसे अधिक कर देते हैं, वे हैं दादा लोग, बंबई के माफिया सरगना। ये लोग झुग्गीवासियों से सुरक्षा एवं अवैध भूमि अधिग्रहण कायम रखने के नाम पर प्रतिवर्ष करोड़ों रुपए उगाहते हैं।

मुझे इसमें तनिक भी संदेह नहीं है कि सरकार एवं नगर पालिका का यह कर्तव्य था कि वे विगत 30 वर्षों के दौरान प्रत्येक अवैध अधिग्रहण को रोकती। इन झुग्गी बस्तियों के निर्माण से पूर्व सरकार को समस्त भूमि का अधिग्रहण कर लेना चाहिए था। एक बार जब खुली भूमि पर झुग्गी बस्तियों का निर्माण हो जाता है तो उनसे परिवारों को निकालना अत्यंत कठिन हो जाता है। इस दिशा में स्थानीय निवासियों द्वारा प्रतिरोध किए जाने पर सामाजिक तनाव बढ़ता है। किंतु यदि निर्माण से पूर्व अथवा निर्माण के दौरान काररवाई की जाती है तो समस्या उत्पन्न नहीं होती है, केवल किंचित् क्रोध होता है। यदि समय पर अधिग्रहण रोका गया होता तो शहर इस प्रकार के अवैध निर्माण से मुक्त रहता। यहाँ सर्वत्र सुंदर उपवन देखने को मिलते। आपको बंबई में एक भी झुग्गी बस्ती अथवा गली में अवैध विक्रेता नहीं मिलता।

वोट एवं किराया कानून

सरकार द्वारा सन् 1947 में पारित बंबई किराया कानून में परिवर्तन न किए जाने के कारण समस्या और अधिक जटिल हो गई है। इसके तहत किराया-दर को सन् 1940 के स्तर पर तय किया गया। विगत 40 वर्ष से एक ही दर जारी है। द्वितीय

विश्व युद्ध के पश्चात् प्राय: सभी देशों में एक समान किराया-दर लागू की गई, किंतु मुद्रास्फीति के अनुकूल प्रत्येक देश के नगर निगम द्वारा संसाधन बढ़ाने एवं मकान मालिकों द्वारा भवनों की देखरेख तथा मरम्मत करने के उद्‌देश्य से किराया-दर में बार-बार संशोधन किया गया। किंतु बंबई में ऐसा नहीं किया जा सका। इसमें कोई आश्चर्य नहीं कि नगर निगम के आयुक्त भारी घाटे के प्रति चिंता व्यक्त करते हैं। बंबई के पुराने भवनों पर जो दर लागू है वह अत्यंत ही निम्न तथा आर्थिक दृष्टि से उपयुक्त नहीं है। परिणामस्वरूप रुपए का अवमूल्यन होने से 40 वर्ष पूर्व उसकी जितनी कीमत थी, आज उसकी कीमत का बीसवाँ भाग है। इतनी कम आय में भवन का रख-रखाव करना कठिन है। इस प्रकार संपूर्ण बंबई में हम भग्न एवं विध्वंस के कगार पर खड़े भवन देखते हैं।

केलकर समिति की रिपोर्ट के अनुसार बंबई में करीब 30 हजार भग्न भवन हैं और इनके कुछ अंश तो बेहद खतरनाक अवस्था में हैं। प्रत्येक वर्ष ऐसे भवनों की संख्या में वृद्धि होती जा रही है। बंबई में शायद ही ऐसा कोई मानसून बीतता है, जिसमें भवन गिरने से लोगों की—विशेष रूप से महिलाओं एवं बच्चों की—मृत्यु न होती हो। कुछ वर्ष पूर्व मैंने बंबई के तत्कालीन मुख्यमंत्री से कहा था कि ऐसी मौत के लिए सरकार जिम्मेदार है। यह सरकार का कर्तव्य है कि वह किराया-दर में संशोधन करे अथवा मकान की मरम्मत कराए। यदि वह ऐसा नहीं कर सकती तो इन भवनों को रहने हेतु अनुपयुक्त घोषित कर दे।

आप उनकी प्रतिक्रिया के विषय में अनुमान लगा सकते हैं। उन्होंने कहा, 'टाटा साहब, मकान मालिकों की तुलना में किराएदारों की संख्या अधिक है।' निश्चित रूप से वे अपने वोट के प्रति चिंतित थे।

मैं मानता हूँ कि वर्तमान में गाँव एवं शहर की आवश्यकताओं के प्रति सरकार के दृष्टिकोण में व्यापक परिवर्तन आया है। महाराष्ट्र में यह विचार प्रचलित है कि शहरों के पास पर्याप्त धन है और वे अपनी आवश्यकताओं की पूर्ति स्वयं कर सकते हैं। किंतु गाँवों में धनाभाव है, अतएव समस्त सरकारी धन का उपयोग ग्रामीण विकास हेतु किया जाना चाहिए। किंतु बंबई की झोंपड़पट्टियों में रहनेवाले 50 लाख लोगों की दयनीय अवस्था तथा भग्न भवनों को देखकर सरकार की मान्यता गलत लगती है। बंबई की पटरियों पर सोनेवाले हजारों लोग ऐसे हैं, जो हाल तक ग्रामीण थे अथवा वर्तमान में ग्रामीण हैं। क्या एक ग्रामीण के रूप में गाँव के लोगों को जितनी सुविधा प्रदान की जाती है उतनी सुविधा के हकदार शहर में दयनीय जिंदगी बितानेवाले लोग नहीं हैं?

संकेत स्पष्ट है। आज से 17 वर्ष बाद 20वीं शताब्दी के अंत तक बंबई कदाचित् विश्व का सबसे बड़ा महामारीयुक्त झुग्गी बस्तियों के समूह के रूप में परिवर्तित हो जाएगा, एक दयनीय महानगर बन जाएगा—यदि समय रहते इसपर काररवाई नहीं की जाती है।

विस्तारीकरण

मुझे यह कहते हुए प्रसन्नता हो रही है कि सौभाग्यवश निराश होने की आवश्यकता नहीं है। मैं जीवनपर्यंत आशावादी रहा हूँ। अब जीवन के इस मोड़ पर मुझे अपने सिवाय अन्य किसी वस्तु के लिए चिंता करने की आवश्यकता नहीं। कदाचित् यह कार्य मैं अपनी पत्नी के ऊपर छोड़ता हूँ। मैं निराश नहीं हूँ, क्योंकि विगत 30 वर्षों के नकारात्मक दृष्टिकोण के पश्चात् सरकार एवं नौकरशाही समस्या के विस्तार एवं घातक प्रभाव के प्रति साकांक्ष हो गई है। हम महसूस करते हैं कि बंबई को बचाने के लिए कुछ ठोस उपाय किए जाने चाहिए। सरकार द्वारा शुरू की गई पहल एवं नीतियों के लिए मैं उसे बधाई देता हूँ। बंबई के विस्तारीकरण हेतु नवीन बंबई बनाने तथा मुख्य भूमि पर अन्य क्षेत्रों के विकास के प्रति वह सजग हो गई है। इस कार्य हेतु पुराने क्षेत्रों की कई गतिविधियों को नए क्षेत्रों में स्थानांतरित करना होगा। मैं सरकार को बंबई से भीड़-भाड़ हटाने के उद्देश्य से थोक बाजार को तथा प्रशासनिक मुख्यालय को नई बंबई में स्थानांतरित करने के निर्णय लेने के लिए बधाई देता हूँ, हालाँकि इसका कार्यान्वयन अभी शेष है।

नई नावा शेवा बंदरगाह के निर्माण हेतु हाल ही में प्रारंभ की गई परियोजना एक स्वागत योग्य कदम है। दुर्भाग्यवश, शहर में प्रगति, औद्योगिक विकास निगम के कार्य एवं नई बंबई हेतु कार्य की गति इतनी धीमी है कि व्यावसायिक गतिविधि के लोग स्वत: नए क्षेत्र में जाने के लिए प्रेरित नहीं हो रहे हैं। मुझे प्रसन्नता है कि महाराष्ट्र सरकार ने भीड़ को कम करने के लिए बंदरगाह के आर-पार एक पुल के निर्माण का निर्णय लिया है, उसे भारत सरकार की अनुमति प्राप्त है। मैं उन सभी लोगों के प्रति कृतज्ञ हूँ, जिन्होंने इस हेतु आधार तैयार करने के लिए मुझ पर विश्वास किया है।

मेरे अनुसार बंबई प्रशासन के समक्ष निम्नलिखित कार्य हैं—

प्रथम, नई बंबई में आधारभूत विकास को गति प्रदान करने तथा कुछ कठोर कदम उठाने सहित बंबई से समस्त आर्थिक गतिविधियाँ स्थानांतरित करने के लिए सभी प्रकार के उपाय किए जाने चाहिए। आज

पुरानी बंबई भीड़-भाड़ से त्रस्त है। इस उपक्रम से यह भीड़ मुक्त हो जाएगी। यह कार्य दक्षतापूर्वक अपेक्षाकृत कम खर्च में किया जाना चाहिए।

द्वितीय, कई बार मैंने सरकार को इस बात के लिए आगाह किया है कि यदि बंबई में लोगों का निर्बाध रूप से आगमन होता रहा तो झोंपड़पट्टियों को विस्थापित करने के समस्त प्रयास एवं योजनाएँ विफल हो जाएँगी।

तृतीय, समस्त थोक बाजारों को नई बंबई में स्थापित करने के कार्यक्रम को द्रुत गति से चलाना चाहिए।

चतुर्थ, बंबई किराया कानून में संशोधन किया जाना चाहिए, ताकि नगर निगम द्वारा अधिक राशि वसूली जा सके और यह सुनिश्चित किया जा सके कि कम-से-कम कुछ राशि मकान मालिकों को उपलब्ध कराई जा सके, जिससे भवनों की मरम्मत हो सके।

मैं महसूस करता हूँ कि अभी तक मैंने दूसरों की उपलब्धि, असफलताओं एवं भविष्य के कार्यक्रमों के विषय में व्याख्यान दिए हैं। मेरी मान्यता है कि जिन व्यक्तियों एवं उद्योगपतियों के पास मानसिक एवं वित्तीय क्षमता हो, उन्हें विगत वर्षों की गलतियों एवं नकारात्मक दृष्टिकोण को सुधारने के लिए कुछ दायित्वों को वहन करना चाहिए। मैं मानता हूँ कि परिस्थिति को अनुकूल बनाने के लिए नगर निगम के प्रयासों में ऐसे व्यक्तियों को वर्तमान में तथा भविष्य में भी सहयोग देना चाहिए। हमारे जैसे उद्योग समूह शहर को स्वच्छ, सुचारु एवं सुंदर रखने के लिए बहुत कुछ कर सकते हैं। सामान्य रूप से यह कार्य वे सरकार, नगर निगम, पुलिस एवं यातायात कार्मिकों को सहयोग देते हुए संपूर्ण शहर के हित में कर सकते हैं।

सजग नागरिकों के कई दल हैं, जो अपने-अपने क्षेत्रों में विभिन्न प्रकार से नगर निगम की सहायता कर रहे हैं। मेरे विचार से अब समय आ गया है जब कि इन सभी दलों को एक सर्वोच्च संस्था के अंतर्गत एकजुट होना चाहिए और सरकार को चाहिए कि इनका सदुपयोग करे।

□

अस्तित्व हेतु रणनीति

[सितंबर 1969 में नोबेल प्रतिष्ठान ने 'मानव जीवन में लक्ष्यों एवं मूल्यों का पुनर्मूल्यांकन' विषय पर एक संगोष्ठी का आयोजन किया। पुनर्मूल्यांकन संगोष्ठी उस समय के परिप्रेक्ष्य में आयोजित की गई, जब मानव द्वारा अर्जित नई शक्तियों के फलस्वरूप भयंकर खतरे एवं अपार संभावनाएँ व्याप्त हो गई हैं। जे.आर.डी. टाटा को इस संगोष्ठी में 'मानव अस्तित्व हेतु रणनीति' विषय पर विचार व्यक्त करने के लिए आमंत्रित किया गया।]

वर्तमान विश्व संकट जटिल एवं बहुआयामी है; किंतु सुविधा हेतु सरलीकृत करने पर इसे दो मुख्य उप-संकटों में बाँटा जा सकता है। प्रथम, संसार में संपन्न व्यक्तियों के बीच आध्यात्मिक संकट है। यह संकट घोर असहमति, संघर्ष, पुराने जीवन-मूल्यों के प्रति तिरस्कार, पूर्व निर्धारित राष्ट्रीय लक्ष्यों एवं नीतियों और युवकों में तटस्थता के रूप में देखा जा सकता है। ये संकट यूरोप, अमेरिका एवं दुनिया के अन्य क्षेत्रों में दृष्टिगोचर हैं।

यद्यपि इन संकटों के कुछ कारणों के संबंध में जानकारी अभी भी अस्पष्ट है तथापि इनमें एक कारण तो परिवर्तन है। वर्तमान समय से पूर्व मानव को इतनी अल्पावधि में इतने अधिक परिवर्तनों के अनुरूप अपने आपको ढालने हेतु प्रयास नहीं करना पड़ा था। पर्यावरण परिवर्तन, जीवन-यापन की पद्धति में परिवर्तन, सोचने की प्रक्रिया में परिवर्तन तथा जीवन-मूल्यों में परिवर्तन जैसे कुछ महत्त्वपूर्ण परिवर्तन हैं। अपने वैज्ञानिक, तकनीकी, उत्पादक, प्रबंधनात्मक एवं विपणन कौशल की प्रगति पर आश्चर्य व्यक्त करते हुए तथा प्रेरित होकर, राजनेताओं के हाथ में परमाणु शक्ति जैसी विपुल क्षमता प्राप्त होने से भयातुर होकर, विश्व की विपन्न क्षेत्रों की मानव उपयोगी संपदा का सैन्य कार्यों के उद्देश्य से दुरुपयोग होने पर एवं वर्तमान सभ्यता की अत्यधिक भौतिकवादी प्रकृति का प्रतिरोध करते हुए मानव

जीवन के घातक परिवर्तनों के साथ सामाजिक अथवा आध्यात्मिक रूप से कदम से कदम मिलाकर चलने में अपने आपको असमर्थ पा रहा है।

विगत समय में मानव जब तनावग्रस्त होता था तो वह शक्ति, सुख एवं आत्मविश्वास के लिए धर्म, नेता अथवा पुराने जीवन-मूल्यों की शरण में जाता था। किंतु जीवन की भौतिक विपन्नताओं से मुक्त आज का शिक्षित मानव अपने आपको अवरोधपूर्ण विशाल जलराशि में दिशाहारा की तरह भटका हुआ महसूस कर रहा है। उसे लग रहा है कि उसका अंत निकट है।

आज के शिक्षित मानव में, विशेष रूप से युवा पीढ़ियों में, जो नैराश्य भाव व्याप्त है, उसका कोई औचित्य नहीं। यद्यपि परमाणु हथियारों का खतरा विश्व पर तो मँडरा ही रहा है। परमाणु शक्ति-संपन्न देश भी यह महसूस कर रहे हैं कि युद्ध की स्थिति में उनका विनाश तो होगा ही, साथ में लाखों निर्दोष लोगों का आनुवंशिक अस्तित्व ही नष्ट हो जाएगा। यह एक प्रकार का अभूतपूर्व सामूहिक आत्मघात होगा। विगत आधी शताब्दी में तकनीकी परिवर्तन से उत्पन्न वायु एवं जल प्रदूषण, झुग्गी बस्तियों का अबाध फैलाव, जनसंख्या विस्फोट, संसाधनों का अपव्यय, संगठनात्मक एवं प्रबंधनात्मक दोष; सामाजिक, नस्लीय एवं आर्थिक असमानता के साथ भेदभाव जैसी समस्याओं के निदान करने में मानव सक्षम है, बशर्ते उसका अस्तित्व बचा रहे। विज्ञान एवं प्रौद्योगिकी द्वारा सृजित समस्याओं का हल मानव इन्हीं क्षेत्रों में ढूँढ़ने में सक्षम है। पश्चिमी सभ्यता के अस्तित्व के लिए घातक इन संकटों का निदान विपुल वैज्ञानिक ज्ञान, मानव के कौशल एवं भौतिक संसाधनों के समन्वित उपयोग के माध्यम से कर सकता है।

अभाव से उत्पन्न संकट

वैश्विक स्तर पर सभ्यता के लिए संकट उत्पन्न करनेवाले अन्य प्रमुख संकटों में विपन्नता का संकट मुख्य है, जिससे विश्व के दो-तिहाई लोग आहत हैं। यदि इस संकट का समाधान नहीं किया जाएगा तो विश्व के लाखों लोग और उनकी भावी पीढ़ियाँ निर्धनतापूर्ण जीवन जीने के लिए अभिशप्त हो जाएँगे। इसके साथ ही शेष विश्व पर इसका घातक प्रभाव पड़ेगा। अल्प विकसित देशों में लोगों की समस्या अस्तित्व-रक्षा की है। यह समस्या भोजन, आवास, शिक्षा, वस्त्र एवं सर्वोपरि रोजगार जैसी जीवन की मूलभूत समस्याओं से जुड़ी हुई है। इनकी समस्या पश्चिमी देशों में व्याप्त निराशा एवं संदेह से उत्पन्न समस्याओं से भिन्न है। इन देशों में निर्धनता की समस्या ही सबसे प्रबल समस्या है।

परमाणु युद्ध के खतरे की तुलना में यह संकट अधिक गंभीर है। इस संकट से निबटने में असफलता, इस संकट के कारणों के निदान एवं इनसे मुक्ति पाने की अक्षमता के कारण संपूर्ण विश्व पर इसके विनाशकारी प्रभाव पड़ेंगे। अल्प विकसित देशों के संकटग्रस्त इन नर-समूहों से धैर्य एवं अपने भाग्य से समझौते की आशा बहुत दिनों तक नहीं की जा सकती है। आज रेडियो, टेलीविजन, समाचार-पत्र, पत्रिकाओं एवं फिल्म के प्रसार होने से लोग पश्चिमी देशों के वैभव से परिचित हो रहे हैं। इन देशों के निरक्षर व्यक्ति भी अपने देश के अभावमय जीवन की तुलना यूरोप, अमेरिका, रूस एवं जापान के समृद्ध देशों से किया करते हैं। वे अपनी जिंदगी में भी ऐसी समृद्धि की कामना करते हैं। वे इस तरह की संपन्नता अपनी भावी पीढ़ी के लिए चाहते हैं, किंतु वे स्वयं के जीवन में भी इस सुखानुभूति की एक छटा देखना चाहते हैं। अब लोगों की अपेक्षाएँ काफी बढ़ गई हैं, जिनसे सकारात्मक एवं नकारात्मक, दोनों प्रकार के परिणाम प्राप्त हो सकते हैं। यदि आगामी एक-दो दशकों में अल्प विकसित देशों के लोगों के जीवन-स्तर में पर्याप्त सुधार नहीं हुआ तो विश्व की दो-तिहाई आबादी संसाधनों के वितरण में घोर असमानता के विरुद्ध विद्रोह कर देगी।

यद्यपि विगत 50 वर्षों में मानवता के समक्ष रूस एवं चीन में दो प्रकार की अशांति उत्पन्न हुई, जिनसे प्रत्यक्ष अथवा अप्रत्यक्ष रूप से करोड़ों लोग प्रभावित हुए। विज्ञान एवं प्रौद्योगिकी के कारण मानव जीवन में इतने परिवर्तन आए हैं कि उनके अनुकूल अपने आपको बनाने में मानव स्वयं को असमर्थ पा रहा है। ऐसे में शताब्दियों के श्रम से निर्मित प्रजातांत्रिक सभ्यताओं को यदि बचाना है तो हम इस प्रकार की अशांति का साथ नहीं दे सकते हैं।

अतएव इस समय की महान् चुनौतियों में से, जो एक प्रमुख है, उसका सामना दोहरे स्तर पर करना होगा। एक ओर जहाँ अल्प विकसित अथवा विकासशील देशों में लोगों को न्यूनतम एवं शैक्षणिक स्तर प्रदान करना होगा, वहीं दूसरी ओर जनसंख्या विस्फोट को रोकना होगा। जनसंख्या के कारण प्रायः हमारी आर्थिक प्रगति अवरुद्ध हो जाती है।

हम ऐसे परम ज्ञानी लोगों से भी परिचित हैं, जो भारत जैसे देशों की व्यापक आर्थिक समस्याओं के साथ जनसंख्या वृद्धि के असर को महसूस कर रहे हैं, किंतु वे मानते हैं कि इन समस्याओं का निदान संभव नहीं अथवा इन समस्याओं से मुक्ति पाने हेतु विकसित देशों के पास आंशिक रूप से भी वित्तीय सहायता देने के लिए क्षमता नहीं है। अतएव वे अनुमान लगाते हैं कि मालथस के अनुसार—विश्व का

अधिकांश भूभाग महामारी की चपेट एवं मौत के तांडव से आहत हो जाएगा; किंतु मेरे विचार में निराशा का कोई औचित्य नहीं। भारत जैसी नियोजित अर्थव्यवस्था अथवा अन्य देशों में पर्याप्त प्रगति हुई है और वर्तमान में भी हो रही है। इन देशों में जनसंख्या समस्या का सामना बहादुरी के साथ किया जा रहा है। अब अभूतपूर्व रूप से सावधि सफलता के संकेत दृष्टिगोचर हो रहे हैं।

भारत—एक प्रयोगशाला

चीन को छोड़कर सभी अल्प विकसित अथवा विकासशील देशों में भारत की जनसंख्या सर्वाधिक है। प्रति व्यक्ति आय के अत्यंत निम्न होने के बावजूद लोगों को न्यूनतम जीवन-स्तर प्रदान करने की चुनौती के साथ-साथ आर्थिक प्रगति को कायम रखने की महत्त्वपूर्ण जिम्मेदारी इस देश पर है। भारत को अल्प विकसित देशों हेतु दिए जानेवाली आर्थिक सहायता की सफलता की प्रयोगशाला माना जा रहा है। यदि भारत में इस लक्ष्य को एक निश्चित अवधि एवं लागत के अंतर्गत प्राप्त किया जाना है तो इसे द्रुत गति से एवं सहजतापूर्वक, किंतु कम खर्च में, अन्यत्र भी प्राप्त किया जा सकता है। इसके अतिरिक्त भारत जैसे देश में कई प्रकार की व्यवस्थाएँ एक साथ मौजूद हैं। यहाँ एक तरफ लोग बैलगाड़ी से यात्रा करते हैं तो दूसरी ओर वायुयान से उड़ान भरते हैं। जहाँ एक ओर लकड़ी के हल और हथकरघे इस्तेमाल हो रहे हैं वहीं दूसरी ओर ट्रैक्टर एवं अत्यंत उन्नत स्वचालित करघे प्रयोग में हैं। यहाँ शारीरिक एवं आणविक शक्तियों का उपयोग एक साथ हो रहा है। अतएव यह देश एक बेहतर प्रयोगशाला अथवा कार्यशाला सिद्ध हो सकता है। यहाँ योजना एवं उनके कार्यान्वयन के पूर्ण ज्ञान की प्राप्ति तथा उनके परिणामों की समीक्षा की जा सकती है।

सभ्यता के अस्तित्व हेतु कोई भी रणनीति तब तक सार्थक नहीं हो सकती जब तक यह लोगों के जीवन को अभाव एवं भय से मुक्त न कर दे। इस लक्ष्य को प्राप्त करने के विपुल साधन एवं संसाधन विद्यमान हैं। आपदाग्रस्त होने पर मानव द्वारा अपने पड़ोसियों को सहायता देने हेतु संसाधन जुटाने की पर्याप्त संभावना है। आवश्यकता इस बात की है कि मानव के अस्तित्व को संकटग्रस्त बनानेवाले, मानसिक एवं भौतिक विपन्नता को दूर करने हेतु पदार्थों एवं मानव संसाधन को संगृहीत कर उनका वैश्विक स्तर पर ठोस कार्यान्वयन किया जाए।

□

राष्ट्रपतीय प्रणाली

[20 फरवरी, 1968 को भारतीय व्यापारी परिसंघ, बंबई की सामान्य वार्षिक बैठक में दिया गया संबोधन।]

मैं सदैव इस बात की पुनरावृत्ति करता रहा हूँ कि एक व्यवसायी को राजनीति से दूर रहना चाहिए। किंतु इसका अर्थ यह नहीं है कि शिक्षित एवं योग्य नागरिक को राजनीतिक विषयों में रुचि अथवा उनके विषय में तार्किक दृष्टिकोण नहीं रखना चाहिए। वस्तुतः भारत जैसी कठोर नियंत्रित और नियोजित अर्थव्यवस्था में आर्थिक मुद्दों का सही विश्लेषण राजनीतिक प्रभावों के अध्ययन के बिना संभव नहीं।

विगत 15 वर्षों के दौरान हमारी पंचवर्षीय योजनाओं का निर्माण सरकार द्वारा किया गया तथा इन्हें संसद् द्वारा पारित किया गया। हमारी आर्थिक गतिविधि विधायिका एवं कार्यपालिका के निर्णयों से प्रभावित रही। सभी प्रकार की आर्थिक शक्तियाँ मंत्रिमंडल, विधायिका एवं नौकरशाही के हाथों में केंद्रित हैं। पहले की तुलना में आज प्रत्येक समस्या पर विचार एवं उसके संबंध में निर्णय राजनीति के आधार पर होते हैं।

जब तक राजनीतिक व्यवस्था सुदृढ़ नहीं होगी, इसमें स्थायित्व नहीं आएगा और कानून का सम्मान नहीं होगा तब तक देश में आर्थिक परिदृश्य के उत्थान संबंधी समस्त प्रयास निरर्थक ही रहेंगे। इस मानदंड एवं बंगाल व अन्य विधानसभाओं में हाल में हुई विध्वंसक गतिविधियों, दलों के अंदर गुटबाजी, सत्ता के लिए भूख अथवा कुरसी सलामत रखने की मानसिकता, देश के विभिन्न भागों में कानून व्यवस्था की बिगड़ती स्थिति एवं कमजोर होती केंद्र सरकार के आधार पर क्या ऐसा नहीं लगता कि जिस राजनीतिक व्यवस्था को हमने स्वीकार

किया, वह चरमरा रही है?

इस अनुमान के आधार पर मैं यह सिद्धांत प्रस्तुत करने जा रहा हूँ कि हमने अपने संविधान में जिस ब्रिटिश व्यवस्था को अपनाया, वह देश की परिस्थिति, लोगों की प्रवृत्ति एवं भारत की ऐतिहासिक पृष्ठभूमि के अनुकूल नहीं है। यूरोप के दक्षिण-पश्चिम में अटलांटिक से लेकर पूर्व में प्रशांत तक तथा मोरक्को से लेकर जापान तक विस्तृत भौगोलिक पटल पर नजर डालने से आपको भारत, श्रीलंका एवं मलेशिया के अतिरिक्त कोई ऐसा देश नहीं मिलेगा जहाँ ब्रिटिश संसदीय व्यवस्था सफल हुई हो। यह ध्यान देने योग्य बात है कि राजनीतिक रूप से परिपक्व एवं कम जनसंख्यावाले देशों में यह व्यवस्था संशोधन के साथ कार्य कर रही है।

यह तर्क किया जा सकता है कि फ्रांस जैसे देशों में दशकों तक राजनीतिक अव्यवस्था कायम रही तथापि वे प्रगति के पथ पर अग्रसर रहे। इसी प्रकार हमारे देश में वर्तमान राजनीतिक अस्थिरता कुछ समय की बात है। अभी भारत में प्रजातंत्र अपनी शैशवावस्था में है। भारत इन अस्थिरताओं को उसी तरह झेल लेगा जैसे हजारों वर्षों की घोर राजनीतिक अस्थिरता को झेला। मैं ऐसी घातक सोच के प्रति सजग हूँ, जो राजनीतिक, आर्थिक एवं तकनीकी परिवर्तनों को नकार रही है। ये परिवर्तन विश्वव्यापी हैं तथा इनके साथ-साथ भारत जनसंख्या विस्फोट से भी प्रभावित है।

पुरानी राजनीतिक व्यवस्था

भारतीय राजनीतिक व्यवस्था 20वीं शताब्दी का एक प्रमुख पुरावशेष है। पश्चिमी देशों में हजारों वर्ष के प्रयोग एवं गलतियों के पश्चात् अल्प क्षेत्रफल एवं अल्प जनसंख्या पर राजनीतिक रूप से परिपक्व दो दलीय प्रणाली के आधार पर जिस संसदीय व्यवस्था का प्रादुर्भाव हुआ, उस व्यवस्था को एशियाई देशों की बहुदलीय संसद् एवं कई विधानसभाओंवाले देश में एक संसद् के माध्यम से चलाने का प्रयास किया जा रहा है।

ब्रिटिश व्यवस्था को मूर्तरूप देने में प्रशिक्षित, पेशेवर एवं उत्कृष्ट कौशल-संपन्न राजनीतिज्ञों एवं प्रशासकों की कई पीढ़ियों का योगदान रहा है। इसके विपरीत, भारत के अधिकांश राजनीतिज्ञ अप्रशिक्षित एवं आधुनिक समाज के जटिल प्रबंधन में अक्षम हैं। जबकि देश के शासन की बागडोर मुख्य रूप से थके-हारे वरिष्ठ सिविल सेवकों के हाथ में है, जो संख्या की दृष्टि से 50 करोड़ लोगों की आवश्यकताओं को प्रभावी ढंग से पूरा करने में पर्याप्त नहीं है।

इसके साथ-साथ मशीनीकरण की समस्या, सोवियत रूस की पद्धति के आधार पर बनाई गई अधिकांश आर्थिक योजनाएँ एवं विकास कार्यक्रमों, प्रतिरक्षा, वित्तीय मामले एवं विदेश मामले आदि की समस्याएँ व्याप्त हैं। सन् 1960 के दशक के प्रारंभिक वर्षों तक राजनीतिक स्थिरता एवं क्रियाशील प्रजातंत्र से अनुरक्षित लोक कल्याणकारी एक दल के वर्चस्व के साथ-साथ व्यवस्था का तनाव एक प्रभावशाली व्यक्तित्व के प्रभामंडल में छिप गया था।

पं. नेहरू की मृत्यु के पश्चात् उस प्रभामंडल पर संकट के बादल मँडराने लगे और व्यवस्था चरमराने लगी। आज भारतीय जनता व्यवस्था के प्रति उदासीन हो गई है। बीस वर्षों के योजना एवं नियंत्रणों के साथ-साथ विपुल धनराशि के व्यय के बावजूद लोग बेहतर स्थिति में अपने आपको नहीं पा रहे हैं। नए नेतृत्व एवं नई विचारधारा की खोज को दलों की बढ़ती संख्या से आघात पहुँचा है। इनमें से अधिकांश दल विचारधारा के दिवालियापन के ज्वलंत नमूने हैं। वे अभी भी उन्नीसवीं शताब्दी के समाजवादी नारों को ढो रहे हैं। निराशा एवं आस्था के खंडित होने से हमारी राष्ट्रीय अवधारणा को भारी क्षति पहुँच रही है। भारत में क्षेत्रीयता के आधार पर विखंडनवादी प्रवृत्तियाँ बढ़ रही हैं।

संसदीय प्रणाली आधारित सरकार की असफलता पर चर्चा करते हुए यह प्रश्न उभरता है कि क्या व्यवस्था में दोष है अथवा इसे चलानेवाले राजनीतिज्ञों में, पर मैं दोनों को दोषी मानता हूँ।

मानव संसाधन

हमारे देश की केंद्रीय सरकार एवं विधानसभाओं में चुने जानेवाले अधिकांश पेशेवर राजनीतिज्ञ यदि उतने परिपक्व, सभ्य, सुविज्ञ एवं उत्तरदायी होते जितने कि राजनीतिक रूप से विकसित देशों के राजनेता हैं, तो हमारे यहाँ बेहतर राजनीतिक स्थायित्व, सजग जनता, बौद्धिक परिचर्चा एवं कानून-व्यवस्था का सम्मान होता। तथापि हम लोग वर्तमान परिस्थिति में व्यवस्था की असफलता को झेल रहे होते। हमारे यहाँ संवैधानिक प्रावधान है कि केंद्रीय एवं राज्य मंत्रिमंडल को अपने निर्णय विधायिका से अनुमोदित करवाने पड़ते हैं। वे केंद्र अथवा राज्य के विधानमंडल के प्रति प्रत्यक्ष रूप से उत्तरदायी हैं। कार्यपालिका एवं विधायिका के समक्ष भारत में जितनी समस्याएँ हैं, संभवतः दुनिया के अन्य किसी देश में उतनी नहीं हैं। इनमें से अधिकांश समस्याएँ राजनीतिक प्रकृति की नहीं हैं। अतएव निश्चित रूप से इनका समाधान विशेषज्ञ, तकनीकीविद्, वैज्ञानिक, अर्थशास्त्री, औद्योगिक प्रबंधक एवं

प्रशिक्षित नर-नारियों द्वारा किया जाना क्या उचित नहीं होगा? क्या देश की अधिकांश समस्याओं के निदान में अप्रशिक्षित एवं सूचना की दृष्टि से अनभिज्ञ राजनीतिज्ञ इतने विशाल देश की बदलती परिस्थितियों के अनुरूप समस्याओं के समाधान करने में अक्षम अथवा उन्हें समझने में विफल रहते हैं तो हम उन्हें दोष दे सकते हैं? कुछ उत्कृष्ट एवं समर्पित व्यक्तियों को छोड़कर अन्य राजनीतिज्ञ संसदीय व्यवस्था में अपनी राजनीतिक स्थिति मज़बूत बनाए रखने में प्रयासरत हैं। समर्पित व्यक्तियों के प्रति हमारी धारणा अत्यंत सम्मानजनक है। जो राजनीतिज्ञ अपनी राजनीतिक स्थिति मजबूत करने में संलग्न हैं, क्या हम उन्हें सत्ता एवं राजनीतिक शक्ति से प्राप्त अधिकारों का लालची कहकर दोषी ठहरा सकते हैं?

अभी से लेकर सन् 1972 में होनेवाले अगले लोकसभा चुनाव के बीच इस देश के मतदाता इतने निराश हो जाएँगे कि संसदीय प्रजातंत्र की प्रक्रिया से वे अपना मुँह मोड़ लेंगे। यदि ऐसा नहीं भी होता है तो जो रुझान सन् 1967 के आम चुनाव में दृष्टिगोचर हुआ था, क्या उसमें 1972 में बढ़ोतरी नहीं होगी? यदि ऐसा होता है तो केंद्र एवं राज्य स्तर पर अस्थिरता का माहौल बन जाएगा, जिसमें सत्ता समीकरण में त्वरित परिवर्तन होता रहेगा। इसके फलस्वरूप व्यवस्था में गिरावट आने से संपूर्ण देश में अराजकता फैल जाएगी। इसके पश्चात् देश में तानाशाही अथवा विखंडनवादी प्रवृत्तियों को बढ़ावा मिलेगा।

क्या हम ऐसा जोखिम उठा सकते हैं अथवा विक्षुब्ध लाखों लोगों के जीवन को दाँव पर लगाकर उनको कोप का भाजन बना सकते हैं?

आखिर विकल्प क्या है? यह एक राष्ट्रपतीय प्रणाली अथवा निश्चित अवधि के लिए चुने गए राज्य के राज्यपाल, जिसकी सहायता के लिए मंत्रिमंडल हो सकते हैं, इस दौरान उन्हें हटाया नहीं जा सके, उनकी सहायता के लिए जो मंत्रिमंडल होगा, उसमें जरूरी नहीं कि मँजे हुए राजनीतिज्ञ ही हों, विभिन्न क्षेत्रों के विशेषज्ञ भी हो सकते हैं, क्या ऐसी व्यवस्था संभव नहीं?

राष्ट्रपति अथवा राज्यपाल के चुनाव सहित व्यवस्था को लागू करने की विभिन्न पद्धतियाँ हो सकती हैं, किंतु इसमें एक ओर स्थायित्व तथा दूसरी ओर विशेषज्ञों द्वारा गतिविधियों को संचालित कराने की अवधारणा होगी। इस प्रकार की व्यवस्था में देश का प्रधान अपने दैनिक कार्य के संचालन हेतु ब्रिटिश संसदीय व्यवस्था की तरह संसद् के प्रति उत्तरदायी नहीं होगा; क्योंकि इससे राजनीतिक उठा-पटक की चपेट में मूल विषय से ध्यान बँट जाएगा, अपितु राष्ट्र-प्रमुख के कार्य की समीक्षा संसद् करेगी तथा कानून बनाने का अधिकार भी संसद् के

पास ही होगा।

मैं पूरी तरह से साकांक्ष हूँ कि संविधान निर्माताओं ने संविधान सभा में इस विषय पर व्यापक विचार-विमर्श करने के पश्चात् ब्रिटिश संसदीय व्यवस्था को अपनाया; किंतु उसके बाद, बीस वर्षों के अनुभव के बाद हम पाते हैं कि जो परिस्थिति सन् 1947 में थी वह अब बिलकुल बदल चुकी है। इन वर्षों के दौरान हमने अपने संविधान में कई बार संशोधन किया। इनमें से चार संशोधन प्रमुख हैं। हमें आशंका है कि आगे भी संविधान में संशोधन होगा। देश में आज की तुलना में अधिक स्थायी व्यवस्था एवं मजबूत शासन की जरूरत है।

व्यावहारिक रूप से क्या अनुकूल है? इस संबंध में मेरा पहला सुझाव है कि संसद् एक उच्च स्तरीय समिति का गठन करे, जो समस्याओं के अध्ययन के पश्चात् संविधान में व्यापक संशोधन का प्रस्ताव देगी, जिसके फलस्वरूप स्थायी व्यवस्था का सूत्रपात हो सकेगा। इस समिति में राजनीति, कानून, शिक्षा, विज्ञान एवं अन्य क्षेत्र के विशेषज्ञों को सम्मिलित किया जाना चाहिए। मैं जानता हूँ कि इसके लिए अत्यंत ही दृढ़ इच्छाशक्ति की आवश्यकता होगी। किंतु एक बार ऐसा होने से विश्व की जनसंख्या के सातवें भाग को एकता के सूत्र में बाँधकर स्थायी रूप से एक सशक्त राष्ट्र बनाया जा सकेगा।

इसके साथ ही इच्छाशक्ति पनपने के समय की हम प्रतीक्षा नहीं कर सकते। हमें अपने नागरिकों की सुरक्षा सहित राजनीतिक व्यवस्था में स्थायित्व लाने के लिए कोई-न-कोई या बीच का रास्ता ढूँढ़ना होगा। राजनीतिक दलों के बीच जैसा भी तालमेल हो, केंद्र अथवा राज्य स्तर पर जैसा गठबंधन हो, किंतु उद्योग को इसके कारण कोई क्षति नहीं होनी चाहिए।

यद्यपि ऐसी काररवाई सरकार पर निर्भर करती है तथापि हम जैसे उद्योगपति, जिनका कारोबार देशव्यापी है, वे संपूर्ण देश में फैली संकीर्णताओं को दूर करने के लिए अपनी ओर से पूर्ण प्रयास करते हैं। ये संकीर्णताएँ धर्म एवं भाषा के आधार पर व्याप्त हैं।

शुद्ध आर्थिक प्रबंधनात्मक गतिविधियों के कई उत्तरदायित्वों के अतिरिक्त हमें आनेवाले वर्षों में अपने देश की अखंडता एवं प्रजातांत्रिक जीवन-पद्धति की रक्षा हेतु भी प्रयासरत रहना चाहिए।

□

उदीयमान समाज

सन् 2030 में भारत

हिंसा और प्रजातंत्र का भविष्य

बदलते मूल्य

व्यवसाय की आचार संहिता

ग्रामीण क्षेत्र का औद्योगिकीकरण

आगामी संबोधनों में टाटा भविष्य के संबंध में अपना पूर्वानुमान व्यक्त करते हैं–

'सन् 2030 में भारत' नामक व्याख्यान में टाटा इस प्रश्न का हल ढूँढ़ते हैं कि क्या भारत एक प्रजातांत्रिक देश रह पाएगा? इस दौरान वे उस समय भारत की आर्थिक प्रगति के संबंध में विवेचना करते हैं तथा इसके साथ प्रश्न करते हैं कि भारत किस प्रकार अपनी समस्याओं का हल ढूँढ़ेगा?

'हिंसा और प्रजातंत्र का भविष्य' नामक अध्याय में वे भारत में हिंसा के कारण एवं प्रजातंत्र को इनसे उत्पन्न खतरे के प्रति चिंता व्यक्त करने के साथ समस्या के निदान हेतु उपाय सुझाते हैं।

'बदलते मूल्य' नामक अध्याय में वे वर्तमान समय में मूल्यों की गिरावट के कारणों का विश्लेषण करते हैं। इस स्थिति में सुधार हेतु कुछ उपाय बताते हैं। वे हमारे चुनाव एवं कर-प्रणाली में सुधार की माँग करते हैं, जिनसे नागरिक जीवन में सभ्यता का माहौल पैदा होगा।

जमशेदपुर में एक्स.एल.आर.आई. (जेवियर लेबर रिसर्च इंस्टीट्यूट) में, जे.आर.डी. टाटा व्यवसाय आचार संस्थान में अपने उद्घाटन संबोधन में देश में अनैतिकता एवं भ्रष्टाचार के कारणों का विश्लेषण करते हैं तथा उनके उन्मूलन हेतु समाधान प्रस्तुत करते हैं।

ड्यूक ऑफ एडिनबर्ग संस्थान ने 'अत्यधिक ग्रामीण समाज में औद्योगिकीकरण' विषय पर भाषण देने के लिए टाटा को आमंत्रित किया। इस अवसर पर उन्होंने टाटा उद्योग समूह द्वारा जमशेदपुर (बिहार) तथा मीठापुर (गुजरात) में स्थापित उद्योगों में अपने प्रत्यक्ष अनुभवों का उल्लेख किया है। वे मानते हैं कि भारत जैसे विशाल विविधतापूर्ण देश में औद्योगिकीकरण तब तक संभव नहीं होगा जब तक इस हेतु व्यापक आधार तैयार नहीं कर दिया जाता।

सन् 2030 में भारत

[10 अप्रैल, 1981 को बंबई विश्वविद्यालय द्वारा जे.आर.डी. टाटा को कानून में डॉक्टरेट की मानद उपाधि प्रदान करने के विशेष अवसर पर दिया गया अभिभाषण।]

हमें इस देश को आज के नौजवानों की नजर से देखना चाहिए कि सन् 2030 में भारत का परिदृश्य कैसा होगा।

राजनीतिक क्षेत्र में हम यह पूर्वानुमान कर सकते हैं कि भारत में उस समय प्रजातांत्रिक व्यवस्था कायम रहेगी। ऐसी व्यवस्था सतत गिरावट के बावजूद बनी रहेगी, हालाँकि इस संबंध में हममें से कई लोगों के मस्तिष्क में शंका विद्यमान है। आर्थिक मोरचे पर कई रास्ते हैं। हमारा गंतव्य क्या होगा, यह इस बात पर निर्भर करेगा कि हम कैसा मार्ग अपनाते हैं। यदि आर्थिक क्षेत्र में सरकार की विगत तीस वर्षों की नियंत्रित आर्थिक नीतियाँ लागू रहेंगी तो भारत की आर्थिक विकास-दर के साथ-साथ जनसंख्या वृद्धि भी कायम रहेगी। यदि उस समय हम आज की तुलना में दुगुना अर्जन भी करेंगे तथापि हमारा देश विश्व के निर्धनतम देशों में गिना जाएगा। निर्धनतम इसलिए कि तब तक अन्य विकासशील देश काफी प्रगति कर चुके होंगे।

क्या हम विश्वास कर सकते हैं कि इस देश की जनता ऐसी दुर्भाग्यपूर्ण स्थिति स्वीकार कर सकेगी? मेरा विश्वास है कि इस देश की जनता ऐसा नहीं करेगी। पहले लोगों को अन्य देशों में व्याप्त उच्च जीवन-स्तर का अधिक ज्ञान नहीं था; किंतु अब लोग अन्य देशों के जीवन-स्तर से अपने देश की दयनीय स्थिति की तुलना करते हैं। इसका श्रेय जनसंचार माध्यमों को दिया जाना चाहिए। इस देश की जनता अन्य देशों की जनता के उच्च जीवन-स्तर एवं अपने देश के कुछ गिने-चुने लोगों की जीवन-शैली से भलीभाँति परिचित है।

जनता के धैर्य की भी सीमा होती है। यदि निराशा एवं क्रोध के वशीभूत होकर वह उग्र हो जाएगी तो सर्वत्र अराजकता फैल जाएगी। अतएव हम कालातीत आर्थिक नीतियों को स्वीकार करके और अधिक दुर्दशा नहीं करवा सकते। इसके स्थान पर उच्च आर्थिक प्रगति प्रदान करनेवाले विकल्पों के विषय में सोच सकते हैं।

अकसर ऐसा तर्क दिया जाता है कि भौतिक एवं आर्थिक संपन्नता ही हमारा मुख्य लक्ष्य नहीं होना चाहिए। हमें यह कहा जाता है कि पश्चिम में उपभोक्तावादी संस्कृति के विस्तार से लोग आध्यात्मिक रूप से खोखले हो गए हैं। परिणामस्वरूप वहाँ के जीवन में नीरसता व्याप्त हो गई। यह सच हो सकता है। परंतु भारत जैसे देश में, जहाँ लोग अभी भी घोर दरिद्रता के दलदल में फँसे हुए हैं और बेहतर जीवन-स्तर के लिए संघर्षशील हैं, नैतिक पतन का डर दिखाकर लोगों को गरीबी के विशाल चक्र में उलझाए रखना उचित नहीं।

यदि हम बेहतर व्यवस्था की कामना करते हैं तो विगत 50 वर्षों में जिस व्यवस्था को अंगीकार करने से हमारे देश में प्रति व्यक्ति आय में वृद्धि 1.4 प्रतिशत बनी रही, उसके स्थान पर राष्ट्र को वैभव के शिखर पर ले जानेवाली कौन सी व्यवस्था हो सकती है? हमारी निम्न प्रति व्यक्ति आय का मुख्य कारण यह है कि हम अधिक जनसंख्या के लिए कम उत्पादन करते हैं। अतएव प्रति व्यक्ति आय में वृद्धि के लिए सिर्फ हमारी आर्थिक प्रगति-दर को बढ़ाने की आवश्यकता नहीं, अपितु जनसंख्या वृद्धि-दर को भी कम करने की अनिवार्यता है। 12 वर्ष पहले योजना आयोग ने यह लक्ष्य रखा था कि सन् 1980 तक भारत में प्रति हजार 25 जन्म-दर होना चाहिए, किंतु वर्तमान में प्रति हजार जन्म-दर 36 है। यहाँ समय पर लक्ष्य न पूरा करने की समस्या है। तथापि आप विश्वास करें अथवा नहीं, जहाँ परिवार नियोजन कार्यक्रमों हेतु चौथी पंचवर्षीय योजना में कुल योजना परिव्यय का 1.8 प्रतिशत निर्धारित किया गया था, वह घटकर सन् 1979-80 में 0.9 प्रतिशत हो गया। हालाँकि छठी पंचवर्षीय योजना में 1 प्रतिशत का प्रावधान किया गया था।

मेरे लिए यह खेद का विषय है कि एक राष्ट्र के रूप में हमारे अस्तित्व से जुड़े प्रश्नों पर अभी भी हमारे देश में ध्यान नहीं दिया जाता है। अभी भी अधिकांश लोग अपने खयालों में डूबे हुए हैं। अधिकांश लोग, कदाचित् यहाँ उपस्थित लोगों में से भी अधिकांश यह विश्वास कर बैठे हैं। इतनी अधिक जनसंख्यावाले इस देश में समस्या के निदान हेतु व्यावहारिक रूप से कोई मार्ग संभव नहीं है, अतः अपने-आपको भाग्य के भरोसे छोड़ दें। इस प्रकार की निराशा का कोई स्थान नहीं।

जहाँ '60 के दशक में जन्म-दर प्रति हजार 41 थी वहाँ यह '70 के दशक

में घटकर प्रति हजार 36 हो गई। कुल जनसंख्या वृद्धि-दर '60 के दशक में जितनी थी उतनी ही '70 के दशक में रही। इसका मुख्य कारण है कि जन्म-दर की तुलना में मृत्यु-दर में काफी गिरावट आई है।

द्वितीय, भारतीय महिलाओं में लघु परिवार व्यवस्था के प्रति आस्था बढ़ती जा रही है और उन्हें उपयुक्त साधन एवं सुविधा प्रदान किए जाने की स्थिति में वे परिवार-नियोजन के लिए तैयार हो जाती हैं।

तृतीय, आणविक एवं सूक्ष्म जैव विज्ञान, जैवरसायन, आनुवंशिकी विज्ञान के क्षेत्र में हाल ही में हुई व्यापक प्रगति से प्रजनन-दर नियंत्रण के संबंध में अनेक प्रकार के शोध हुए हैं। अतएव मैं सरकार से अनुरोध करता हूँ कि वह इस क्षेत्र में उपलब्धि हेतु शोधकार्य पर ध्यान दे तथा इसमें विदेशी वैज्ञानिक एवं औद्योगिक संस्थानों को भाग लेने के लिए आमंत्रित करे।

चतुर्थ, इस दिशा में अब तक दिए गए वित्तीय प्रोत्साहन की तुलना में अब अधिक प्रोत्साहन प्रदान कर इस दिशा में अधिक संभावनाओं की तलाश की जा सकती है। हमारे देश में व्याप्त घोर दरिद्रता को देखते हुए यह कहा जा सकता है कि लोग अल्प वित्तीय प्रोत्साहन से प्रेरित होकर नसबंदी के लिए तैयार हो जाएँगे। अभी तक 200 रुपए जैसी कम राशि से भी अनुकूल परिणाम प्राप्त नहीं हुए हैं। अधिक राशि प्रोत्साहन के रूप में दिए जाने से अनुकूल परिणाम प्राप्त हो सकते हैं। देश में प्रत्येक व्यक्ति को भोजन, वस्त्र, आवास जैसी मूलभूत आवश्यकताओं की पूर्ति हेतु वर्तमान निम्न उपभोग-दर भी 7 हजार रुपए है। व्यावहारिक रूप से भविष्य में इस खर्च में वृद्धि होगी।

वर्तमान में भारत में औसत रूप से प्रत्येक दंपती के चार बच्चे होते हैं। वर्तमान में एक शिशु के जन्म को रोकने से अगली दो पीढ़ियों में पाँच बच्चे के जन्म को रोका जा सकेगा। इस प्रकार एक शिशु के जन्म को रोकने से आज के मूल्य के हिसाब से प्रतिवर्ष 42 हजार रुपए की बचत होगी। अतएव प्रत्येक नसबंदी में 2 हजार अथवा 5 हजार रुपए का प्रोत्साहन देने से देश की काफी बचत होगी।

इस प्रकार प्रोत्साहन की राशि बढ़ाने से अगले पाँच वर्षों में 1.5 करोड़ शिशुओं के जन्म को रोका जा सकेगा। इस प्रकार सन् 2030 तक देश में 30 करोड़ अतिरिक्त शिशुओं के जन्म को रोका जा सकेगा। यद्यपि आँकड़े पूर्णरूप से दुरुस्त नहीं हैं तथापि इनका औचित्य है। मैं सरकार को सलाह देता हूँ कि ऐसी योजना को अविलंब कार्यान्वित करे। इस प्रकार की योजना से अल्पावधि में वित्तीय बोझ

पड़ेगा, किंतु व्यावहारिक रूप से आगामी वर्षों में माँग बढ़ने की स्थिति में जो अर्थव्यवस्था पर भारी दबाव पड़ेगा, उसकी तुलना में यह कम है।

उच्चतर सकल राष्ट्रीय उत्पाद हेतु बेहतर प्रबंधन

यदि हम अपनी वर्तमान सकल राष्ट्रीय उत्पाद-दर 3.5 प्रतिशत को जारी रखते हैं तो आज से पचास वर्ष बाद हमारे देश में प्रति व्यक्ति आय वर्तमान दर 1,800 रुपए से दुगुनी अर्थात् 3,000 रुपए होगी।

सन् 1950 से 1980 के बीच तीन दशकों के दौरान औसत वार्षिक सकल राष्ट्रीय उत्पाद-दर जहाँ जापान में 8 प्रतिशत से अधिक और दक्षिण कोरिया में लगभग 8 प्रतिशत रही है, वहीं भारत में, मैं अपने संपूर्ण होशो-हवास में कह रहा हूँ, समस्त आर्थिक आधार तैयार करने के पश्चात् अगले पचास वर्षों के दौरान औसत वार्षिक सकल राष्ट्रीय उत्पाद-दर 6 प्रतिशत रहेगी।

आर्थिक विकास की ऐसी दर बनाए रखने के लिए भारत में हमें विदेशी निवेश का द्वार और अधिक खोलना होगा। हम सभी जानते हैं कि अभी तक की सभी सरकारें ऐसा निर्णय लेने में संकोच करती रही हैं। इस कार्य में हमारे कई उद्योगपतियों का भी सहयोग रहा है, जो नियंत्रित अर्थव्यवस्था में अपने को सूखा अनुभव करते रहे हैं।

हमारे इस अभियान में सहयोग देने के लिए विदेशी पूँजी को आमंत्रित करने में जोखिम कम, लाभ अधिक है। यह प्रक्रिया संपूर्ण रूप से सरकार की देख-रेख में पूरी होगी। इससे सृजित समस्त परिसंपत्ति एवं रोजगार भारतीयों के उपयोग के लिए होंगे। विदेशियों द्वारा लाई गई उन्नत प्रौद्योगिकी के कारण हमारी प्रौद्योगिकी उन्नत हो जाएगी। इससे कृषि एवं कृषि आधारित उद्योगों में अधिक संसाधनों के उपयोग होने से रोजगारोन्मुखी विकास होगा। इससे ग्रामीण क्षेत्रों में द्रुत विकास हेतु गतिविधियाँ बढ़ेंगी।

पचास वर्ष के औद्योगिकीकरण के बावजूद भारत में भूमि, नदी, वन, समुद्र एवं सौर ऊर्जा से प्राप्त संसाधनों का राष्ट्रीय आय में व्यापक योगदान होगा। वस्तुत: यदि इन पचास वर्षों के दौरान हम अपनी खाद्यान्न आवश्यकताओं की पूर्ति करते हुए कृषि क्षेत्र की संभावनाओं के समुचित उपयोग से लाभ प्राप्त करते हैं तो विश्व में हम खाद्यान्न के मुख्य निर्यातक के रूप प्रतिष्ठित होंगे। इससे काफी विदेशी मुद्रा की प्राप्ति होगी।

संक्षेप में, विगत पचास वर्षों के दौरान भारत ने काफी प्रगति की है। हमने

भव्य एवं अद्वितीय संघर्ष के माध्यम से स्वतंत्रता प्राप्त की है। विभाजन से उत्पन्न त्रासदी को भी हमने झेला है। संकट की घड़ी में देश एकजुट रहा है। यहाँ प्रजातंत्र की स्थापना की जा सकी। हमारे साथ स्वतंत्र हुए कई नए देशों में हमारी तरह प्रजातंत्र की रक्षा नहीं की जा सकी। वे अभी तानाशाहों के शासन में हैं।

आर्थिक विकास हेतु पर्याप्त प्रयास एवं संसाधनों का उपयोग करने के बावजूद इस देश की जनता दुनिया के निर्धनतम देशों की जनता में गिनी जाती है। इसके लिए बेतहाशा जनसंख्या वृद्धि के साथ-साथ अभी तक की सरकारों की अव्यवस्थित एवं कुप्रबंधन युक्त आर्थिक नीतियाँ जिम्मेदार रही हैं। यदि हम आनेवाले वर्षों में कुछ बेहतर नहीं कर सकेंगे तो हमारा भविष्य अंधकारमय हो जाएगा। हमें कुछ बेहतर करना चाहिए। जन्म-दर को कम करने के लिए अथक प्रयास करना चाहिए। अपने सकल राष्ट्रीय उत्पाद को बढ़ाने के लिए हमें हरसंभव प्रयास करना चाहिए। इस प्रक्रिया के दौरान हमें पूर्वग्रहों एवं पूर्व निर्धारित विचारों का त्याग करना चाहिए। जिन पुराने विचारों से देश की आर्थिक प्रगति कुंठित हुई थी, उनका त्याग करना चाहिए।

यदि हमें सकल राष्ट्रीय उत्पाद की वार्षिक वृद्धि-दर 6 प्रतिशत को प्राप्त करना है और अपनी जनसंख्या को 1 अरब से अधिक नहीं बढ़ाना है तो सन् 2030 तक हमारे देश में आज के मूल्य के अनुसार प्रति व्यक्ति आय 22 हजार रुपए हो जाएगी। अर्थात् आज की तुलना में साढ़े बारह गुना अधिक हो जाएगी। मेरा विश्वास है कि दृढ़ निश्चय एवं सही नीतियों के बल पर हम यह लक्ष्य प्राप्त कर लेंगे। यद्यपि यह भी यूरोप की तुलना में आधी ही होगी, तथापि इससे लोगों की सभी प्रकार की आवश्यकताओं की पूर्ति हो सकेगी और वे एक मानवीय एवं सार्थक जिंदगी जी सकेंगे, जिसमें अभाव एवं अशांति का कोई स्थान नहीं होगा। तभी आज के युवक सुखद भविष्य की कामना कर सकेंगे। वे आकाश में आज के काले घने बादलों की तुलना में इंद्रधनुष की छटा निहार सकेंगे। आज जो बच्चों की आँखों में आँसू एवं मुख पर गरीबी की रेखा है, उनके स्थान पर प्रसन्नता एवं समृद्धि की मुसकान दृष्टिगोचर होगी।

□

हिंसा और प्रजातंत्र का भविष्य

[31 मई, 1991 को बंबई में एक जनसभा में दिया गया भाषण।]

मुझे इस बात पर आश्चर्य होता है कि भारत जैसे देश में जहाँ अहिंसा की अवधारणा का जन्म हुआ और इसे व्यवहार में अपनाया गया, जहाँ गौतम बुद्ध महावीर जैसे अहिंसा के पुजारियों के साथ-साथ हिंदू धर्म में महात्मा गांधी जैसे अहिंसा के प्रचारक का जन्म हुआ, वह देश आज हिंसक गतिविधियों से आक्रांत है। विश्व के महान् धर्मों के नायक संतों एवं महापुरुषों का काल आज से 2 हजार वर्ष अथवा उससे पूर्व था, किंतु महात्मा गांधी का प्रादुर्भाव इस शताब्दी में ही हुआ। मुझे ज्ञात नहीं है कि आप में से कितने लोगों को महात्मा गांधी से मिलने का अवसर प्राप्त हुआ। मुझे उनसे मिलने का सौभाग्य प्राप्त हुआ। उनका व्यक्तित्व असाधारण था। वे अपनी सहज मुसकान से लोगों का दिल जीत लेते थे। वे विनोदी प्रकृति के थे। अहिंसा की इस उन्नत परंपरा को देखते हुए आज की सांध्य वेला में मैं जिस विषय पर बोलने जा रहा हूँ, उसके लिए मुझे खेद है।

देश में व्याप्त अहिंसक वातावरण से मैं आहत हूँ। अपने देश, प्रजातंत्र, भविष्य, देश के लाखों लोगों के भविष्य एवं भावी संतति के भविष्य पर मँडरानेवाले इस संकट के प्रति में साकांक्ष हूँ। शांति का उपदेश देते हुए तो बहुत अच्छा लगता है, यदि आप समस्याग्रस्त हैं तो इसका शांतिपूर्ण हल ढूँढ़ने का प्रयास करें। अपने प्रतिपक्षियों के साथ शांतिपूर्ण व्यवहार करें।

किंतु अपने आप में यह पर्याप्त नहीं है। यदि हम हिंसा की समस्या का समाधान चाहते हैं तो हमें इसके कारणों का पता लगाना होगा। मैं अपने व्यापार एवं निजी जिंदगी के अनुभवों के आधार पर कह रहा हूँ कि हिंसा क्षोभ से उत्पन्न होती है। क्षोभ अधिकांश जन-समूह को उसके मानवाधिकारों से वंचित करने एवं एक

नागरिक के रूप में उनका सम्मान न करने से उत्पन्न होता है, अतएव हम पढ़े-लिखे एवं सजग लोगों का यह कर्तव्य है कि समस्या के स्वरूप को जानने का प्रयास करें। हमें यह जानने का प्रयास करना चाहिए कि अधिकांश लोग विक्षुब्ध क्यों हैं।

जब हम समस्या की गहराई पर विचार करते हैं तो अहिंसा एवं शांति के पक्ष में बात करना ही पर्याप्त नहीं है। हमें अपने कार्य में भी हिंसा का त्याग अवश्य करना चाहिए। हम सभी यह जानते हैं कि अपनी निजी जिंदगी में हम कभी-न-कभी उत्तेजित हो जाते हैं। क्रोध हिंसा की शुरुआत है, यद्यपि यह हृदय में दबी हुई हिंसा ही क्यों न हो। जब भी मैं दुःख, दरिद्रता एवं अभाव के संपर्क में आता हूँ तो मुझे क्रोध आता है। वर्षों से वही गरीबी, दुःख, साधनों की कमी इत्यादि से हमारी जनता त्रस्त है और हम उनके लिए पर्याप्त प्रयास नहीं करते। हम यह कहकर अपना पीछा छुड़ा लेते हैं कि यह तो सरकार का काम है। हम जानते हैं कि हमारे देश में दरिद्रता का मुख्य कारण जनसंख्या वृद्धि है।

प्रत्येक वर्ष हमारे देश की जनसंख्या में 1 करोड़ 70 लाख की वृद्धि होती है। हमें उनके जीविकोपार्जन का साधन ढूँढ़ना है। हम जानते हैं कि जब ये नवजात शिशु बड़े होंगे तो इनमें से अधिकांश को जीवन की महत्त्वपूर्ण वस्तुएँ नहीं मिल पाएँगी; किंतु मैं चाहता हूँ कि उन्हें जीवनोपयोगी वस्तुएँ मिलें। इस संबंध में मैं यह कहना चाहता हूँ कि अधिकांश भारतीय इस समस्या पर विचार नहीं करते। हम यह महसूस नहीं करते कि इस समस्या से हमारा देश कितना प्रभावित है। इस संबंध में हम लोग प्रत्येक दिन समाचार-पत्र पढ़ते हैं, किंतु फिल्म अथवा खेल या मनोरंजन में हम अधिक रुचि लेते हैं। हमें अपने लिए जीना तो है ही, किंतु उन लाखों लोगों के प्रति भी हमारा दायित्व है, जो गरीबी एवं अभाव में जीवन व्यतीत करते हैं।

इस संबंध में मुझे आपको कोई सुझाव नहीं देना है, किंतु हमें इतना तो सोचना चाहिए कि इस संबंध में हम सकारात्मक रूप से क्या-क्या कर सकते हैं। हम अपने प्रतिनिधियों के चुनाव में, अपनी सरकार के चुनाव में तथा राजनीतिज्ञों को समर्थन देने में क्या कर सकते हैं? ये ऐसे लोग हैं जो किसी समस्या के संबंध में चिंतन ही नहीं करते। वस्तुतः इन्हें सर्वाधिक चिंतन करना चाहिए और जनता को शिक्षित बनाने के लिए अधिकाधिक प्रयास करना चाहिए। यदि वे अपने कर्तव्य का पालन नहीं करते तो हमें स्वयं अपने आपको शिक्षित बनाना चाहिए। सबसे पहले हम शिक्षा पर ही विचार करें। हम यह कैसे सोच सकते हैं कि हम अपने आपको शिक्षित करें तथा अपना निर्णय स्वयं लें, जबकि आज भी उत्तर भारत में पैदा

होनेवाली 100 बालिकाओं में से 90 कभी भी विद्यालय नहीं जा पातीं, लिखना-पढ़ना कभी नहीं जान पातीं। उनकी तुलना में पुरुषों की स्थिति बेहतर है। शिक्षा का प्रारंभिक चरण साक्षरता है।

मैं फ्रांस के बारे में थोड़ा-बहुत जानता हूँ। फ्रांस एक अत्यंत ही शिक्षित देश है। मैं वहाँ पैदा हुआ और कुछ दिनों तक शिक्षा भी ग्रहण की। उस देश में जो सबसे महत्त्वपूर्ण राजनीतिज्ञ होता है वह राष्ट्रपति, प्रधानमंत्री, गृहमंत्री, रक्षामंत्री अथवा वित्तमंत्री नहीं होता, अपितु वहाँ का शिक्षामंत्री होता है। मैं आशा करता हूँ कि अपने देश में हम लोग शिक्षा के महत्त्व से परिचित होंगे। शिक्षा का प्रकाश जन-जन तक फैलेगा। और उनमें से जो राजनीतिज्ञ होंगे वे इस शिक्षा का उपयोग बुद्धिमत्तापूर्वक करेंगे।

□

बदलते मूल्य

[4 जनवरी, 1983 को बंबई के रोटरी क्लब में दिया गया अभिभाषण।]

मैं आज एक व्यापक परिचर्चा वाले विषय के कुछ खास पहलुओं पर अपना ध्यान केंद्रित करूँगा। ये निम्नलिखित हैं—

नैतिक मूल्य, जो हमारे व्यक्तिगत एवं पारिवारिक जीवन को प्रभावित करते हैं, व्यवसायी के रूप में हमारे सक्रिय सार्वजनिक जीवन को प्रभावित करनेवाले नैतिक मूल्य, हमारे पेशेवर व्यक्तियों एवं सरकारी अधिकारियों में प्रभावित करनेवाले मूल्य, राजनीतिक मूल्य जो गैर-राजनीतिक व्यक्ति सहित सभी के जीवन को प्रभावित करते हैं इत्यादि।

जब हम बदलते मूल्यों के विषय में चर्चा करते हैं तो हमारा ध्यान बदतर स्थितियों की ओर जाता है; किंतु ऐसा सोचना गलत है। कई बार परिवर्तन से सकारात्मक परिणाम प्राप्त हुए हैं। इसके उदाहरण निम्नलिखित हैं—

उद्योग एवं व्यवसाय-जगत् के द्वारा समाज के निर्धन व्यक्तियों एवं पर्यावरण के प्रति सामाजिक उत्तरदायित्व को स्वीकार करने की प्रवृत्ति में वृद्धि हुई है।

द्वितीय विश्वयुद्ध के बाद रूस को छोड़कर दुनिया के सभी देश इस बात को मान्यता देते हैं कि स्वतंत्रता हर राष्ट्र का अधिकार है। उपनिवेशवादी एवं विस्तारवादी ताकत, जो रोमन साम्राज्य के समय से विश्व को आतंकित किए हुए थी, उसका नाटकीय ढंग से अंत हुआ।

आज से लगभग दो हजार वर्ष पूर्व एथेंस राष्ट्र के अंदर प्रजातांत्रिक स्वतंत्रता के सिद्धांत को स्वीकार किया गया था। इसे अभी तक वैश्विक स्तर पर मान्यता नहीं मिली है।

शताब्दियों से शोषित श्रमिकों के अधिकार को व्यापक स्तर पर मान्यता मिली है।

मुझे परिवर्तन से होनेवाले लोगों की विस्तृत चर्चा नहीं करनी है, अब परिवर्तन से होनेवाले नुकसान के प्रति हम अधिक चिंतित रहते हैं। अब मैं इसी प्रकार के परिवर्तन पर वक्तव्य दूँगा। मैं यह कहना चाहूँगा कि मूल्य नहीं बदले हैं, अपितु हम उन्हें कम महत्त्व देते हैं। उदाहरण के रूप में, पारिवारिक जीवन-मूल्यों को अभी भी व्यापक स्तर पर स्वीकार किया जाता है। विश्व के सभी समुदायों के गरीब अथवा अमीर लोग विवाह, शिशु जन्म इत्यादि अवसरों पर कुछ-न-कुछ कर्मकांड अवश्य करते हैं; किंतु व्यवहार में हम उनके वास्तविक महत्त्व को उतनी गंभीरता से नहीं स्वीकार करते हैं। यदि ऐसा नहीं होता तो तलाक, संबंध-विच्छेद तथा विवाहेतर संबंधों से संतानोत्पत्ति कैसे होती। इन कार्यों को आधुनिक पश्चिमी सभ्यता की देन माना जाता है; किंतु भारत जैसे रूढ़िवादी देश में भी अब ये कार्य होने लगे हैं।

युवक एवं युवतियों द्वारा धार्मिक मान्यताओं एवं मूल्यों के प्रति तिरस्कार भावना में वृद्धि चिंता का विषय है। इस कारण अनैतिक आचरण को बढ़ावा मिला है और मादक पदार्थों का प्रयोग दुनिया के विभिन्न देशों में बढ़ा है।

निजी जिंदगी एवं पेशे में ईमानदारी, कानून के प्रति सम्मान एवं आचरण में पारदर्शिता की प्रशंसा की जानी चाहिए तथा इनका प्रचार किया जाना चाहिए। कर-वंचना, काले धन से कारोबार करना, अवैध आचरण तथा भ्रष्टाचार आज भारत में आम जीवन के अंग बन गए हैं। इनके स्तर एवं रूप में अंतर कानून के कार्यान्वयन करनेवाले अभिकरण की सख्ती पर निर्भर है। अवैध आचरण की व्यापकता का अनुमान पकड़े जाने पर लगता है, अन्यथा नहीं।

यह कदाचित् राजनीति के क्षेत्र में हो रहा है कि हमारे देश में मान्य मूल्यों का सर्वाधिक तिरस्कार हो रहा है। निस्स्वार्थ निष्ठा, निजी स्वतंत्रता सहित किए गए त्याग हमारे स्वतंत्रता संग्राम के महान् युग की याद दिलाते हैं। इनको सत्ता के मदांध तत्त्वों द्वारा तिरस्कृत कर दिया गया है। अपने दल से विश्वासघात, अवैध रूप से जमा किए गए काले धन तथा अभी तक रक्षा-सेवा छोड़कर अन्य सेवाओं में व्याप्त भ्रष्टाचार इस पतन के लिए जिम्मेदार हैं।

पतन के कारण

हजारों वर्ष से जिन नैतिक एवं सामाजिक मूल्यों की स्थापना की गई, उन्हें

हम मौखिक स्तर पर स्वीकार करते हैं तथा इनके संबंध में माता-पिता, शिक्षक एवं धार्मिक गुरु चर्चा तो करते हैं, किंतु निजी जीवन में इनका पालन कठिन है।

इन मूल्यों में पतन के मुख्य कारण क्या हैं तथा इस प्रवृत्ति को रोकने के क्या उपाय हैं?

मेरा विश्वास है कि लोगों के चरित्र में गिरावट एवं भोग-लिप्सा में संलग्न जिंदगी की विश्व स्तर पर वर्तमान समय में व्यापकता के मुख्य कारण निम्नलिखित हैं।

प्रथम, दो विश्वयुद्धों के कारण विश्व की दो पीढ़ियाँ हिंसा एवं घृणा की चपेट में रहीं। इसके फलस्वरूप लाखों परिवारों को विस्थापन का दंश झेलना पड़ा। लाखों लोग भुखमरी के शिकार हुए। इन युद्धों का विनाशकारी असर युवकों के मन पर पड़ा। वे अराजकता, हिंसा एवं उन्माद के परिवेश में पले-बढ़े।

द्वितीय, विज्ञान की प्रगति ने पश्चिमी देशों में धार्मिक रहस्यों के प्रति लोगों की आस्था को खंडित किया। धार्मिक आस्था से सामाजिक मूल्यों एवं व्यवहारों को नियंत्रित किया जाता था।

तृतीय, समाज में वैभव एवं आर्थिक सुरक्षा में वृद्धि होने से लोग उपभोक्तावाद एवं भोग में लिप्त हो गए। ये विचार पश्चिमी देशों में अभी आच्छादित हैं।

चतुर्थ, औद्योगिक क्षेत्र में श्रमिक संघों का वर्चस्व स्थापित हुआ। हालाँकि श्रमिकों के हित की दृष्टि से यह काम आवश्यक था, किंतु इससे अनुशासनहीनता एवं शक्ति के दुरुपयोग को बढ़ावा मिला। श्रमिक संघों की शक्ति का दुरुपयोग स्वार्थ भावना से किया गया। ऐसा करते समय उपभोक्ता के कष्टों, जनता के हितों एवं कर्मचारियों के कल्याण को नजरअंदाज किया गया। ये उनकी गैर-जिम्मेदाराना हरकत थी।

पंचम, अधिकांश पश्चिमी देशों में कल्याणकारी राज्य के निर्माण के फलस्वरूप अल्प समय में जीवन-स्तर ऊपर उठाने तथा आर्थिक सुरक्षा प्राप्त करने की भावना बढ़ी है। पहले यह कार्य लोग संपूर्ण जीवन में कठिन परिश्रम एवं बचत के आधार पर कर पाते थे। कल्याणकारी राज्य में लोगों को सुविधा पहुँचाने के लिए इतना अधिक व्यय करना पड़ता है कि सरकार अधिकाधिक करारोपण करती है, जिसके कारण ईमानदार करदाता पर तो भारी बोझ पड़ता है, किंतु कर-वंचक सुखी रहते हैं। उदाहरण के रूप में, स्वीडन में इतना अधिक कर है कि श्रमिक को अपनी आय का 45 प्रतिशत कर के रूप में चुकाना पड़ता है। अतएव वे अधिकाधिक धन अवैध धंधे से कमाना चाहते हैं और कुछ ऐसे काम

कर लेते हैं, जिनमें उन्हें कर न चुकाना पड़े। इंग्लैंड में निजी एवं व्यापारिक स्तर पर ईमानदारी की सराहना की जाती रही है। वहाँ भी कर चोरी आम बात है। ऐसी घटनाएँ द्वितीय विश्वयुद्ध के बाद बढ़ गईं, जब कर की दर बहुत उच्च थी। अतः इससे हमें सबक लेना चाहिए।

अनैतिक रूप से धनार्जन

भारत जैसे देश में जहाँ धर्म एवं सामाजिक मान्यताओं एवं विश्वासों का हमारे निजी जीवन पर व्यापक असर है, वहीं वित्तीय क्षेत्र में नैतिक पतन के अनेक उदाहरण दृष्टिगोचर हो रहे हैं। इसका एक कारण यह है कि अनैतिक रूप से आयु, भ्रष्टाचार, कर चोरी, समाज-विरोधी साधनों से लाभ अथवा धन बचाने की प्रवृत्ति की जड़ हमारे देश की अर्थव्यवस्था में निहित है। यह अर्थव्यवस्था समाजवाद की गलत व्याख्या की उपज है। अब मैं इस संबंध में विस्तार से चर्चा करता हूँ।

हमारी राजनीतिक एवं संसदीय व्यवस्था के अंतर्गत संसद् अथवा राज्य विधानमंडल के चुनाव के प्रति हमारे शिक्षित तथा अर्ध-शिक्षित लोगों का एक बड़ा वर्ग आकर्षित हो रहा है; किंतु चुनाव जीतने के लिए लाखों रुपए खर्च करने पड़ते हैं। इतनी अधिक धनराशि का संचय अनैतिक रूप से अथवा काले धन के रूप में ही हो सकता है। प्रत्याशी अथवा उसका दल अपने बल पर ईमानदारीपूर्वक इतना व्यय नहीं कर सकता।

सरकारी अधिकारियों को इतना कम वेतन मिलता है कि वे भ्रष्टाचार पर उतर आते हैं। निजी क्षेत्र के लिए लाइसेंस और परमिट व्यवस्था भी भ्रष्टाचार का एक कारण है। यह विश्वसनीय नहीं, किंतु शत-प्रतिशत सत्य है कि प्रशासन अथवा सार्वजनिक क्षेत्र के उपक्रम में कार्यरत वरिष्ठ राजपत्रित अधिकारियों को अभी भी उतना ही कम वेतन मिलता है जितना आज से 100 वर्ष पहले उन्हें मिलता था, जबकि उस समय रुपए की कीमत आज की तुलना में पच्चीस गुना अधिक थी और आय कर नहीं देना पड़ता था। जहाँ अन्य सभी देशों में मुद्रास्फीति एवं बढ़े हुए जीवन-स्तर को देखते हुए वेतन में सुधार किया गया वहीं हमारे देश में ऐसा न होने के कारण सरकार एवं सार्वजनिक क्षेत्र के कर्मचारियों की क्रय-शक्ति में लगातार गिरावट आ रही है। वे उचित जीवन-स्तर की मौलिक आवश्यकताओं की पूर्ति करने में भी असमर्थ हैं। वे अपने बच्चों को ठीक से पढ़ा नहीं सकते एवं सेवानिवृत्ति के पश्चात् उनकी परवरिश नहीं कर सकते।

हमारी अर्थव्यवस्था में अधिकांश ऐसे तत्त्व हैं जो कर चोरी तथा अन्य प्रकार

के कदाचार को बढ़ावा देते हैं। ऐसी बात आज से पचास वर्ष पूर्व जब मैंने अपना कैरियर प्रारंभ किया था, उस समय अस्तित्व में नहीं थी। कर चोरी यदा-कदा होती थी, क्योंकि कर की दर बहुत निम्न थी। भ्रष्टाचार नहीं के बराबर था; क्योंकि व्यवसाय के लिए अनुमोदन, परमिट अथवा लाइसेंस की आवश्यकता नहीं होती थी, अतएव भ्रष्टाचार की संभावना नहीं थी।

कानून एवं आचरण

हमारे देश में आर्थिक क्षेत्र में नैतिक मूल्यों में गिरावट का बहुत बड़ा कारण हमारी नीतियाँ एवं कानून हैं, जो सुविचारित नहीं हैं। ये अनुत्पादक होने के साथ-साथ समाज-विरोधी गतिविधियों को भी जन्म देते हैं। इसका यह अर्थ नहीं कि असहनीय लालच एवं दबाव के कारण गलत आचरण को सही ठहराया जा सकता है। अभी भी व्यवसाय एवं सरकार में सभी स्तरों पर ऐसे लोग हैं, जो अपने पूर्वजों द्वारा निर्मित नैतिक मानदंडों का पालन करते हैं, इसके लिए चाहे उन्हें आर्थिक नुकसान ही क्यों न उठाना पड़े। तथापि यह तथ्य भी है कि आर्थिक-राजनीतिक तथा अन्य दबावों के कारण हाल के वर्षों में हमारे देश में आम जनजीवन के नैतिक स्तर में द्रुत गति से गिरावट आई है। कर चोरी, घूस, व्यापक स्तर पर काले धन का उपयोग तथा अन्य समाज-विरोधी गतिविधियों से हमारा सामाजिक ताना-बाना विच्छिन्न हो गया है। यदि हम इनका समाधान अतिशीघ्र नहीं ढूँढ़ते हैं और अव्यवस्था को समय रहते दूर नहीं करते हैं तो जनता में अराजकता फैल जाएगी और जिस क्रांतिकारी गतिविधि से कई अन्य देश प्रभावित हैं, यह देश भी उसकी चपेट में आ जाएगा। इससे व्यक्ति की स्वतंत्रता एवं प्रजातंत्र खतरे में पड़ जाएँगे।

मैं देश के कई संपन्न लोगों से दुःखी हूँ, जो समस्या की गंभीरता से जान-बूझकर अनभिज्ञ बने हुए हैं। उनकी संपत्ति और अस्तित्व के लिए संकट होने के बावजूद वे अनैतिक माध्यमों से धनार्जन एवं अवैध रूप से लाभ प्राप्त करने में संलग्न हैं। इस प्रकार धनार्जन कर वे अपने धन का प्रदर्शन एवं अपव्यय कर रहे हैं।

इस देश में सामाजिक अशांति के खतरे काल्पनिक नहीं हैं। समाचार-पत्रों में देश के विभिन्न भागों में बढ़ रही अपराध एवं हिंसा की घटनाओं को देखकर निकट भविष्य में अराजकता का भय लगता है। न सिर्फ हमारे शहरी जीवन में संगठित प्रतिरोध अथवा मोरचा निकालने से आम जनजीवन अस्त-व्यस्त होता है, अपितु डकैती, लूट, सार्वजनिक संपत्ति को गुंडा एवं समाज-विरोधी तत्त्वों द्वारा

क्षति पहुँचाने से तबाही होती है। इसके प्रति गरीब एवं बेरोजगार स्वत: आकर्षित हो जाते हैं।

श्रेष्ठ जीवन का स्तर

नैतिक मूल्यों में गिरावट के कारणों का विश्लेषण करने के पश्चात् ऐसी अपेक्षा की जाती है कि मैं इस घातक एवं विनाशकारी प्रवृत्ति को रोकने के लिए उपायों का उल्लेख करूँ।

इसकी पहल निश्चित रूप से सरकार, संसद् तथा राज्य विधानमंडलों को करनी होगी; क्योंकि कानून बनाने तथा उन्हें लागू करने की शक्ति उन्हीं के पास है। मेरे अनुसार देश में भ्रष्टाचार-उन्मूलन तथा श्रेष्ठ जीवन-स्तर के लिए कुछ उपाय निम्नलिखित हैं—

- देश की चुनाव प्रक्रिया में सुधार होना चाहिए, ताकि राजनीतिक प्रत्याशी कर चोरी तथा अवैध रूप से संचित धन की मदद लिये बिना निर्वाचित हों।
- हमारी राजनीतिक व्यवस्था में भी परिवर्तन होना चाहिए, ताकि राजनीतिक स्थायित्व सुनिश्चित करने के लिए लालच एवं अवसर के लोभ में सरकार को गिराने के उद्देश्य से दल-बदल एवं अपने दल के साथ विश्वासघात की घटनाएँ घटित न हों, ताकि एक निश्चित अवधि के पश्चात् ही चुनाव हों।
- कर कानून को कठोरतापूर्वक लागू किया जाए। इसे भंग करनेवाले को कठोर दंड दिया जाए।
- सरकारी सेवकों को उनके स्तर, उत्तरदायित्व एवं पारिवारिक आवश्यकताओं के अनुरूप सेवाकाल में तथा सेवानिवृत्ति के पश्चात् जीवन-स्तर बनाए रखने के लिए समुचित वेतन एवं अन्य लाभ दिए जाएँ।
- कर प्रणाली में परिवर्तन हो, ताकि निवेशक अपनी आय का एक महत्त्वपूर्ण भाग अपने पास रख सके तथा निगमों को अपने संयंत्रों को प्रतिस्थापित करने एवं आधुनिकीकरण हेतु पर्याप्त राशि उपलब्ध हो सके।
- आर्थिक नियंत्रण की दंडात्मक व्यवस्था को समाप्त किया जाना चाहिए और ऐसी आर्थिक नीतियाँ हों जो उपक्रमों को हतोत्साहित नहीं अपितु

प्रोत्साहित करें तथा वे जोखिम उठाने के लिए तत्पर हों। उत्पादन पर तब तक प्रतिबंध न लगाया जाए जब तक प्रावधानों का दुरुपयोग न हो।

उपर्युक्त सुझाव सरकार एवं अधिकारियों के लिए थे, किंतु आम जनता को क्या करना चाहिए?

हम लोग चाहे जिस आर्थिक गतिविधि में संलग्न हों, हमें व्याप्त अव्यवस्था को दूर करने का प्रयास करना चाहिए। व्यक्तिगत स्तर पर आत्मनियंत्रण एवं व्यावसायिक जिंदगी में सदाचार पालन करने के अतिरिक्त हम लोगों को व्यक्ति के रूप में व्यावसायिक संघ के सदस्य के रूप में, क्लब तथा स्वयंसेवी संगठनों के सदस्य के रूप में जनता के विचारों को प्रभावित करने हेतु महत्त्वपूर्ण भूमिका का निर्वाह करना चाहिए, जिससे देश में आर्थिक एवं राजनीतिक परिदृश्य में मूल्यों की स्थापना हेतु बेहतर कानून, विनियम, आचार एवं कार्यान्वयन के लिए संघर्ष किया जा सके। भारत में संयोग से प्रेस स्वतंत्र है। भ्रष्टाचार को उजागर करने में, ईमानदारी की पहचान एवं प्रशंसा करने में, सुचारु नीतियों के लिए संघर्ष करने एवं उन्हें समर्थन देने में तथा नीतियों के स्वच्छ कार्यान्वयन में प्रेस की महत्त्वपूर्ण भूमिका हो सकती है। भारतीय प्रेस का यह महत्त्वपूर्ण कार्य है, जिसे वर्तमान में वह बखूबी नहीं निभा रही है।

महाविद्यालय के शिक्षा पाठ्यक्रमों में नागरिकशास्त्र को सम्मिलित किया जाना चाहिए, जिससे छात्र आधुनिक प्रजातांत्रिक समाज की कार्यप्रणाली के साथ-साथ एक नागरिक के उत्तरदायित्वों एवं कर्तव्यों से अवगत हो सकें। लोगों को उसी प्रत्याशी को वोट देना चाहिए, जो राजनीतिक एवं सार्वजनिक जीवन में उच्च स्तर कायम रखने के प्रति वचनबद्ध हो।

हमें अपने स्तर से लघु स्तर पर ही सही, उच्च सदाचार एवं नैतिक मूल्यों की स्थापना हेतु प्रयास करना चाहिए। जिस कार्य के लिए विगत काल में हम लोग विख्यात रहे हैं, भारत की अभी भी अंतरराष्ट्रीय जगत् में एक सांस्कृतिक एवं आध्यात्मिक शक्ति के रूप में प्रतिष्ठा है, विशेष रूप से इस समस्याग्रस्त विश्व में। यह एक त्रासदी होगी कि हम अपनी उस प्रतिष्ठा एवं नेतृत्व को खो दें अथवा अपने पूर्वजों द्वारा निर्मित उच्च परंपराओं एवं मानदंडों को कायम रखने में असफल हो जाएँ।

□

व्यवसाय की आचार-संहिता

[4 मार्च, 1991 को जमशेदपुर में जेवियर श्रम संबंध संस्थान (एक्स.एल.आर.आई.) में टाटा फाउंडेशन फॉर बिजनेस एथिक्स के उद्घाटन समारोह में दिया गया भाषण।]

प्रश्न यह उठता है कि देश के औद्योगिक जीवन में व्यावसायिक नैतिकता के उच्च मानदंड स्थापित करने हेतु व्यापार आचार संबंधी एक संस्थान के निर्माण की इस समय क्या आवश्यकता है? मुझे अच्छी तरह से याद है कि देश में एक समय ऐसा भी था जब व्यवसाय में नैतिकता के संबंध में अभियान चलाने की आवश्यकता नहीं महसूस हो रही थी। उन दिनों कर चोरी, काले धन का प्रचलन तथा घूस जैसे भ्रष्टाचार समाज में व्याप्त नहीं थे, किंतु परिस्थितियाँ बदल गई हैं। मुझसे लोग अकसर पूछते हैं कि व्यवसाय-जगत् में नैतिकता के पतन के मुख्य कारण क्या हैं? देश में अनैतिक व्यापार व्यापक स्तर पर फैल गया है।

इस संबंध में यह बात ध्यान देने योग्य है कि अमेरिका जैसे देश में भी अनैतिक गतिविधियों एवं भ्रष्टाचार के उन्मूलन के लिए सुधारात्मक उपायों की आवश्यकता महसूस की गई। वहाँ भ्रष्ट आचरण को रोकने के लिए वर्षों पूर्व कानून बनाए गए। व्यावसायिक संस्थानों में व्यापार आचार-संहिता का अध्ययन एक नियमित विषय के रूप में प्रारंभ किया गया। कई कंपनियों ने अपने प्रबंधन एवं कर्मचारियों के लिए आचार-संहिता बनाई।

अनैतिक आचरण

हमारे देश में विगत कुछ दशकों के दौरान भ्रष्टाचार एवं अनैतिक गतिविधियों के फैलने के मुख्य कारण क्या थे?

सर्वप्रथम वर्तमान शताब्दी के प्रथम दशक में व्यावसायिक विकास पर विचार किया जाए। उस समय सरकारी नौकरी में सर्वाधिक वेतन 4 हजार रुपए था, जो उच्च न्यायालय के न्यायाधीशों एवं सरकार के सचिवों को दिया जाता था। उस समय रुपए की क्रय-शक्ति वर्तमान दर की तुलना में 40 से 50 गुना अधिक थी और कर की दर प्रायः नगण्य थी। उस समय कंपनी के अध्यक्ष, प्रबंध निदेशक अथवा निगम प्रबंधकों की वेतन सीमा पर कोई पाबंदी नहीं थी। मुझे याद है कि जब एक ब्रितानी निदेशक भारत आए तो 10 रुपए प्रतिमाह की दर पर एक घोड़ा उपलब्ध हो गया था।

देश जब आजाद हुआ तो स्वतंत्र भारत की सरकार ने सर्वप्रथम समाजवाद के नाम पर सरकार के वरिष्ठ अधिकारियों का वेतन 4 हजार रुपए से घटाकर 35 सौ रुपए प्रतिमाह कर दिया। यह सीमा निजी क्षेत्र पर भी लागू कर दी गई। ऐसा करते समय इस तथ्य को नकार दिया कि रुपए की क्रय-शक्ति में सतत कमी होने से अधिकारियों की आय कम करने का लक्ष्य स्वतः प्राप्त हो गया। वहीं दूसरी ओर प्रशासनिक सेवाओं में तथा सार्वजनिक क्षेत्र के उपक्रमों में, श्रमिक संघों के दबाव के कारण, कम वेतन पानेवाले कर्मचारियों के वेतन में धीरे-धीरे बढ़ोतरी होती गई।

सरकारी एवं राजनेताओं की समाजवाद की व्याख्या के अंतर्गत संसदीय प्रावधान बनाए गए तथा सरकार ने कर की दर में तेजी से बढ़ोतरी की। लाइसेंस-परमिट तंत्र की स्थापना की गई। कई प्रकार के नियंत्रण, नियम एवं अधिनियम बनाए गए, जिससे व्यवसाय एवं उद्योग की प्रगति बाधित हुई। आय कर का निम्न दर बढ़ाकर उसे 97 के स्तर पर कर दिया गया। आय कर और संपत्ति कर अकसर आय से अधिक हो जाता था।

विश्व स्तर पर ऐसा अनुभव रहा है कि कर की दर अधिक होने पर लोग ईमानदार एवं नैतिक नहीं रह पाते। लोग कर चोरी, काले धन का संग्रह, धनार्जन हेतु बेईमानी अथवा बिना कर दिए धन-संग्रह करने लगते हैं। व्यवस्था को नियंत्रित करने तथा कर-संग्रह की जिम्मेदारी मुख्य रूप से नौकरशाही पर निर्भर थी। आर्थिक निर्णय का अधिकार उन्हीं के पास था। उनकी कार्य-पद्धति दंडात्मक, प्रमादी एवं लोभ-लालच से परिपूर्ण थी।

हम देखते हैं कि विगत पचास वर्षों के दौरान ईमानदारी एवं चारित्रिक गुणों में पतन के मुख्य कारण समाजवाद के नाम पर अथवा समाजवाद की गलत व्याख्या करने से अभी तक की सरकारों द्वारा अपनाई गई गलत सामाजिक व आर्थिक नीतियाँ रही हैं। इन नीतियों को आज विश्व के सभी देशों ने नकार दिया है। जिन

देशों में लोगों ने इन्हें अपनी आस्था से जोड़ लिया था, वहाँ अब इनसे मोह-भंग हो गया है।

दुर्भाग्यवश, अपने देश में आर्थिक एवं वित्तीय नीतियों में सुधार की गति अत्यंत धीमी है। इसका एक कारण यह है कि यदि सुधार की प्रक्रिया में तेजी आएगी तो नौकरशाहों की आय में कमी आ जाएगी। इस प्रकार कई पुरानी आर्थिक नीतियों एवं सिद्धांतों से देश की आर्थिक प्रगति बाधित होती है।

हमारे देश में निजी उपक्रम के प्रति संदेह एवं वैमनस्य का एक कारण यह भी है कि व्यवसाय एवं उद्योग जगत् में कुछ ऐसे भी तत्त्व हैं, जिनका नैतिक स्तर अपेक्षा की कसौटी पर खरा नहीं है। कई मामलों में तो उनके स्तर अत्यंत निम्न कोटि के हैं। विगत पचास वर्षों के दौरान निजी व्यवसाय एवं उद्योग की छवि को काफी आघात पहुँचा है। उनके कदाचार, दुराचार एवं व्यसन से काफी क्षति पहुँची है। कई बड़े उद्योग समूहों ने अपने लालच की पूर्ति के लिए जनहित का तिरस्कार किया है।

मैं अपने देश के कई संपन्न लोगों से दुःखी हूँ, जो स्वयं की संपत्ति एवं अस्तित्व के शत्रु बन गए हैं। वे अनैतिक रूप से धनार्जन एवं अवैध ढंग से लाभ प्राप्त करने में संलग्न हैं। उनका जीवन भोगवाद में आकंठ डूबा हुआ है।

वर्तमान समय में पुराने मूल्यों एवं आदर्शों को पुनः स्मरण करने की आवश्यकता है। हमने हाल के वर्षों में तेजी से लाभ कमाने तथा अधिकाधिक धन-संग्रह के चक्कर में इन मूल्यों एवं आदर्शों को भुला दिया है। हमारे अनुभव इस बात के साक्ष्य हैं कि ऐसी प्रवृत्ति फलदायी नहीं होती।

□

ग्रामीण क्षेत्र का औद्योगिकीकरण

[26 जुलाई, 1956 को ऑक्सफोर्ड में ड्यूक ऑफ एडनबर्ग के अध्ययन सम्मेलन में दिया गया भाषण।]

आज विश्व में जिस बात की सबसे अधिक आवश्यकता है, वह अविकसित क्षेत्रों में औद्योगिकीकरण की है। मेरे मतानुसार आज मानवता के लिए इससे बड़ी सेवा का कोई अन्य अवसर भी नहीं हो सकता। यह एक व्यापक विषय है, किंतु यहाँ मैं इसके कुछ पक्षों की चर्चा करूँगा। मैं भारतीय संदर्भ में विषय को प्रस्तुत करने जा रहा हूँ, क्योंकि इस देश का मुझे प्रत्यक्ष अनुभव है।

प्रथम विचारणीय प्रश्न यह है कि क्या भारत में औद्योगिकीकरण की दिशा में वही समस्याएँ हैं जो 19वीं एवं 20वीं शताब्दी के पूर्वार्ध में पश्चिमी देशों के औद्योगिकीकरण के समय थीं। मेरे अनुसार दोनों समस्याओं में कोई साम्य नहीं है। दोनों संदर्भों में परिवेश के साथ-साथ कार्य-पद्धति एवं जीवनचर्या में परिवर्तन का प्रश्न है। कृषि, कारीगरी एवं व्यापार पर आधारित समाज को औद्योगिक समाज में परिवर्तित करने की चुनौती है। मानवीय प्रकृति तो सार्वभौमिक है। मानव किसी विशेष प्रकार के परिवर्तन के प्रति प्राय: समान प्रतिक्रिया व्यक्त करता है।

मूल तत्त्व तो सर्वत्र समान रूप से विद्यमान रहता है, केवल कार्य-पद्धति में अंतर होता है। यह सर्वविदित है कि भारतीय सभ्यता पाँच हजार वर्ष पुरानी है। किंतु यहाँ ग्रामीण लोगों का जीवन-स्तर आज भी वैसा ही है जैसा आज से एक हजार वर्ष पहले था। ऐसी स्थिति में आधुनिकीकरण की प्रक्रिया दुरूह हो जाएगी। भारत में निरक्षरता, जलवायु संबंधी परिस्थितियों एवं अल्प जीवनावधि पर विजय पाना कठिन है। इस क्रांतिकारी युग में जिस गति से निरंतर परिवर्तन हो रहा है, उससे हमारी समस्या और भी जटिल होती जा रही है। दूसरी ओर, औद्योगिक रूप

से विकसित देशों के अभी तक के अनुभव, भारतीय जनता की जन्मजात प्रतिभा एवं धैर्य तथा प्राचीन भारत की कारीगरी एवं सर्जनात्मक उपलब्धि से प्रेरणा आदि हमारे कार्य में सहयोगी बन सकते हैं। उन लोगों के लिए औद्योगिकीकरण का तात्पर्य यहाँ पहले से विद्यमान उद्योग का विस्तार तथा पुनरुत्थान है।

आप लोगों को यह सुनकर आश्चर्य होगा कि मैं भारत में औद्योगिक पुनरुत्थान की चर्चा कर रहा हूँ, जबकि पश्चिमी देशों के स्तर से देखा जाए तो भारत अभी औद्योगिकीकरण की प्रारंभिक अवस्था में है। तथापि यदि हम उत्पादक उद्योगों को आधुनिक मशीन, प्रक्रिया तथा तकनीकी के संदर्भ में न देखकर सामग्री एवं उत्पादों की दृष्टि से देखा जाए तो 18वीं अथवा 20वीं शताब्दी तक भारत विश्व का सर्वाधिक विकसित औद्योगिक देश कहा जाएगा। भारत धातुकर्म, कसीदाकारी, वस्त्र उद्योग एवं औषधि उत्पादन में विश्व का अग्रणी देश रहा है। अभी भी इस्पात उद्योग में संलग्न व्यक्ति आश्चर्य करते हैं कि किस प्रकार दिल्ली में स्थित 26 फीट ऊँचा तथा 6-7 टन वजन के लौह-स्तंभ को पुरातन तकनीकी से एक ही साथ ढालकर तैयार किया गया था इसमें कहीं जोड़ नहीं है। भारतीय रेशम उद्योग लगभग पाँच हजार वर्ष पुराना है। मिस्र में आज से पाँच हजार वर्ष पूर्व शव को भारतीय रेशमी कपड़े में लपेटा जाता था।

मैं इस बात से सहमत हूँ कि विगत दो सौ वर्षों के दौरान भारतीय प्रतिभा एवं सर्जनात्मक क्षमता को कुंठित करने का प्रयास किया गया; किंतु मैं अभी भी आश्वस्त हूँ कि देश में अभी भी औद्योगिक पुनरुत्थान की प्रबल संभावना है। वर्तमान परिस्थिति में भी हमारे पास संतोष करने लायक बहुत कुछ है। अभी भी हमारे देश में आधुनिक उद्योग का पर्याप्त विकास हुआ है। इस संबंध में द्वितीय पंचवर्षीय योजना में पं. जवाहरलाल नेहरू के नेतृत्व में पर्याप्त ध्यान दिया जा रहा है। भारतीय उद्योग में लाखों लोग कार्यरत हैं। कई तो तीन पीढ़ियों से इस उद्योग में सम्मिलित हैं। इस प्रकार कारखाने में काम करना अथवा औद्योगिक नगरों में निवास करना भारतीयों के लिए कोई नया कार्य नहीं है। प्रारंभ में औद्योगिकीकरण से जो समस्याएँ उत्पन्न हुई थीं, उनका भी समाधान हो गया है।

औद्योगिकीकरण से संबद्ध मानवीय पक्ष की स्थिति विश्व के अन्य देशों की तरह ही है। इसके सुखद एवं दु:खद दोनों पक्ष विद्यमान हैं। विश्व के अन्य देशों के सदृश भारत में भी समान कारण मौजूद हैं। वर्षों पुराने उद्योगों, औद्योगिक नगरों के निकटवर्ती क्षेत्रों तथा अव्यवस्थित लघु उद्योगों में समस्याएँ विद्यमान हैं। कुछ अपवादों को छोड़कर उन दिनों लोग सामाजिक कल्याण की आधुनिक अवधारणा

से अवगत नहीं थे। कुछ विशेष उद्योगपति ही उत्पाद तथा लाभ के अतिरिक्त अन्य विषयों पर ध्यान देते थे। श्रमिकों के आवास, स्वास्थ्य तथा प्रसन्नता के विषय में सरकार अथवा उद्योगपति ध्यान नहीं देते थे।

चूँकि प्रकारांतर से विषय को रखना अथवा इसे सरलीकृत करना उपयुक्त नहीं है, अतएव मैं ग्रामीण क्षेत्र से आकर औद्योगिक शहरों में बसनेवाले लोगों के विषय में टाटा समूह द्वारा अर्जित अनुभव आपके समक्ष रखना चाहता हूँ। संभवत: इसमें आपकी रुचि हो सकती है। इसमें बिहार में इस्पातनगर, जमशेदपुर और काठियावाड़ के मीठापुर में रासायनिक नगर एवं त्रावणकोर-कोचीन राज्य के साबुन एवं तेल उद्योग कारखानों के अनुभव दिलचस्प हैं।

हमने हाल में इन तीनों स्थानों में श्रमिकों के परिजनों के मध्य एक सामाजिक सर्वेक्षण कराया है। इसके परिणाम आपके लिए रुचिकर हो सकते हैं।

जैसा कि अपेक्षित ही था, ग्रामीण क्षेत्रों से शहरों की ओर रोजगार हेतु पलायन करने के परिणामस्वरूप एकता एवं स्थायित्व के सूत्र में बाँधनेवाला पारिवारिक बंधन कमजोर हुआ है। औद्योगिक क्षेत्रों में आवास की कमी के कारण लोगों के लिए अपने साथ परिवार को रखना कठिन है। इसके कुछ कारण तो पेशे में परिवर्तन तथा पुरानी एवं नई पीढ़ियों के बीच आर्थिक एवं सामाजिक अंतर भी हैं।

सामाजिक संरचना पर प्रभाव

कुछ प्रतिकूल कारकों के बावजूद औद्योगिक क्षेत्र में रहनेवाली महिलाओं की स्थिति में पर्याप्त सुधार हुआ है। टाटा तेल मिल्स, टाटापुरम् में प्रयोगशाला एवं प्रशासनिक कार्यालयों में महिलाओं की नियुक्ति की गई है। प्रारंभ में इस पहल का पुरुषों द्वारा विरोध किया गया। प्रथम दिन जब एक लड़की को लिपिक के रूप में भरती किया गया तो उसके साथी लिपिकों ने बार-बार घंटी बजाकर उसे तंग करने का प्रयास किया। यह पुरुष लिपिकों के प्रतिरोध का तरीका था। इन दिनों महिलाओं की नियुक्ति आम बात हो गई है।

औद्योगिकीकरण का सामाजिक संरचना पर लाभकारी प्रभाव पड़ा है। इससे जाति व्यवस्था भंग हुई है। इससे छुआछूत समाप्त हुई है। पहले जमशेदपुर में सवर्ण हिंदू मुसलमान और ईसाई का स्पर्श किया हुआ जल भी नहीं पीते थे। प्रत्येक समुदाय के लिए अलग रसोईघर की व्यवस्था करनी पड़ती थी। किंतु जब वर्षों बाद श्रमिक संघ की सहमति से इस प्रथा का अंत किया गया तो कंपनी एवं श्रमिक संघ दोनों को आश्चर्य हुआ कि किसी ने भी इस कदम का विरोध नहीं किया।

प्रारंभ में मीठापुर में भी कार्य करनेवाले लोगों में शुचिता संबंधी धारणा व्याप्त थी, किंतु वहाँ भी परिवर्तन हुआ। अब तथाकथित अस्पृश्य सहित सभी जाति के लोग किसी भी प्रकार के कार्य के लिए तैयार रहते हैं। अब विभिन्न समुदाय के लिए विनिर्दिष्ट अलग-अलग आवासीय क्षेत्र नहीं हैं। जिन लोगों का सर्वेक्षण किया गया, उनमें से तीन-चौथाई लोग जाति प्रथा एवं अस्पृश्यता के संबंध में बात करने से कतराते रहे।

मीठापुर में अधिकांश श्रमिक बघीर जाति के हैं, जिन्हें ब्रितानी शासन के दौरान आपराधिक जाति माना जाता था। उनके संबंध में डकैती एवं लूटपाट की रोमाचंक दास्तानें सुनने को मिलती हैं। जब हम लोगों को यह संयंत्र बनाना था तो हमने उनसे जमीन खरीदी। उनकी जमीन बंजर थी, फिर भी हमने उन्हें पर्याप्त मुआवजा दिया। किंतु जब उनकी जमीन को सरकार ने जबरदस्ती अधिगृहीत किया तो उन्होंने विरोध किया। मुझे याद है कि जब एक बुजुर्ग की जमीन ली गई तो उसने इस काम को अपने तथा अपने पूर्वजों का अपमान बताया। वह रक्तपात के लिए तैयार था, किंतु अपनी जमीन देने के लिए नहीं। शांति बहाल करने के लिए भारत में ब्रितानी सरकार उनमें से कुछ को हथियार रखने का लाइसेंस देती थी, जिन्हें वह भरोसेमंद समझती थी। वह बुजुर्ग भी उनमें से एक थे और उनके पास भी एक बंदूक थी। प्रारंभ में कंपनी के महाप्रबंधक भूमि अधिगृहीत करनेवाली संस्था के प्रतिनिधि थे। वे उस बुजुर्ग से पीछा छुड़ाना चाहते थे। उन्होंने पुलिस में शिकायत की। किंतु पुलिस ने कहा—जब तक वह आप पर गोली नहीं चलाता तब तक मैं उसके विरुद्ध कुछ नहीं कर सकता। उस महाप्रबंधक ने परिस्थिति की गंभीरता का आकलन किया और उस बुजुर्ग को अपना अंगरक्षक नियुक्त कर लिया। अन्य कई लोगों ने भी ऐसे उपायों को अपनाया। अंततः वह बुजुर्ग भी संघर्ष का रास्ता छोड़कर सकारात्मक कार्य में लग गया।

इन औद्योगिक नगरों में आगमन का एक संतोषजनक परिणाम यह हुआ है कि लोगों के स्वास्थ्य में काफी सुधार आया है। लोगों की औसत जीवन-प्रत्याशा में वृद्धि हुई है। इन नगरों में शिशु मृत्यु-दर तथा प्रसवकाल में माताओं की मृत्यु-दर में कमी आई है। यहाँ यह दर राष्ट्रीय स्तर से निम्न है। महामारियों का अंत हुआ है। व्यापक स्तर पर चिकित्सा सुविधाएँ उपलब्ध हैं। मुझे स्मरण है कि एक बार जमशेदपुर अस्पताल में दौरे के दौरान मैंने सुनहले रंग का जैकेट पहने एक सज्जन को देखा। उसे गोली लग गई थी। वहाँ उसका उपचार चल रहा था। मैं जानता हूँ कि विश्व भर में इस्पात संयंत्रों में काम करनेवाले श्रमिक बड़े जुझारू होते हैं; किंतु

जमशेदपुर के श्रमिक समस्याओं का निदान शांतिपूर्ण ढंग से करते हैं, अस्त्र-शस्त्र की सहायता से नहीं। इसलिए जब मैंने कारण जानना चाहा तो मुझे पता चला कि वहाँ से लगभग 1,400 मील दूर उत्तर-पश्चिमी सीमा पर उसके कंधे में गोली लगी थी। उसका भाई जमशेदपुर इस्पात संयंत्र में काम करता था। वह अपने भाई को जबरदस्ती ले आया, इस विश्वास के साथ कि अन्यत्र कहीं उसका इस ढंग से उपचार नहीं हो सकता।

अन्य सुखद पक्ष यह है कि इन स्थानों में साक्षरता एवं शिक्षा के क्षेत्र में सुधार हुआ है। मीठापुर एवं जमशेदपुर में नगर की जनसंख्या की तुलना में विद्यालय की उपस्थिति में पर्याप्त बढ़ोतरी हुई है। टाटापुरम् में कंपनी के 90 प्रतिशत श्रमिक साक्षर हैं। अधिकांश श्रमिक स्थानीय भाषा के एक-दो समाचार-पत्र अवश्य पढ़ते हैं। कुछ के घर में नियमित रूप से पत्र-पत्रिकाएँ मँगवाई जाती हैं।

नए वातावरण का प्रभाव

उपर्युक्त परिवर्तनों के अतिरिक्त कई अन्य महत्त्वपूर्ण परिवर्तन भी हुए हैं। ग्रामीण परिवेश में लोग सरल एवं संयमी जीवन व्यतीत करते थे; किंतु औद्योगिक शहरों में उन्हें अपने जीवन-स्तर उन्नत करने के अवसर प्राप्त हुए। ग्रामीण जीवन की जड़ता, अज्ञानता एवं अविश्वास से वे मुक्त हुए। नए वातावरण का उनपर सकारात्मक असर पड़ा। उनकी सोच के फलक में विस्तार हुआ। पुराने लोग पुराने ढर्रे पर चलते रहे, किंतु युवकों ने अवसर का लाभ पूरी तन्मयता के साथ उठाया। पुरानी पीढ़ी के लोगों ने भी अपने बच्चों के भविष्य-निर्माण हेतु उन्हें विद्यालय भेजना प्रारंभ किया और उन्हें आधुनिक जीवन-शैली अपनाने के लिए प्रेरित किया।

इन औद्योगिक नगरों का प्रभाव आस-पास के ग्रामीण क्षेत्रों पर भी पड़ा। मीठापुर के आस-पास के क्षेत्रों में बसनेवाले लोगों के लिए रोजगार के अवसर, ग्रामीण उत्पादों के लिए बाजार, चिकित्सा सुविधा एवं सुखद सामाजिक-सांस्कृतिक वातावरण उपलब्ध कराए गए। ग्रामीण विकास परियोजनाओं के माध्यम से टाटा समूह ने कल्याणकारी कार्यों को बढ़ावा दिया। उपलब्ध नेतृत्व के आधार पर स्वावलंबन के माध्यम से सामाजिक एवं आर्थिक प्रगति को बढ़ावा दिया गया। भारत के अन्य औद्योगिक क्षेत्रों में भी परिस्थितियाँ समान थीं तथा वहाँ भी विकास लगभग एक ही पद्धति के आधार पर हुआ। अतएव हम मानते हैं कि जहाँ शहर की घनी आबादी से दूर ग्रामीण क्षेत्रों में उद्योगों की स्थापना की गई, वहाँ के ग्रामीण

परिवेश को शहरी परिवेश में परिवर्तित होने में कोई कठिनाई नहीं आई। इसके सामाजिक-आर्थिक परिणाम अनुकूल रहे।

देश के आकार एवं कृषि भूमि को देखते हुए ऐसा नहीं लगता कि सिर्फ कृषि-कार्य से देश का भला होगा। व्यापक स्तर पर देश में औद्योगिकीकरण किए बिना आर्थिक प्रगति संभव नहीं।

तीन मुख्य तत्त्व

मैं एक जटिल विषय का अति सरलीकरण नहीं करना चाहता। भारत एवं अन्य देशों में इस संबंध में तीन तत्त्व महत्त्वपूर्ण हैं। प्रथम कार्य श्रमिकों की मूलभूत आवश्यकताओं की पूर्ति करना है। इस संकल्पना से सभी सहमत हैं। सुचारु कार्य-परिस्थिति, उचित पारिश्रमिक, सेवा सुरक्षा, सेवानिवृत्ति लाभ, आवास, चिकित्सा सुविधा तथा परिजन हेतु शैक्षणिक सुविधा आदि मूलभूत सुविधा के अंतर्गत आते हैं।

दूसरे, कारखाने के अंदर तथा समाज में लोग आत्माभिव्यक्ति तथा उपलब्धि चाहते हैं। व्यक्ति आत्मसम्मान, पदोन्नति के अवसर, नेतृत्व तथा अपना महत्त्व चाहता है। बड़े उद्योगों में लक्ष्य-प्राप्ति की दिशा में श्रमिकों से सलाह नहीं ली जाती है तथा उपक्रम में उसकी हिस्सेदारी नहीं होती है। भारत में इस समस्या का समाधान करना अन्य देशों की तुलना में आवश्यक है।

तीसरी समस्या, हाल ही में ग्रामीण परिवेश से आए श्रमिकों को शहरी परिवेश के अनुकूल बनाने की है। पुराने अभ्यस्त लोगों की तुलना में नवागंतुकों का जीवन अधिक तनावपूर्ण होता है। नए लोगों को अपने परिवार एवं गाँव में एक संपूर्ण सामाजिक जीवन प्राप्त था। वहाँ उनका मानवीय संपर्क भी संतोषजनक था। उन्हें अपने समाज से गहरा लगाव था। वे सामाजिक गतिविधियों में संलग्न रहते थे। वे नए वातावरण में पारिवारिक-सामाजिक संबंध ढूँढ़ने का प्रयास करते हैं। यहाँ उन्हें सम्मान, मित्र, विश्वास एवं सहानुभूति में से कुछ भी प्राप्त होता दिखाई पड़ता। वे यहाँ पर अप्रसन्न, क्रुद्ध एवं संशयग्रस्त रहते हैं। वे अपनी पृष्ठभूमि एवं सांस्कृतिक मूल्यों से अपने को पृथक् महसूस करते हैं। उन्हें लगता है कि उनकी निजता कहीं खो गई है।

ग्रामीण क्षेत्रों से आए श्रमिकों को सर्वप्रथम आवास प्रदान किया जाना चाहिए, ताकि वे अपने परिजनों को साथ रख सकें। इससे परिवार का सान्निध्य बना रहेगा। इस कार्य को भाग्य के भरोसे नहीं छोड़ना चाहिए, अपितु इस मानवीय

समस्या के प्रति प्रबंधन से जुड़े प्रत्येक व्यक्ति को साकांक्ष रहना चाहिए। मानव संसाधन, मशीन एवं प्रक्रिया—तीनों स्तर पर प्रबंधन को प्रशिक्षित किया जाना चाहिए। इस मोरचे पर हम पश्चिमी देशों की तुलना में पिछड़े हुए हैं, किंतु तकनीकी एवं प्रचालन के साथ-साथ प्रबंधन का ध्यान अब मानवीय समस्याओं की ओर उन्मुख हुआ है। इसके सकारात्मक परिणाम प्राप्त होने लगे हैं। हमारे संगठन में प्रबंधन की मानवीय संबंधों पर चर्चा प्रबंधकों एवं कार्मिकों के सम्मेलनों, अधिकारी प्रशिक्षण केंद्रों तथा पर्यवेक्षक पैनल की बैठकों में जोर-शोर से की जाती है।

अपनेपन का भाव

औद्योगिक समाज में व्यक्ति के निजी एवं सार्वजनिक जीवन में आत्मसंतुष्टि के लिए यह आवश्यक है कि उद्योग को सिर्फ रोजगार-प्राप्ति का साधन नहीं माना जाए, अपितु इसे जीवन-पद्धति के रूप में विकसित किया जाए। इस संबंध में पीटर ड्रकर ने अपनी पुस्तक 'नया समाज' में स्वायत्त संयंत्र कारखाना एवं समाज की अवधारणा पर चर्चा के दौरान विस्तृत रूप से उल्लेख किया है। मैं इस पुस्तक पर बृहत् चर्चा नहीं करूँगा, किंतु मेरा विश्वास है कि हमारे देश में लोग इस संबंध में पर्याप्त चिंतन करेंगे तथा इस अवधारणा को कार्यान्वित करने का प्रयास करेंगे। इस अवधारणा की सबसे महत्त्वपूर्ण बात, जो मुझे आकर्षित करती है, वह यह है कि औद्योगिक समाज में व्यक्ति के कंपनी में क्रिया-कलाप तथा स्तर के हिसाब से उसके सामाजिक जीवन को नहीं आँकना चाहिए। सामाजिक जीवन में कल्याणकारी गतिविधि, शिक्षा, मनोरंजन, आवास आवंटन एवं प्रबंधन, खेल-कूद, परिवहन तथा कैंटीन इत्यादि सम्मिलित हैं। संयंत्र में काम करनेवाले सभी श्रमिक कारखाना समाज के अंग हैं। उपर्युक्त गतिविधियों के प्रबंधन में उन्हें शामिल किया जाना चाहिए। इससे औद्योगिक समाज में प्रजातांत्रिक अवधारणा को बल मिलेगा। श्रमिकों का कंपनी के साथ अपनत्व स्थापित होगा। ग्रामीण समाज में सहभागिता का महत्त्वपूर्ण स्थान है। सहभागिता का बोध होने से यहाँ उन्हें अपने सामाजिक जीवन की झलक मिलेगी।

हालाँकि मैं यह नहीं कह रहा हूँ कि प्रबंधन अपने मूलभूत कार्य का त्याग कर दे। मेरा दृढ़ विश्वास है कि प्रबंधन का मुख्य कार्य प्रबंध करना है; किंतु महत्त्वपूर्ण प्रश्न यह है कि प्रबंधन को क्या प्रबंध करना है? औद्योगिक समाज में सामाजिक संगठनों की कंपनी की आर्थिक गतिविधि में हस्तक्षेप करने की इच्छा

नहीं रहती है, अत: प्रबंधन को इस संबंध में शंका नहीं होनी चाहिए कि सामाजिक संगठन उनके कार्य में बाधा उत्पन्न करेगा। प्रबंधन द्वारा इस प्रकार की शंका करने पर संघर्ष एवं प्रतिरोध दृष्टिगोचर होते हैं।

एशियाई लोगों की सामाजिक एवं भावनात्मक प्रवृत्तियों का ध्यान रखना चाहिए। वे पश्चिमी देशों के लोगों से भिन्न होते हैं। अभी भी भारत में लोगों के अवचेतन में यह है कि मालिक एवं श्रमिक के मध्य प्रतिपालक एवं प्रतिपालित जैसा संबंध है। इस अवधारणा में जो भी गुण-अवगुण हों, किंतु भारत में अभी भी लोग भावुक हैं और वे सरकार अथवा उद्योग प्रबंधन में कार्यरत अधिकारियों का अत्यधिक सम्मान करते हैं। इस संबंध में मुझे कई वर्ष पहले की एक घटना याद आती है। जमशेदपुर में टी.डब्ल्यू. ट्यूटविलर नामक एक अमेरिकी महाप्रबंधक थे। उनका शरीर हट्टा-कट्टा था। उनकी शक्ल डरावनी और भाषा कठोर थी। किंतु वे एक कोमल-हृदय व्यक्ति थे। वे लोगों को 'कुत्ते की औलाद' कहकर बुलाते थे। वे उद्योग में प्रजातांत्रिक मूल्यों से अवगत थे; किंतु लोगों को भरती करने तथा हटाने में मनमानी करते थे। इस कार्य में वे कानून की परवाह नहीं करते थे। वे जिनको सेवा से हटा देते थे तो वे लोग उनके घर तक आग्रह करने जाते थे, ताकि पुन: उन्हें काम पर रख लें। मोहम्मद दीन नामक एक श्रमिक को कार्य-स्थल पर सोए रहने के कारण तीन बार निलंबित किया गया था। वह कार्यालय से लेकर घर तक ट्यूटविलर से अनुरोध करता रहा। परंतु उसके अनुरोध का ट्यूटविलर पर कोई असर नहीं पड़ा। तब विवश होकर उसने ट्यूटविलर से लिखित रूप में अनुरोध किया। उसका भावुक एवं हृदय-विदारक पत्र अभी भी हमारे पास सुरक्षित है। उसने पत्र में निलंबन के पश्चात् अपने कष्टों का वर्णन किया था। पत्र में उसने अपने आपको अनाथ बताया। उसने ट्यूटविलर से कहा, 'सर, आप मेरे सबकुछ हैं। आप मेरे माता-पिता हैं और मैं सचमुच एक कुत्ते की औलाद हूँ।'

अत: पश्चिमी देशों से सर्वथा भिन्न एक अन्य समस्या भी भारत में है। वह है, यहाँ के 2 करोड़ आदिम जनजातीय लोगों को राष्ट्र की मुख्यधारा से जोड़ने की। ये लोग पहाड़ों एवं जंगलों में रहते हैं। आधुनिक सभ्यता से अलग-थलग ये लोग मुख्यत: प्रसन्न, मासूम एवं बाल स्वभाव के होते हैं। इनमें सहज गुण-दोष व्याप्त हैं। ये घोर दरिद्रता का जीवन व्यतीत करते हैं। इनके जीवन में आर्थिक सुरक्षा का नितांत अभाव है। इन्हें औद्योगिक समाज से सहानुभूतिपूर्वक जोड़ने की विशेष आवश्यकता है।

विकास के विभिन्न प्रतिरूप

हम लोग अनुभव करते हैं कि अन्य देशों की तुलना में भारत में औद्योगिक प्रबंधन का मुख्य कार्य यह है कि उसे मानव, उसके पर्यावरण एवं तकनीकी के अंत:संबंधों को अधिक स्पष्ट रूप से समझने का प्रयत्न करना चाहिए। वर्तमान समय में तकनीकी ज्ञान एवं सामाजिक ज्ञान के बीच संतुलन नहीं है, जो कि घातक है।

भारत में मानवीय संबंधों की समस्या को देखते हुए भारतीय सेना द्वारा की गई पहल अनुकरणीय है। कार्मिकों के चयन, प्रशिक्षण, मानव प्रबंधन एवं कल्याणकारी गतिविधियों में सामाजिक ज्ञान का सदुपयोग सेना में अन्य गैर-सैनिक संगठनों की तुलना में बहुत पहले से किया जा रहा है। सेना में भरती होने के पश्चात् लोग विभिन्न प्रकार के परिवर्तन से गुजरते हैं। भारतीय समाज वर्षों से ग्रामीण समाज रहा है। लोग दूर-दराज के जंगलों एवं पहाड़ों में रहते हैं। इस देश में विभिन्न समुदाय, जातियाँ एवं पेशे से संबंधित लोग निवास करते हैं। वे सभी सेना में आने के पश्चात् उसके सदस्य होने की अनुभूति महसूस करते हैं। उन्हें परिवार एवं गाँव की कमी एक सीमा तक महसूस नहीं होती है।

भारतीय सेना के जवानों ने अंग्रेजों के समय में तथा स्वतंत्रता-प्राप्ति के पश्चात् भी अपनी बहादुरी एवं नैतिकता का परिचय दिया है। यह सिर्फ सेना के कठोर अनुशासन के आधार पर नहीं किया जा सकता था। यह नेतृत्व की कुशलता, मानवीय संबंधों पर जोर देने तथा सैनिकों के व्यक्तिगत जीवन एवं कल्याण पर ध्यान देने के फलस्वरूप अर्जित किया जा सका। प्रत्येक अधिकारी इन बातों का ध्यान रखता है। सेना का यह प्रयास उद्योग जगत् के लिए अनुकरणीय है।

हमारा विश्वास है कि यह परिवर्तन महात्मा गांधी के विचारों के अनुरूप सहजतापूर्वक किया जा सकता है। स्वतंत्र मानव तथा स्वतंत्र समाज में यह कार्य आसानी से किया जा सकता है। वे कहा करते थे, 'राज्य की बढ़ती हुई शक्ति चिंता का विषय है। जहाँ राज्य लोगों की भलाई करने के माध्यम से शोषण को कम करता है, वहीं वह व्यक्ति की निजता को नष्ट करता है।' व्यक्ति की निजता सभी प्रकार की प्रगति के लिए आवश्यक है। अध्यक्ष महोदय,* मुझे इस बात की प्रसन्नता है कि सम्मेलन के प्रारंभ में आपने भी ऐसा विचार प्रस्तुत किया है। आपने कहा—व्यक्ति-स्वातंत्र्य का हनन करनेवाला सशक्त एवं संपन्न राज्य

---

* एच.आर.एच. प्रिंस फिलिप सम्मेलन के अध्यक्ष थे।

कल्याणकारी नहीं होता।

इस संदर्भ में भारत एवं चीन के विपरीत मार्ग इसके उदाहरण हैं। यदि आगामी वर्षों में भारत प्रजातांत्रिक विधि से देश को संपन्न बनाने में सफल हो जाता है तो विश्व के लिए प्रजातांत्रिक प्रतिरूप अनुकरणीय होगा। किंतु यदि भारत इस कार्य में असफल हो जाता है तथा चीन निरंकुश पद्धति से विकास कर एक संपन्न राष्ट्र के रूप में उभरता है तो दुनिया के लाखों लोग परिणाम देखकर प्रेरित होंगे तथा मानव स्वतंत्रता के प्रयास को आघात पहुँचेगा।

जहाँ विश्व में परस्पर संपर्क की भावना बढ़ती जा रही है वहीं एशिया एवं अफ्रीका में वास्तविक समस्याएँ विद्यमान हैं। इनका निदान यथाशीघ्र ढूँढ़ना अनिवार्य है। यदि तकनीकी एवं वित्तीय संसाधन से संपन्न एवं औद्योगिक रूप से विकसित विश्व के देश भारत तथा अन्य देशों की समस्या को समझने का प्रयास करते हैं तथा उन्हें सहायता प्रदान करते हैं तो संसाधन, ज्ञान एवं कौशल के आधार पर हम विश्व में वैभव एवं आनंद का साम्राज्य स्थापित कर सकेंगे।

□

अतीत का स्मरण, भविष्य का आकलन

शिक्षा एवं स्वास्थ्य-रक्षा पर विचार

जनसंख्या समस्या के पश्चात् जे.आर.डी. टाटा जनता के स्वास्थ्य एवं शिक्षा के प्रति चिंतित रहते थे। प्रस्तुत संबोधन में वे विगत वर्षों में सरकार एवं अन्य संस्थाओं की उपलब्धियों एवं सीमाओं की चर्चा करते हैं। वे उपलब्धियों को ठोस रूप प्रदान करने तथा भविष्य की चुनौतियों से निबटने हेतु सुझाव देते हैं। इस प्रक्रिया में वे मानव कल्याण हेतु व्यक्ति एवं संस्थाओं की भूमिका का उल्लेख करते हैं। टाटा मानते हैं कि मानव कल्याण से राष्ट्र प्रगति के पथ पर अग्रसर होगा।

इस संदर्भ में सन् 1989 में 'दादाभाई नौरोजी स्मृति सम्मान' ग्रहण करते हुए उन्होंने कहा था, 'इस सम्मान का मेरे जीवन में, नैतिक एवं बौद्धिक दृष्टि से, अभी तक प्राप्त सभी सम्मानों से अधिक महत्त्व है।' वे अपने प्रारंभिक जीवन में स्त्री शिक्षा के प्रति नौरोजी के विचारों से अत्यंत प्रभावित थे।

राष्ट्रीय समस्याओं पर अपने समाधान प्रस्तुत करते समय जे.आर.डी. अकसर कहा करते थे कि समस्याओं के समाधान हेतु देश के युवकों को संलग्न करने के लिए प्रेरित किया जाना चाहिए।

21वीं शताब्दी के भारत के स्वरूप के संबंध में उनके विचार स्पष्ट थे। सन् 1992 में 'भारत रत्न' प्राप्त करने के उपलक्ष्य में टाटा समूह के कर्मचारियों द्वारा आयोजित समारोह में उन्होंने कहा था, 'मैं नहीं चाहता कि भारत सिर्फ आर्थिक महाशक्ति बनकर रह जाए। मैं चाहता हूँ कि भारत में सर्वत्र आनंदमय वातावरण हो।'

शिक्षा एवं स्वास्थ्य-रक्षा पर विचार

युवकों को आगे आने दें!

[7 सितंबर, 1987 को भारतीय व्यापारी परिसंघ बंबई की अस्सीवीं वर्षगाँठ के अवसर पर दिया गया संबोधन।]

सन् 1922 या 1923 में जब मैंने व्यावसायिक क्षेत्र में कदम रखा तब से आज तक मेरी जानकारी में भारतीय व्यापारी परिसंघ प्रथम सार्वजनिक व्यावसायिक संस्थान है। मैं सिर्फ इसी संस्था के विषय में किंचित् ज्ञान रखता हूँ। प्रथम परिसंघ समिति में टाटा समूह का प्रतिनिधित्व सोहराब बार्डेन नामक एक पारसी सज्जन ने किया था। संप्रति उनकी स्मृति मेरे मस्तिष्क में धूमिल हो गई है। तथापि श्री बी.एफ. मैडॉन की स्मृति मेरे मन में अभी भी है। उनका चित्र परिसंघ के समिति-कक्ष में लगा हुआ है। टाटा समूह में वे मेरे अर्थशास्त्र के गुरु थे। स्व. जमशेदजी टाटा के साथ उनके निकट संबंध थे।

हम सभी भारतीय उद्योग एवं व्यापार जगत् के अभ्युत्थान हेतु दशकों तक संघ के उत्कृष्ट सेवा एवं त्याग से परिचित हैं। इस दौरान हमें विदेशी शासन एवं शोषण को झेलना पड़ा। हमें आज प्रसन्नता है कि परिसंघ एसोचाम (ASSOCHAM) से संबद्ध है। यह एसोचाम की छत्रच्छाया में भारतीय उद्योग एवं व्यापार जगत् की सेवा पूर्ववत् करता रहेगा।

अब प्रश्न उठता है कि एसोचाम जैसी बड़ी संस्था के सदस्य के रूप में हमारा भविष्य कैसा होगा और हमारी भूमिका क्या होगी? इसका उत्तर न सिर्फ सरल है, अपितु स्पष्ट भी है। किसी कार्य के संबंध में विचार करने से पूर्व हमें अपनी विश्वसनीयता का ध्यान करना पड़ता है। मैं जानता हूँ कि कुछ परिसंघों की

विश्वसनीयता इसलिए समाप्त हो गई कि उनमें स्वार्थी तत्त्वों का वर्चस्व हो गया। यह महत्त्वपूर्ण है कि भारतीय व्यापार परिसंघ स्वयं अथवा एसोचाम के सदस्य के रूप में जो भी पहल करता है उसमें सरकार, संसद्, प्रेस, जनता एवं इसके सदस्य विश्वास करते हैं।

इसके पश्चात् सबसे महत्त्वपूर्ण वस्तु आत्मविश्वास है। यह चिंता का विषय है कि हाल के वर्षों में हममें आत्मविश्वास की कमी आई है। असंतोष का कारण तो समझ में आता है, किंतु इस तरह निराश होने की आवश्यकता नहीं। ऐसी निराशा अशोभनीय है। यह न तो उचित है और न ही भारतीय परंपरा के अनुकूल। जी हाँ, हमें अपनी परंपराओं का स्मरण करना चाहिए। पुरानी परंपराओं के अनुसरण के साथ-साथ नई ठोस परंपराओं का भी प्रादुर्भाव होना चाहिए। मैं मानता हूँ कि एसोचाम तथा इस परिसंघ को देश के आर्थिक क्षेत्र में महत्त्वपूर्ण भूमिका का निर्वाह करना है। लोगों को प्रेरित करने के साथ-साथ हमें स्वयं में, अपने कार्य में, तथा देश में आस्था रखनी चाहिए। हमारे विचार में इतना हतोत्साहित होने की आवश्यकता नहीं। आज देश की स्थिति बदल चुकी है। यह सच है कि आज से चालीस वर्ष पूर्व देश आजाद हुआ, तब से अभी तक जितनी प्रगति एवं उपलब्धि होनी चाहिए उतनी नहीं हुई। किंतु हमारे पास गर्व करने लायक बहुत कुछ है। हमने देश को एक आधुनिक महाशक्ति तो नहीं बनाया, किंतु हम आधुनिक आर्थिक शक्ति बनने की दिशा में अग्रसर हैं।

हमारी जो सबसे बड़ी असफलता रही है, उसके विषय में मैं आपसे लंबी चर्चा नहीं करना चाहता हूँ, वह है—जनसंख्या वृद्धि को रोकने में हमारी विफलता। इस समस्या से मैं विगत वर्षों से चिंतित हूँ । यह हमारे देश की सबसे बड़ी समस्या है।

विगत वर्षों के दौरान मैं भारतीय प्रौद्योगिकी संस्थानों या भारतीय प्रबंधन संस्थानों के छात्रों को संबोधित करता रहा हूँ। वे बड़े प्रतिभाशाली नवयुवक हैं। मैं उन्हें भाषण नहीं देता, अपितु उनके साथ प्रश्नोत्तर सत्र में भाग लेता हूँ। मैं प्रत्येक संस्थान में यह कार्य करता हूँ। अगली शताब्दी में जब हमारे देश की जनसंख्या 1.5 सौ करोड़ हो जाएगी तो अगली संतति इस समस्या का सामना किस प्रकार करेगी।

आज जब हम 21वीं शताब्दी के द्वार पर दस्तक दे रहे हैं तो हम अपनी विशिष्ट सफलता हेतु तैयारी में भी जुटे हैं। तोप और पनडुब्बियों की समस्या स्थायी नहीं है। मुझे आशा है कि हम भविष्य की वास्तविक समस्याओं की ओर अपना ध्यान केंद्रित करेंगे। हमारे सामने विशाल लक्ष्य है।

जब तक देश में विपन्नता है, शहरों में लोग अमानवीय जीवन व्यतीत कर रहे हैं, तब तक सहृदय व्यक्ति को चैन नहीं मिल सकता। बरसात के दिनों में हजारों स्त्रियाँ एवं बच्चे बंबई में खुले आसमान के नीचे जीवन गुजारते हैं। जब मैं भीड़ भरी जिंदगी में बेघर लोगों को देखता हूँ तो द्रवित हो जाता हूँ। इस समय देश में 35 से 40 प्रतिशत जनसंख्या गरीबी रेखा के नीचे जीवन-यापन करती है। जब तक सरकारी आँकड़ों के अनुसार ही सही, लोगों की मूलभूत आवश्यकताओं की पूर्ति नहीं हो जाती तब तक हमारे सामने चुनौतियाँ-ही-चुनौतियाँ हैं।

मेरे जैसे लोगों के वश में सबकुछ ठीक करना नहीं है। हम लोगों को प्रेरित कर सकते हैं। हम युवकों को क्रियाशील बनने के लिए प्रेरित कर सकते हैं। परिसंघ एवं एसोचाम का यह दायित्व है कि वे इस देश के युवकों में वास्तविक समस्या के समाधान हेतु ध्यान देने के लिए भावना जगाएँ, न कि राजनीतिक मुद्दों से ही जूझते रहें। हमारे पिछड़ेपन का एक प्रमुख कारण राजनीति में हमारी आवश्यकता से अधिक रुचि का होना है। समय आ गया है कि हम देश की वास्तविक समस्याओं, आवश्यकताओं, अवसरों एवं संभावनाओं को पहचानें। हमें प्रतिरोध एवं कुतर्क का त्याग करना होगा।

साक्षरता प्रसार हमारा प्रमुख लक्ष्य बने

[12 सितंबर, 1989 को बंबई में 'दादाभाई नौरोजी स्मृति पुरस्कार' प्राप्त करने के अवसर पर दिया गया संबोधन।]

मैंने अपने जीवन में जितने पुरस्कार प्राप्त किए, उनमें नैतिक एवं बौद्धिक दृष्टि से इस पुरस्कार* का सर्वोपरि स्थान है। ऐसा इसलिए नहीं कि दादाभाई एक महान् राजनेता, उत्कृष्ट वैज्ञानिक, यहाँ तक कि सफल व्यवसायी (जिसके संबंध में मुझे पर्याप्त जानकारी नहीं) अथवा बहुत बड़े बुद्धिजीवी थे, अपितु मैं उनके जीवन-उद्देश्य से प्रेरित हूँ। दादाभाई बहुमुखी प्रतिभा-संपन्न व्यक्ति थे। आज से सौ वर्ष पहले इतने बहुमुखी प्रतिभा के व्यक्ति का होना सुखद आश्चर्य का विषय है। जब वे युवक थे, तभी उन्होंने निर्णय लिया कि उनकी संपत्ति का उपयोग निर्धन व्यक्तियों को शिक्षा प्रदान करने के उद्देश्य से किया जाना चाहिए।

---

* टाटा ने इस पुरस्कार से प्राप्त राशि कस्तूरबा गांधी राष्ट्रीय स्मृति न्यास को प्रदान कर दी। वे इस न्यास के संस्थापक सदस्य थे।

उनके इस असाधारण विचार से मैं विस्मित हूँ। उस समय उपभोक्ताओं से प्राप्त अप्रत्यक्ष कर के आधार पर सरकार विद्यालयीय व्यय को वहन करती थी। उस समय उन्होंने निर्धन लोगों के लिए शिक्षा खर्च वहन करने का संकल्प लिया। वह युवक सोचता था कि यदि गरीब बच्चों को पढ़ने में वह मदद नहीं करेगा तो वे बच्चे निरक्षर रह जाएँगे।

यह दुर्भाग्य का विषय है कि पचहत्तर वर्ष के पश्चात् भी हमारा देश शिक्षा एवं साक्षरता के क्षेत्र में पिछड़ा हुआ है। मुझे विश्वास है कि आप देश की द्रुत गति से हुई जनसंख्या वृद्धि से अवगत हैं। शायद आप शिक्षा के अभाव एवं जनसंख्या वृद्धि में संबंध स्थापित न कर पाते हों। यह एक तथ्य है कि चार राज्यों—राजस्थान, मध्य प्रदेश, उत्तर प्रदेश एवं बिहार में देश की कुल जनसंख्या का आधा निवास करती है। जबकि यहाँ साक्षरता की दर राष्ट्रीय औसत से नीचे है। यहाँ 100 में से 90 बालिकाएँ विद्यालय नहीं जाती हैं। इन राज्यों में जन्म-दर उच्चतम है। केरल में साक्षरता सर्वाधिक है, किंतु जन्म-दर न्यूनतम है। साक्षरता पर पर्याप्त ध्यान न देना अशांति उत्पन्न करनेवाला मुद्दा है।

स्वास्थ्य-रक्षा में उत्कृष्टता

[28 फरवरी, 1991 को बंबई में टाटा स्मृति केंद्र के स्वर्ण जयंती समारोह में दिया गया उद्घाटन भाषण।]

टाटा मेमोरियल अस्पताल को सर दोराब टाटा द्वारा प्रारंभ की गई प्रथम राष्ट्रीय परियोजना माना जाता है। टाटा समूह में कार्यरत हम लोगों को इसपर गर्व है। सन् 1941 में इस अस्पताल के उद्घाटन के अवसर पर बंबई के तत्कालीन गवर्नर सर रोजर लूमले का कथन आज भी महत्त्वपूर्ण है। उन्होंने कहा था, 'इस महान् अवधारणा से मैं प्रभावित हूँ। जिस लगन एवं धैर्य के साथ इस परियोजना को मूर्त रूप दिया गया, वह प्रशंसनीय है।'

सर दोराब द्वारा अन्य संस्थानों का भी उल्लेख उन्होंने किया, यथा—टाटा इंस्टीट्यूट ऑफ फंडामेंटल रिसर्च। गवर्नर महोदय ने कहा—'टाटा के नाम से संबंधित सभी लोकोपकारी परियोजनाओं में टाटा मेमोरियल अस्पताल का नाम सर्वोपरि रहेगा।'

भवन की विशालता एवं अन्य भौतिक सुविधाओं की दृष्टि से टाटा स्मृति केंद्र यूरोप, अमेरिका तथा अन्य जगहों के अस्पतालों से तुलना नहीं कर सकता,

किंतु उपकरण, पेशेवर दक्षता, निष्ठा, चिकित्सकीय एवं शल्य-क्रिया से जुड़े कार्मिकों की प्रतिबद्धता की दृष्टि से विगत पचास वर्षों में इसके द्वारा किए गए कार्य अतुलनीय हैं। इस प्रक्रिया में यह बंबई एवं देश के अन्य भागों के हजारों लोगों को सलाह, चिकित्सा एवं जाँच सुविधा प्रदान कर कई परिवारों की आस्था का केंद्रबिंदु बन गया है। इस अवसर पर मैं उन हजारों नर-नारियों को श्रद्धा-सुमन अर्पित करता हूँ एवं उनके प्रति आभार व्यक्त करता हूँ, जो डॉ. अर्नेस्ट बोर्ग्स की भाँति कार्य के दौरान काल-कवलित हुए।

जन चिकित्सा एवं सेवा के क्षेत्र में कार्यरत निजी संस्थान के सामने सबसे बड़ी चुनौती अपने सीमित वित्तीय संसाधनों से बढ़ती हुई माँगों को पूरा करने की है। सन् 1957 में दोराब टाटा न्यास के न्यासियों ने सरकार से अनुरोध किया कि अपने बल पर उनसे प्रबंधन करना कठिन हो रहा है, अतएव स्वास्थ्य मंत्रालय उसकी मदद करे। मंत्रालय के पास विपुल वित्तीय, तकनीकी एवं संगठनात्मक संसाधन हैं, फिर भी उसने पर्याप्त सहायता के प्रति अपनी असमर्थता व्यक्त की। इस स्थिति में भारत सरकार के परमाणु ऊर्जा विभाग के तत्कालीन अध्यक्ष महान् वैज्ञानिक डॉ. होमी जहाँगीर भाभा के अनुरोध पर पं. जवाहरलाल नेहरू ने इस ओर ध्यान दिया। उन्होंने अमेरिका के परमाणु ऊर्जा आयोग की तर्ज पर इस संस्थान द्वारा भी विकिरण, कैंसर पर शोध कार्य प्रारंभ करने का सुझाव रखा। डॉ. भाभा के सुझाव को मान लिया गया। तब से चिकित्सा एवं शोध सुविधाओं में उन्नति एवं प्रचालन हेतु आवश्यक संसाधन इस केंद्र को प्राप्त होने लगे। इसके पश्चात् परमाणु ऊर्जा आयोग के अध्यक्ष ही इस केंद्र के प्रबंधन के प्रधान होते हैं।

तथापि चिकित्सा एवं शोध कार्य हेतु भारत सरकार एवं परमाणु ऊर्जा विभाग इस केंद्र को जो भी धनराशि प्रदान करते हैं, वह इसकी माँग और देश की विशालता को देखते हुए अपर्याप्त ही है। कैंसर एक घातक रोग है और इसकी उपचार प्रक्रिया जटिल है। इसके उपचार हेतु रोगी की वर्षों तक सतत देख-रेख करनी पड़ती है। ऐसे में टाटा मेमोरियल अस्पताल की भाँति देश में दो-तीन और अस्पताल भी स्थापित कर दिए जाएँ, फिर भी देश की जनसंख्या को देखते हुए यह भी अपर्याप्त ही होगा। अतएव हम लोगों को टाटा मेमोरियल ट्रस्ट के निष्ठावान् निदेशक डॉ. प्रफुल्ल देसाई एवं उनके सहयोगियों के विचार पर ध्यान देना चाहिए। वे देश के अन्य स्थानों में भी अस्पताल खोलने की योजना बना रहे हैं। यदि देश के अन्य भागों में नए केंद्र स्थापित होते हैं तो उनमें जन-विश्वास हेतु उन्हें टाटा मेमोरियल अस्पताल की भाँति उत्कृष्टता स्थापित करनी होगी। जब तक ऐसा नहीं

होता तब तक टाटा मेमोरियल अस्पताल में भरती करने संबंधी दबाव बना रहेगा। हमें आशा करनी चाहिए कि यथाशीघ्र देश के अन्य भागों में भी उत्कृष्ट चिकित्सा केंद्रों की स्थापना हो सकेगी।

इस राष्ट्रीय उद्देश्य को ध्यान में रखते हुए टाटा मेमोरियल अस्पताल ने उत्प्रेरक का कार्य किया है। देश के अन्य भागों में इसने केंद्र खोलने में मदद की है, ताकि गरीब रोगी अपने गाँव अथवा निवास-स्थान के आस-पास अपने ही परिवेश में चिकित्सा सुविधा प्राप्त कर सकें। ऐसे केंद्र असम तथा सोलापुर में खोले गए हैं। ऐसा अनुमान है कि वर्ष 2000 तक देश में कैंसर के 60 लाख रोगी हो जाएँगे। उनमें से अधिकांश रोगी गरीब तबके के होंगे, जिनके पास सामान्य फीस चुकाने के पैसे नहीं होंगे।

टाटा मेमोरियल अस्पताल प्रतिवर्ष 10 हजार कैंसर रोगियों की निःशुल्क जाँच करता है। हमारे कर्मचारियों पर पहले से अधिक दबाव है, अतएव इस कार्य में अन्य संस्थानों को हाथ बँटाना चाहिए। हमारे चिकित्सक उन्हें यथावश्यक परामर्श दिया करेंगे।

जन-सेवा हेतु टाटा मेमोरियल केंद्र के उत्कृष्ट एवं समर्पित चिकित्सकों एवं कार्मिकों के दल की प्रशंसा करना ही पर्याप्त नहीं होगा। अब उद्योगपतियों, कंपनियों एवं दानार्थ संस्थानों को इस मानव-सेवा मिशन को ठोस रूप में सहायता करनी चाहिए।

राष्ट्र-सेवा की प्रबल संभावना

[जे.आर.डी. टाटा को देश का सर्वोच्च नागरिक सम्मान 'भारत रत्न' प्रदान किए जाने के अवसर पर 31 मार्च, 1992 को बंबई में टाटा समूह के कर्मचारियों द्वारा आयोजित समारोह में दिया गया भाषण।]

मुझे विश्वास है कि आप सभी सहमत होंगे कि निष्ठा एवं ईमानदारीपूर्वक मैं देश की जितनी सेवा कर सकता था उतनी की। व्यक्तिगत स्तर पर मैंने कोई महान् कार्य नहीं किया। यह मेरे लिए सहज था। मैंने अपने व्यवसाय, अपने सहयोगियों तथा टाटा समूह के प्रति जो किया, वह जमशेदजी के कृत्य से प्रेरित होकर कर सका। सन् 1925 में जब मैं टाटा समूह से संबद्ध हुआ तब से आज तक मुझे जमशेदपुर सहित एक-दो स्थानों पर जाने का अवसर मिला। मुझे प्रारंभ से अपने टाटा नाम तथा जमशेदजी द्वारा स्थापित संस्थान में कार्य करने पर गर्व था।

विश्व स्तर पर टाटा अभी भी एक छोटा समूह है, परंतु लोग इससे परिचित हैं। लोग टाटा का नाम सिर्फ एक कंपनी अथवा संस्थान के रूप में नहीं लेते हैं अपितु टाटा का नाम लेते समय लोगों के मन में इसके प्रति सम्मान का भाव रहता है। इसकी अंतरराष्ट्रीय स्तर पर प्रतिष्ठा है और मुझे इसपर गर्व है।

यहाँ उपस्थित आप सभी 2 हजार लोग मेरे वास्तविक हेतु एवं माध्यम हैं। आप ही के बल पर हमने सफलता की बुलंदियों को चूमा है। हमारी भूमिका की सरकार एवं राजनेता सहित सभी प्रशंसा करते हैं। कुछ दिन पूर्व श्री रतन टाटा द्वारा टेल्को से कार निकालने के मुहूर्त के अवसर पर मैं पुणे गया था। मुझे बहुत अच्छा लगा। मुझे इस पर गर्व है। किंतु जिस बात का मुझे पूर्व ज्ञान नहीं था, उससे मैं बहुत आनंदित हुआ। टेल्को के महाप्रबंधक मुझे कंपनी के प्रत्येक विभाग में ले गए। जहाँ कहीं भी मैं जीप, कार द्वारा अथवा पैदल गया, लोगों ने मेरा अभिवादन किया। इस अभिवादन से मैं अभिभूत हो गया। इस आत्मसम्मान को पाकर मैं आह्लादित हुआ और जब तक जीवित रहूँगा, रोमांचित होता रहूँगा। जिन लोगों को मैं नहीं जानता, जो टाटा समूह में कार्यरत नहीं हैं, उनका अभिवादन पाकर मैं अत्यंत प्रसन्न हुआ। यह प्रशंसित एवं सम्मानित होने का भाव था, लोगों के प्रिय पात्र होने का भाव था, यह एक अत्यंत उत्कृष्ट अनुभूति थी। हमें इस भाव की अनुभूति हो; किंतु यह अनुभूति जनाकांक्षा की पूर्ति के द्वारा ही होनी चाहिए। हमें दूसरों की समस्या में भावनात्मक अनुरक्ति होनी चाहिए।

मैं अनुभव कर रहा हूँ कि भविष्य में यह कंपनी प्रगति करेगी। इसका प्रचालन बढ़ेगा। लोग इसकी सराहना करेंगे। लोगों का इसमें विश्वास बढ़ेगा। जो भी हो, मैंने अच्छा जीवन व्यतीत किया है। मेरे पास स्मारिकाओं एवं संस्मरणों का ढेर है। मुझे इसके प्रति गर्व है। मैं कुछ वर्ष पूर्व एक अमेरिकी द्वारा भारत के आर्थिक महाशक्ति बनने संबंधी भविष्यवाणी को स्मरण करता हूँ। मैं भारत को सिर्फ एक आर्थिक महाशक्ति के रूप में नहीं देखना चाहता, बल्कि भारत में सर्वत्र आनंद का परिवेश देखना चाहता हूँ। इस देश में कोई भयातुर न रहे।

इस देश के आध्यात्मिक, बौद्धिक संसाधनों एवं योग्यताओं के साथ-साथ इसकी कृति की लोग प्रशंसा करें।

मेरे हृदय में परम संतोष होता है कि मैं आपको व्यक्तिगत रूप से नहीं जानते हुए भी अपना मित्र एवं स्नेही मानता हूँ। मैं चाहता हूँ कि देश की स्थिति बेहतर हो। अपने पूर्वजों की तुलना में आपके जीवन में अधिक सुख एवं समृद्धि हो।

मेरा विश्वास है कि भारत एक महान् देश है और भारत अपनी महानता सिद्ध

कर देगा। आत्मश्लाघा एवं अति आत्मविश्वास अनुचित हैं। राष्ट्र-सेवा की दिशा में बहुत कुछ किया जाना शेष है। राष्ट्र-सेवा की विपुल संभावनाएँ हैं। प्रत्यक्ष न सही, अप्रत्यक्ष रूप से ही आप अपने देश, अपने नगर के लिटए बहुत कुछ कर सकते हैं। यह जानकर हर्ष होता है कि हम इस देश के लिए कुछ कर सकते हैं। मुझे विश्वास है कि आपके परिवार एवं संतति देश के दिशा-निर्देश में सहयोग देंगे।

अनुशासित एवं शिक्षित नागरिकों की आवश्यकता

[टाटा समाज विज्ञान संस्थान द्वारा जे.आर.डी. टाटा को डी.लिट. की मानद उपाधि प्रदान किए जाने के अवसर पर 12 फरवरी, 1993 को बंबई में संस्थान के प्राध्यापकों एवं छात्रों को दिया गया संबोधन।]

सर दोराब टाटा न्यास, जिसका मैं अध्यक्ष हूँ, ने जब सामाजिक कार्यों में युवकों को प्रशिक्षित करने का निर्णय लिया तो मैंने सोचा कि जिस गरीब देश के नर-नारियों में बेहतर जीवन व्यतीत करने के अवसर सीमित हैं, वहाँ शिक्षा एवं सामाजिक कार्य में प्रशिक्षण कितना महत्त्वपूर्ण है। यद्यपि मैं जनसंख्या विज्ञान अथवा जनसंख्या अर्थशास्त्र के विषय में कुछ अधिक नहीं जानता।

हमारे देश में निरक्षरता कितनी भयावह है, इस बात का अंदाजा कुछ वर्ष पूर्व स्थापित परिवार नियोजन संस्थान के आँकड़ों से पता चलता है। उत्तर भारत के राज्य—राजस्थान, मध्य प्रदेश, उत्तर प्रदेश एवं बिहार में जन्म लेनेवाली 100 बालिकाओं में से 90 उम्र भर निरक्षर रहती हैं और उन 10 में से बहुत कम ही विद्यालय जा पाती हैं। यह मेरे लिए दु:ख का विषय है। किंतु इतने बड़े शैक्षणिक संस्थान से यह सम्मान पाने के कारण मैं इसके प्रति कृतज्ञ हूँ।

इस परिस्थिति में अयोध्या एवं बंबई की घटनाओं से लोगों को अपार कष्ट हुआ। निर्दोष लोगों की जानें गईं। लोगों को उन अनावश्यक मुद्दों के लिए जान से हाथ धोना पड़ा, जो उनके लिए कतई उपयोगी नहीं थे। धार्मिक मामलों में देश की ऊर्जा एवं शांति भंग होना मेरे लिए कष्टप्रद है। मुझे समझ में नहीं आ रहा कि लोग शांतिपूर्ण, प्रतिभा-संपन्न, शिक्षित समाज की स्थापना करने के बजाय धार्मिक स्थलों के निर्माण में क्यों इतनी रुचि ले रहे हैं। जिनको इन घटनाओं से प्रत्यक्ष क्षति नहीं पहुँची है उनकी अनुभूति भी मेरी जैसी ही है। केरल अथवा गोवा जैसे एक-दो राज्यों को छोड़कर देश की लगभग आधी आबादी निरक्षर है। देश में अधिकांश महिलाएँ निरक्षर हैं, ऐसे में ये कार्य अशोभनीय हैं।

मेरा अनुभव है कि वर्तमान अथवा भविष्य की अधिकांश समस्याओं का निदान तब तक संभव नहीं है जब तक अनुशासित एवं शिक्षित नागरिकों का निर्माण नहीं होगा। देश का विशाल आकार अथवा विशाल जनसंख्या चिंता का विषय नहीं है, अपितु देश के नागरिकों का निम्न जीवन-स्तर चिंता का विषय है। नागरिकों की उन्नति शिक्षा के माध्यम से ही हो सकती है।

□

प्रसन्न मुद्रा में

सर होमी मोदी को विदाई

एक व्यावसायिक प्रतिष्ठान के संचालन जैसा गंभीर कार्य प्रसन्नता एवं विनम्रतापूर्वक ही किया जा सकता है। सर मोदी के विदाई समारोह में टाटा का वक्तव्य उनके उस पक्ष को उजागर करता है, जो उनकी मित्र-मंडली के बाहर के लोग नहीं जानते हैं। सर होमी मोदी एक तकनीकीविद् थे; किंतु वे कला, विधि एवं लेखन की पृष्ठभूमि से आए थे। उन्होंने टाटा समूह में विभिन्न पदों पर कार्य किया। उनमें लोगों को अपने अनुकूल बनाने की अद्भुत क्षमता थी। अपने व्यक्तित्व एवं बुद्धि के कारण सहकर्मी उनसे स्नेह करते थे।

एक औद्योगिक समूह में विभिन्न प्रकार की क्षमताओं एवं व्यक्तित्वोंवाले लोगों को एक साथ नेतृत्व प्रदान करने की उनमें कौन सी कला थी? प्रत्येक व्यक्ति के सर्वोत्तम गुणों को कैसे उजागर किया जा सकता है? जे.आर.डी. टाटा कहते हैं, 'यदि मुझमें कोई गुण है तो यह है कि अलग-अलग स्वभाव एवं चरित्र के व्यक्तियों को मैं अपने अनुकूल बना लेता हूँ। मैंने विगत पचास वर्षों में सौ से अधिक निदेशकों के साथ काम किया है। कई बार अपने आपको दबाना पड़ता है। यद्यपि यह कष्टप्रद है, तथापि लोगों के साथ आपको स्नेहपूर्ण बरताव तो करना ही होगा।'

जे.आर.डी. टाटा के संबोधन एवं सर होमी मोदी के प्रत्युत्तर से स्पष्ट होता है कि वे एक-दूसरे से बहुत स्नेह करते थे।

सर होमी मोदी को विदाई

[मई 1959 में बंबई के ताजमहल होटल में दिया गया संबोधन।]

आदरणीय सर मोदी, श्रीमती मोदी तथा उपस्थित देवियो एवं सज्जनो! सर, आपको संबोधित करते हुए मेरे मन में कई प्रकार की भावनाएँ उद्वेलित हो रही हैं। मैं आज असुरक्षा की भावना से घिर गया हूँ। अपने प्रिय की विदाई अत्यंत कष्टप्रद होती है। इस मामले में बात कुछ भिन्न है। अपने पथ-प्रदर्शक, सलाहकार और दो दशक तक प्रिय मित्र रहे व्यक्ति को विदा करना अत्यंत ही कठिन कार्य है। इस अवसर पर मैं मजाक नहीं करना चाहता, किंतु सर मोदी को विदा करने के अवसर पर भी हास-परिहास करने का साहस रखता हूँ। किंतु मैं डरता हूँ कि प्रत्युत्तर पर सर मोदी भी ऐसा न करने लगें। मैं जानता हूँ कि आँसू और मुसकान का गहरा रिश्ता है। इसके साथ ही यह स्पष्ट है कि सर होमी प्रसन्नतापूर्वक दूर नहीं जा रहे हैं। वे अभी भी सर दोराबजी टाटा न्यास के अध्यक्ष हैं। इसके साथ ही वे इंडियन होटल्स कंपनी के अध्यक्ष भी हैं। इन पदों पर वे तब तक आसीन रह सकते हैं जब तक उनका हम पर अनुग्रह बना रहेगा। वे चाहें तो टाटा समूह में प्रमुख सलाहकार के रूप में रह सकते हैं। अंततः मैं इस अवसर को गंभीर बनाकर सर होमी के आनंद में बाधा उत्पन्न नहीं करना चाहता।

मैं जानता हूँ कि सर होमी विदाई समारोह का भरपूर लुत्फ उठाते हैं। यह उनकी तीसरी विदाई है—सन् 1941, 1949 तथा 1959* के मध्य उन्होंने दर्जनों संस्थानों में कार्यभार सँभाला, जिन्हें उन्होंने स्थायी अथवा अस्थायी रूप से त्याग

---

* सन् 1941 में उन्हें वायसराय की कार्यकारी परिषद् में सदस्य तथा 1949 में उत्तर प्रदेश का राज्यपाल नियुक्त किया गया।

दिया। तब विदाई समारोह की संभावना नहीं रहती थी तब केंद्र सरकार में शामिल होकर तथा राज्यपाल का पद सँभालने पर उनके लिए स्वागत समारोह आयोजित किया जाता था।

अतएव सर मोदी के सान्निध्य से प्राप्त आनंद को आज की शाम मैं नष्ट नहीं करना चाहता। इस समारोह को गंभीरतापूर्वक न लेने का एक अन्य कारण भी है। मैं स्पष्ट रूप से कहता हूँ कि मुझे विश्वास नहीं हो रहा है कि सर मोदी हमें सदा के लिए छोड़कर जा रहे हैं। वे अत्यंत ही संसाधनयुक्त व्यक्ति हैं। सभी प्रकार की सावधानियों के बावजूद हम सर जे.डी. चोवसी की सलाह से सहमत हैं कि वे पुनः टाटा समूह के निदेशक मंडल में शामिल हो जाएँगे। उन्होंने पहले भी ऐसा किया है। इस बात के पर्याप्त सबूत हैं कि उन्होंने बॉम्बे हाउस में अपने लिए एक कक्ष एवं एक सचिव रखने पर जोर दिया है।

दस वर्ष पूर्व लगभग इसी दिन सर मोदी को उत्तर प्रदेश के राज्यपाल बनने पर विदाई एवं शुभकामना देने के लिए हम लोग इसी कक्ष में एकत्र हुए थे। उस अवसर पर सर होमी मोदी का भाषण स्मरणीय एवं किंचित् आपत्तिजनक था, जिसे मैं अगले दिन भी बार-बार पढ़ता रहा। उस भाषण में इन्होंने अपने सहकर्मियों की निंदा की थी। इन्होंने उनपर दोष लगाया था कि उन्हें कोई भी महत्त्वपूर्ण कार्य नहीं दिया गया और उनकी सलाह की अवहेलना की गई। इस संबंध में आप दस वर्ष पहले दिए गए भाषण को सुनने में रुचि रखते होंगे। इन्होंने टाटा समूह में अपने कार्य के संबंध में विवरण इस प्रकार दिया—

> मुझे प्रसन्नता है कि मेरे किसी सहकर्मी ने मुझे काम के लायक नहीं समझा, इस कारण कोई भी कार्य मेरे सुपुर्द नहीं किया गया। मैंने अपने प्रारंभिक वर्षों के दौरान इस संबंध में प्रतिरोध किया, अनुरोध के पश्चात् तथा बार-बार यह कहने पर भी कि मैं थोड़ा-बहुत काम लायक आदमी हूँ तो मेरे सहकर्मियों ने मंत्रणा की और निर्णय किया कि उचित सावधानी के साथ मुझे ताजमहल होटल का काम सौंप दिया जाए। सावधानी यह थी कि परिवर्तन एवं आंतरिक सज्जा से संबंधित सभी प्रकार के मामले अध्यक्ष के हाथ में रहेंगे। ए.पी. सबावाला होटल की देखरेख करेंगे, बनर्जी रसोई की देखरेख करेंगे, दराब टाटा डच सूट की देखरेख करेंगे तथा जे.डी. चोकसी क्रूनर की देखरेख करेंगे। इसके अतिरिक्त मैं जो चाहूँ सो करूँ। मैं बॉम्बे हाउस में दोपहर का भोजन आयोजित करता था और न्यायालय में मुकदमे के दौरान प्रश्नों का उत्तर देता था।'

देवियो एवं सज्जनो! दस वर्ष के पश्चात् सर होमी अभी भी टाटा समूह में निदेशक, न्यास के अध्यक्ष, इंडियन होटल्स कंपनी के अध्यक्ष, जनसंपर्क विभाग के निदेशक, विवाह सहित कंपनी के प्रत्येक विषय में सलाहकार तथा प्रत्येक मामले में दखल देने के अधिकारी हैं। अब आप स्वयं ही समझ सकते हैं कि सहकर्मियों को सर मोदी द्वारा अपमानित करना उचित था। इस प्रकार मैं उन्हें सचेत करता हूँ कि इस तरह का वक्तव्य न दोहराया जाए।

आप जानते हैं कि सर मोदी उम्र भर पुस्तक-लेखन का कार्य करते रहे हैं, उनकी दो पुस्तकें महत्त्वपूर्ण हैं। सत्ताईस वर्ष की उम्र में उन्होंने 'भारत का राजनीतिक भविष्य' नामक पुस्तक का लेखन किया। उसके तेरह वर्ष के पश्चात् चालीस वर्ष की उम्र में उन्होंने 'सर फिरोज शाह मेहता का जीवन' नामक पुस्तक लिखी। इस बात में कोई दम नहीं है कि उन्होंने अपनी पुस्तकों की दोनों संस्करण की प्रतियाँ स्वयं खरीद लीं। वस्तुत: प्रथम पुस्तक का तृतीय तथा दूसरी पुस्तक का छठा संस्करण तुरंत बिक गया। इन प्रयासों से परेशान होकर सर मोदी ने उसके बाद कुछ भी प्रकाशित नहीं किया। मेरा विश्वास है कि विभिन्न गतिविधियों एवं व्यस्तताओं के बीच वे साहित्यिक गतिविधियों के लिए पुन: समय निकाल पाएँगे और कदाचित् अपना संस्मरण लिख सकेंगे।

मैं शांतिस्वरूप भटनागर के अतिरिक्त अन्य किसी व्यक्ति को नहीं जानता हूँ, जिनके पास सर होमी जितनी मानक उपाधियाँ हों। कुछ उपाधियों के लिए न्यास अभी भी भुगतान कर रहे हैं। सर होमी की बौद्धिक प्रतिभा तथा देश, व्यापार एवं व्यवसाय के प्रति उनकी सेवा तथा उन्हें दी गई उपाधियों के संबंध में मुझे बहुत अल्प जानकारी है। मैं उनके जीवन के विषय में भी बहुत नहीं जानता। आज की शाम थोड़ा गंभीर होते हुए इस महान् व्यक्तित्व एवं भद्र प्रियजन को मैं प्रणाम करता हूँ। इनकी उदारता, दोस्तों के प्रति वफादारी तथा विभिन्न मुद्दों को उठाने की इनकी क्षमता, राजनीतिक साहस, तटस्थ दृष्टिकोण, कुशाग्र बुद्धि जैसे अद्भुत गुण सर मोदी में विद्यमान हैं। कई बार तो ये निरर्थक मुद्दों को उठाते हैं। ये दूसरों को मुफ्त में सलाह देते हैं। ये किसी के आगे झुकनेवाले नहीं, चाहे इसके लिए तूफान ही क्यों न आ जाए। वे मेरे परम मित्र हैं। हम परस्पर एक-दूसरे की समस्या का समाधान करते हैं। मैं आपको यह बता नहीं सकता कि मुझे उनसे अलग होने का कितना दु:ख होगा!

निजी जिंदगी में वे एक आदर्श पिता हैं। वे एक सहनशील एवं विश्वसनीय पति हैं। मैं कल्पना नहीं कर सकता कि वे श्रीमती मोदी के स्थान पर किसी अन्य

महिला के बारे में सोचते होंगे। हमारा सौभाग्य है कि श्रीमती मोदी आज की शाम हमारे बीच हैं। सर होमी के योगदान में उनका भी सहयोग है। वे एक आकर्षक एवं होशियार महिला हैं। उनकी क्षमता का अनुमान इसी बात से लगाया जा सकता है कि विगत वर्षों के दौरान उन्होंने किस प्रकार सर मोदी को अनावश्यक झंझटों से बचाया है।

दोनों में से किन्हीं के लिए हम शांतिपूर्ण एवं सुखद सेवानिवृत्ति की शुभकामना नहीं दे सकते। दोनों में से कोई सेवानिवृत्त होनेवाले साधारण प्राणी नहीं। वे बिलकुल युवा एवं कर्मठ हैं। अतएव, सर होमी एवं श्रीमती होमी, मैं आप दोनों को दीर्घ जीवन, प्रसन्नता, स्वास्थ्य और समाजवादी व्यवस्था से यथा प्राप्त होनेवाली संपत्ति के लिए शुभकामना देता हूँ। इस अवसर पर आपकी सुख-शांति के लिए मैं प्रार्थना करता हूँ। इसके विपरीत, आप देश के जीवन में अशांति एवं उद्वेग फैलाकर जितना अधिक मनोरंजन एवं उत्तेजना अर्जित कर सकें, उस हेतु शुभकामना देता हूँ।

ईश्वर आपकी मदद करे!

सर होमी का प्रत्युत्तर

आप कल्पना कर सकते हैं कि ऐसे अवसर पर मैं अत्यधिक उत्तेजित नहीं रह सकता। जैसा कि श्री टाटा ने उल्लेख किया है कि बॉम्बे हाउस में मेरे सम्मान में आयोजित किया गया यह तीसरा अवसर है, लेकिन मैं आपको विश्वास दिलाता हूँ कि मैं अध्यक्ष के हृदय-विदारक भाषण सुनने से पूर्व तक इसे अंतिम अवसर मान बैठा था। आप में से अधिकांश लोग मेरी विदाई के प्रति अत्यंत उत्साही दिख रहे हैं।

आपको यह जानकर प्रसन्नता होगी कि जब मैं उत्तर प्रदेश के राज्यपाल पद से हटा तो सन् 1952 में ही टाटा समूह में पुनः सम्मिलित हो गया था। मेरे सहकर्मियों की मेरे बारे में कभी अच्छी धारणा नहीं रही है, अतः मैं आपसे अनुरोध करता हूँ कि अध्यक्ष महोदय की बात पर ध्यान न दें। शोक संदेश हमेशा उत्साहजनक एवं हृदयस्पर्शी भावनाओं से भरा होता है। लोग समझते थे कि तीन वर्ष तक राज्यपाल रहने के पश्चात् काम करने की मेरी क्षमता नष्ट हो जाएगी। लोगों ने यह बात बड़ी विनम्रतापूर्वक मेरे समक्ष रखी। उत्तर प्रदेश के बाद जब मैं पुनः बॉम्बे हाउस में आया तो लोग आश्चर्य करने लगे।

चूँकि इस संबंध में मेरे सहकर्मी कुछ कर नहीं सके, अतएव उन्होंने मुझे

दरवाजों से भरे चौथी मंजिल के एक कक्ष में स्थापित कर दिया। मैं वहीं तीन वर्षों तक पड़ा रहा। जब मुझे दरवाजा खोलना और लगाना आ गया तो उन्होंने मुझे नीचे धकेल दिया। पुनः मैं अपने पुराने कमरे में पड़ा रहा, जहाँ मैंने चार वर्षों तक भयावह समय बिताया। मैं चाहता तो वहाँ अनिश्चितकाल तक लटके रह सकता था, परंतु मैंने निष्कर्ष निकाला कि जब तक मुझे हटने की सूचना दी जाए उससे पूर्व मैं सम्मानजनक ढंग से सेवानिवृत्ति ले लूँ।

विगत पच्चीस वर्षों के दौरान मैंने बॉम्बे हाउस में कई परिवर्तनों को देखा। जब मैं प्रथम बार यहाँ सेवा में सम्मिलित हुआ तो उस समय स्व. सर नवरोजी सकलातवाला अध्यक्ष थे। उस समय कार्यालय की रौनक ही कुछ और थी। वे टाटा समूह की सेवा करते-करते बूढ़े हो गए। उन्होंने बॉम्बे हाउस में कार्य-पद्धति एवं परंपरा विकसित की। इसकी कार्यप्रणाली पितृ-सत्तात्मक परिवार की थी। निदेशक एक-दूसरे से बहुत कम मिलते थे। स्वाभाविक रूप से महौल शांतिपूर्ण था।

हमारे वर्तमान अध्यक्ष के कार्यभार सँभालने के साथ बॉम्बे हाउस नए विचारों से भर गया। अमेरिकी उपकरणों से ऑफिस सज-धज गया। इसकी काया पलट गई। यदि आपको किसी निदेशक से इन दिनों मिलना है तो कम-से-कम आपको आधा दर्जन जगहों पर बत्तियों से होकर गुजरना होगा। यदि नारंगी रंग का बल्ब जलता है तो समझें कि साहब दूरभाष पर किसी से बात कर रहे हैं। यदि पीला प्रकाश दिख रहा है तो समझें कि वे अपने सेक्रेटरी को टिप्पणी लिखा रहे हैं। यदि कमरे में कोई अन्य व्यक्ति है तो अन्य प्रकार का प्रकाश दिखेगा। यदि पुरुष है तो गुलाबी रंग का प्रकाश और यदि लड़की है तो लाल रंग का प्रकाश। यदि वह कुछ चिंतन कर रहे हैं तो नीले रंग का प्रकाश दिखता है, हालाँकि वे चिंतन करने का कष्ट नहीं करते। यदि हरा प्रकाश दिखे तो आप अपने आपको सौभाग्यशाली समझें। इसके बाद आप निदेशक के कक्ष में जा सकते हैं, जो आपको व्यस्त होने का अभिनय करते दिखेंगे।

हमारे अध्यक्ष बड़े विचित्र प्राणी हैं। उनकी बुद्धि बड़ी कुशाग्र है, कुछ अधिक ही कुशाग्र। उनकी बहुमुखी प्रतिभा विस्मयकारी है, चाहे लौह भट्ठी हो अथवा आइसक्रीम फ्रीजर, वायुयान का इंजन हो अथवा सिगरेट लाइटर—इन सभी में वे दक्ष हैं। वे ऐसा दिखते हैं कि सभी समस्याओं का निदान उनके पास है, किंतु हममें से कुछ लोग इस बात से सहमत हैं कि वे एक अयोग्य चिकित्सक के साथ-साथ रोगी भी हैं। तुलन-पत्र प्रस्तुत करना उनका व्यसन है। उन्होंने तुलन-पत्र को

एक कलाकृति के रूप में परिवर्तित कर दिया है, जिसमें आमदनी कम किंतु रेखाचित्र, तसवीर और सांख्यिकीय आँकड़े भरे होते हैं। कुल मिलाकर हमारे मन में अपने अध्यक्ष के प्रति अपार स्नेह एवं सम्मान है। टाटा समूह का यह सौभाग्य है कि उनका अध्यक्ष इतने विशाल दृष्टिकोणवाला व्यक्ति है, उनका दृष्टिकोण सत्य की पहचान करने का है।

प्रिय मित्रो! आप इच्छुक होंगे कि मैं अपने विषय में कुछ कहूँ। मेरा कैरियर विविधतापूर्ण रहा है। मुझे कई बातों में गहरी दिलचस्पी है। मैंने कई क्षेत्रों में अपना भाग्य आजमाया। मैंने प्रारंभिक जीवन में अल्प समय के लिए कई क्षेत्रों में कदम रखा। मुझे कई क्षेत्रों में सफलता मिली। सभी सफलता प्रतिभा के बल पर नहीं, किंतु अपनी आंतरिक विनम्रता के कारण भी। बहुत सी सफलताएँ मुझे संयोगवश मिलीं। कई मूल्यों एवं आदर्शों में मेरी निष्ठा है। व्यक्ति अपनी प्रतिभा के अतिरिक्त मानवीय संबंधों के आधार पर भी बहुत कुछ प्राप्त करता है। यदि भौतिक उपलब्धि को गिना जाए तो मैंने बहुत कुछ हासिल नहीं किया।

मेरा यह विचार अपनी पत्नी का उद्धरण दिए बिना पूर्ण नहीं माना जा सकता, जिनकी अत्यधिक प्रशंसा अध्यक्ष महोदय द्वारा की गई है। उनके सद्विचार, सद्भावना, सही-गलत की पहचान, मेरे ऊपर उनके अत्यधिक प्रभाव के अतिरिक्त मैं उन्हें जीवन के प्रत्येक क्षेत्र में सहचरी मानता हूँ। उनकी एक आदत से मैं बड़ा परेशान रहता हूँ कि वे हर कार्य को सहजतापूर्वक करती हैं। आपने देखा कि पिछले वर्ष मेरी अस्वस्थता के दौरान उस स्थिति में भी वह किस प्रकार मुसकराते हुए सहज थीं। हम लोगों के बीच पूर्ण समझदारी है। जब कभी हम असहमत होते हैं तो अपने-अपने हिसाब से कार्य कर लेते हैं।

मित्रो, आज के लिए इतना पर्याप्त है। मैंने इस अवसर को थोड़ा हलका बना दिया, किंतु मैं भारी हृदय से आपसे विदा लेता हूँ। मुझे इस बात की प्रसन्नता है कि विगत कुछ सप्ताहों के दौरान टाटा समूह में कार्यरत सदस्यों की मेरे प्रति सद्भावना उमड़ पड़ी। इस समूह का सान्निध्य प्राप्त करने पर मुझे गर्व है। विगत पच्चीस वर्षों के दौरान मैं टाटा समूह का अभिन्न अंग रहा हूँ। इसके संस्थापक का सपना साकार होने जा रहा है। यह समूह इतना फला-फूला कि संस्थापक को इसकी कल्पना भी न हुई होगी। हमें इस संस्था के प्रति गर्व है, चाहे इसमें हमें कोई भी भूमिका क्यों न मिली हो, भौतिक लाभ या अन्य सभी बातों से बढ़कर यही वह बात है, जो इस संस्था के प्रति हम लोगों को निष्ठा एवं भक्ति के एक सूत्र में बाँधकर रखे हुए है।

अंततः देवियो एवं सज्जनो! आपने मुझे स्नेह और सहयोग से सदैव उपकृत किया है, उस हेतु मैं आपका कृतज्ञ हूँ। मैं प्रभु से प्रार्थना करता हूँ कि टाटा समूह सदा सुरक्षित एवं सशक्त रहे। भविष्य में इसकी प्रतिष्ठा, प्रभाव एवं सत्कार्य करने की क्षमता में दिनानुदिन बढ़ोतरी होती रहे। अलविदा! शुभकामना!

□

जे.आर.डी. टाटा : जीवन-वृत्त

1904 29 जुलाई को पेरिस में जन्म।

1909 आर.डी. टाटा ने हार्डलॉट में घर खरीदा। बालक जे.आर.डी. का वहाँ लालन-पालन हुआ।

1909–17 परिवार का बंबई और पेरिस के बीच आवागमन। जे.आर.डी. की बंबई के कैथेड्रल स्कूल में शिक्षा प्रारंभ।

1917–18 परिवार योकोहामा, जापान में रहा। युद्ध के पश्चात् फ्रांस प्रवास।

1923 माँ सूनी का निधन। इंग्लैंड के 'क्रैमर' स्कूल में एक वर्ष व्यतीत।

1924 फ्रांसीसी सेना में एक वर्ष के लिए भरती।

1925 टाटा समूह में प्रशिक्षु के रूप में शामिल।

1926 पिता आर.डी. टाटा का निधन। जे.आर.डी. को टाटा समूह में उनका निदेशक पद विरासत में मिला।

1929 फ्रांसीसी नागरिकता का त्याग। भारत में पहला पायलट का लाइसेंस प्राप्त।

1930 थेल्मा वीकाजी से विवाह। भारत व ब्रिटेन के बीच आगा खाँ विमान-चालन के लिए रेस में द्वितीय स्थान प्राप्त।

1932 टाटा संस का उड्डयन विभाग स्थापित। कराची और बंबई के बीच उनके उड़ान भरने के साथ कंपनी की उड्डयन सेवा प्रारंभ।

1938 टाटा संस के अध्यक्ष नियुक्त।
उड्डयन विभाग का नाम टाटा एयरलाइंस रखा गया।

1944 बॉम्बे प्लान तैयार। जे.आर.डी. टाटा ट्रस्ट का गठन किया।

1945 टाटा इंस्टीट्यूट ऑफ फंडामेंटल रिसर्च की स्थापना प्रक्रिया शुरू। उद्योगपतियों के पहले प्रतिनिधिमंडल का ब्रिटेन व अमेरिका दौरे में नेतृत्व किया।

1946 टाटा एयरलाइंस का नाम एयर-इंडिया लि. रखा गया।

1948 एयर-इंडिया इंटरनेशनल का संयुक्त क्षेत्र उपक्रम के रूप में गठन। संयुक्त राष्ट्र आमसभा, पेरिस में भारतीय प्रतिनिधिमंडल (तीसरे सत्र) के सदस्य नियुक्त।

1952 इंटरनेशनल एयर ट्रांसपोर्ट एसोसिएशन (आई.ए.टी.ए.), कार्यकारी समिति के सदस्य नियुक्त।

1953 उड्डयन उद्योग का राष्ट्रीयकरण। दो निगमों का गठन। जे.आर.डी. एयर-इंडिया इंटरनेशनल के अध्यक्ष नियुक्त। नेशनल एसोसिएशन ऑफ फोरमेन, मिलवॉकी द्वारा 'इंटरनेशनल मैनेजमेंट मैन' चुने गए।

1954 फ्रांसीसी सरकार द्वारा ऑफीसर ऑफ द लेजन ऑफ ऑनर नामित।

1955 भारत सरकार द्वारा 'पद्म विभूषण' सम्मान।

1958 आई.ए.टी.ए. के अध्यक्ष चुने गए।

1962 भारतीय नागरिक उड्डयन की तीसवीं वर्षगाँठ के अवसर पर दोबारा कराची-बंबई उड़ान भरी।

1964 ऑर्डर ऑफ सेंट ग्रेगरी द ग्रेट के नाइट कमांडर का खिताब (पोप सम्मान)।

1966 भारतीय वायुसेना में मानद एयर कमांडर बनाए गए।

1969 चेज मैनट्ट्टव बैंक, अमेरिका की अंतरराष्ट्रीय सलाहकार समिति के सदस्य नियुक्त।

1970 फैमिली प्लानिंग फाउंडेशन, नई दिल्ली की गवर्निंग बॉडी के चेयरमैन नियुक्त।

1974 भारतीय वायुसेना में मानद एयर वाइस मार्शल बनाए गए।

1978 जर्मनी के नाइट कमांडर्स क्रॉस ऑफ ऑर्डर से सम्मानित। प्रधानमंत्री मोरारजी देसाई द्वारा एयर-इंडिया के अध्यक्ष पद का समापन।

1979 टोनी जैनस सम्मान से सम्मानित।

1980 प्रधानमंत्री इंदिरा गांधी द्वारा दोबारा एयर-इंडिया के निदेशक बनाए गए।

1981 बंबई विश्वविद्यालय द्वारा डॉक्टर ऑफ लॉ (ऑनोरिस कॉजा) की मानद उपाधि प्रदान। ऑरोविल अंतरराष्ट्रीय सलाहकार परिषद के सदस्य नियुक्त।

1982 भारतीय नागरिक उड्डयन की स्वर्ण जयंती के अवसर पर एक बार फिर कराची-बंबई उड़ान भरी।

1983 फ्रेंच लेजन ऑफ ऑनर के कमांडर पद से सम्मानित।

1985 फेडरेशन एयरोनॉटिक इंटरनेशनल द्वारा गोल्ड एयर मेडल भेंट।

1986 इंस्टीट्यूट ऑफ मेटल्स, लंदन के बेसमर मेडल से सम्मानित। इंटरनेशनल सिविल एविएशन ऑर्गेनाइजेशन से एडवर्ड वार्नर अवार्ड प्राप्त।

1988 डेनियल गगेनहीम मेडल तथा दादाभाई नौरोजी स्मृति सम्मान से सम्मानित।

1991 टाटा संस के अध्यक्ष पद को रतन टाटा के पक्ष में त्यागा। जे.आर.डी. व थेल्मा जे. टाटा ट्रस्ट का गठन।

1992 यू. एन. पॉपुलेशन अवार्ड और 'भारत रत्न' से सम्मानित।

1993 टाटा इंस्टीट्यूट ऑफ सोशल साइंसेज, बंबई द्वारा डॉक्टर ऑफ लिटरेचर (ऑनोरिस कॉजा) की मानद उपाधि से सम्मानित। 29 नवंबर को जिनेवा में निधन।

□□□